广视角·全方位·多品种

皮书系列为"十二五"国家重点图书出版规划项目

权 威 · 前 沿 · 原 创

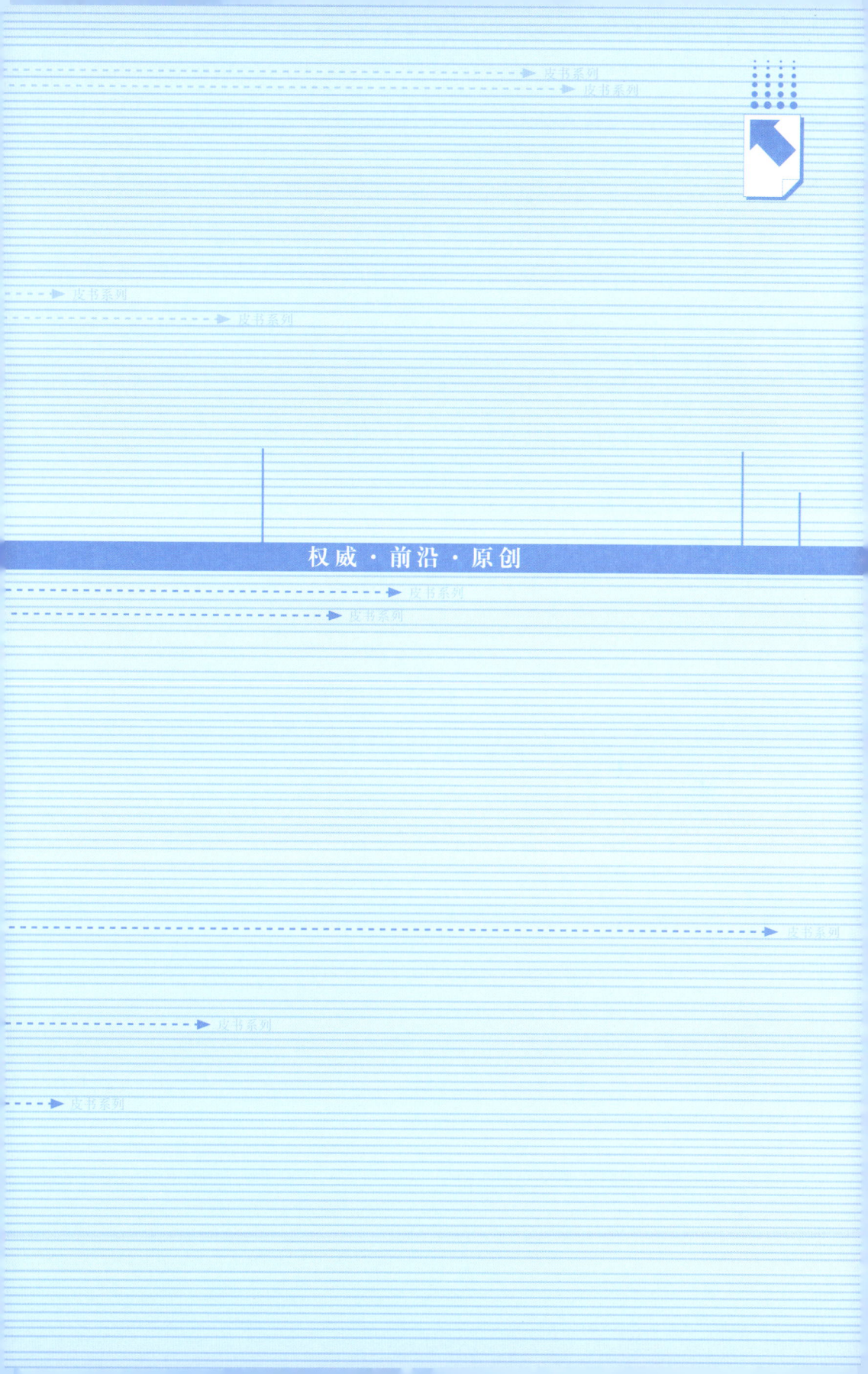

商会蓝皮书

BLUE BOOK
OF THE CHAMBER OF COMMERCE

中国商会发展报告
No.3（2011）

中华全国工商业联合会
主　编／黄孟复
主　审／全哲洙
副主编／庄聪生

ANNUAL REPORT ON DEVELOPMENT OF CHINA'S
CHAMBER OF COMMERCE
No.3 (2011)

社会科学文献出版社
SOCIAL SCIENCES ACADEMIC PRESS (CHINA)

图书在版编目(CIP)数据

中国商会发展报告. 3. 2011/黄孟复主编. —北京：社会科学文献出版社，2012.4
（商会蓝皮书）
ISBN 978-7-5097-2642-6

Ⅰ.①中… Ⅱ.①黄… Ⅲ.①商会-研究报告-中国-2011 Ⅳ.①F721

中国版本图书馆 CIP 数据核字（2011）第 167775 号

商会蓝皮书
中国商会发展报告 No.3（2011）

主　　编／黄孟复
主　　审／全哲洙
副 主 编／庄聪生

出 版 人／谢寿光
出 版 者／社会科学文献出版社
地　　址／北京市西城区北三环中路甲 29 号院 3 号楼华龙大厦
邮政编码／100029

责任部门／人文分社 (010) 59367215　　责任编辑／范　迎　尤　闻
电子信箱／renwen@ssap.cn　　　　　　 责任校对／高建春　班建武
项目统筹／宋月华　范　迎　　　　　　 责任印制／岳　阳
总 经 销／社会科学文献出版社发行部 (010) 59367081　59367089
读者服务／读者服务中心 (010) 59367028

印　　装／北京季蜂印刷有限公司
开　　本／787mm×1092mm　1/16　　印　张／20.5
版　　次／2012 年 4 月第 1 版　　　　　字　数／352 千字
印　　次／2012 年 4 月第 1 次印刷
书　　号／ISBN 978-7-5097-2642-6
定　　价／59.00 元

本书如有破损、缺页、装订错误，请与本社读者服务中心联系更换
▲版权所有　翻印必究

编辑委员会

主　　编 黄孟复

主　　审 全哲洙

副 主 编 庄聪生

编　　委（按姓氏笔画排序）

　　　　　王　瑗　邓国安　刘杰锋　李挺毅　李路路
　　　　　李　飞　李　勇　张凤翔　张　经　林泽炎
　　　　　陈平田　陈　峰　赵德江　桂德祥　栾文通
　　　　　高海涛　浦文昌　涂　文　黄文夫

编辑部成员（按姓氏笔画排序）

　　　　　冯东海　任传东　刘琦波　刘佩华　何学文
　　　　　林蔚然　林　航　尚小琴　房安文　费　勇
　　　　　郭　蕾　梁岩涓　鲁咪咪

目录

序言
——站在新起点　面对新征程　勾勒新蓝图 …………………… / 001

BⅠ 主报告

B.1 在新起点上加快培育和发展中国特色商会组织
——商会发展报告（2008~2011） …………………… / 001

BⅡ 地方报告

B.2 内蒙古自治区商会发展报告 …………………… / 038
B.3 浙江省商会发展报告 …………………… / 051
B.4 福建省商会发展报告 …………………… / 059
B.5 湖北省商会发展报告 …………………… / 073
B.6 重庆市商会发展报告 …………………… / 083
B.7 江苏省行业商会发展报告 …………………… / 097
B.8 陕西省行业商会发展报告 …………………… / 107
B.9 闽籍异地商会发展报告 …………………… / 119
B.10 上海市工商联乡镇、街道商会报告 …………………… / 127
B.11 浙江省嘉兴市行业协会商会发展报告 …………………… / 133

B Ⅲ 专题报告

B.12 全国工商联行业商会调查问卷统计分析报告 .... 全国工商联会员部 / 148

B.13 制约行业协会发展的政策环境因素
——基于"国家与社会"视角的分析 .... 李 勇 许 昀 / 162

B.14 为行业协会商会立法需要明确解决的几个问题 .... 张 经 / 173

B.15 中国商会立法的必要性、模式选择及架构设计 .... 浦文昌 / 185

B.16 日韩商会考察报告 .... 林蔚然 韩 鹏 / 203

B Ⅳ 实践探索

B.17 湖南商会党建工作研究 .... 湖南省工商联 / 211

B.18 广东乡镇商会发展若干问题思考 .... 广东省工商联 / 218

B.19 整合力量 联手发展 共同促进商会规范有序发展
.... 甘肃省工商联 / 222

B.20 行业协会商会管理的无锡模式 .... 江苏省无锡市工商联 / 228

B.21 服务"兴会" 职能"转型" .... 四川省成都市工商联 / 235

B.22 加强商会服务职能，促进非公经济发展 .... 重庆市渝中区总商会 / 244

B.23 发挥组织网络优势 创新银企合作模式 积极探索和破解企业
融资难题的有效途径 .... 重庆市江津区工商联 / 250

B Ⅴ 典型分析

B.24 发挥特殊经济区域中商会组织的特殊作用 .... 天津开发区商会 / 254

B.25 转变发展模式 走商会科学发展之路 .... 天津山西商会 / 260

B.26 创新工作方式 强化服务意识 充分发挥商会
桥梁纽带作用 .... 河北省工商联石油业商会 / 266

B.27 商会+农户　服务新农村 …………………… 内蒙古五道井子商会 / 273

B.28 把握自身特点　勇于探索创新　扎实有效地开展
　　 商会工作 ………………………… 黑龙江省齐齐哈尔市百花商会 / 280

B.29 坚持服务立会　做好桥梁纽带 ………… 江苏省南通家纺商会 / 287

B.30 突出服务　打造品牌 ………… 安徽省工商联电线电缆商会 / 294

B.31 发挥商会作用　缓解融资难题
　　 ……………………………… 山东省枣庄市工商联信用担保商会 / 299

B.32 在服务中规范商会　在规范中发展商会
　　 ………………………………………… 贵州省贵阳市市西商会 / 305

B.33 整合资源　凝聚力量　做两地合作的"民间大使"
　　 ………………………………………………… 宁夏浙江商会 / 311

皮书数据库阅读**使用指南**

序 言

——站在新起点　面对新征程　勾勒新蓝图

《中国商会发展报告 No.2（2008）》出版3年多来，在社会主义市场经济体制不断完善和非公有制经济快速发展的背景下，行政管理体制改革不断推进，商会政策法规不断丰富，商会管理体制不断创新，商会发展的环境越来越好，商会组织数量突飞猛进、职能作用不断充实、自身建设不断加强，在经济社会发展中的作用越来越突出，为推动经济平稳较快发展和社会和谐稳定作出了积极贡献。商会发展站上了新的历史起点。

"十二五"时期，商会发展将迎来重大新机遇。"十二五"时期是深化改革、加快转变经济发展方式的攻坚时期。推进新农村建设、产业转型升级、区域协调发展、扩大对外开放等政策措施的实施将为商会发展提供更为丰厚的土壤、开辟更为广阔的空间。同时，"十二五"规划把加强社会组织建设作为"标本兼治、加强和创新社会管理"的重要内容，从政策导向、财税支持等方面详细论述了如何促进社会组织发展、加强社会组织监管，特别是明确提出了"重点培育，优先发展经济类、公益慈善类、民办非企业单位和城乡社区社会组织"，"推动行业协会、商会改革和发展，强化行业自律，发挥沟通企业与政府的作用"等，这在商会发展史上具有里程碑意义。而这也要求相关部门在鼓励、引导、扶持行业商会协会发展，完善和促进商会发展的相关政策，发挥行业商会协会在加强和创新社会管理中的作用等多个方面推进行业商会协会的进一步发展。

新形势下，工商联将在促进商会发展中发挥更加重要的作用。《中共中央国务院关于加强和改进新形势下工商联工作的意见》（中发［2010］16号）是党中央着眼我国经济社会发展和统一战线工作全局，为加强和改进新形势下工商联工作、促进非公有制经济健康发展和非公有制经济人士健康成长的又一重大举措。该文件不仅高度肯定了商会的作用，明确指出"商会是市场经济体系的重要组成部分，充分发挥各类商会的重要作用是转变政府职能、完善社会主义市场经济体制的必然要求",提出了"中国特色商会组织"这一发展方向,而且将"加强行业协会商会建设,服务非公有制企业发展"作为工商联的基本任务之一,将"充分发挥工商联在行业协会商会改革发展中的促进作用"列为工商联五大职能作用之一。该文件明确指出,"工商联要认真履行社会团体业务主管单位职责,指导和推动商会组织完善法人治理结构、规范内部管理、依照法律和章程开展活动,充分发挥宣传政策、提供服务、反映诉求、维护权益、加强自律的作用"。在加强工商联自身建设中该文件明确要求工商联"要做好工商联会员发展工作,适当提升企业会员和团体会员比重,注重吸收行业协会、行业商会、异地商会等经济类社团"。"切实加强县级工商联和基层商会建设,县级工商联和大中城市区工商联要做好乡镇、街道、社区、市场等的基层商会建设,加强对基层商会工作的指导,充分发挥其在发展和管理会员、联系和服务企业方面的组织作用,在推动县域经济发展、建设社会主义新农村等方面的积极作用。"这为新形势下工商联发挥在行业协会商会改革发展中的促进作用提出了更高的要求。可以预见,今后工商联在促进商会发展中的影响力将不断扩大,职能将不断拓展,作用将不断提升,成为商会健康有序发展的重要推动力量。

尽管目前商会发展还面临着诸多困难和问题,但我们相信,随着国家政策的进一步落实和改革的进一步推进,随着非公有制经济的蓬勃发展,商会必将迎来新的历史机遇,在新的起点上创造新的辉煌。

本课题得到了财政部"中国民营经济课题研究"资金的支持,在此表示感谢!

2011 年 10 月

主报告

B.1
在新起点上加快培育和发展中国特色商会组织

——商会发展报告（2008~2011）

《中共中央国务院关于加强和改进新形势下工商联工作的意见》（中发［2010］16号）首次提出要培育和发展中国特色商会组织，这是继《国务院办公厅关于加快推进行业协会商会改革和发展的若干意见》（国办发［2007］36号）下发以来，党中央国务院关于我国行业协会商会改革的又一重大理论创新，为我国商会组织发展指明了正确方向。《国民经济和社会发展第十二个五年规划纲要》在第九篇"标本兼治　加强和创新社会管理"中明确提出，坚持培育发展和管理监督并重、推动行业协会商会改革和发展，把促进商会等社会组织发展作为"十二五"时期的一项重要任务。站在新的历史起点上，总结"十一五"时期特别是2007年以来商会发展的实践做法与成功经验，剖析"十二五"时期商会发展所面临的机遇与挑战，分析当前商会发展中的突出困难和问题，展望中国特色商会组织发展道路，具有非常重要的历史意义和现实意义。

一 "十一五"期末我国商会发展站上新的历史起点

"十一五"时期特别是2007年以来,伴随着我国非公有制经济的快速发展和社会主义市场经济体制的不断完善,特别是在国办发［2007］36号文件等一系列政策措施的引导和支持下,我国商会组织数量不断增加,新型形态不断涌现,会员范围不断扩展,服务形式不断创新,内部治理结构不断完善,在及时反映企业意见建议、积极服务企业生产经营、主动参与社会管理、引导企业依法经营等方面做了大量工作,为推动经济平稳较快发展和社会和谐稳定作出了积极贡献,已经站上了新的历史起点。

(一)政策环境逐渐完善

近年来,党委和政府高度重视商会等社会团体在经济社会发展中的重要作用,制定了一系列相关政策,商会发展的政策环境不断完善。

在国家层面上,2007年国务院办公厅出台了国办发［2007］36号文件,在理顺关系、优化结构、改进监管、强化自律、完善政策、加强建设等方面提出了一系列操作性很强的政策措施。为了贯彻落实国办发［2007］36号文件精神,2007年民政部发出了《关于社会团体登记管理有关问题的通知》(民函［2007］263号),对社会团体章程的修订及核准、民主程序的监督、负责人备案制度、负责人任职资格和条件、法定代表人任职条件、会费标准的备案管理等方面进行了明确规定,对改进和加强社会团体登记管理有关工作进行了详细指导;2010年国家发改委、财政部、民政部三部门联合下发了《关于治理规范社会团体收费的通知》(发改价格［2010］1182号),要求建立健全监督管理制度,规范社团收费行为;2010年民政部出台了《社会组织评估管理办法》,要求各级民政部门设立社会组织评估委员会和评估复核委员会,依照规范的方法和程序,对社会团体的基础条件、内部治理、工作绩效和社会评价进行客观、全面的评估。特别是2010年颁发的中发［2010］16号文件首次提出积极培育和发展中国特色商会组织,在商会的重要地位、职能作用等方面提出了一系列新的理论观点和政策措施。

在地方层面上,各地政府结合当地实际情况,在推动商会改革发展方面进行了探索和创新，目前，已有上海、广东等地出台了促进商会发展的地方性法规，多个省份出台了相关政府规章，还有深圳、无锡等一些地方也出台了有关规范性文件。早在1999年，深圳就率先出台了《深圳经济特区行业协会条例》。2006年，广东省政府就在《关于发挥行业协会商会作用的决定》中提出，行业协会商会必须在"自愿发起、自选会长、自筹经费、自聘人员、自主会务"的"五自"原则基础上，实行无行政级别、无行政事业编制、无行政业务主管部门，真正实现民间化和自治性。2007年国办发〔2007〕36号文件下发以后，绝大多数省区市都出台了相关的配套文件，各地级市出台的相关政策也非常多，不仅推动了国办发〔2007〕36号文件的贯彻落实，而且很多地区结合当地行业协会商会发展情况进行了政策创新，如山东省出台的《关于加快推进行业协会改革与发展的意见》（鲁政办发〔2008〕48号）明确提出，以授权、委托、划转、参与、配合等五种形式，将行业统计分析、行业发展规划制定、以政府或有关部门名义举办的重大交易会展销会等活动的组织与筹办、行业重大投资开发项目的调研论证、行业职工技能培训、行检行评、行业内驰名商标名牌产品等的培育与推荐、参与产业损害调查及行业国际贸易预警机制建立等多项行业管理职能由政府向行业协会转移。

（二）发展速度明显加快

近年来，在国家大力发展商会的政策鼓励下，特别是在越来越多的工商联获得本级政府关于社会团体业务主管单位授权之后，我国商会数量大幅增加，发展速度明显加快。一方面，获得法人登记的商会组织快速增长。据民政部民间组织管理局的数据显示，截至2009年年底，全国工商业服务类和农业及农村发展类社会团体组织共63009家，比2007年增加了16.9%，年均增长超过8%。另一方面，非公有制经济领域自发组成的商会发展踊跃。截至2010年年底，工商联共有行业商会、同业公会、街道商会、乡镇商会、市场商会、异地商会等各类商会40610家，比2005年年底增加了40%，年均增长近7%，其中2005~2007年年均增速为6%，2007~2010年年均增速为8%。2010年年底行业商会有14251家（其中未获得法人登记注册的行业商会就有8376家），比2005年年底增加了114%，年均增速超过16%，其中2005~2007年年均增速为10%，2007~2010年年均增速为18%。异地商会增速更快，2010年年底异地商会共有2535家，比2005年年底增加了396%，年均增速近38%（见图1）。

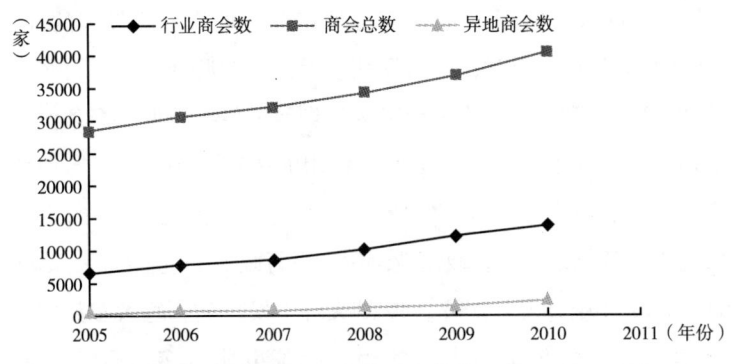

图1 全国工商联商会组织发展变化情况（2005~2010）

数据来源：全国工商联。

（三）组织构成日趋合理

在国家调整、优化结构和布局的政策指引下，我国商会组织构成日趋合理。

一是行业分布不断延伸。总体来看，商会仍然主要分布在制造业、批发和零售业、居民服务和其他服务业、住宿和餐饮业（见图2），但是在国家相关产业政策的引导下，已经逐步发展到各个行业各个领域，特别是在现代农业、战略性

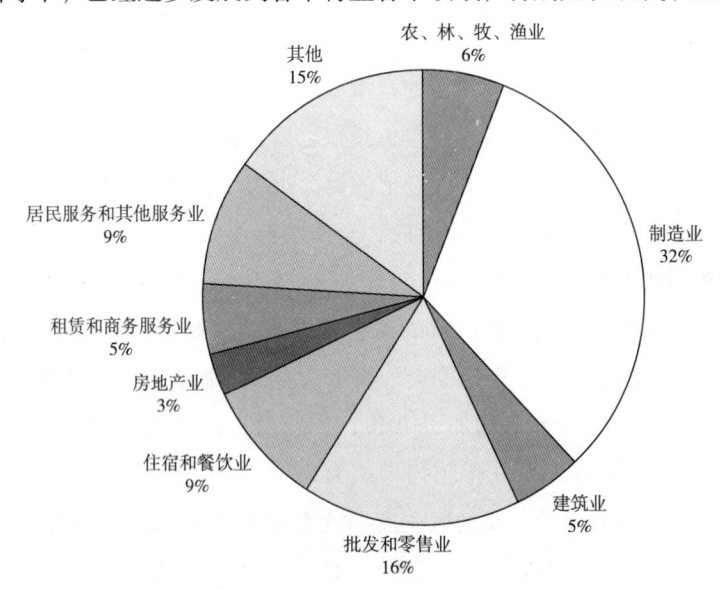

图2 2010年年底全国工商联企业会员按行业分布情况

数据来源：全国工商联。

新兴产业和现代服务业中已形成加快布局之势。工商联商会从传统大类行业向细分行业和新兴产业扩展趋势尤其明显，如重庆市工商联的商会分布扩大到包含IT、新能源、环保等在内的56个行业。

二是区域覆盖不断拓展。目前，商会正在从发达地区向欠发达地区、从大中城市向县及其以下区域纵深发展。以工商联商会为例，全国范围内乡镇商会覆盖率达到51.4%，街道商会覆盖率达到61.5%，有的县（市、区）已实现了乡镇、街道商会的全覆盖。天津市131个乡镇中，有106个建立了工商联基层商会，占比达81%。重庆市丰都县30个乡镇街道都建立了基层商会组织。

三是组织形态更加多样。商会已经从以个体劳动者协会、行业协会、同业公会为主的组织形式，发展到目前包括行业协会、行业商会、国际商会、同业公会、私营企业协会、个体劳动者协会、外商投资企业协会、乡镇企业协会、异地商会、乡镇商会、街道商会、社区商会、村商会、市场商会、楼宇商会、园区商会、联谊会等多种形态。截止到2010年年底，工商联系统各类商会中，行业商会占35.1%；乡镇商（分）会占43.2%，街道商（分）会占10.1%，异地商会占6.2%，市场商会占1.6%，开发区商会占0.7%。近年来，一些地方还按照"一村一品"的产业集聚特点积极组建村商会，浙江省德清县近两年已组建90家村商会（见图3）。

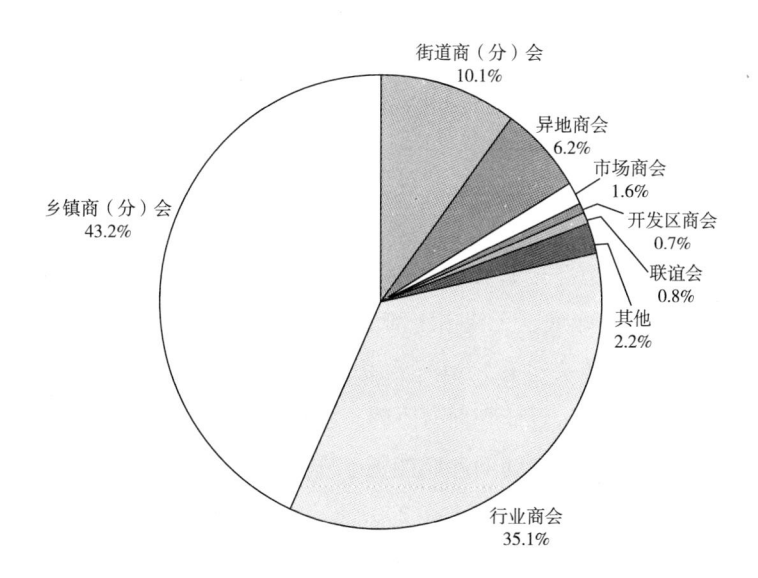

图3 2010年年底全国工商联商会按类型分布情况

数据来源：全国工商联。

四是会员结构更趋优化。一方面，会员代表性进一步增强，基本上能吸纳规模较大的有实力、有影响力的企业，如江苏省南通市工商联已组建行业商会195家，涉及纺织、服装、家纺、船舶、建筑等60多个行业，会员总数达13954家，覆盖规模以上企业数的80%。另一方面，会员覆盖面不断扩大，商会在会员发展工作上更加注重吸收为数众多的中小企业会员。目前，全国工商联主管的商会会员中，中小企业会员就占到78%；越到基层，各级商会联系和服务的中小企业会员覆盖面就更大，如辽宁省本溪市桓仁县北甸子乡商会有会员680家，全乡95%以上的冰葡萄种植户加入了该商会。

（四）管理体制不断创新

近年来，在政府职能转变的大背景下，许多地方政府采取了多种措施推动行业协会商会与政府部门在机构、人事和财务等方面脱钩，探索实行"政会分开"、"市场化取向办会"的行业协会商会管理体制。在业务主管方面，有的地方创新行业协会商会"无业务主管"模式，明确规定政府部门不再担任行业协会商会的业务主管部门。如广东省深圳市2008年规定工商经济类社会组织申请人可直接向社会组织登记管理机关申请登记；海南省海口市2008年规定除法律法规授权履行特殊职能的注册会计师、律师等外，其他行业协会商会成立可直接向登记管理机关申请登记。有的地方逐步剥离政府部门的社会团体业务主管职能，如北京市2008年出台了关于加强社会建设的"1+4"系列文件，除少数有特殊职能的行政部门外，大部分行政部门将不再作为社会组织的业务主管单位。有的地方确立了工商联"一元主管"模式，如无锡市规定所有工商类行业协会商会，在民政部门实施登记管理的基础上，全部归口工商联管理。从2007年6月改革开始到2009年年底，无锡市工商联归口管理的行业协会商会从16家快速发展到103家，发展势头迅猛，运行状况良好，改革成效显著。在商会职能方面，许多地方政府明确将行业管理与协调、社会事务管理与服务、技术服务与市场监督等一些政府事务性、辅助性职能逐步转移、授权或委托给行业协会商会，以拓展商会的发展空间。如无锡市在2007年先行选择市建筑行业协会、市政公用行业协会等五个行业协会商会试点的基础上，于2010年1月出台《行业协会商会承接政府有关职能的实施意见》，明确将参与行业政策规划及标准的制定、行业统计分析、行业公共服务平台建设、专业会议展览承办、行业技能培训、行业内重大投资可行性报告论证、专业资质和行业准入初评初审、高新技术企业与产品及科技性企业研发机构认定、行业评优评奖和优秀成果的推荐、职称代理服务与职称评定初审、行业价格自律、行业管理协调、倾销与反补贴反垄断的信息调查收集、假冒伪劣产品违法行为的信息收集和调查等十几项政府职能，通过转移、授权或委托的方式移交给符合条件的行业协会商会。

（五）自身建设不断加强

近年来，我国各类商会更加注重自身建设，商会整体素质不断提高。

在内部治理结构方面，随着商会会员自我管理与规范管理意识的增强，许多商会逐步开始以形成激励机制和约束机制为重点，建立健全了以章程为核心的各项规章制度，完善了以会员大会或者会员代表大会为最高领导机构、以理事会为执行机构、以监事会为监督机构的法人治理机构。据全国工商联2010年对3456家行业商会进行的抽样调查（以下简称"工商联抽样调查"）显示，设立了会员大会的占92.3%，设立了理事会的占73.5%，制定了会员大会制度并能够按照章程规定召开会议的占80%以上。

在经费来源方面，商会越来越关注会员的需求以提供具有针对性的信息、协作、维权等服务，对企业的吸引力不断增强，全员缴纳会费的积极性越来越高，商会的经济实力越来越强。据工商联抽样调查显示，57.2%的商会第一收入来源都是会费；重庆市工商联系统商会组织2009年度商会收入来源中72.3%来源于会费。同时，政府部门主管的行业协会通过承接政府移转职能、提供公共服务等卓有成效的工作，得到了大量的政府财政支持，进一步增强了行业协会的经济实力。如2010年13家国资委直管协会及其代管协会共获得财政资金4.6亿元，比2009年的4.3亿元增长6.98%，其中直管协会本级1.41亿元，比2009年的1.28亿元增长10.16%。[①]

在队伍建设方面，各类商会领导班子以及专职人员整体素质不断提高。长期以来，国资委等政府部门主管的行业协会以及贸促会主管的国际商会的领导班子

---

① 国务院国资委副主任黄淑和：《全面推进行业协会品牌建设工作，促进委管协会在国家经济发展中发挥更大更好的作用——在国资委直管协会负责人会议上的讲话》，http://www.sasac.gov.cn/n1180/n1566/n259760/n264785/13108538.html，访问时间：2011年3月25日。

成员通常是离退休领导干部，工作经验丰富，社会活动能力强，相对稳定。近年来，民间自发组成的商会特别是工商联主管的非公有制经济领域的各类商会，在专职人员队伍建设上取得了一定成效。据工商联抽样调查显示，一方面越来越多的商会配备了专职的秘书长和秘书处工作人员，3456家行业商会中的46.2%有专职的秘书长，2276家行业商会有秘书处工作人员6004人，其中专职的占45%；另一方面商会领导班子及工作人员素质不断提高，大专及以上学历的商会会长占64%，大专及以上学历的秘书长占70%以上。

在党建工作方面，各类商会通过开展深入学习实践科学发展观活动以及创先争优活动，党组织和党的工作覆盖面不断扩大。据民政部民间组织管理局统计，2009年年底全国民间团体中应建立党组织的社会组织为71278家，已建立党组织的社会组织38392家，占比达53.9%，与2008年同期的41.8%相比增长了12.1个百分点。民间自发组建的商会一直是党的基层组织建设的薄弱环节，近年来在民政部门、工商联等单位的大力指导下，商会党建工作也取得了一些进展。据工商联抽样调查显示，3456家行业商会中已有近12%的商会组建了党组织并开展了党的活动。还有一些商会组织党建工作开展得有声有色，如天津山西商会会员中党员占到了1/3，不仅建立了党总支委员会，而且新建基层党支部22个，实现了基层党组织的全覆盖，百余名党员全部纳入了党组织管理。党组织积极发挥作用，经常组织开展活动，促进了商会快速健康发展。

二 商会在促进我国经济社会平稳较快发展中发挥了重要作用

近年来，特别是2008年国际金融危机爆发以来，我国各类商会积极作为，在宣传政策、提供服务、反映诉求、维护权益、加强自律等方面的作用越来越显著。

（一）帮助会员解决具体困难，稳定企业生产经营

商会组织与企业联系最密切，对企业工作最深入，为企业服务也最直接。近年来，商会按照会员需求搭建各类公共服务平台，为会员企业提供信息、技术、人才、融资、培训等方面的服务，着力帮助会员企业有效应对生产成本高、用工

紧张等问题，特别是对解决当前中小企业面临的融资难问题进行了多种形式的探索。

一是帮助会员企业缓解融资难题。商会通过建立互助联合担保平台、成立小额贷款公司、构建银企合作服务平台、组织会员企业抱团融资等多种形式有效缓解会员企业的融资难题。甘肃省工商联钢贸商会与建行合作开发"钢贸通"贷款业务，目前已为会员企业解决资金近8亿元。辽宁鞍山钢铁贸易商会与金融机构联手，建立"联保联贷"模式，有效破解小企业融资难题。江苏省南通市家纺商会为帮助会员企业解决发展资金问题，建立了会员企业互助诚信担保体系，联合招商银行小企业信贷中心为一批资金紧缺的会员企业提供授信额度，还与市工商联中小企业应急互助基金紧密配合，解决了一批会员企业资金周转难的问题，有效防止了资金链的中断，保证了企业的正常发展。例如商会副会长单位金太阳家纺还成立了小额贷款担保公司，不但有效破解了部分会员企业的融资难题，也为企业省去了担保费、抵押评估费等费用，降低了企业的融资成本，受到了会员企业的普遍欢迎。

二是帮助会员企业拓展市场。商会通过组织企业外出考察、开展经贸洽谈、举办展览会等活动，帮助会员企业捕捉商机、拓展市场。2007～2010年，广东省中小企业发展促进会相继设立"泛珠三角技能人才交流平台"、"广东省中小企业信息咨询服务平台"等省级公共服务平台，共举办各类大型服务活动70多场次，服务企业人数超过50000人次。广东省家纺协会自1997年开始创办全国性的家纺布艺展览会，并在每届展会中举办多个讲座与论坛，为企业提供最新的行业发展动态，组织企业开展经贸交流，达成战略合作伙伴关系，已经成为全国性同行业企业加深交流合作、促进行业健康发展的优秀公共平台。辽宁省五金机电商会从1998年成立以来连续举办了14次东北国际五金展，累计有3500多家生产商和经销商参展，参观人数达35万人次，已成为中国北方地区规模最大、历史最长、最具影响力的专业性国际展会。

三是着力维护会员合法权益。商会普遍把维护会员权益作为商会提供服务的重要内容和提高商会凝聚力、影响力的重要方式，在帮助会员挽回或减少经济损失方面做了大量工作，努力维护会员合法权益。沈阳市各行业商会、异地商会等商会组织先后通过商标维权、解决拖欠工程款等措施，累计为会员挽回经济损失约1亿元，其中沈阳绍兴商会2010年为会员提供各种维权服务13起，挽回经济

损失1390万元。绍兴县通过商会与江苏南通、山东潍坊和广东佛山三地纺织品协会签订版权保护与合作协议，三年来共代办版权登记157件，协调侵权案9件，帮助会员赴山东潍坊、江苏南通追查花样侵权67件。

（二）服务企业转型升级，加快非公有制经济转变经济发展方式

商会发挥熟悉行业的优势，推动改善行业环境，积极搭建创新平台，对提升行业整体发展水平、推动企业转型升级起到了重要作用。

一是积极反映会员企业利益诉求，推动营造有利于转型升级的政策环境。工商联商会普遍重视通过工商联，以政协团体提案的形式向政府有关部门表达会员的意见和建议，推动政策环境的改善。据统计，近五年全国工商联政协团体提案的主要建议中，有2/3是由商会组织会员企业提出的。全国工商联在全国政协十一届三次会议上提交的团体提案中，石油业商会提出的"把民营石油企业纳入国家石油战略储备"的建议，得到了中央领导的重要批示和国家有关部门的积极采纳。各地商会也积极参与这项工作。五年来四川省眉山市工商联商会完成调研报告18篇，提案41件，为当地党委政府决策提供了重要参考。许多商会还通过地方党委、政府与商会建立的情况沟通、问题协商工作机制，直接向党委政府反映意见和建议。湖北省建立了省领导联系省外湖北商会的制度。无锡市工商联每年组织两次有市委主要领导参加的重点行业商会负责人座谈会，市全委会、市经济工作会议等重要会议也邀请部分行业商会代表列席。近年来，越来越多的商会更加注重通过参与制定行业标准，推动改善行业发展环境。全国工商联房地产商会建立了首个中国房地产低碳建筑减排评估行业标准，发布了《中国绿色低碳住区减碳技术评估框架体系》，推出了《中国生态住区技术评估手册》。在江苏，南通市商会在工商联组织下积极参与制订本市"十二五"行业发展规划；无锡市纺织工业协会充分利用会员企业中的高级技术人才，建立了95人的专家库，参与制定行业标准和行业规划，近年来完成制订和审定标准32项，其中3项为国家标准。在天津，美容商会提出的《美容美发服务质量标准》、《美容美发专业等级划分标准》和汽配用品业商会提出的《汽车配件营销企业经营管理标准》、《汽车用品及服务企业经营管理标准》，都已成为该市质量技术监督局正式发布的行业管理标准。还有的商会注重以开展行业研究、发布行业发展报告等方式，为党委政府决策提供有益参考。如全国工商联新能源商会连续五年发布行

业年度报告，发行了100多期行业期刊，通过设计运营行业网站，发布最新的产业数据和行业资讯，并向国家有关部委报送，在改善行业发展的政策环境、提升行业发展整体水平等方面发挥了积极作用。

二是主动搭建平台推动技术创新，增强企业自主创新能力。商会积极搭建技术创新服务平台，推动会员企业掌握核心技术。如大连市甘井子区大连湾街道商会加强与科协、技术交易市场的合作，为会员企业提供科技成果转换、技术创新培训、知识产权代理等服务，先后协助20多家企业申报专利，有2家会员企业成立了技术中心，有5家会员企业成立了研发中心。

三是组织会员企业建立园区，引导相关产业链上的企业集群发展。商会结合地区、行业发展实际，积极培育产业集群，有效提升了会员企业的竞争力。如安徽省电线电缆商会、涂料行业商会、鞋业商会等行业商会大力建设"电线电缆生产基地"、"涂料工业园"、"中国国际鞋类品牌研发贸易中心"，延伸产业链条，促进上下游企业联动发展；四川广汉冶金业商会发挥会长的龙头作用，向产业链上下游拓展延伸，在什邡建立不锈钢产业园，带动相关中小企业集群化发展；浙江永康市钢门窗行业协会在龙头企业步阳集团的牵头组织下，积极培育现代产业集群，带动行业内上千家企业共同发展，2010年积极争取并成功承办了中国国际门业博览会，打造了永康门业品牌，目前永康防盗门年产量近3000万樘，占到全国总产量的70%以上。

四是积极主动"走出去"，引导企业充分利用"两个市场，两种资源"。一方面，国际交流与合作日益频繁，企业在国外投资、在国际上与外国企业合作都需要商会发挥作用。如中国国际商会是在中国从事国际商事活动的企业、团体和其他组织组成的国家级国际性会员制商会组织，其宗旨是为会员提供专属优质服务。自1988年经国务院批准成立以来，在推进实施"走出去"战略方面，做了大量卓有成效的工作。全国工商联牵头组建的中国民营经济国际合作商会已获国务院批准，目前正在筹备中。长沙在美国、加拿大、英国、老挝等国家和地区成立了长沙商会，为会员企业积极稳妥"走出去"创造了一定条件。江苏南通家纺商会帮助400多家会员企业到美国、加拿大、东欧、南非和南美等20多个国家和地区投资经营，海外销售额每年达2亿多美元。天津市医疗器械商会通过组织会员企业参加美国、德国、迪拜等国家和地区的国际医疗展，拓展了国际市场，畅通了国际间的交流与合作。另一方面，商会作为民间社团，在国际贸易与国际合作中对国内产业、国内企业的保护与支持方面，有着独特的优势。近年来，我国企业遭遇境外的反倾销、反补贴等国际贸易冲突不断增多，许多商会发挥自身优势，在国际贸易争端中为保护行业企业的权益开展诉讼的成功案例屡见不鲜。2010年我国钢铁行业发起诉讼案件4起，中国钢铁工业协会等各方面共同努力，积极应对，胜诉率达50%，取得了很好的效果。温州市鞋革行业协会和广东鞋业厂商会、泉州市鞋业商会三地商会共同倡议，联合组建对欧盟的"反倾销应对联盟"，充分利用世贸规则，成功提出"无损害抗辩"。嘉兴市紧固件进出口企业协会成功应对"美国碳钢紧固件'双反'调查"，是美国对华开启"双反"调查以来20多起案件中唯一一起以无损害初裁终止调查的案件，也是中国紧固件行业遭遇贸易救济调查以来唯一完胜的案例。

（三）发挥自律作用，维护健康市场秩序

商会的一项重要职能是自律。改革开放以来，我国经济总体上呈高速增长态势，但是粗放式增长的特征仍比较明显，企业生产假冒伪劣产品、偷漏逃税、无序竞争等现象也时有发生，阻碍了相关行业乃至整个经济的健康发展。越来越多的商会都把加强自律作为商会工作的重要内容，在建立并维护建立健康有序的市场环境方面发挥了重要作用。

一是制定自律规约。商会积极发挥行业自律功能，通过建立健全各项自律性管理制度并在会员中推行实施，强化商会会员的自我约束、自我管理、自我教育。在四川，丹棱县冻粑行业协会经会员代表大会表决通过了《丹棱冻粑协会自律公约》，促进会员企业构建完善的冻粑食品质量、安全管理体系，保证了冻粑生产经营安全有序，维护了品牌形象。广东省家具商会联合全国工商联家具装饰业商会、东莞名家家具俱乐部发布了《中国家具建材行业市场经营行为规范公约》，以构建公平规范的市场经营秩序，增进家具建材生产企业及流通企业、经销商等市场参与主体彼此之间的合作共赢，共同推动家具建材产业健康有序发展。

二是开展质量诚信建设。商会参与制定并组织实施行业职业道德准则，推动行业诚信建设，开展包括质量自律、知识产权自律、环保自律、诚信自律等活动，协调会员采取一致行动，维护行业健康形象。天津山西商会连续三年对会员企业开展了"产品质量保证体系"现场检查活动，要求企业在生产的关键环节

上设立质量监督岗；2010年年底该会正式向社会公开承诺"天津山西商会会员产品质量无伪劣"。仁寿县成仁道路客运行业商会通过签订落实《会员自律协议书》，使成仁线从原来的被投诉热点线彻底转变为现在的安全文明线。安徽轴承商会通过开展行业打假，净化了轴承市场，稳定了价格体系，提高了产品质量。

三是引导有序竞争。商会制定行业规范，协调会员关系，避免商会组织内部企业的恶性竞争，有效维护公平竞争的市场秩序。重庆市沙坪坝区磁器口街道商会针对本地区同品牌商铺重复设置，恶性竞争的现象，制定了《磁器口商业品牌准入制度》，促进了多种食品品牌入驻，成为展示西南地区特色小食品的一个窗口。

四是加强商会文化建设。文化是促进商会组织可持续发展的重要内核，是凝聚商会会员更高层次、更为紧密的纽带，也是引导会员自我约束的重要途径。越来越多的商会把文化建设作为强化自律的重要内容，注重通过弘扬传统商业文明、现代市场经济文化的精神，引领会员规范自身行为，树立良好形象。如晋商在各地的异地商会中，普遍都把弘扬晋商的诚信文化作为商会的内在精神。

（四）服务新农村建设，推动我国区域经济协调发展

商会的最大优势就是组织优势，它遍布城乡，深入乡镇、街道等广大基层。在我国区域经济建设、县域经济发展和新农村建设中，通过商会将企业的资金、技术、人才整合起来，搭建经贸交流平台，开展招商引资活动，已经成为各级党委政府开展经济工作的重要方式之一。

一方面，商会促进了县域经济的发展壮大，成为加快城镇化进程和社会主义新农村建设的重要推手。越是在县域，小型微型企业越集中，对各类商会的发展需求越迫切；越是在县域，政府服务企业越具体，对各类商会的助手作用越重视。随着社会主义新农村建设的逐步推进，县域以下的乡镇商会、街道商会等商会利用组织网络优势，在带动当地农民增收和劳动力的转移、促进农业现代化、壮大县域经济方面发挥了重要作用。如江苏省赣榆县泥鳅协会拥有18家中国质检总局备案企业，发展养殖户7000余户，养殖池塘9000个，养殖面积21000亩，2010年泥鳅出口量达12000吨，实现创汇额6000万美元，促进了地区经济

发展和地方农民增收。广西南宁市坛洛镇商会积极组织会员和农民大面积种植香蕉，注册"洛洛牌"商标，建立销售网络，组织会员参加大型农产品展销会、博览会，为当地提供了3000多个生产和包装就业岗位，农民人均纯收入增加5000多元。广东省中山市小榄镇商会探索建立同行会员企业的联合机制，组织会员统一参展、统一宣传，打造好小榄区域品牌。辽宁省本溪市桓仁县北甸子乡商会通过积极与龙头企业签订长期稳定的购销合同，实现冰葡萄收购价每斤提高1元，平均每亩增收1300元，增加了农民的收入。

另一方面，商会促进了区域经贸协作，成为地方政府招商引资的重要抓手。异地商会由外地的同籍企业抱团建立，在加强区域间的交流合作、促进区域经济协调发展方面发挥了重要作用。首先，异地商会搭建区域间联系与协作服务平台，成为地方招商引资的重要抓手。如宁夏浙江商会积极协助宁夏政府代表团赴浙江杭州、宁波、义乌等地考察，并在农业、会展、能源、旅游等方面达成长期合作意向，即宁波—宁夏经济合作交流框架协议，促成一些国内知名浙企落户宁夏。10年来，宁夏浙江商会累计为宁夏招商引资300多亿元，特别是从2008年开始，每年以20亿元的速度增长。2008年，广东湖北商会组织考察团，带领40位企业家赴荆门、应城等地考察，共签约6个投资合作项目。2009年北京湖北企业联合会、上海湖北商会、重庆湖北商会、广东湖北商会、河南湖北商会、四川湖北商会等省外湖北商会积极组织企业回家乡考察投资，活动中共签约76个项目，投资总额达203.8亿元。辽宁省广东商会就广东出口商品遇阻的问题，向广东省政府提出开展"广东产品北方行"的建议，推动广州、佛山、肇庆等多个城市到辽宁参加经济合作洽谈会或产品博览会，合计贸易额达800亿元。其次，近年来不断涌现的异地商会也将浙商、晋商、徽商、闽商等具有浓郁区域色彩的中国商帮文化，从区域推向全国，并与当地的经济、文化、区位优势融会贯通，在弘扬创业精神、激发创新活力、促进区域协调发展方面发挥了重要作用。如山西商人在省外创业，活跃在全国各个省区市，遍布大江南北的29家晋商组织将晋商文化推向了全国；2004年、2007年、2010年连续召开三届的世界闽商大会，提炼并宣传了"闽商精神"。

（五）加强教育引导，促进企业出资人健康成长

商会是会员企业的联合，也是会员企业出资人的联合。加强对会员企业出资人的教育引导，既是商会服务会员企业的重要手段，也是商会发展的应有之义。商会通过组织各类培训活动，在增强会员企业出资人的思想政治意识、经营管理能力、社会责任感、提高出资人的综合素质方面做了大量工作，在促进会员企业出资人健康成长方面发挥了重要作用。

一是自觉向会员企业宣传党和国家的方针政策，引导出资人不断提高思想政治素质。各类商会普遍将宣传党关于非公有制经济的政策、国家产业政策等列为服务会员的重要内容，采取多种形式组织会员学习相关政策，引导会员企业和企业出资人遵守国家法律法规，抢抓政策机遇。据工商联抽样调查显示，99.9%的行业商会将宣传学习、贯彻落实党的路线方针政策和国家法律法规作为商会的重要职能，以多种形式组织会员学习党的方针政策，尤其是与会员企业切身利益相关的产业、区域发展政策，引导企业科学发展。深圳市宝安区各类商会积极组织会员参加工商联定期开展的财政、税收、金融以及相关产业政策大讲堂活动，使会员及时掌握党的路线方针以及与企业生产经营有关的政策信息。重庆市餐饮商会组织会员参加工商联举办的讲座、培训和座谈会，领会有关重要文件精神。中共南通市行业商会联合委员会邀请市工商联领导和党校教授，为会员作科学发展观理论专题辅导。浙江余姚市三七镇商会成立商会社会主义学校，对非公有制经济人士进行教育培训，增强了会员爱国、敬业、诚信、守法和贡献意识。

二是组织会员参加各类培训活动，引导出资人提高企业经营管理水平。商会为企业出资人提供企业经营管理等专业培训，帮助他们加强内部管理、完善治理结构、努力建立现代企业制度。如天津山西商会几年来开展各种形式的素质教育活动200余次，推荐60多名会员参加清华大学、南开大学总裁培训班或攻读学士、硕士和博士生学位，并组织相关专家指导会员企业制定发展规划、调整产业结构、建设企业文化、建立健全现代企业制度。

三是组织会员以多种形式服务社会、回报社会，增强出资人社会责任感。一方面，商会组织会员积极参与各种社会公益慈善活动，自觉履行社会责任。面对汶川、玉树、舟曲等地发生的重大自然灾害，广大商会都积极行动起来，组织会员企业捐款捐物，帮助灾区共渡难关，如南京珠江路商会和南京餐饮商会均组织会员捐款近千万元。面对当前经济社会发展不平衡不协调的一些突出问题，许多商会也以各种形式扶贫济困。云南福建商会以各种形式捐资助学、参与扶贫和新农村建设等累计捐赠近 10 亿元。还有大量商会积极组织会员投身光彩事业。据工商联抽样调查显示，81.1%的行业商会将"倡导企业履行社会责任，积极开展光彩事业"作为商会的重要职能。常州市武进区湖塘镇商会以会员企业为单位成立多个"城镇建设百万光彩基金"。面对国际金融危机冲击，各地商会组织开展各种活动，号召会员企业坚持不裁员、不减薪、不欠薪，稳定就业岗位。另一方面，许多商会还发挥协调优势，引导企业构建和谐劳动关系，履行服务和管理员工的社会责任，在加强和创新社会管理中探索发挥了协同作用。江苏如皋市丁堰镇皮革商会引导会员建立行业工资标准协商制度，先后制定出台了企业员工劳动合同书和劳动保险协议书，真正把企业发展壮大取得的效益惠及每个普通职工。天津山西商会在会员企业中建立以党员、团员、入党积极分子和企业骨干为核心的职工思想动态信息网络，设立了"会员企业员工诉求协调服务中心"，坚持做到商会会员企业员工无上访。在 2008 年爆发的国际金融危机中，很多商会发动会员企业坚持不裁员、不减薪，树立了良好形象。

三 "十二五"时期我国商会将迎来跨越式发展的重大机遇

"十二五"时期，我国将以科学发展为主题，以加快转变经济发展方式为主线，促进经济长期平稳较快发展和社会和谐稳定，为全面建成小康社会打下具有决定性意义的基础。商会作为社会主义市场经济体系的重要组成部分，也将迎来跨越式发展的重要战略机遇期。随着经济结构战略性调整和产业转型升级的强力推进，区域协调发展战略和新农村建设的加快实施，体制机制改革的不断深化，对外开放广度和深度的不断拓展，各类商会的数量将不断增加，组织形态将更加多样，会员结构将更趋优化，商会职能将进一步丰富完善，商会管理将更加科学，商会发展将更加规范，体制完善、结构合理、行为规范、法制健全的行业协会商会体系将基本形成。

（一）经济结构战略性调整将促进商会跨越式发展

"十二五"规划明确提出，要坚持把经济结构战略性调整作为加快转变经济发展方式的主攻方向，这给商会发展既带来了新的机遇，也提出了新的要求。

一是加快产业结构调整,既需要行业商会发挥作用,也将推动行业商会加速优化重组。加强农业基础地位,就必须深入发展工业化、城镇化,加快社会主义新农村建设,推进农业现代化,这需要商会、农民专业合作社等社会组织将分散生产经营的农户和企业组织起来,推动农产品生产加工销售向组织化专业化市场化转变。提升制造业核心竞争力,就必须加快传统制造业技术改造升级、优化重点产业生产力布局、推动优势企业兼并重组,这需要行业商会切实摸清行业底数、分析行业前景、制定行业规划、整合行业力量。发展战略性新兴产业,就必须把节能环保、新一代信息技术、生物、高端装备制造、新能源、新材料、新能源汽车等产业培育成为先导性、支柱性产业,这需要加快培育这些领域的行业商会,并充分发挥商会在提高企业组织化程度、推动加强政策支持和引导等方面的积极作用。加快发展服务业,就会促进金融、信息、科技服务、现代物流、商务服务等生产性服务业分工越来越细,文化创意、服务外包、电子商务等新兴服务业态不断涌现,这将推动新兴服务业商会的加快组建和工作领域的进一步细化。二是协调区域发展为异地商会带来了广阔空间。深入实施区域协调发展战略,必然要求资本等生产要素在更大的地理范围和市场空间进行交流和重新配置,产业梯度转移速度进一步加快,东、中、西部之间的经贸交流和协作不断深化,越来越多的浙商、闽商、粤商将深入中西部地区或东北地区投资兴业,这将促进中西部等地区异地商会数量的快速增长,异地商会促进区域经济合作的方式和手段将进一步丰富,促进区域合作的"民间大使"作用将得到进一步发挥。三是壮大县域经济将为商会服务基层和广大中小企业提出新的要求。统筹城乡发展,积极稳妥推进城镇化,将推动农村剩余劳动力不断向城镇转移,在县域经济中大量聚集以中小企业为主体的劳动密集型产业、加工制造业和非公有制企业,这为县域经济中的乡镇商会、社区商会、街道商会等新型商会数量的快速增加、会员队伍的不断壮大提供了发展机遇。同时,"十二五"时期区域经济园区化、园区经济产业化、产业经济集群化的大趋势,也必将促进市场商会、开发区商会等商会形态的进一步涌现和发展。

(二)深入推进体制改革将促进商会跨越式发展

"十二五"规划提出,要坚持把改革开放作为加快转变经济发展方式的强大动力,坚定推进经济、政治、文化、社会等领域改革,加快构建有利于科学发展

的体制机制，这为商会发展带来了新的机遇。

一是支持和引导非公有制经济发展，为商会组织壮大提供了坚实的发展基础。"十二五"时期，随着制约非公有制经济发展的制度性障碍进一步消除，促进非公有制经济发展政策措施的全面落实，人民群众的积极性将进一步被调动起来，社会主义市场经济体制的活力将进一步被激发出来，非公有制经济将在新的历史起点上得到新的发展。非公有制企业数量将不断增多，规模将不断扩大，这必将为以非公有制企业为会员主体的各类商会快速发展提供肥沃土壤。二是行政管理体制改革的不断深化将进一步拓展商会的生存空间。加快转变政府职能，要求政府与市场中介组织分开、减少对微观经济活动的干预，这就要求政府必须将不适宜和不应该承担的职能移交给商会等社会组织。可以预见，"十二五"时期，越来越多的商会将承接行业统计调查、标准制定、行业规划、资质认定等职能，商会服务会员的手段将不断丰富，服务能力将大大提高。完善科学民主决策机制，要求政府在制定涉及经济社会发展全局的重大事项前，应广泛征询意见，充分协商和协调，在决策程序中积极主动吸收公众参与，这为商会参与政府决策，向政府有关部门集中反映行业、会员诉求提供了制度保障。三是财税金融体制改革将为商会发展增添新的助力。深化财政体制改革，将要求政府建立"政府支持中介，中介服务企业"的公共服务提供方式，从而使政府将商会纳入购买公共服务的对象范围，促进商会经费来源的多元化和服务功能的多样化。改革和完善税收制度，要求政府扩大社会组织税收优惠种类和范围，从而使非营利性的商会及其向广大企业提供的公共服务行为成为税收优惠政策的扶持对象，引导商会不断增强可持续发展能力。深化金融体制改革，将鼓励引导更多的民间资本通过商会组建担保公司、小额贷款公司等方式进入金融领域，将引导更多的银行等金融机构通过商会建立银企对接平台等方式降低融资服务成本，从而使商会在为会员企业特别是中小企业提供融资服务中发挥更大作用。四是民主政治建设进程的加快对商会发展提出了更高的要求。发展社会主义民主政治，必然要求巩固和壮大最广泛的爱国统一战线，鼓励新的社会阶层人士积极投身中国特色社会主义建设。商会作为以企业为主体的组织，团结凝聚着一大批企业出资人、经营管理者，他们绝大多数都是新的社会阶层人士中的非公有制经济人士。这就要求商会充分发挥广泛联系广大非公有制经济人士的组织优势，深入了解、及时反映他们的思想状况，引导他们坚定不移走中国特色社会主义道路。五是加强和创新社会管理将使商会的作用进一步凸显。加强和创新社会管理，要求重点培育、优先发展经济类社会组织，推动行业协会商会改革和发展，发挥各类商会组织在社会管理中的协同作用，推进社会管理的社会化。要求商会引导企业构建和谐劳动关系、注重生产安全和产品质量、加强行业自律、规范市场竞争，防止和减少社会问题的产生，及时化解社会矛盾，最大限度地化解消极因素，促进社会和谐稳定。

（三）扩大对外开放将促进商会跨越式发展

"十二五"规划明确提出，要适应我国对外开放由出口和吸收外资为主转向进口和出口、吸收外资和对外投资并重的新形势，实施更加积极主动的互利共赢开放战略，提高对外开放水平，与国际社会共同应对全球性挑战、共同分享发展机遇，这必将为商会发展开拓新的更加广阔的空间。

一是扩大对外开放有利于商会发挥民间外交的优势，在开展国际合作方面有更大作为。随着经济全球化深入发展，民间经济交往日益频繁，商会组织的独特作用更加凸显。扩大对外开放要求优化对外贸易结构，培育出口竞争新优势，坚持以"引进来"和"走出去"相结合，提高安全有效地利用"两个市场，两种资源"的能力，这就要求商会与境外工商社团建立广泛联系和友好合作关系，帮助会员企业抓住机遇、积极作为，趋利避害、防范风险，增强国际竞争力，切实发挥在扩大对外经贸交往、开展民间外交中的重要渠道作用。"十二五"时期，国际交流合作的不断拓展也将带来国际贸易摩擦的不断增多，这就要求作为民间组织的商会，在国际经贸领域与外国政府、外国企业和国际同行业组织加强联络和沟通，组织企业运用国际贸易规则联合应对反倾销、反补贴等贸易摩擦，维护企业的合法权益，发挥政府不可替代的优势作用。可以预见，"十二五"时期，由商会进行国际反倾销案件的应诉、同国外商会交流合作以及制定各种商业规则、完善各项国际贸易规则和惯例等将更加普遍。

二是扩大对外开放有利于我国商会借鉴吸收国外商会发展的成熟经验。不断扩大的对外开放，将使越来越多的商会有机会同发达国家的政府和商会组织开展全方位的交流与合作，学习借鉴国外商会的服务方法、运作机制、管理制度，进一步提升我国商会发展水平。综观发达国家商会发展实践，至少有五条经验值得我们参考借鉴。其一，是把健全法律体系作为促进商会发展的根本保障。如法国

早在1858年就颁布了世界上第一部有关商会的法律《商会法》。联邦德国于1956年颁布了《德国工商会法》，明确了德国工商会的法律地位和性质、权利与义务、组织与行为等，并一直沿用至今。日韩两国不仅在宪法上规定公民的结社自由，在民法上也明确规定商会为社团法人，还针对特定商会制定了《商工会议所法》，为促进特定商会发展、延展政府职能提供了充分的法律保障。其二，是把规范管理体制作为促进商会发展的基本方式。日本强调对口管理，由23个政府部门根据公益法人活动的范围，按照明确的职责范围和严密的审批制度进行管理。美国由州一级的司法厅负责管理成立非政府组织的登记工作，处理非政府组织违反宗旨的非法活动、内部贪污和私分资金等问题。新加坡由政府内务部门统一负责对非政府组织的审查、注册登记和管理，统一发布和实施相关政策。加拿大采用共同管理模式，消费者事业部负责非政府组织的成立登记和注销登记，税务局依据税法规定决定免税登记证的使用，国内事务部负责为非政府组织提供服务。其三，是把完善商会功能作为促进商会发展的重要基础。发达国家通常采用法定、委托、约定三种方式明确商会具有协调、服务、信息、参政等具体职能。第一种是法律直接明确具体职能，如法国在《商会法》中规定，商会可就国家商业和工业利益问题与其他商会管辖区内的行政部门直接对话。俄罗斯的工商会法规定，商会有按照国际惯例出具商品原产地证明书以及与对外经贸活动有关的文件；组织国际展览，保障俄罗斯商品展览会在国外的筹备和举办。第二种是政府委托商会行使特定职能。如日本《商工会议所法》规定，商工会议所（即商会）可以承办行政厅委托的事务。法国商会可以参与兴建、管理公共设施，为广大工商业者和公众提供相应服务。第三种是会员企业约定由商会行使某些具体职能。如在实践中商会帮助企业进行反倾销诉讼等。其四，是把加强财税支持作为促进商会发展的重要手段。在财政方面，印度法律规定运行3年以上的社团便可以申请政府的资助，且每年有50亿美元的政府资金通过项目的行使交由社会组织来实施。德国非营利社会组织收入的68%来自于政府，法国则占到60%。在税收方面，国外对社会组织的税收优惠政策包括三个方面：一是对组织自身的优惠，如美国规定对公众利益类、宗教类和个别互益类非营利组织，联邦税法明确规定执行相应条款，实行全部所得税豁免，包括州所得税；二是对面向社会组织的捐赠方的优惠，如美国联邦法律规定，凡捐赠额在250美元及其以上者，受赠机构需开具收据，提供给捐赠者作为抵扣应缴税额的依据；三是对社会组织从事符合组织宗旨的相关商业活动的优惠，如美国商会等互益性组织可免征联邦所得税、财产税和失业税，但若其从事与组织宗旨无关的以赢利为目的商业活动，则需要缴税。其五，是把服务中小企业作为促进商会发展的重要着力点。西方发达国家的商会组织，往往都是以发展中的中小企业为工作和服务的对象。如作为全国性商会联合会组织的美国商会，设有专门为小企业服务的中心，该中心主要工作是通过传播媒介，向国会、政府主管部门和公众介绍小企业发展的状况，向公众、政府和新闻媒体提供所需的有关资料。同时，该中心还同地方商会和美国商会派驻各地区人员合作，就小企业关心的问题，如出口贸易、政治活动等，举行全国性的讨论会和座谈会。

四　当前我国商会发展面临着许多突出困难和问题

近年来，我国商会无论是在数量规模上，还是在社会影响力方面，都已经具有一定的发展水平，但受政策环境、市场环境、法治环境和社会环境等方面因素影响，依然存在着诸多矛盾和问题。

（一）探索商会发展的理论创新有待加强

1. 基础理论研究不够

虽然目前理论界在我国商会历史研究、商会比较研究等方面取得了一些阶段性成果，包括商会在内的非营利组织及其管理也成为管理学研究的一个新的重要领域，但总体而言，我国学界对商会发展、改革和实践的理论探索还比较滞后，专门从事商会发展研究的机构不多，尚未形成常态的研究机制和框架体系，对商会概念、性质地位、职能作用、权利义务、法律责任等方面的研究不够深入，特别是对新中国商会发展现状、中国特色商会组织理论以及政府扶持商会发展的政策措施等方面的研究基本上还是空白。

2. 我国商会发展的统计监测体系还不健全

行业协会、行业商会、异地商会等各类商会没有统一完整的信息统计，难以为商会发展理论创新提供准确、全面的基础数据支撑。

3. 社会上对商会还有一些偏见

目前，包括一些政府部门工作人员在内的很多人，还存在把商会与旧社会的商帮、资本家组织混同的旧观念,对商会在中国特色社会主义现代化建设中的贡献和作用认识不够,对商会在发展过程中存在的矛盾和问题评价不客观。

(二) 推动商会发展的法制体系还有待健全

到目前为止,我国关于商会的法律法规主要是国务院颁布的《社会团体登记管理条例》和民政部颁布的《社会组织评估管理办法》等部门规章,以及地方政府颁布的政府规章、政策性文件,这导致对商会的管理存在以下几个缺陷。

1. 针对性不强

现行规范的适用对象是所有的社会团体,将经济类社团与其他社会团体混为一谈,没有关于作为经济类社团的商会组织的单独规定,因而很难体现商会与其他类型社会团体在活动性质、组织结构、运作方式等方面的巨大差异。

2. 缺乏实体法规范

《社会团体登记管理条例》仅是一个关于社会团体登记管理方面的程序性规范,欠缺对商会的法律地位、权利义务、法律责任等方面的实体规定,造成了在许多领域商会无法可依的窘境,因而导致商会自身定位不准,开展活动的合法性难以保证,商会的正当权益得不到保障。

3. 权威性不够

现行规范体系中,还没有商会基本法,仅有一个条例属于行政法规,大量的还只是规章甚至是政策性文件,缺乏足够的权威性,与商会在我国现代市场体系中的地位与作用明显不相称。

(三) 规范商会发展的管理体制还有待理顺

1. 政府管理指导商会发展的体制机制不顺畅

一是"一业一会"的规定限制了商会的培育和发展。各地民政部门尤其是行业协会的政府主管部门普遍将《社会团体登记管理条例》第十三条第二项规定片面理解为"一地一业一会"。由于历史的原因,我国基本上所有的行业都已由原来的政府行业主管部门改建或新建了相关的协会,这使得大量自发成立的商会组织在法律上失去了合法存在的依据,严重制约了充分有效的商会竞争机制的形成。该条例还规定,在民政部登记注册的全国性行业协会商会不得建立地方分会,这对行业商会建立规范统一、自上而下、跨地域的组织体系,从而实施有效的行业自治管理也造成了制约。二是行业分类跟不上形势发展需要，阻碍着商会的培育。目前，我国行业协会商会的建立，其"行业"的分类标准基本上依照国家统计局已经延续多年的国民经济分类标准，存在门类繁多、模糊不清和过于细碎的缺陷，大批新兴或细分行业无法在这样一个落后陈旧的产业分类项目中找到自己应有的地位，使得这些领域的企业无法组成自己的行业组织。三是业务主管机制限制了商会的培育和发展。根据《民政部关于重新确认社会团体业务主管单位的通知》（民发[2000]41号）规定，社会团体的业务主管单位一般由县级以上各级政府组成部门和机构，党委各工作部门、代管单位，人大常委会办公厅、全国政协办公厅、最高人民法院、最高人民检察院等行使公权力的部门或机构，以及他们授权委托的组织或单位担任。这使得商会的成立必须获得公权力部门的认可，否则只能地下活动，这在工商联系统尤为明显。全国工商联于2009年取得了全国性社团业务主管单位资格，多个省区市工商联也相继取得了相应的资格，工商联系统商会注册社会团体法人工作取得了一定的成绩，但截至目前，工商联系统56.3%的行业商会仍然没有取得社团法人资格；全国工商联28个直属行业商会迄今为止只有少数几个取得社团法人资格。四是异地商会主管体制不顺。政府有关部门对异地商会的管理多有不同，有设立地管理的，也有设立地与原籍地共同管理的；有工商联主管的，也有其他单位主管的；有的省份异地商会登记只限于地市级以上，也有的个别省份可以在县级登记异地商会。如上海的异地商会是由市合作交流办作为业务主管单位，而山东青岛市的异地商会则是由发改委作为业务主管单位。在甘肃省近几年成立的20多家异地商会中，只有少数是民政厅批准的，其余都挂靠在工商联、商务厅、经贸委等不同的单位和部门，管理比较混乱。如温州温岭市先后在四川、北京等地建立了17家异地商会，其中14家只能回到温岭市民政局登记的。五是政府规划指导不到位。有的地方政府部门在工作规划中并没有把促进商会组织健康发展纳入工作日程，在促进商会发展的人才建设、会产保值增值等方面，缺乏统一的规划指导和具体的扶持措施。

2. 政府扶持商会发展的财税措施还不健全

一是缺乏扶持商会发展的税收优惠政策。商会作为非营利性组织，资金来源十分有限，其开展的咨询、培训等有偿服务收入，主要是为了维持商会的正常运转，应当享受与企业不同的税收政策。但目前商会会费、服务等收入减免税优惠政策仍不完善,税收负担较重。以办展、培训为例,商会在收到会员交付的参展费、培训费后,即需按营业收入缴付营业税,其余部分在支付各项开支后再上缴所得税,完全被作为经营性实体对待。据估算,国资委主管的行业协会上缴税赋相当于协会收入的10%～15%。[①] 同时,国家也没有出台鼓励商会增加财产积累、保持发展后劲的相关政策,客观上制约了商会的可持续发展。二是政府购买服务等财政支持政策还没有真正建立。商会提供的服务主要是公共服务,应当由政府给予支持。当前,很多商会协助政府开展工作得不到资金支持。一方面,在财政资金的设立与使用上,各级政府很少考虑到商会发展的需要,特别是工商联系统的商会组织,基本上从来没有得到过财政经费或财政补贴。即便个别商会获得了政府的一些资助,但基本上是靠商会负责人的个人关系随机获取,缺乏制度保障。另一方面,国家还没有把商会纳入政府采购的对象范围。在制度上,《政府采购法》规定的"服务",在操作中一般仅限于政府自身运作的后勤服务,关键和重要的公共服务没有明确列入采购范围,这对以提供公共服务为主的商会发展造成了体制障碍。在数量上,政府购买公共服务的资金规模小、领域窄,且基本上只有事业性单位或政府自己组建的社会组织才能参与其中,而工商联系统的商会组织很难参与进去。在程序上,由于公共服务购买欠缺规范流程,资金预算不公开,独立的第三方监督管理机制还没有真正建立,公开公平竞争招标制度不明确等因素,致使商会在参与购买时也存在与政府方地位不平等的问题,甚至有政府单向主导、低成本购买等现象。三是在政策上对商会重限制性监管、轻扶持性服务。如国家对商会发布信息和进行技术交流的刊物的出版申请很少批准,商会无法正常取得公开发行刊号,限制了商会组织服务功能的发挥。

3. 政府与商会之间缺乏通畅的沟通渠道

一是政府向商会有序移转部分职能的进程相当缓慢。尽管多年来各级政府部门在转移职能方面做了大量工作,商会发展的空间越来越大,但离社会主义市场经济发展的要求还有很大差距。一些政府部门不愿意、不积极转移职能,一些政府部门只愿意把无权无利的职能转移出去,制约了商会的进一步发展。二是政府发挥商会作用的机制还没有真正建立。商会向政府反映意见或与政府有关部门进行沟通的渠道不畅通,商会掌握的重要信息无法及时送达有关部门和领导,与一

---

① 国资委2008年行业协会调研报告,http://www.sasac.gov.cn,访问时间:2011年3月25日。

些部门决策的不一致意见不能及时送达相关决策部门,有时不得不由社会活动能力较强的商会负责人以个人名义上报。政府向商会通报有关统计数据、政策信息等方面的机制还不健全,商会很难从政府部门获取为企业服务所必需的相关基础信息。

(四) 商会自身素质还有待提高

目前,尽管一些地区的部分商会在服务当地经济社会发展中作用发挥比较突出,但整体而言,我国商会发展水平依然偏低,商会的数量和素质还不能适应社会主义市场经济快速发展的迫切需求。

1. 商会普遍存在会员覆盖面偏低、经济实力偏弱的现象,偏远地区商会的困难尤为突出

一是商会发展的速度较慢。商会在新兴产业和现代服务业中的发展相对迟缓,数量较少,规模较小,不能完全满足非公有制经济在这些产业中快速发展的需要。一些偏远地区如新疆、青海、海南等地工商联系统商会数量非常少,与全国其他省区市工商联系统商会数量相比,这三省区一直在低水平徘徊(见图4)。二是会员覆盖面一般仅在10%左右。比如,广东乡镇商会共有会员45597家,乡镇地区共有私营企业564558家,覆盖率仅为8.08%。三是商会经济实力偏弱。商会经费来源主要是有限的会费,且主要依靠领导层,会费收入仅能维持商会秘书处的日常支出,获得财政扶持机会的极少。在广东省得到过政府扶持和补助的乡镇商会数仅有86家。商会办公场所简陋,广东拥有会所产权的乡镇商会只有49家,不到10%。

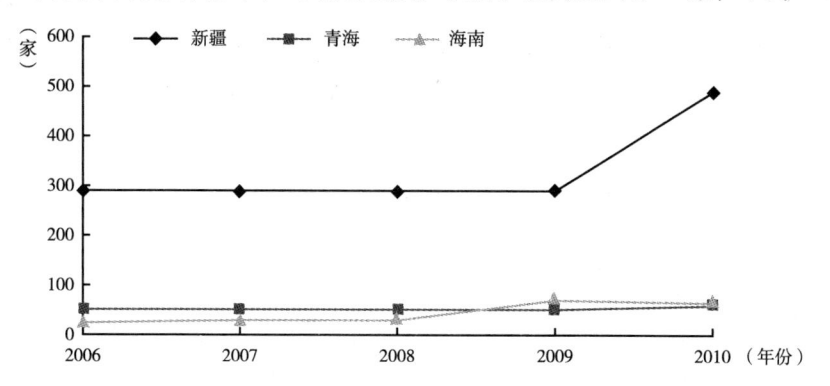

图4 新疆、青海、海南三省区工商联系统商会数量变化情况(2006~2010)

数据来源:全国工商联。

2. 内部治理结构不完善

一是会议制度执行不到位。大部分商会制订了会议制度并能够按照章程规定召开会员大会、理事会等会议，但召开理事会、常务理事会、会员代表大会或对重大问题进行表决时，在履行程序的细节上有很多不规范的地方。有的商会制度缺乏可行性或有制度不执行，工作随意性大，没有真正树立起用制度规范商会运行的观念，商会管理运作主要是会长个人说了算。二是商会日常管理制度不健全。据全国工商联对3456家行业商会进行的问卷调查表明，没有建立财务管理制度的占28%，没有建立印章管理制度的占46%，没有建立人事管理制度的占79%，没有建立会费收缴制度的占36%，商会工作还缺乏制度保障。三是商会内部组织稳定性差。有的商会换届选举民主程度不高。没有选举办法或选举办法不规范，人选条件不明确，特别是会长和秘书长人选的产生没有经过民主提名程序，没有进行充分酝酿和广泛征求意见，影响了商会领导班子的公信力。有的商会随意增减领导班子成员，有的成立半年就更换会长、副会长或秘书长。四是商会党建工作还需进一步探索。据工商联抽样调查显示，商会会员中的党员数占商会会员数的11.7%，专职工作人员中的党员数占专职工作人员数的60.1%，组织关系在商会的人员占总党员数的86.5%。从调查的402家行业商会数据看，建立党组织的企业占11.6%，行业商会党组织建立的比例还比较低，覆盖面还不够广，党员先锋模范作用的发挥还不够明显。

3. 商会功能比较薄弱、独立性不够

随着会员企业的发展，对商会的要求越来越高，但总体来看，由于受到职能、经费和人员结构的制约，商会为会员服务的面比较窄，多数商会服务会员手段不多、载体不够、内容不实，对企业经营发展帮助不大，没有形成有影响的活动品牌，在促进转型升级、服务中小企业方面没有发挥出应有作用，会员参与度低，自律、协调功能难以发挥，在企业中的影响力还不够，甚至出现活动萎缩的趋势。同时，由于有的地方政府管得过多、干预过多，以及一些商会负责人"争取政府资源"、"宁找市长不找市场"等传统思维根深蒂固，商会的独立性还不够，代表企业利益不够，往往成为政府部门的附庸，难以发挥沟通政府与企业的桥梁作用，在企业或行业中的公信力受到很大影响。

4. 专职人员队伍建设滞后

一是缺乏专职人员。据工商联抽样调查显示，商会秘书处工作人员中55%

以上是兼职。此外，全国和省级行业商会秘书处工作人员多，地市级、县市级、县级依次递减。二是专职人员素质偏低。由于多数商会经费比较困难，工作人员的福利待遇不高，专职人员大多只能聘请离退休人员，由于他们精力有限，在联系企业、了解企业、贴近企业、服务企业方面还存在一定差距。有的商会工作人员把商会当作行政机关，把商会工作当作行政工作，照搬行政机关工作运行思路组织商会活动，致使会员不欢迎、不支持、不参与，商会工作人员也深感费力不讨好，有的商会甚至形成恶性循环，最终导致商会停止活动或解散。

五 把积极培育和发展中国特色商会组织作为一项长期的战略任务

2011年是"十二五"开局之年，必须把贯彻落实中发［2010］16号文件与贯彻实施"十二五"规划有机结合起来，把加快培育和发展中国特色商会组织作为一项长期的战略任务。

（一）积极培育和发展中国特色商会组织是党中央在新形势下提出的明确要求

中发［2010］16号文件第一次以中共中央国务院文件的形式明确提出，要积极培育和发展中国特色商会组织，并旗帜鲜明地指出，商会是社会主义市场经济体系的重要组成部分，在社会主义市场经济中具有宣传政策、提供服务、反映诉求、维护权益、加强自律的作用，充分发挥各类商会的重要作用是转变政府职能、完善社会主义市场经济体制的必然要求。"十二五"规划把促进商会发展作为第九篇"标本兼治　加强和创新社会管理"中的一项重要内容，明确提出，坚持培育发展和管理监督并重、推动行业协会商会改革和发展，强化行业自律，发挥沟通企业与政府的作用；重点培育和优先发展经济类、公益慈善类、民办非企业单位和城乡社区社会组织；完善扶持政策，推动政府部门向社会组织转移职能，向社会组织开放更多的公共资源和领域，扩大税收优惠种类和范围。中发［2010］16号文件和"十二五"规划关于商会发展的重要论述，对推动商会改革发展具有十分重要的指导意义。

商会是市场经济演进发展到一定阶段的产物，是市场经济发育是否成熟的重要标志。实践证明，商会组织的发展水平越高，企业的组织化程度越高，市场经济的发展层次也就越高。改革开放以来，我国行业协会改革不断深化，商会发展态势更加迅猛，呈现出主体多元化、服务差异化的明显特征，在提供政策咨询、加强行业自律、促进行业发展、维护企业合法权益等方面发挥了重要作用，为我国经济社会发展作出了积极贡献，但同时也还存在地位不明确、竞争不平等、职能不健全、法制不完善等许多问题。加快培育和发展中国特色商会组织，不仅是解决当前我国商会发展面临的突出矛盾和问题的必由之路，更是发展民间外交、应对经济全球化发展趋势不可逆转潮流的必然要求，是加快政府职能转变、深化行政管理体制改革的必然要求，是健全现代市场体系、完善社会主义市场经济体制的必然要求，是搭建政府与企业沟通平台、促进经济社会和谐发展的必然要求，是推动形成公有制经济与非公有制经济平等竞争、相互促进新格局的必然要求。

（二）准确把握中国特色商会组织的本质特征

加快培育和发展中国特色商会组织，迫切需要我们深入研究社会主义市场经济条件下商会发展的特点和规律，准确把握商会在社会主义初级阶段的地位和作用，积极探索适应时代要求、符合中国国情、体现商会功能的中国特色商会组织的本质特征。

我们认为，中国特色商会组织应当是我国在社会主义市场经济中培育与发展起来的，政治方向明确，中心任务突出，职能作用清晰，组织运行规范，工作机制灵活，市场反应灵敏，进出渠道畅通，富有创新精神，"统战性、经济性、民间性有机统一"的各类商会组织，它既区别于资本主义市场经济条件下的西方商会，也区别于旧中国体制下产生的传统商帮。一是在指导思想上，必须坚持中国特色社会主义理论体系，深入贯彻落实科学发展观，坚持中国共产党的领导，把对党负责和对会员负责有机统一起来，把贯彻党的路线、方针、政策和反映会员利益诉求充分结合起来，围绕经济建设中心，服务改革开放稳定大局，以促进各类经济组织科学发展为根本宗旨，确保商会始终朝着正确的方向发展。二是在工作任务上，必须坚持围绕中心、服务大局，引导会员在争取企业科学发展的同时，为推动行业健康发展、促进区域经济协调发展、实现国民经济又好又快发展上贡献力量。三是在管理体制上，必须立足社会主义初级阶段坚持"两个毫不动摇"的长期方针特别是非公有制经济快速发展的实际，认真总结各地成功的实践做法，探索改革现行业务主管与登记管理并行的双重管理模式，激发商会发展内在活力，逐步健全现代市场体系。四是在运行机制上，必须坚持完善法人治理结构。完善法人治理结构，是规范商会运行机制、提高商会自身素质、增强商会竞争力的重要途径。完备规章制度，健全商会内部运行机制，加强商会领导班子建设和专职工作人员队伍建设，确保商会依照法律法规和《章程》开展活动。五是在职能作用上，必须把服务会员作为立会之本，积极搭建政府与企业沟通的桥梁与平台，不断健全研究咨询，职业培训，市场开拓，筹资融资，项目推荐，投资引导，行业整合，仲裁调解，维护权益，对外联络和引进资金、技术、人才等服务职能，在促进会员发展的同时引导会员积极履行社会责任，推动形成经济社会和谐发展的良好局面。六是在对外交往上，必须坚持辩证借鉴的交往思路。商会民间交往是我国对外经济合作与交流的重要组成部分。开展对外交往活动，既学习和借鉴国外商会的有益经验，又不简单照搬或模仿国外商会的发展模式，搭建平台、互通有无，推动中外工商界扩大交往、加深理解、增进友谊，共同发展。七是在法制保障上，必须坚持加强商会法制建设。社会主义市场经济也是法治经济，加强商会法制建设是巩固我国行业协会商会改革发展成果的重要保障。必须加快推动我国商会立法进程，明确规定商会的法律地位、设立原则、组织形式、内部治理结构、行为规范、财务制度等问题，促进商会发展的科学化、规范化、法制化。八是在发展理念上，必须坚持解放思想、与时俱进、改革创新。创新是一个组织永葆生机和活力的源泉。中国特色商会组织要适应时代发展进行理论创新，围绕激发活力进行体制创新，针对重点难点进行工作创新，尊重首创精神，鼓励先试先行，倡导创业创新，使商会工作更好地体现时代性、把握规律性、富于创造性，在实践中不断丰富和完善中国特色商会组织的时代内涵。

（三）充分发挥工商联在积极培育与发展中国特色商会组织中的重要作用

当前，培育与发展中国特色商会组织，要注重发挥政府、商会、企业等各方面的积极性、主动性和创造性，特别是要按照中发［2010］16号文件的明确要求，充分发挥工商联在行业协会商会改革发展中的促进作用。一要把握正确方向。工商联党组要研究商会建设中的重大问题，建立工商联向商会主要负责人传达党委政府重要政策性文件的会议制度,把商会领导班子成员纳入工商联教育培训计划,积极指导商会特别是县级以下商会的党建工作。商会主要负责人不是工商联执委、常委的,可以视情况邀请列席工商联执委、常委会议。通过这些措施,确保商会按照工商联的重点工作部署开展促进"两个健康"工作,防止和避免把工商联与商会,把统战性与经济性、民间性割裂开来的倾向。二要抓紧制定商会主管办法。各级工商联要根据本级政府授权,按照《社会团体登记管理条例》和有关政策规定,遵循社会主义市场经济发展的客观规律,围绕工商联促进非公有制经济健康发展和非公有制经济人士健康成长的中心任务,紧密结合工作实际,明确非公有制经济领域组建、发展各类商会组织的中长期规划,提出工商联指导服务商会工作的规章制度。三要有序推进商会组建工作。要在非公有制企业发展聚集、商会组织发展活跃的行业或地区,依照适度竞争原则,整合资源,优化结构。在新兴产业或中西部等经济欠发达地区,鼓励一批具有业内代表性和影响力的企业自愿组建商会组织。选择在同业企业较集中、产业特色较明显和行业优势突出的重点领域、重点行业,加快商会组建步伐。明确组建工作的重点领域,根据各地的产业发展规划,推动加快在传统产业的细分行业、新兴产业和现代服务业领域组建行业商会,鼓励继续探索创新商会类型,区分不同地区、不同类型、不同层级、不同发展阶段商会发展实际,提出指导工作的重点环节。注重商会组建工作的指导,加强与登记管理机构的工作协调,推动各类商会组织顺利完成法人登记注册,为商会组织合法运行提供组织保障。四要选好配强会长和秘书长。明确人选条件,严格任职程序,认真审核把关,按照政治素质高、熟悉政策法规、了解行业情况、热爱商会工作、善于搞好团结的标准选好配强会长和秘书长。注重发挥副会长的作用,建立健全议事规则,明确领导班子成员分工,探索创新会长轮值等制度,充分调动领导班子全体成员的积极性、主动性和创造性。五要切实加强商会管理。要积极配合政府监督所属商会组织遵守国家宪法、法律、法规和政策,确保商会坚持正确的政治方向和开展有效的服务活动。指导和推动原来组建的行业协会商会完善法人治理结构,加强商会组织领导班子建设和组织建设,健全商会内部运行规则,加大商会专职工作人员队伍培训力度,支持商会按照法律和章程独立开展活动,使商会工作走上制度化、规范化、程序化轨道。加大业务指导力度,加强商会职能建设,支持商会利用工商联参政议政渠道,及时反映领域或行业企业的发展状况和利益诉求,帮助商会完善服务功能、提高服务水平和不断提升商会的市场竞争力。六要建立健全商会工作考核评价体系。参照民政部门的统一规范和要求，建立具有工商联特色的商会管理办法和评价体系。把商会组织和商会工作者纳入工商联对先进集体和先进个人的评选表彰范围，加大商会工作的典型宣传力度。七要为商会提供必要服务和帮助。加强商会职能建设，加大业务指导力度，支持商会利用工商联参政议政渠道，及时反映领域或行业企业的发展状况和利益诉求，切实发挥商会宣传政策、提供服务、反映诉求、维护权益、加强自律的作用，帮助商会完善服务功能、提高服务水平。

六 采取切实措施加快建设中国特色商会组织

当前，必须从以下几个方面采取切实措施，推动商会的科学发展和现代市场体系的不断健全。

（一）建立中国特色商会组织理论研究基地

当前，必须抓紧建立中国特色商会组织理论研究基地，立足我国社会主义初级阶段的最大实际，总结改革开放30多年商会组织发展的探索实践，建立健全中国特色商会组织理论体系，为国家出台有关政策法规提供理论依据，为商会组织的健康发展提供理论支撑。一要合理设置基地，明确要求基地必须具备关注现代商会建设的工作热情、了解商会发展实践的工作基础、研究商会理论的专家队伍等基本条件，将民政部、全国工商联等机构或单位设为国家级理论研究基地。二要支持基地建设，国家财政应加大对中国特色商会组织理论研究的经费支持，特别是要支持建立健全商会组织发展的统计监测工作，为理论研究提供及时有效的数据支持。三要搞活基地运作，探索建立开放式、多层次、社会化的研究机制，形成政府有关部门、全国工商联、高等院校、科研院所、热心商会工作的企事业单位等机构或单位间的协作配合关系，努力拓展研究工作的广度和深度。四要明确研究重点，抓紧建立重大理论问题的研究框架，把研究重点放在商会的历史沿革、性质地位、目标任务、职能作用、组织结构、监督管理以及准入退出机制等方面，努力增强理论研究的系统性和前瞻性。特别是要着力澄清中国特色商会组织的内涵与外延，明确其与西方发达国家商会组织、近代中国商会组织、改革开放后行业协会组织等的区别与联系；要着力研究中国特色商会组织的形成与发展规律，对影响商会健康发展的内部因素和外部环境进行量化分析；要着力分析新世纪新阶段以来我国商会发展中的新情况新问题，研究提出中国特色商会组织发展的中长期规划。

（二）深入推进行业协会商会改革

各级政府要按照市场化原则，贯彻落实国办发［2007］36号文件精神，加强行业协会商会改革发展工作，营造促进商会公平竞争的体制环境。一要切实推动政会分开，推动政府部门与行业协会在人员、场所、经费上实现"三脱钩"，真正将官办色彩浓厚的行业协会组织转为民间化，激发其内在活力，使其在公平竞争的市场格局中实现科学发展。将有关职能部门与行业协会商会脱钩工作的执行力度，列为政府对职能部门考核的重要内容。二要加快政府职能向行业协会商会的有序转移，按照行政管理体制改革要求，明确划分政府与行业协会商会等社会组织的功能。政府要主动退出直接管理企业的领域，强化在制定政策、市场监管和提供公共服务方面的职能，将行业监管、行业内资格初审、行业统计监测、行业标准制定、职称评定等职能尽快转移给行业协会商会。三要适当调整"一地一业一会"规定，引导各类商会优化重组，建立商会组织适度竞争机制。组织开展行业协会商会清理工作，对长期不能正常开展活动、无经费来源或经费严重短缺、丧失相关企业代表性，以及不符合产业政策要求、行业日趋萎缩的协会商会，要予以注销；引导开展行业协会商会重组工作，对业务和职能范围严重交叉、给企业增加负担，会员不满意也不利于行业健康发展的两个或多个商会组织，要在坚持公平竞争、优胜劣汰的原则下，兼顾政策规定与商会章程，慎重稳妥地加以归并、整合、重组；加快推动新型业态、细分行业等领域的商会组建工作，允许按照国民经济行业分类标准、产品类型、经营方式、经营环节、服务类型以及企业集聚地区等地域成立名称不同的各类商会；逐步将商会组织纳入有序规范的管理轨道，对实践中民间自行发起设立、公信力较高、代表性较强、会员覆盖面较广、运行状态良好的商会组织，要引导其依法履行法人登记手续。当前，尤其要妥善处理工商联主管商会与政府部门主管协会之间的关系，尊重历史形成的分头主管现状，按照相互包容、共同发展的原则，鼓励各展所长、竞相发展，形成行业组织蓬勃发展的生动局面。四要创新和完善商会组织的监督管理机制。进一步健全登记管理机制，适当放宽准入条件，简化登记及年检等手续，对商会注册登记实行备案制，实现从重行政控制向依法规范的方向转变。继续探索创新业务主管机制，既要加快政府职能转变，推动政府部门剥离社会团体业务主管单位职责，促进商会改革发展的市场化进程，也要充分考虑我国社会主义市场经济总体发展不成熟、区域以及行业发展不平衡的实际情况，在允许广东等经济发达地区试点"无业务主管"模式、探索商会管理新思路的同时，注重发挥工商联、贸促会等不担负政府行政职能但承担着党和国家赋予的相关政治经济任务的人民团体或群众团体的重要作用，坚持把各类商会纳入业务主管单位的有效监督指导之下，促进商会组织的有序规范发展。明确商会登记管理机构、商会业务主管单位、政府行业主管部门之间的权责分工，各级民政部门作为登记管理机构，负责商会组织的登记、年检、评估等工作；工商联、贸促会等作为业务主管单位，负责商会组织的运作管理；工业信息、建设等政府行业主管部门，负责行业政策引导和指导。五要建立健全商会评估体系。坚持公开、公平、公正原则，统一规范全国范围内的行业协会商会评估办法，完善行业协会商会评估指标体系，形成并完善商会发展自我激励机制。

（三）尽快推动我国商会立法工作

立法机关要认真总结《社会团体登记管理条例》实施十多年来的成功经验，紧密结合我国经济社会发展特点，深刻剖析当前商会组织发展的阶段性特征和未来发展趋势，研究出台加快现代商会建设的制度措施，建立健全关于规范和促进商会组织发展的政策法规体系，推动商会组织尽快步入规范化、法制化发展的轨道。一是尽快启动商会法起草工作。当前，全国人大要在正在制定的"民法典"中明确社团法人地位，对包括商会在内的公益性社团的设立及其权利能力作出规定，并准用商事公司的规定。全国人大常委会要按照立法项目计划安排，及早组织专家队伍起草"商会法"。同时，全国人大常委会还要督促推动各地研究制定规范商会发展的地方性法规。二是要明确制定商会法的基本原则，坚持实体法与程序法并重，对商会组织的法律地位、设立原则、组织形式、权利义务、运行机制、财务制度、税收政策等作出明确规定；坚持一般立法与具体政策并行，既要在"商会法"中对各类商会组织作出一般规定，也要研究出台不同类型商会组织、扶持商会组织的财税政策、财务制度等方面的具体措施；坚持全国性立法与地方立法兼顾，既要维护全国人大常委会制定"商会法"的权威，也要允许各地从各自经济社会发展实际出发，在具体措施上对促进商会发展进行探索创新；坚持中国特色与借鉴国际经验相结合，既要充分考虑中国特色商会组织发展的客观规律，也要顺应经济全球化的大潮流大趋势，充分借鉴市场经济成熟国家商会发展的有益经验。三要及时修订或清理相关法规政策，修订完善《社会团体登记管理条例》，切实打破"一地一业一会"的限制，探索建立商会适度竞争的机制。督促推动各地研究制定规范商会发展的地方性法规，并针对各地出台的促进商会发展的政策文件、法规规章等，开展全面清查工作，切实解决地方立法与上位法不一致、不协调的问题，维护法律的权威性和统一性。对相互冲突、不合时宜的条款予以修订或废止，维护商会法规政策体系的统一性和权威性。

（四）加大促进商会组织发展的财税扶持

商会作为现代市场体系的重要组成部分，开展的活动基本上都是公益性质的服务，在促进行业企业的合作与交流、减少政府管理成本、提高政府公共服务水平、推动特定行业或地域的经济社会发展中，具有不可替代的作用，政府理应予以财税扶持。一是要加强对商会的财政支持。设立促进商会组织发展的专项资金，以先进制造业、科技型产业、战略性新兴产业等领域的商会组织为扶持重点，对商会开展的公益性活动提供财政补贴或补助。要着力扶持以中小企业为会员主体的产业集聚区以及县域经济中的商会组织，将商会纳入中小企业发展专项资金或中小企业发展基金的使用管理单位范围，通过商会将扶持资金普惠到尽可能多的中小企业。二是要明确对商会的政府采购支持。把商会组织明确纳入政府购买公共服务的对象范围，尊重并保护商会与企业同样作为政府采购参与主体的平等地位，在继续推进政府购买企业产品的同时，加大政府向商会购买公共服务的力度，提高财政资金等公共资源的使用效率。特别是现阶段，要充分考虑有财政资源支持的政府主办服务机构、事业单位与完全市场化运营的商会组织在运营成本、政策倾向等方面的不对等地位，为商会参与政府采购提供更公平的政策环境。三是要实行促进商会发展的税收优惠。参照国际上对商会组织的税收优惠方式，落实"十二五"规划关于对商会组织"扩大税收优惠和种类"的要求，对商会组织以及商会提供服务等收入予以税收优惠。落实对会员企业向商会缴纳会费，允许企业在所得税前列支的政策扣除，从而鼓励企业加入商会组织，扩大商会的覆盖面，增强商会的代表性。对商会提供公益性服务收入，免征营业税和所得税；对商会用地用房等属于会产的不动产，免征物业税和城镇土地使用税。

（五）构建发挥商会作用的长效机制

各级党委政府要站在完善社会主义市场经济体制的高度，遵循"党委领导、政府监管、部门指导、民间办会、依法活动"的原则，切实把大力培育和发展商会列入重要议事日程，研究制定促进商会发展的具体方案和工作措施。各级党委政府要继续解放思想，切实转变观念，高度认识商会组织在健全现代市场体系、完善我国社会主义市场经济体制中的重要地位，既不能把商会看成可有可无的民间组织而"缺位"放任不管，也不能把商会当成二级政府而"越位"具体干预，更不能把商会作为"有钱人组织"而"错位"加以限制打压，大力支持商会建设，采取有力措施促进商会发展，注重发挥商会在促进本地经济社会发展中的重要作用。一是制定中长期规划。各级政府要根据完善社会主义市场经济体制的要求和全面建设小康社会的目标，围绕本地经济和社会发展需要，把培育和发展中国特色商会组织放在重要位置，统筹规划，优化结构，积极引导，支持发展，力争在一定时期初步建立符合社会主义市场经济要求、适应地方企业发展需要和符合产业特点、分布合理、覆盖广泛的商会组织体系。二要建立意见征询机制，重视发挥商会服务政府科学决策、民主决策的重要作用。对涉及区域经济或行业发展政策决策的重要事项，政府要充分听取商会及其会员企业的意见建议，维护和畅通商会所代表企业利益的表达渠道。支持商会建立会员企业运行状况监测体系，为政府把握宏观调控的节奏、重点和力度提供科学依据。三要建立委托授权机制，选择一些行业代表性强、运作较规范的商会作试点，明确将行规行约制定，行内企业资质认定及等级评定，专业技术职称、执业资格评定，行检行评等方面的现有政府职能予以委托或有序转移。四要建立合作与监督机制。要加强商会与有关政府部门间的工作合作，在组织举办各种展销会、推动企业自主创新、构建企业和谐劳动关系、开展国际交流与合作、维护企业合法权益、推动社会管理创新等方面充分发挥商会作用。要通过建立特约监督员制度等方式，邀请商会负责人或会员企业代表担任政府及其有关部门的特约监督员，定期或不定期开展监督活动。五要营造良好社会舆论氛围。引导社会各界充分肯定商会组织对推动我国经济社会发展的重要作用，正确看待在我国市场经济体制不断完善过程中商会组织建设存在的各种矛盾和问题，为商会发展提供良好的社会氛围和强大的舆论支持。

（六）商会组织要不断提升自身素质

不断提升自身素质，是加强商会建设的根本要求，更是其生存与发展的前提和基础。一要加强品牌建设。品牌是商会组织凝聚力、影响力、执行力的综合体现。各商会组织要以民政部门年检合格、行业协会商会评估评级为标准，创新会员发展工作、不断扩大覆盖面、创新服务载体、不断提升服务水平，努力做到服务水平一流、发挥作用一流、规范运作一流，争取成为政府靠得住、企业信得过、社会有影响的知名品牌商会。二要创新服务载体。把推动行业或区域经济科学发展作为长期性中心工作，创新服务载体，大力引导行业或区域企业加快转变发展方式。要把编写行业发展报告作为检验商会自身建设水平的一个重要方面和商会参与政府购买公共服务的一项重要产品，建立健全行业或区域企业运行状况观察点，联合会员中骨干企业，组织专门队伍特别是专家人才，加强调查研究，准确分析预测，提出相关政策建议。要把服务中小企业作为发挥商会独特优势的重要着力点，探索建立以宣传政策信息、收集企业意见、交流商务信息为主要内容的公共信息平台，组织会员企业共同设立互保联保基金、小额贷款公司、融资担保公司等融资服务机构，引导大企业带动中小企业集聚发展，为中小企业提供低成本、高质量的各种服务。三要完善内部治理结构，健全权责明确、协调运转、有效制衡的法人治理结构，明确会员大会、理事会、监事会和秘书处的职责，建立健全以章程为核心，涉及议事、选举、机构、财务、人事以及分支机构、代表机构管理、重大活动报告和信息披露等方面的内部管理制度，形成民主选举、民主决策、民主管理、民主监督、规范有序的运作机制；充分调动会员企业或理事的积极性，让其为商会发展建言献策，主动完成商会分配的任务；充分发挥商会中党组织和党员的作用，探索商会组织中的党组织组建和党组织活动方式，扩大党的组织和党的工作的覆盖面；牢固树立为企业、会员、政府服务的观念，保障商会组织的自主性及独立性，既要避免商会行政化倾向，也不能因为需要政府、企业或民间捐助者的资助和支持而成为支持者的附庸。四要加强质量诚信建设，增强社会组织的社会责任意识和法制观念，强化自我约束，树立良好社会公信力，增强商会协同社会管理职能的有效性。形成民主制定、共同遵守的自律性规范，引导会员企业加强质量诚信建设，自觉依法生产经营，维护市场经济秩序。五要加强商会队伍建设。要选好会长和秘书长两个关键人选，坚持从热爱商会事业的行业领军人中推选会长，从思想政治水平较高、善于沟通协调、热爱商会事业的专业人才中推选秘书长。要配齐工作人员，注重建立学习机制，加强业务培训，抓好人才建设，不断提高专职人员队伍的综合素质。建立商会内部激励和约束机制，激发专职人员的积极性、主动性和创造性，提高其管理商会、服务企业的能力。

（七）加强工商联对商会的指导

工商联要履行好社会团体业务主管单位的职责，加强对商会的指导。要明确商会组建工作的重点领域，支持工商联在细分行业组建行业商会，在西部欠发达地区组建异地商会，在农村组建乡镇、村商会，同时将一批基本不开展活动、基本没有社会影响的商会清理出去。支持工商联把"三性统一"的基本特征，"团结、服务、引导、教育"的工作方针和促进"两个健康"的工作目标，贯彻落实到商会工作当中去，引导商会始终朝着正确的方向发展；支持工商联通过商会渠道开展非公有制经济人士思想政治工作，指导商会加强党建工作，引导会员企业积极履行社会责任；支持工商联建立健全商会工作评价体系和激励机制，提高管理商会的科学化水平，加强对商会的规范引导；支持工商联建立培训机制和商会内部激励约束机制，培养商会专职人员队伍，提高管理商会、服务企业的能力。

执笔：涂文　刘佩华　任传东　林航

地方报告

B.2
内蒙古自治区商会发展报告

内蒙古（包括原绥远省）作为旅蒙商的发源地，在清朝时期就成立了行会组织。新中国成立前，内蒙古有20多家比较有影响的商会组织，主要分布在呼和浩特、包头、乌兰察布、巴彦淖尔等地。新中国成立后，内蒙古商会组织得到较快发展，并在国民经济恢复和社会主义改造时期发挥了重要作用。改革开放以来，随着社会主义市场经济体制的逐步建立，内蒙古商会组织数量不断增加，在政治、经济、文化、社会各个领域的活动日益频繁，并发挥着十分重要的作用。

一 内蒙古商会历史沿革

清朝中期的内蒙古商业、服务业已经按行业组成了团体，每种团体称其为一"行"。据考证，归化城最早有十二行，各行社都有头目，称作"总领"。从十二行的总领中推出4人担任"乡耆"，由其中一人主持"乡耆会馆"的事务。随着商业的日益繁荣，分工越来越细，行业越分越多，后来由十二行演变为十五社。此外又新增了"外九社及票庄、借庄、茶庄、苏庄、府庄、京羊庄、羊马庄、驼庄"等名目。这些庄、社各自都有"正总领"1人,"副总领"2~3人,正、副总领每年更换一次。

包头在清朝中叶属"萨拉齐厅"(今土默特右旗)管辖。当时随着人口的增加和商业的日渐繁荣,城市出现了社会治安问题,萨拉齐厅无暇顾及,各商号因形势所迫,公议成立"商家会馆",管理商家事务。"商家会馆"经萨拉齐厅批准,并根据委托授权,代管包头地方事务。清朝同治年间,"商家会馆"改为"大行"。当时包头的商号分九行,手工业分十六社。"九行"、"十六社"统归"大行"管理,凡摊派款项,支应差徭等事项,由"大行"指挥办理。光绪二十三年(1897),"大行"改为"公行"。

辛亥革命后,内蒙古的商业团体组织也有所改变。原设于归化城三仙庙的"四乡耆"和"十二总领",于1921年改组为归绥商务会。1915年,根据民国政府的要求,包头城的"九行"、"十六社"组织成为包头镇商会。1925年,包头县公署成立,包头镇商会改为包头县商会。七七事变后,包头县商会改为包头市商务会。1946年更名为包头市商会。1949年,包头和平解放后,商会进行了改组,并成立了包头市工商业联合委员会。

新中国成立后,绥远省境内的一些在旧中国时成立的商会,比如归绥、包头、平地泉(今察右前旗)、莎县(今土默特右旗)、卓资、陕坝(今杭锦后旗)、丰镇等地商会组织改组为工商业联合会。

1953年1月5日,绥远省工商联成立。1954年3月6日,绥远省全部辖区划归内蒙古自治区。1956年6月6日,内蒙古工商联宣告成立。

二 内蒙古商会组织建设和会员发展现状

2000年,随着兴安盟阿尔山市工商联的成立,全区县级以上工商联组织全部建立。其中省级工商联1个,地级工商联12个,县级工商联101个。2010年,全区建立基层商会组织475个,其中乡镇街道商会307个,开发区商会3个,专业市场商会15个,街道商会54个,异地商会56个,联谊会4个,其他商会36个。组建行业商会(协会)568个,在民政部门注册登记并取得独立法人资格的有395个,行业商会大多分布在农牧业、工业、服务业。除呼伦贝尔市、兴安盟工商联外,其他盟市工商联均取得业务主管单位授权。

全区各级工商联共有会员74478个，比2009年同期增加10451个，其中个人会员36454个，企业会员37113个，团体会员911个。从行业分布看，会员数量居前三位的是批发和零售业、其他制造业、交通运输业。从企业类型看，会员数量居前三位的是私营独资企业、私营有限责任公司和私营股份有限公司。

三 内蒙古商会组织活动的特点和作用

全区各级工商联、商会组织坚持以科学发展观为指导，紧紧围绕各级党委、政府的中心工作，增强大局意识和服务意识，积极拓宽服务领域，不断完善服务手段，商会活动日益活跃，较好地发挥了商会的作用与功能。

1. 围绕中心，服务大局，发挥参政议政、建言献策的参谋功能

各级工商联、商会组织利用人大、政协会议反映带有全局性、普遍性的问题并提出建议，积极参政议政。2008年以来，内蒙古工商联先后向政协会议提交了45件团体提案，其中2008年提交的《关于建立我区民营大型企业风险防范与危机处理机制》的提案，被内蒙古政协评为当年的优秀提案；2009年，提交的《关于积极应对金融危机　帮助民营企业渡过难关》的提案被内蒙古政协列为当年的一号提案和内蒙古政协主席重点督办提案；2010年，提交的《关于以科学发展观为指导　进一步加快民营经济发展》的提案，在内蒙古政协819件提案中脱颖而出，成为当年的一号提案，《关于我区产业组织结构调整》的提案被列为当年的内蒙古政协重点督办提案。

据不完全统计，全区地级以上工商联，平均每年提交团体提案数量在60件左右。特别是在应对国际金融危机中，乌海市煤焦行业商会向乌海市委、市政府提交了《关于我市煤焦行业存在的问题》等提案，得到乌海市委、市政府的高度重视，出台一系列减免收费和金融支持等政策，帮助企业摆脱困境。

巴彦淖尔市百货副食行业商会对临河区百货副食行业发展现状、存在问题进行调查，向政府有关部门提出了《关于建立日用百货副食市场的申请》，得到了有关领导的高度重视，并同意立项。呼伦贝尔市门窗商会在每年年初对全市及其他省区市的门窗行业市场变化情况进行调研和考察，从营造正面舆论环境，加大政策扶持和强化服务意识等方面向有关部门提出建议，为完善行业产业发展规划、制定政策和标准等作出了积极贡献。

各级工商联、商会组织还利用参加党委、政府举办的座谈会和征求意见会，反映问题，建言献策，较好地发挥了参政议政的职能。

2. 强化服务，协调联络，发挥政府管理非公有制经济的助手功能

为扩大经贸交流，鼓励企业"走出去"，内蒙古工商联组织非公有制企业参加了环渤海地区经贸洽谈会，湘商大会，西部博览会，知名企业家齐鲁行、山西行、北部湾行，以及在辽宁省营口、大连举办的招商引资推进活动，推动了政企对接、招商引资；与内蒙古党委宣传部、内蒙古质量技术监督局等八个部门开展了以"抓质量水平提升，促发展方式转变"为主题的"质量月"系列活动，增强了非公有制企业的质量意识；与有关单位举办了呼和浩特市春秋两季房展会、内蒙古药交会等，支持会展经济发展；经与内蒙古民航局多次沟通协调，解决了呼和浩特市至杭州没有直飞航班的问题，架起了两地空中便捷经济通道；协助用友集团在内蒙古开办10家软件分公司和成立幸福企业俱乐部；帮助呼和浩特仁济医院、内蒙古医药商会等解决经济纠纷问题，维护了企业合法权益。

2010年，各级工商联与当地人事部门、劳动和社会保障部门、教育部门、总工会共同举办了"民营企业招聘周活动"。全区有6532个非公有制企业进入各级人才市场或劳动力市场，占参加企业总数的77%，提供就业岗位12.33万个，签订用工合同意向书6.96万份。内蒙古工商联与内蒙古人力资源和社会保障厅等九个部门开展了"名师带高徒"活动，计划从2010年起，在全区各行各业、各领域选拔创业名师500人和初始创业者高徒500人，通过师徒结对帮扶，力争两年内使初始创业者高徒实现成功创业，同时带动3000多人就业。2010年，内蒙古工商联从知名的非公有制经济人士中选拔了30名创业名师。此外，内蒙古各级工商联还积极组织非公有制企业提供就业岗位，2010年全区非公有制经济新增就业人数达到22万多人，为缓解社会就业压力作出了重要贡献。

各级工商联、商会组织与科技部门合作扶持民营科技企业发展，提升民营企业产品科技含量，增强自主创新能力。乌拉特后旗巴音镇个体商会积极与当地工商、税务、土地、技术监督局等部门联系，建立工作机制，化解经营者和执法部门的矛盾。乌拉特后旗就业局在巴音镇商会设立了就业信息服务工作站，工商局设立了消费者投诉站，司法局设立了法律援助中心工作站，技术监督局设立了技术监督站,红十字会设立了捐赠服务站等,注重发挥巴音镇商会的助手作用。

各级工商联还为会员出国(境)办理证照政审、专业技术职称评定初审、办理会计从业资格审核、各类会计专业技术资格考试及证书申请,架起了政府和企业之间沟通服务的桥梁。

3. 规范行业,保护权益,发挥行业和企业整体利益的监护功能

各级工商联、商会组织依据国家的政策、法规,制定行规行约,维持公平的生产经营秩序,维护行业、企业的利益。内蒙古物流行业协会制定了《内蒙古物流行业自律公约》、巴彦淖尔市农牧业生产资料行业协会制定了《农牧业生产资料行业协会行规行约》、乌海市煤焦化行业商会制定了《乌海市煤焦化行业商会会员公约》等,这些行规行约要求会员遵守国家政策,维护市场、诚信服务、多作奉献,规范了市场的经营秩序和行为。通辽市工商联制定了民营企业诚信建设指导意见和具体实施方案,倡导民营企业科学发展、依法经营、照章纳税、关爱员工、履行社会责任。针对赤峰市餐饮行业酒价虚高、顾客意见较大的实际问题,赤峰市餐饮行业商会统一质量把关、统一供货价格、统一去掉酒奖,从而遏制住虚高的酒水价格,真正做到了酒店、酒类供应商和顾客的三方互利共赢,并把部分质量优、价格合理的供应商吸收为会员。

各级工商联与当地总工会通过"共同约定行动"和"劳动关系三方会议",更好地维护了职工权益,努力创造和谐的劳动关系。一些工商联和商会组织成立法律维权投诉中心,积极开展维权活动,维护会员合法权益。通辽市工商联成立通辽市仲裁委员会,仲裁民商事纠纷;与通辽市纪委、监察局共同设立了行政效能中心投诉站,监督政府部门工作。呼伦贝尔市门窗商会在部分会员产品被执法部门查封后,通过执法程序向有关部门提出异议,妥善解决了问题,改变了以往"交款认罚,息事宁人"的做法。巴彦淖尔市服装商会针对送货车辆进出市场难,车辆经常被罚、被扣,严重影响市场经营的问题,积极向临河区政府反映情况,临河区政府十分重视并召集有关部门进行了协商,使问题得到圆满解决。包头市乌兰察布商会狠抓维权工作,近年来为农民工追讨工资近百万元。

4. 融通资金,强化培训,发挥助推企业加快发展的服务功能

2010年,内蒙古工商联与内蒙古金融办、包头市政府共同举办了"2010年自治区西部五盟市银企对接会"，20多家金融机构、200多家中小企业参加了会议。与交通银行内蒙古分行等举办了金融产品展示会，向100多家参会中小企业推出了特色金融产品。与包商银行呼和浩特分行先后举办两次银企洽谈会：第一次组织内蒙古五金机电行业商会的31家会员企业参加金融产品洽谈，其中有20多家会员企业获得信贷资金1000多万元；第二次组织5家异地商会和1家女企业家商会直属的60多家会员，参加金融产品洽谈，对有贷款需求的企业进行了细分，推出了针对贷款额度需求为100万～500万元中小企业的金融产品。组织非公有制企业参加了"中国企业国家级融资洽谈会"，密切了与区外金融界和企业界的联系，学到了先进的理财经验，扩大了融资视野。此外，内蒙古工商联还与建设银行内蒙古分行签订了《共同支持中小企业县域经济发展框架协议》，建立了长期为中小企业发展提供金融产品服务的合作机制。包头市工商联联合所属行业商会、会员，成立了包头市商会中小企业担保股份有限公司，募集资本金1亿多元，打造"商会担保"强势品牌。通辽市工商联注入资本金500万元，联合会员募集资金1亿元，发起成立西蒙通联小额贷款担保公司，为解决企业融资难题提供了平台。通辽工商联与基层商会组织，积极争取到各级政府2000万元财政资金，通过成立小额贷款担保公司放贷、建立扶持基金、商会直放和委托银行放贷四种形式，为企业提供资金支持。各级工商联、商会组织还积极推动有关金融机构、小额贷款公司与企业对接，为资金紧缺企业提供信贷支持。据不完全统计，通过各级工商联、商会协调金融机构为企业解决贷款10多亿元。

为提高非公有制经济人士素质，内蒙古工商联与内蒙古金融办、内蒙古工商局、内蒙古大学联合实施"内蒙古千名企业家培养工程"。邀请知名专家学者，联合有关单位，先后举办了"城市资本与城市地产新动力专题讲座"、"新能源、低碳经济专题讲座"、"突破瓶颈，超速盈利总裁高级研讨班"，以及"国务院新36条给中小企业带来发展机遇论坛"、"内蒙古企业家新资源优势高峰论坛"、"第五届中国管理五环峰会"等。此外，还采取深入企业、交流互动、专家指导等形式，为内蒙古金宇集团200多名管理人员先后举办了"集团管控"和"电子商务"两期专题培训班，受到企业的欢迎和好评。2010年全年内蒙古工商联共举办各类培训班、论坛、专题讲座20个，参加的非公有制经济人士达2000多人次。通过学习和培训，使广大非公有制经济人士及时掌握国家和自治区的方针政策，学到了先进的经营管理理念，开阔了视野，进一步增强了加快企业发展的信心。赤峰市餐饮行业商会还联合赤峰市红山区总工会举办了赤峰市红山区职工职业技能烹饪大赛，对提高赤峰市餐饮业烹饪水平，引导会员企业员工钻业务、学技术、比贡献、练就过硬的业务技能有很大的推动作用，赤峰市餐饮行业商会与赤峰市劳动就业局就服务员考级持证上岗一事达成协议，统一订制学习材料，统一培训，统一组织会员企业员工参加考试，经考试合格后，发给国家承认的等级证书。通辽市工商联经过积极争取，将非公有制经济人士纳入全市培训计划，与党政机关干部一样，同等地接受培训。

5. 内引外联，互利合作，发挥"请进来"、"走出去"的民间外交职能

各级工商联、商会发挥网络健全优势，与国内外商会广泛建立联系和合作关系，积极开拓国内外市场。内蒙古工商联与蒙古国工商会、俄罗斯联邦布里亚特共和国工商会、美国内蒙古总商会分别签订了合作备忘录和友好商会合作协议，加强了与国外工商社团的交流与往来，为自治区非公有制企业"走出去"创造了条件。此外，内蒙古工商联还组织企业家先后赴新加坡和中国香港、中国台湾等国家和地区学习考察，开阔了视野，学到了经验，密切了关系，促进了合作。

赤峰市餐饮行业商会积极与北京、沈阳、成都、重庆等城市的几家有影响的餐饮商会取得联系，并与重庆市餐饮行业商会结成友好商会，进行了互访交流，在促进赤峰餐饮市场繁荣，提高厨师水平，整合、引进赤峰餐饮人才上提供了更多的合作机会和联合空间。阿左旗观赏石协会每年组织几十家奇石经销商赴全国各地举办展销活动，年成交额近亿元。呼伦贝尔市浙江商会通过参与考察、扩大交流、以商引资等方式，成为呼伦贝尔与东南沿海地区联系的纽带和桥梁。该商会会员在呼伦贝尔直接投资超过15亿元，参与招商和以商引资已超过56亿元。

6. 致富思源，回馈社会，发挥履行社会责任的组织倡导功能

在积极推动民营企业加快发展的同时，各级工商联、商会组织还教育引导民营企业致富思源，富而思进，关注民生和弱势群体，组织广大民营企业家参与"光彩事业"和社会公益事业、扶贫济困和捐资助学等活动，积极履行社会责任。2010年，内蒙古工商联与内蒙古党委统战部在全区开展了民营企业感恩帮扶行动，发动非公有制经济人士以各种形式帮扶生活困难的"三老"人员和少数民族进城务工人员。据不完全统计，全区非公有制经济人士捐款捐物近3500万元，一大批生活困难的"三老"人员和少数民族进城务工人员得到救助。在青海玉树地区发生地震后，内蒙古工商联与内蒙古党委统战部、呼和浩特市工商联等单位举行了救灾捐款仪式，20多家各类行业协会商会、100多个会员企业现场捐款捐物422万元。此外，内蒙古工商联还组织非公有制经济人士参与社会主义新农村新牧区建设、支持教育事业、资助失学儿童和贫困大学生、救助困难家庭等社会公益活动和慈善活动，资金投入和捐款捐物近亿元。非公有制经济人士慷慨解囊、回报社会的义举，为融洽阶层关系、实现共同富裕、促进社会和谐进步作出了突出贡献。近年来，包头市各级工商联、商会组织为支援抗震救灾募集款物4000多万元；为社会主义新农村新牧区建设投入帮扶资金7400多万元；为扶残、助孤、助学等投入500多万元；为帮扶固阳县脱贫，两年累计投入资金6000多万元。包头市工商联为此荣获"中华慈善突出贡献单位奖"。

近年来，通辽市各级工商联、商会组织优秀民营企业与贫困村屯结对扶贫，有154名优秀民营企业家被聘任为贫困村屯名誉主任。这些名誉主任不仅给农村带来资金，帮助农民引进开发项目，发展农村经济，而且给农民带来了观念上的改变，思想上的解放，引导农民从等、靠、要的思维定式中解放出来，增强农民"造血"功能，探索出一条民营企业参与社会主义新农村新牧区建设的新路子。五道井子商会通过"商会+农户"的形式，把农民组织起来，集中人力、物力、财力，兴建了集贸市场和养殖场，大力发展种植业、养殖业和商品流通业，繁荣了农村经济，增加了农民的收入，提高了乡村文明程度。

赤峰市餐饮行业商会积极配合交警红山大队、红山区综治办、红山区安监局对交通拥堵、酒后驾车等现象进行监督管理，并在各会员酒店配备交通安全监督员。这些监督员对酒店周围的道路交通安全实施全面动态监督，协助交警红山大队管理各酒店门前的交通秩序，对酒后驾车的司机进行劝导和举报，为维护社会治安作出了贡献。

2009年，在内蒙古工商联推动下，19家民营企业向呼伦贝尔市老少边区学校119人捐赠23.8万元助学金。包头市工商联协调东方希望集团出资1000万元，捐建包头东方希望小学，改善贫困地区办学条件。一些企业在工商联和商会的组织下，资助失学儿童重返学校，资助贫困大学生顺利完成学业，为学校购买教学设备，维修校舍，设立奖学金等，以各种方式支持自治区教育事业。

四 内蒙古商会组织建设存在的主要问题及产生原因

虽然各级工商联、商会组织在推动内蒙古经济发展和社会和谐进步方面作出了贡献，各级工商联、商会组织建设水平也得到了提高，但由于历史和体制的原因，各级工商联、商会组织还面临着"内忧外患"的困扰，存在着许多困难和问题，影响着各级工商联、商会职能作用的发挥，亟待解决。

1. 商会在市场经济中的活动缺乏法律依据

新中国成立后，各级工商联、商会组织以党和政府在不同历史时期出台的政策文件为依据开展工作，却没有一部商会法对商会的性质、地位、职能、任务、作用、组织设立、会员构成、经费保障、与党政机关和其他团体的关系等作出明确具体的规定。《社会团体登记管理条例》侧重于规定社团的成立、变更、注销等方面的条件和程序，缺乏对社团地位、性质、职能、权利和义务等内容的规定。而且，立法层次低，效力有限，解决不了与其他法律法规的冲突和矛盾。部门规章和地方性文件可操作性不强，一些扶持政策仅限于口号，难以落实和实施。政府对商会的监管也缺少必要的法律依据，随意性较大。

2. 组织建设水平不高，会员发展规模不大

截至2010年年底，全区个体工商户达到75.43万户，私营企业11.34万户，非公有制经济实现增加值占全区GDP的48%以上，相当于2006年全区GDP的总额，城镇新增就业量占80%以上。非公有制经济已经成为推动全区经济增长、增加国家财政收入、吸纳社会就业、促进社会公益事业发展和维护社会稳定的重要力量。然而，全区工商联会员数量仅占个体私营企业总数的8%左右，还有35%的乡镇以及绝大多数街道、各类开发区（园区）、大型专业市场等没有建立工商联分会或工商联小组；个体工商户的入会率很低，不到4%；行业协会商会发展缓慢，管理制度不健全。一些商会活动只停留在聚餐谈心和联谊联络感情上，为会员服务的办法不多，手段不新，凝聚力、吸引力不强。这些问题的存在，一方面有工商联重视程度不高，宣传发动工作不充分，工作积极性主动性不高，各级工商联、商会组织影响力和感召力不强等方面的原因；另一方面也有社团登记政策的限制，少数地方对工商联工作重视程度不高、人财物支持力度小，个体工商户和非公有制企业对各级工商联、商会组织的认知程度低等方面的因素。

3. 工作作风和工作方法不适应商会工作特点

大多数工商联仍然习惯于依靠行政手段,对商会和会员进行自上而下的协调和管理,不重视以优质的服务吸引会员,不重视以经济法律的手段和科学、规范的运作机制去协调行业和企业经营活动。工商联机关干部不同程度地存在着等、靠、要的思想,工作上缺少创新精神,因循守旧,尤其是有些基层商会不知道自己该做什么,加上缺少资金,想开展的活动开展不起来。由于服务不到位,工作作风转变慢,因而亲和力难以聚集。目前,工商联的服务主要还是集中在少数党政部门和一些代表性企业上,出现了不少会员企业对工商联组织的活动兴趣不高甚至不愿参加,对工商联提出的要求反应消极,有的甚至提出退会申请。工商联服务工作存在着方法简单、手段落后、内容单一的现象,缺乏一套整体协调、量多质优的系统服务。工商联的很多工作主要还是通过开会、发通知、打电话来完成,主动服务、靠前服务和全方位服务的意识不强,高层次、高水准、高效率的服务还较欠缺,讲条件、图形式、慢半拍的工作作风时常存在。

4. 工商联自身建设存在许多亟待解决的问题

目前,内蒙古自治区仍有30多个工商联挂靠在统战部门,处于体制不顺、机制不畅的尴尬境地。绝大多数县级工商联组织存在人员编制和经费缺乏的现象,一些工商联工作人员数量很少或编制受到挤占,全区还有160多名工商联机关干部的公务员身份没有得到确认。长期以来,有的地方工商联被当成安排干部和养干部的地方,存在着干部年龄结构、知识结构、人员结构等不合理的现象。另外,干部只能进不能出,交流、轮岗、提拔的机会少,严重挫伤了工商联干部的工作积极性。不少商会干部工作时间不长,对商会历史、现状、性质、地位、作用不太了解,深入企业不多,掌握情况少,服务的针对性不强,效果不好。少数干部不注重学习,政策理论水平较低,经济管理、法律等知识缺乏,点子不多,办法不新,服务本领不强。有的干部认为商会无权缺人少钱,开展工作难度大,看不到前途,工作缺乏激情和热情。

五 加快商会组织建设的若干建议

当前,各级工商联、商会组织正站在新的历史起点上,面临着新的机遇。

《中共中央、国务院关于加强和改进新形势下工商联工作的意见》，为工商联工作指明了方向。为了进一步提高各级工商联、商会组织的法律地位、社会地位，为使各级工商联、商会组织履行职能发挥作用创造更加有利的条件，更加广阔的发展空间，使其更好地肩负起引导非公有制经济人士健康成长和促进非公有制经济健康发展的历史使命，提出以下建议。

1. 加快商会法立法进程

历史上，清朝光绪年间就出台了《禀定商会简明章程》、《商会章程附则六条》。1914年，北洋政府正式公布了《商会法》，该《商会法》共三章六十条，分别为"总则"、"商会"和"商会联合会"三章，明确"商会及商会联合会得为法人"。1929年8月，国民党政府重新制定了《商会法》，经立法院议决。这部《商会法》共九章四十四条，对商会的宗旨、法律地位、职务、设立、会员、职员、会议、经费和会计、解散及清算、商会联合会等作出了全面规定。上述《商会法》的出台，极大地促进了当时商会的发展，规范了商会的运转。目前，我国工商企业界的各类商会如雨后春笋般地出现，迫切需要出台一部商会法，以确立商会的社会团体法人地位，对商会的法律地位、性质、基本职能、权利、义务、设立程序、组织建设、会员发展、会费收取等作出明确的规定，规范商会依法开展工作。值得期待的是，"行业协会商会法"已经列入全国人大立法规划，有关部门正开展前期调研工作。但是，少数官办行业协会负责人，不了解工商联历史，不知道工商联本身就是行业组织的联合体，著书立说、网上立论，将工商联单纯地定位在政治组织层面上，将工商联排斥在"商会法"调整范畴之外。因此，工商联要从维护工商联整体利益的角度出发，积极主动向立法部门反映情况，争取将工商联纳入"商会法"调整范围，并积极推动"商会法"早日出台，为工商联开展工作提供法律保护。

2. 积极推进行业商会组织建设

要坚持"入会自愿、领导自选、人员自聘、经费自筹、会务自理"的组织原则和"自我管理、自我服务、自我协调、自我约束、自我教育"的活动方针，以国家民政部授权全国工商联为全国性各类社团业务主管单位为契机，积极推动各级工商联获得授权的力度，加快行业协会商会组建步伐，推动行业协会商会大发展。要重视并加强对行业协会商会的监管和服务，指导它们要依据各自的章程，建立健全行业协会商会换届选举制度，会长会、理事会、会员代表大会制度，以及会费管理制度、财务管理制度等各项规章制度，规范行业协会商会健康发展。选举的会长必须是本行业的龙头企业的代表人士，既要具有一定的经济实力，又要热爱会务工作，具有较强的政治素质、组织能力和奉献精神。要重点在个体工商户中发动成立同业公会组织，以此来扩大工商联的会员队伍。

逐步完善行业协会商会的各种服务功能，开展行业性的公益活动、市场调查、技术培训、信息交流、质量检测、平抑价格等协调管理活动，主动承担政府部门做不到、做不好和不便做的事情，如行业自律、规范行业竞争、协调对外关系、化解矛盾纠纷等。通过参政议政、调查研究，在制定行业规划中提出意见或建议，当好政府的参谋和助手。

3. 切实解决工商联目前的困难和问题

根据国家有关政策以及工商联的职能和工作需要，明确工商联机关为行政性质，机关干部为行政编制，核定内蒙古工商联内设办公室、会员部、经济部、宣传教育部、法律维权部、研究室6个工作部门，行政编制40人；盟市工商联内设办公室、组织宣传部、经济部、法律维权部4个工作部门，行政编制15~20人；旗县级工商联内设办公室、组织宣传部、经济联络部3个工作部门，行政编制5~10人，旗县级工商联机构，以及人、财、物与同级党委统战部分离。

建议各级政府帮助工商联改善办公条件，配置传真机、计算机、打印机、复印机等必要的办公设备，解决好旗县级工商联办公用房。适当增加工商联办公经费，将其纳入财政年度预算，建议盟市工商联不少于30万元，旗县级工商联不少于5万元，以确保工商联各项工作的正常开展。

4. 不断提高工商联机关建设水平

各级党委要把政治坚定、素质优良、热爱工商联事业的干部选拔到工商联来。特别是要选好工商联主席和党组书记，给予工商联一定的社会地位和政治待遇，合理地进行人事与政治上的安排。建议地市级以上工商联的主席担任同级人大副主任，或政协副主席，或政府领导副职。加强领导班子建设，坚持民主集中制，完善集体领导和个人分工负责等各项制度。注重发挥领导班子中兼职成员和执委的作用，着力增强能力建设，懂全局、议大事、管本行，在引导工商联科学发展中有更大作为。完善制度，规范程序，提高效率，推进机关制度化、规范化、程序化建设。重视抓好干部队伍建设，加强专业知识培训，着力提高工商联机关干部的调查研究、参政议政能力，做非公有制经济人士思想政治工作的能力，组织、协调、对外交往的能力，以及办文办会办事的能力，不断增强引导非公有制经济人士健康成长和促进非公有制经济健康发展的服务本领。建议将未列入公务员管理的工商联机关干部，全部纳入公务员序列，切实解决好全区160多名工商联机关干部的公务员待遇问题。工商联的编制数量应不少于同类团体机关。通过公务员招考等方式，优化工商联干部来源渠道，改善干部队伍整体结构，努力建设一支"革命化、年轻化、知识化和专业化"的工商联干部队伍，避免工商联成为干部的"养老院"。

    课题组组长：高海涛
    课题组成员：赵庆禄 高林才 陶文林 魏小平
    执 笔：赵庆禄

B.3 浙江省商会发展报告

改革开放30多年以来，浙江民营经济取得了巨大的发展成就，已成为浙江经济的主体和优势所在，也是浙江经济发展的活力和潜力所在。随着民营经济的发展，浙江省商会组织应运而生，组织建设不断加强，影响力不断扩大，作用发挥日益明显，逐步走出了一条具有浙江特色的商会发展之路。

一 浙江商会的发展现状

（一）浙江商会的概况

本报告所讨论的商会包括基层商会、行业商会和异地商会三大主体范畴。近年来，面对新形势、迎接新挑战，全省各地进一步准确定位，理清思路，找准重点，以改革创新的精神大力发展商会。据不完全统计，截至2010年年底，浙江省已建立基层商会1323个，异地商会407个，行业协会（商会）451个。

（二）浙江商会的发展特点

1. 浙江商会的影响力日益扩大

近年来，"浙商"正以人数最多、分布最广、实力最强、影响最大日益成为当今中国第一商帮。浙江省各地商会组织抓住重要的发展机遇期，不断提高工作水平，通过积极主动、扎实有效的工作，充分发挥商会的独特优势和作用，逐步树立了浙江商会的品牌，扩大了浙江商会的影响力。"有为才有位"，通过商会自身的努力，各级党委、政府对商会的工作越来越重视和支持，主流新闻媒体也加大了对商会组织重要会议和重大活动的宣传和报道，增强了公众对商会组织的认知度和认同感。

各类商会大厦的建设已成为浙江商会组织工作的创新之举。到目前为止，全省102个工商联组织中，已建商会大厦的有14个，正在筹建商会大厦的有31个。个别地区的乡镇（街道）商会、行业商会也已建成或正在筹建商会大厦。此外，宁波、温州、萧山、鄞州、温岭、黄岩、绍兴等地政府大力支持异地商会建设商会大厦，积极扩大浙江商会的影响力。

2. 基层商会建设不断夯实、成效显著

浙江省的基层商会从20世纪90年代初开始建立和发展起来。近年来，在各级工商联的积极争取下，各级党委、政府加大了对基层商会建设的重视和扶持力度，为基层商会工作搭建平台，基层商会组织建设得到了全面提升。截至2010年年底，全省已组建乡镇（街道）商会748个。

此外，通过这些年来的实践探索，各地因地制宜，目前已构建了两种基层商会的组织结构模式。一是"民间自主型模式"。由企业家兼任会长，副会长由分管经济工作的副乡镇长（副主任）或分管党群工作的乡镇（街道）副书记和企业家兼任，秘书长由经济发展办公室（或工商服务中心）主任（副主任）或宣传统战委员兼任。浙江大部分基层商会采用此种模式，并成为今后基层商会发展的主流趋势。二是"政府主导型"模式。由乡镇（街道）分管经济工作的副乡长（副主任）或分管党群工作的乡镇（街道）副书记兼任会长，个别的由人大副主席、调研员兼任会长，会员企业家兼任副会长，经济发展办公室、党政办主任或副主任、宣传统战委员兼任秘书长。从发展趋势看，采用此种模式的基层商会比例正在逐年下降。

3. 行业商会建设扎实推进、稳步发展

行业商会是由同一行业的企业、个体工商业者及相关的企事业单位和个人，依法、自愿组成的民间性、自律性、非营利性的社会团体。从2007年到2010年，浙江省行业商会数量逐步增长，其管理体制、机制和规章制度日渐完善，并在加强行业自律、维护行业合法权益、促进行业健康发展上发挥了一定的积极作用。温州、嘉兴、台州、黄岩等地率先出台了一系列促进行业协会商会发展的政策措施，对行业协会商会的改革和发展进行了大胆的探索，为促进当地经济社会的发展做了大量有益的工作，发挥了独特的示范作用。

从浙江省行业商会建设情况分析，主要有以下几个方面的特点。一是自治性。这是最突出的特点，也是其活力的源泉。行业商会的领导人由会员民主选举产生，商会经费取之于会员、用之于会员，商会内部治理机制较健全，外部监管机制较规范。二是服务性。这是商会的基本工作方式，也是其赢得威信的基础。行业商会始终把为会员服务放在首要位置，准确定位自身角色，本着"为会员服务、为社会服务、为政府服务"的宗旨，将满足会员需求作为商会工作的着力点。三是专业化。这是商会的发展趋势，也是其强化功能的必然选择。行业商会的专业化程度是由行业的发展状况和相关的社会背景决定的，浙江省的行业商会大多依托特定的行业成立，不仅如此，商会内部机构设置也呈现专业化的趋势。四是专职化。这是行业商会的发展前提，也是其正常运作的有力保障。行业商会工作人员的专职化、公开招聘成为一种趋势，绝大多数的行业商会都聘任了专职秘书长或副秘书长，以及相关的专职工作人员。

4. 异地商会发展迅速，形成特色

据不完全统计，目前浙江省外有500多万浙商，境外浙商也达100多万人。浙江在外创业人员为更好地立足当地和促进自身发展，纷纷抱团建立异地商会，积极引领浙江在外创业人员不断发展壮大，在全国各地打造了著名的"浙商现象"和"浙江人经济"。

异地商会从20世纪90年代开始迅速发展起来，近5年来快速增长，是浙江省商会工作的特色和品牌。"浙江商会"、"温州商会"、"台州商会"正逐步成为当地最具公信力和最有口碑的商会组织，日益显现了异地商会强大的生命力和吸引力，发挥着向外宣传浙江、展示浙江新风采的窗口作用。

从当前异地商会的发展状况分析，主要存在以下几种模式。从组建方式看，有自发组织成立和政府发起筹建两种模式。自发组织成立的以温州为代表，是在外浙商为立足异地、促进自身发展需要而自发建立的；政府发起筹建的以省经协办组建的"浙江企业联合会（商会）"和台州组建的异地商会为代表，主要是政府从加强外出人员管理、区域间经济交流合作、促进当地经济发展需要，授权经协（合）办、驻外办事（联络）处或工商联来组织筹建的。从指导管理角度看，有归口统战部、工商联和经协（合）办、驻外办事（联络）处、招商局等政府有关部门管理两种模式。从登记注册情况看，有经民政部门登记注册具有独立法人的异地商会和未经登记注册挂靠当地工商联（商会）作为二级法人的异地商会两类。

5. 村商会等新的商会组织形式出现

近年来，各地大力发展基层商会，不断拓展组织网络，在县级和县级以下组

织建立健全符合当地经济社会发展需要的商会组织网络。特别是在力求实现乡镇（街道）商会高覆盖率的基础上，积极探索在非公有制经济比较发达的经济开发区、高新技术园区、大规模的专业市场、产业集聚的行政村及社区建立商会组织。

为了更好地发挥商会组织的职能作用，扩大基层商会的组织网络，并针对部分地区的个体私营经济组织大多以块状经济形态分布在镇村，呈现"一村一品、一村一业"的特点，余姚、慈溪、鄞州、德清等地在部分经济发达、企业相对集中的行政村建立了村商会，拓展了一大批在村级管理层面的中小企业、微型企业的生存空间。余姚市工商联于2008年4月成立了首家村级商会组织"凤山街道剑江村商会"，为城乡统筹、村企统筹发展，推进新农村建设开辟了新路子，《中华工商时报》为此作了详细报道。目前，全省已发展村商会158个。

二　浙江商会作用的发挥

1. 积极参政议政，发挥助手作用

近年来，商会会员中担任县级及县级以上人大代表、政协委员的人数逐年增加，商会日渐成为非公有制经济代表人士参政议政、建言献策的重要平台和载体。

一是围绕民营经济又好又快发展提出建议。各地商会组织通过深入开展调查研究，分析浙江民营经济的发展现状和面临的困难、问题，及时向政府有关部门反映困境，据此提出切实可行的意见和建议，积极争取政策支持，为政府科学决策提供参考，进而促进民营经济的健康成长。如近年来向省政协大会提交的《关于大力支持民营企业"走出去"投资发展的建议》、《关于支持中小企业发展，确保就业形势稳定的建议》等提案被省政协列为重点提案；在深入调研基础上起草的《深化体制机制改革，再创民营经济发展新优势》、《积极鼓励和引导民间投资，促进我省经济持续稳定增长》等调研报告，都得到省委、省政府主要领导的批示和重视，为政府相关决策提供了重要依据。

二是积极反映会员诉求。近年来，各地商会组织通过召开座谈会，发布商会信息专报和简报，组织团体提案和建议等形式，将商会会员企业的相关发展情况以及存在的困难和问题，经梳理后向政府有关部门报送，并提出相应的意见和建议。如《关于进一步扶持我省汽车及零部件制造企业发展的建议》、《关于大力支持"公路港"物流平台发展的建议》等提案针对具体行业内企业的强烈呼声，分析存在的问题，提出相应的意见和建议，均引起了相关政府部门的重视，有关建议被采纳。

2. 充分发挥自身优势，主动服务会员企业

浙江商会从成立之初就秉着服务立会的宗旨，积极维护会员企业的权益，全心全意为会员企业做好服务。各地商会组织充分发挥自身组织优势，不断拓展服务领域，主动当好会员的助手，积极为会员提供优质服务。

一是贴近会员需求，提供信息、技术、人才、培训等方面的服务。在国际金融危机的严重冲击下，浙江出口导向型企业面临重重危机，针对这一困境，各地商会积极引导会员企业转"危"为"机"，抱团取暖，逆势发展，并深入企业调查研究，利用各种途径反映企业的困难和呼声，为会员企业摆脱困境出谋划策，提振企业的发展信心。一些商会组织为努力帮助会员企业实施《劳动合同法》，会同劳动部门组织会员企业学习培训，引导企业签订劳动合同，增强会员企业依法用工的意识。

二是主动搭建平台，帮助会员企业捕捉商机，拓展市场。占领市场是企业发展的重要目标，凭商会组织的集体力量去开拓市场，往往比一家企业单枪匹马闯市场更有效果。各地商会组织主动牵线搭桥，积极为企业对外交流合作搭建平台，组织企业外出考察，开展经贸洽谈，举办展览会等活动，帮助企业捕捉商机，拓展市场。如浙江省工商联近年来组织了"浙江省商会走进欧盟"、"携手浙商"等活动，既帮助企业直接到境外开展对外交流、商务合作，又邀请各国驻沪领事、商务代表到浙江来考察，取得了很好的效果。

三是搭建政企、企企沟通桥梁，协调利益相关主体的关系。作为市场主体的民营企业，因利益关系与政府、其他企业发生矛盾是不可避免的，如果处理不当，必将对企业的发展产生负面影响。商会组织的建立，有效构筑了与政府、其他企业沟通的渠道，通过它们的紧密联系、积极磋商，帮助企业协调各方关系，为企业营造良好的创业环境。如省政府主要领导每年都要至少组织一次以上工商界人士座谈会，会上企业家反映的问题都实行督办，企业家对此反应相当积极。

3. 拓展领域，积极发挥行业管理方面的职能

行业商会是在广大企业会员的基础上组建的，其专业性突出，中介地位超

脱，对自己行业内部的运作模式和"潜规则"最为清楚，也最具话语权。各地行业商会正是在上述理念的指导下，充分发挥行业商会在行业管理方面的作用。

一是公共服务。提供行业公共服务是行业商会的拳头产品。以温州服装商会为例，该商会的行业公共服务功能，主要是筹建了温州服装行业创新服务中心，通过建设"一校"（温州服装技术学校）、"一馆"（服装图书馆）、"三中心"（设计研发中心、信息服务中心、质量检测中心），提供公共服务，不断提升行业发展水平。

二是行业标准。各地行业商会积极开展对行业基础资料的调查、收集和整理，参与制定行业标准及行业发展规划，向政府部门提出了有关本行业发展的意见和建议，为政府的科学决策提供了参考依据。

三是行业自律。改革开放以来，浙江经济总体上呈高速增长态势，但是粗放式增长的特征仍比较明显，假冒伪劣、偷漏逃税、无序竞争等现象也时有发生，阻碍了相关行业乃至整个经济的健康发展。行业商会在其间发挥了中介组织的作用，进行行业自律，加强行业自我管理，力促行业的健康发展。从全省情况看，行业商会开展的行业自律主要包括质量自律、知识产权自律、环保自律、诚信自律等。

四是行业整合。行业商会在促进行业集聚，推动行业整合方面发挥了重要作用。近年来，部分行业商会以第一人称的姿态，申报了一批"国字号"基地；有关行业商会纷纷与政府合作，催生了一批特色产业园区，促进了行业集聚，提升了产业层次；有些行业商会与政府有关部门沟通、联系，积极推进行业联合重组，增强市场竞争力。

4. 积极应对国际贸易争端，当好会员企业的"代言人"

"入世"以后，浙江因为自身产业特点和其他因素影响，成为国外对华设置贸易壁垒的重要涉案地区。政府部门和企业在激烈的国际市场竞争中遇到了过去很少遇到的政府难管、企业难办的矛盾和问题。当政府因国际贸易规则约束而转变职能时，作为民间社团的行业商会，以其特有的民间身份及优势，在政府不再直接接管企业、企业本身又达不到适应加入世贸组织对自身发展和保护的基本要求的情况下，起到保护国内产业、支持国内企业，增强国际竞争力方面的协调作用，为国内产业的发展筑起一道"防火墙"，维护了会员企业的权益。

在这个方面，温州行业商会作为牵头单位，运用世贸规则，联合企业应诉，走出了应对国际贸易争端的一条好路子。如为了保护鞋类企业在欧盟的市场份额，最大程度为涉案鞋企争取更大权益，温州市鞋革行业协会和广东鞋业厂商会、泉州市鞋业商会三地协会共同倡议，联合组建"反倾销应对联盟"，以更积极的态度应对欧盟反倾销"无损害抗辩"。又如，嘉兴市一些行业协会商会为维护会员企业的合法权益，组织中小企业抱团应对反倾销。市紧固件进出口企业协会积极应对"美国碳钢紧固件'双反'调查"，最终2009年11月6日美国贸易委员会投票以无损害结案，并终止了调查。这是美国对华开启"双反"调查以来20多起案件中唯一一起以无损害初裁终止调查的案件，也是中国紧固件行业遭遇贸易救济调查以来唯一完胜的案例。

5. 积极发挥龙头作用，当好在外创业浙商的"引路人"

异地商会的建立，使浙商的发展从分散走向联合，从无序进入有序，异地商会在在外创业人员中发挥了龙头作用，承担起了"引路人"的角色，在引领会员健康成长中发挥了积极作用。

一是加强团结，引导在外创业人员积极融入当地经济发展大环境。异地商会注重当好"调解员"，一方面协调处理好同乡之间的关系，化解内部矛盾，规避内部恶性竞争，引导会员齐心协力谋发展；另一方面协调处理好与当地的关系，加强引导，积极稳妥地处理会员与当地的纠纷问题，引导会员融入当地社会，在创造个人财富的同时，主动惠及当地百姓，带动当地群众发展生产，扩大就业，共同富裕，为当地经济发展和社会稳定作出贡献。

二是加强教育，引导在外创业人员严格自律，树好形象。异地商会通过为在外创业人员自我管理、自我教育、自我约束、自我保护提供平台，及时掌握了会员思想动态。通过会务、讲座、联谊活动等多种形式，教育会员提高素质，加强自律，引导会员遵纪守法、照章纳税、诚信经营，坚持和发扬与时俱进的浙江精神和自强不息的浙商精神，促进企业又好又快发展。

三是加强合作，增强实力，发挥群体优势，提高竞争力。通过加强会员之间的联系、交流、合作，集中智慧，协调力量，整合资源，发挥优势，实现互利多赢。如成都、哈尔滨、沈阳、乌鲁木齐等地的浙江商人发挥商会集体优势，以商会名义，兴办"浙江工业园区"、"台州商贸城"、"温州商会大厦"，助推浙江企业进一步做大做强。

6. 组织会员企业主动承担社会责任，积极回报社会

浙江各地商会组织在推动会员企业主动承担社会责任、积极回报社会方面发挥了重要作用。通过大力宣扬致富思源、富而思进理念，积极组织会员企业参与社会公益事业，在促进就业、扶贫济困、赈灾救灾、结对助学、参与希望工程和社会主义新农村建设等方面慷慨解囊，不仅为维护社会和谐稳定发挥了积极地作用，还树立了商会自身和广大非公有制经济人士的良好形象。"5·12"汶川地震后，各级商会积极组织会员企业为地震灾区捐款捐物。在积极参与社会主义新农村建设方面，各级商会组织发动会员企业与村结对，并由企业家担任农村经济顾问，开展扶贫帮困项目。

目前，浙江的商会组织发展无论是在数量上，还是在社会影响力方面，都已经具有一定的发展规模。但由于商会法制建设的滞后、行政管理体制和社会环境的限制以及商会组织自身建设的薄弱，商会组织的功能发挥还不够充分，有待于在实践中进一步探索和完善。

课题组成员：邓国安　周冠鑫　李燕娜

B.4
福建省商会发展报告

随着建设海峡西岸经济区发展战略上升为国家战略，福建发展迎来新的历史机遇。在福建省委、省政府的正确领导下，在全国工商联和福建省委统战部的指导下，福建省工商联近年来深入学习实践科学发展观，认真贯彻落实国务院《关于支持福建省加快建设海峡西岸经济区的若干意见》（以下简称《意见》）和《福建省贯彻落实〈国务院关于支持福建省加快建设海峡西岸经济区的若干意见〉的实施意见》（以下简称《实施意见》）精神，紧紧围绕福建发展和海西建设大局，进一步发挥全省各级工商联的作用，积极帮助民营企业应对国际金融危机影响，不断提升工商联的履职能力和作为空间，推动福建省民营经济应对宏观经济环境急剧变化的严峻挑战，实现平稳健康发展，引导广大非公有制经济人士为加快建设海峡西岸经济区作出更大贡献。

一 商会的基本情况和工作特色

（一）商会的组织建设现状

健全组织、发展会员、壮大队伍一直以来是工商联的一项基础工作。一是各级组织不断发展。福建省行政区划95个，除金门县外，已全面建立各级工商联地方组织。其中：省工商联1个、设区市工商联9个、县级市工商联14个、县工商联44个、设区市辖区工商联26个。据最新统计，全省共有897个工商联基层组织［其中乡镇商（分）会322个，街道商（分）会、小组50个，异地商会460个，市场商会2个，开发区商会2个，联谊会12个，其他49个］，比2008年同期增加了133个，增幅为17.41%。其中异地商会是福建工商联（商会）基层组织发展的一个新亮点，这几年一直保持两位数的增幅；全省共有各级行业组织327个（其中省级11个、地市级53个、县级214个、乡镇街道49个），

比2008年同期增加了20个，增幅为6.5%。二是会员数量不断增加。目前，全省工商联共有会员113271个，比2008年同期增加10044个。其中，企业会员62627个，比2008年同期增加7570个；团体会员813个，比2008年同期增加30个；个人会员49831个（其中包括个体工商户24929个，比2008年同期增加1680个；原工商业者和"三小"5520个，比2008年同期减少1816个），比2008年同期增加2444个。按所有制统计，现有非公有制经济会员90739个，比2008年同期增加11004个，占会员总数的80.11%。

此外，据不完全统计，全省各地市共有1167名非公经济人士，分别被推选为全国、省、市级人大代表和政协委员。其中全国人大代表6人、全国政协委员26人，省人大代表103人、省政协委员140人，市人大代表383人、市政协委员509人。福建省9个设区市工商联主席有3人担任了所在地市的政协副主席。84个县级工商联中有4155位非公经济人士入选县级工商联领导机构，任常、执委；1087位非公经济人士被选入县级工商联领导班子，任主席、副主席。

（二）商会近年的工作特色

福建作为非公有制经济比重大的省份，拥有一支遍布全世界的闽商队伍，同时又与台湾一衣带水，加之海峡西岸经济区发展战略地位的提升，福建商会的工作自有其自身的特色。福建省委书记孙春兰仅2010年就先后5次对福建省工商联工作作出重要批示。其中，7月7日，孙书记在《福建工商时报》刊登的《闽商赴灾区谱写大爱》的纪实报道上作出重要批示："统战部、工商联做得很好，要在电视、福建日报等媒体更广泛宣传闽商的爱心和贡献。"紧接着7月8日，孙书记又在《八闽快讯》刊登的题为《全省民营企业代表、异地闽籍商会今日为灾后重建赈灾捐款1.0965亿元》专报件上作出重要批示："企业界、异地闽籍商会的义举不仅是经济意义，重要的在于体现了对灾区人民的爱心关切，对于全省凝心聚力很有意义，建议广泛宣传。"2008年时任福建省委书记的卢展工同志给福建省工商联作出批示："省工商联这几年工作有所作为，很重要的一条，就是始终围绕发展的全局，在组织协调上下工夫，在抓项目带动和品牌带动上下工夫，在营造环境氛围加强服务上下工夫。"在两任省委书记重要批示的鼓舞下，省工商联带领全省各级组织进一步树立大局意识和责任意识，不断提升工商联的履职能力和作为空间，积极为海峡西岸经济区建设作出新的贡献。

1. 认真学习贯彻国务院《意见》精神，推动海西区域商会合作

2009年5月14日《意见》的正式颁布，以及省委八届六次全会通过的《实施意见》，使全省各级工商联和广大民营企业家倍感振奋和鼓舞；2010年2月，胡锦涛总书记来闽考察，为加快海西建设指明了方向。福建省工商联迅速在全省工商联系统内传达贯彻胡总书记来闽考察重要讲话精神，进一步激励和鼓舞了广大民营企业家投身海西建设的创业热情和发展信心。

《意见》提出，要"推动跨省区域合作，进一步完善沿海地区经济布局"。为进一步加强海西20城市工商联协作，推动区域经济合作交流，由福建省工商联牵头组织海西区域内闽、浙、赣、粤的20个城市的工商联建立"海峡西岸20城市工商联协作联席会"制度，从2008年开始每年召开1~2次。自2008年3月份开始，驻会领导分头带领省内9个设区市工商联走访毗邻的浙、赣、粤三省11城市工商联，宣传海西，推进协作，得到了省外11城市工商联的积极响应。2008年6月18日，在海峡项目成果交易会期间，召开"海峡西岸20城市工商联协作联席会"，共同签署了《海峡西岸20城市工商联协作框架协议》，同时还积极促使全国工商联与省政府达成了共同推进海峡西岸经济区建设的协议。2009年5月13日，在武夷山召开"第十二届海峡西岸武夷国际投资洽谈会"之际，召开了"第二届海峡西岸20城市工商联协作联席会"；11月17日，又在龙岩召开"第六届龙岩投资项目洽谈会"之际，召开了"海峡两岸商会经济论坛暨海峡西岸20城市工商联协作联席会第三次会议"，并邀请台湾工商界人士与会，促进了两岸工商界的交流合作。将"海峡西岸20城市工商联协作联席会"与当地大型经贸活动紧密结合起来，进一步丰富了"海峡西岸20城市工商联协作联席会"的内涵，使海峡西岸20城市工商联协作取得了更有实质性的成果。2010年11月，在三明召开"第六届海峡两岸（福建三明）林业博览会暨投资贸易洽谈会"之际，召开"海峡西岸20城市工商联协作联席会第四次会议"，进一步紧密海峡西岸区域商会交流合作，促进海峡西岸区域民营经济的共同发展。同时，福建省工商联在2010年8月还主办了"第六届泛珠三角区域商会联席会议"，以进一步加强海峡西岸经济区与泛珠三角区域的经济联系与合作，促进优势互补、良性互动、协调发展，在更广领域、更大规模、更高层次上拓展海西效应。

2. 引领海内外闽商参与海西建设，打造回归创业的广阔舞台

三年一届的世界闽商大会的召开，对于宣传福建发展成果、加快推进海西建设、凝聚闽商智慧力量、服务祖国统一大业，具有十分重要的意义。第三届世界闽商大会于2010年5月16~18日在福州召开，福建省工商联作为主要承办单位之一，专门抽调人员成立筹备工作组，全力以赴开展各项筹备工作。在各有关部门的共同努力下，共落实招商项目137个，投资总额397.6亿元人民币和17.91亿美元。从中精选了51个投资1000万美元或5000万元人民币以上、符合产业政策、属于国家鼓励和允许的项目作为签约项目，投资总额达100.61亿元人民币和6.45亿美元，搭建起一个闽商回归投资创业的新平台，有力地促进了福建发展和海西建设。此外，福建省省政府表彰了为海西建设作出突出贡献和为捐赠公益事业作出突出贡献的闽商，其中包括6年来回归创业投资总额超过5亿元以上的闽商，一批改革开放以来捐赠公益事业建设千万元以上的非公经济人士，及3年来累计捐赠福建省公益事业千万元以上的海外侨胞，分别授予了"闽商建设海西突出贡献奖"、"福建省非公有制经济人士捐赠公益事业突出贡献奖"和"海外华侨捐赠公益事业突出贡献奖"。

3. 发挥独特的对台优势，加快闽台商会交流合作步伐

福建省工商联着力先行先试，积极推动对台商会交流合作。2009年10月，福建省工商联李祖可主席率团赴台湾考察，与台湾工商企业联合会、工业总会、工商建设研究会、海峡两岸商务发展基金会、中华商务仲裁协会等台湾重要的工商社团以及部分台湾企业进行了深入交流探讨，宣传了海西的发展与投资环境以及福建省促进闽台交流的有关政策，为形成两岸商会长期稳定的合作关系奠定了基础。2010年4月，福建省工商联借澳门闽台总商会赴闽访问考察之机，缔结了友好商会协议，以发挥澳门闽台总商会与台湾联系密切的优势，邀请和带动更多的台商来闽考察投资，进一步促进了闽、澳、台商会的交流与合作。

此外，福建省工商联还积极运用"5·18"、"6·18"、"9·8"等省经贸活动平台，邀请台湾工商社团和工商界人士组团来闽参加活动，深化两地交流，努力促进两岸经贸合作，为海西建设作出应有的贡献。福建省工商联开展多种形式的两岸商会交流工作得到了上级有关部门的充分肯定，被全国工商联、中华工商时报社评为"2008年度工商联工作十大亮点"之一。

4. 着力改善民生构建社会和谐，促进民营企业履行社会责任

福建省工商联积极动员民营企业参与光彩事业和慈善公益事业，通过开展"海西春雨光彩行动"，在连城、宁化、仙游、福鼎等地共投入扶贫资金82万元，帮助贫困群体共享改革发展成果；汶川特大地震后，省工商联按照省委、省政府的部署，全力以赴投入抗震救灾和灾后重建工作，积极发动会员企业捐资捐物，共捐资7亿多元、捐赠价值1亿多元的物品；2009年，台风"莫拉克"重创台湾之际，省工商联迅速动员广大民营企业家捐款捐物，得到广大民营企业家踊跃响应，福耀集团董事局主席曹德旺和福耀集团总裁曹晖通过省红十字会共同捐款1000万元，龙工集团董事长李新炎捐赠价值130万元的两台挖掘机，省工商联通过省红十字会首批捐出200万元；2011年初组织民营企业为第五届特奥会捐款，共有25位民营企业家、31个商会及企业认捐1232万元；发动民营企业投身青海玉树抗震救灾工作，共募集捐款1.8456亿元和价值960万元物资。在中央电视台举行的"情系玉树·大爱无疆"抗震救灾大型募捐活动中，福建省工商联副主席、福耀集团董事局主席曹德旺，福耀集团总裁曹晖分别以个人名义捐款1亿元。同时，曹晖还当场宣布随后还将再捐出2亿元，援助遭遇旱灾的西南五省。2010年7月，省工商联组织广大非公有制经济人士通过省光彩会渠道向闽西北洪灾灾区捐款1.3亿多元，捐物价值近千万元。同时，为了缓解社会就业压力，福建省工商联持续发挥民营企业吸纳就业的主渠道作用，于2009年6月在福州、泉州、南平同时启动了"民营企业招聘周"活动。据不完全统计，全省共有3600家民营企业参加活动，提供岗位8万多个，为"保增长、保民生、保稳定"的大局作出了积极贡献。2010年，受国航远洋集团公司委托，省工商联组织南平、三明、龙岩受灾地区贫困生参加海员定向培训考核工作，推荐44名学员到大连海运学院和湖北理工大学培训。

5. 共克时艰，引导民营企业在国际金融危机中实现科学发展

面对国际金融危机影响持续加深、全球经济增长明显放缓的压力，省委、省政府高度重视、态度鲜明、应对有力、措施得当，及时出台了扩大内需的十条具体措施，确保了全省经济发展总体持续、总体提升、总体协调、总体有效。面对复杂多变的国际国内经济形势，福建省部分民营企业特别是出口型企业受到较大冲击，生产经营出现困难。为此，一方面，省工商联深入开展民营企业应对国际金融危机的专题调研,走访企业84家,召开座谈会18场,与150多位民营企业家进行了深入细致的交流探讨,调研行业涉及农林牧渔、钢铁、纺织、电子信息、海运等10多个行业。在深入调研的基础上,省工商联积极向政府有关部门反映情况,呼吁采取各种政策和扶持手段,帮助民营企业解决实际困难、改善发展环境。全省各级工商联广泛开展应对国际金融危机的调研,千方百计帮助民营企业认清形势、树立信心、应对挑战、渡过难关。同时,省工商联还开展了民营企业用工问题的调查和关于异地商会工作的专题调研。省工商联积极参与省委、省政府重点课题调研,与省人力资源和社会保障厅、省总工会共同完成的调研报告——《对化解矛盾纠纷构建和谐劳动关系的思考》,被收录在省委政策研究室主办的《调研文稿》第8期中。参与省委统战部重点课题《统一战线在有效应对国际金融危机、保持我省经济平稳较快发展中的优势和作用研究》的调研,认真完成并及时提交《福建省民营企业应对国际金融危机保持持续较快发展的调研》的报告。编辑出版的《福建民营经济发展报告(2008)》和《2009年调研论文集》,共收录全省工商联调研文章119篇;在第五届(2009年)、第六届(2010年)"全面推进海峡西岸经济区建设·建言献策论坛"上,共获得一等奖1篇、二等奖2篇、三等奖6篇;在2010年度全省统战理论研究优秀成果评选中,获一等奖1篇、优秀奖1篇。另一方面,省工商联结合深入学习实践科学发展观和纪念改革开放30周年活动,在广大非公有制经济人士和工商联干部中组织开展"中国特色社会主义学习教育"活动,举办了两期福建省非公有制经济人士思想政治工作培训班,共培训学员93名;与省委统战部联合召开了"福建省非公有制经济人士纪念改革开放30周年座谈会";在《福建工商时报》开辟专栏,大力宣传福建省民营企业改革开放30年来取得的辉煌业绩,教育和引导福建省广大民营企业坚定走中国特色社会主义道路的信心,振奋精神、迎难而上,在转变观念中破解发展难题,在更新思路中转变发展方式,使广大民营企业家充分认识到科学发展观是应对当前挑战、实现健康发展的现实之路和必由之路。2010年与省委统战部联合在福州、苏州两地举办"福建省非公有制经济组织党建工作暨代表人士思想政治工作培训研讨班",在中央社会主义学院举办"福建省非公有制经济代表人士培训班",通过培训学习,做好对非公有制经济人士的政治引导、政治培养、政治考察。

6. 加强和改进思想政治工作，推动非公有制经济人士成为优秀中国特色社会主义事业建设者

福建省工商联认真贯彻落实"全国非公有制经济人士思想政治工作会议"精神，与省委统战部联合举办了"2009年福建省非公有制经济代表人士培训班"。努力通过有效的思想政治工作，推动广大非公有制经济人士成为民族振兴的推动者、敢为人先的开拓者、义利兼顾的实践者、依法经营的自律者、共同富裕的促进者。由福建省工商联推荐的福建勇鑫爆破有限公司总经理赵勇被评为"全国模范军队转业干部"并接受了央视《焦点访谈》的专题采访。尤玉仙等25位女民营企业家被授予"福建省优秀女民营企业家"荣誉称号。傅光明在"第二届全国道德模范评选活动"中再次获得全国道德模范提名奖。许连捷在中国光彩事业促进会三届四次理事会上荣膺"光彩事业突出贡献奖"。许连捷、吴惠天参加"全国优秀中国特色社会主义事业建设者理论研讨班"并受到通报表扬，许连捷被授予"优秀学员"称号。曹德旺、刘用辉、李顺堤、陈爱钦4位民营企业家获得"第三届全国优秀中国特色社会主义事业建设者"荣誉称号并受到表彰。恒安集团公司、福建国航远洋集团公司、福建三元达通讯有限公司、厦门弘信创业投资有限公司、亚伦集团、福建麦丹生物集团有限公司、漳州科华有限公司、福安闽东亚南电机有限公司等被全国工商联、全国总工会、原劳动和社会保障部评为"全国就业与社会保障先进民营企业"。这些民营企业家都是在投身海西建设大业中涌现出来的先进典型，在他们身上折射出以爱国主义为核心的民族精神和以改革创新为核心的时代精神，对引导更多的民营企业家增强履行社会责任的自觉性，为社会和谐稳定凝聚更广泛的力量，树立了榜样。

7. 加强规范引导，促进闽籍异地商会再上新台阶

异地商会作为工商联基层组织建设的新生事物和特殊形式，没有规范性文件和政策，也没有可遵循的固有模式，商会工作的落脚点在于加强自身建设，在发展中逐步完善，在实践中不断创新，提升工作水平。省工商联按照"多方引导、创造条件、顺其自然、积极推动"的基本方针进一步加大尚未成立省级福建商会的省区特别是闽商发展相对成熟地区组建商会的力度，建立联谊平台增进当地闽商相互之间的交流与合作，团结已成立的市、县级闽籍商会共同参加省级商会筹建，支持他们选好筹建商会的带头人，帮助他们沟通当地统战部、工商联等有

关部门，加强对筹建工作中的业务指导，通过广泛凝聚多方面力量共同推动这些省区福建商会成立，完善全国闽籍异地商会网络建设。与此同时，进一步加强省级闽籍异地商会的沟通联系，推动联系合作平台制度化、规范化、功能化，积极推广成功的办会经验，共同探索商会发展新路子，充分发挥闽籍异地商会的地域优势和组织优势，推动全国市场资源优化配置，促进区域经济交流合作，凸显闽商在国家经济战略发展中的积极作用。进一步发挥福建省工商联在闽籍异地商会联系平台中的组织者作用，每年在一个地区组织召开一次异地商会会长（或秘书长）会议，每三年与世界闽商大会同步召开一次异地商会工作会议。2008年11月1日，福建省工商联邀请全国各地的闽籍异地商会代表在上海召开福建省异地商会发展座谈会，呼吁广大闽商增强主人翁意识，关注家乡发展，把握历史机遇，实现更大作为，在科学发展的旗帜下，共享闽商资源，共创海西辉煌。在福建省工商联的呼吁下，全国各地的闽籍异地商会发起了进一步实施闽商"回归工程"的倡议。2009年海峡项目成果交易会期间，福建省工商联先后接待了上海福建商会、陕西福建商会、温州福建商会代表团回闽考察，促成了一批投资意向项目。据不完全统计，到2009年年底，全省有169个异地商会、3126个异地闽商回家乡投资2169个项目，总投资额达1517亿元。为进一步促进异地商会规范、健康发展，2009年6月在云南召开了异地商会秘书长工作联席会议，交流和探讨做好异地商会秘书处工作的经验、措施，形成了规范秘书处工作的共识。2011年省工商联召开异地闽籍商会工作会议，总结交流工作经验，制定出台《关于促进异地福建商会健康有序发展的指导意见》。此外，省工商联还召开省级异地商会会长座谈会、省级异地商会秘书长联席会议，做好在闽外省籍商会工作，进一步规范异地闽籍商会组织建设，推动异地闽籍商会健康有序发展，推动在外闽商做大做强、实现自身发展，进一步凝聚和弘扬闽商精神，打造闽商整体形象，投身海西建设。

8. 发挥行业商会作用，推动行业商会规范化建设

随着社会主义市场经济体制的逐步建立和完善，各种民间经济类型的行业协会商会不断发展，作用也越来越显现。它们在积极反映会员诉求，参与相关产业政策研究制定，加强行业自律，完善行业管理，协调国际贸易纠纷，维护会员合法权益等方面发挥了重要作用，已成为工商联组织建设的重要组成部分，在推动福建发展和海西建设中发挥着重要作用。近年来，由于受到原材料、劳动力价格持续上涨，人民币汇率升值，出口退税调整等因素的影响，企业的经营成本不断增加，尤其是2008年美国金融危机的影响而引发的全球金融危机，对以出口为主的福建省外向型企业造成了严重影响，为防止行业间恶性竞争及侵权行为的发生，福建省各级行业协会商会一方面督促政府相关部门加强行政执法，严厉打击各种商业违法和欺诈行为，另一方面积极承担起实施行业自律的重要职责，围绕规范市场秩序，健全各项自律性管理制度，制定并组织实施行业职业道德准则，大力推动行业诚信建设，建立完善行业自律性管理约束机制，规范会员行为，协调会员关系，维护公平竞争的市场环境。省工商联历来对行业商会工作十分重视，在努力推动行业商会实施"自我管理、自我服务、自我协调、自我教育"的同时，积极探索和推动新时期行业商会规范化建设。一是以争取作为社会团体的业务主管单位为突破口，为行业商会尤其是工商联直属行业商会合法地开展活动奠定基础；二是积极引导行业商会建立健全内部自律机制，提高商会自身素质；三是加强对行业商会的监督指导，承担应尽的各项义务；四是突出抓好商会领导班子建设，增强企业家自主办会的能力。在2009年海峡项目成果交易会期间，还设立了"福建省工商联行业商会展馆"，组织省布料同业商会、省五金机电商会、福安电机电器同业商会参展。

9. 做好职称评定工作，为民营企业人才队伍建设提供有力支撑

福建省工商联把开展职称评定工作作为服务民营企业的有效途径，与省公务员局、省人力资源开发办公室联合召开了2009年福建省非公有制企业职称工作会议，进一步推动了职称评定工作的规范化、制度化建设；同时还担负着全省各市（县、区）职称评定的指导工作。据不完全统计，截至目前，经省工商联考核和评审并经省人事部门批准确认获得职称的非公有制企业专业技术人员共有2570人，其中高级2238人，中级250人，初级82人。经各设区市工商联评审通过并经当地人事部门批准，全省获得职称的非公有制企业专业技术人员共有35022人，其中中级21074人，初级13948人。此外，省工商联共举办了20期非公有制企业专业技术人员岗前培训班，参加培训人员达2217人。

10. 加强工商联执委会建设，建立主席（会长）会议长效机制

福建省工商联落实《全国工商联关于加强执委会建设的意见》，建立和完善执委会议事规则和程序，探讨发挥执委会成员作用的方式和途径，加强执委会成员的日常联系和服务工作，坚持和完善执委会会议请假制度、考勤制度和出席会议情况通报制度，切实增强执委会成员的履职意识和组织纪律观念。从2010年开始每季度召开省工商联（总商会）主席（会长）会议，充分听取非驻会企业家副主席（副会长）的意见和建议，充分调动他们的积极性，充分发挥他们的作用，推动工商联各项工作的深入开展。2010年4月2日，福建省工商联（总商会）2010年第一次主席（会长）会议在南平武夷山市召开，省工商联驻会副主席、兼职副主席等共30多人出席了会议。会议传达学习了胡锦涛总书记和孙春兰书记、黄小晶省长关于非公有制经济工作的重要讲话精神，围绕民营企业如何加快转变经济发展方式，促进自身科学发展进行了座谈。2010年第二次主席（会长）会议于6月在泉州晋江召开，会上传达了全国工商联十届五次常委会会议精神，学习《国务院关于鼓励和引导民间投资健康发展的若干意见》，讨论提出贯彻意见。此外，省工商联还围绕"民营企业实现科学发展，承担社会责任"进行座谈。

二 商会今后工作的展望

2010年是全面实施国务院《若干意见》、在新的起点上加快建设海峡西岸经济区的关键一年，也是夺取应对国际金融危机冲击新胜利、加快转变经济发展方式、推动福建省经济社会又好又快发展的重要一年。

在2010年"两会"期间，胡锦涛总书记对非公有制经济的发展作出了重要指示，他强调"非公有制企业要在加快经济发展方式转变上有更大作为；非公有制企业要在保障和改善民生上有更大作为；非公有制企业要在提升自身素质上有更大作为"。总书记的重要指示，为非公有制经济的发展和非公有制经济人士的成长指明了方向。

福建省委、省政府同样高度重视民营经济发展，履新不久的福建省委书记孙春兰同志，非常重视福建省非公有制经济发展和工商联工作，多次强调工商联工作很重要，工商联工作大有可为；民营经济是福建发展和海西建设的希望所在、潜力所在。2010年1月4日上午，省委书记孙春兰走访省各民主党派、工商联，并在工商联作了重要指示，他指出工商联工作很重要，工商联要做的事太多了，工商联工作大有可为。在2010年1月24日的福建省政协十届三次会议上，省委孙春兰书记首次参加政协小组讨论，就来到民建、工商联界别联组会中，听取来自全国各地的民营企业家委员关于福建发展和海西建设的意见、建议，强调民营经济是福建发展的希望所在、潜力所在。在参加全国"两会"期间，省委书记孙春兰、省长黄小晶在百忙之中抽出时间与在京发展的北京福建企业总商会会员和部分闽籍企业家代表欢聚一堂，同叙乡情，共商建设家乡的大计。4月23~25日，孙春兰书记率领的福建省党政代表团到新疆昌吉回族自治州考察，孙书记指出，要发挥民营经济优势，深化产业合作，鼓励更多的福建企业利用新疆的资源、土地、市场等优势，要引导和促进更多有实力的福建民营企业抓住新疆跨越式发展的机遇，到新疆投资兴业，努力把福建的经济、产业和技术优势与当地的资源、土地、市场等优势有机结合起来，发挥各自区位优势，加强对外开放合作，实现互利共赢。5月2日，在出席上海世博会开幕式期间，孙春兰书记会见了上海市福建商会会长许荣茂先生等8位闽商代表，充分肯定在省外发展的企业家不仅有经验，而且有实力，是福建省很大的资源优势，为福建省的发展作出了很大的贡献，并希望在福建新一轮发展中在省外发展的企业家回乡投资。不到半年时间，省委、省政府主要领导3次会见省内外闽商，充分体现了省委、省政府对民营经济发展的高度重视和对广大闽商在海西建设、福建发展中的殷切希望。

在与省工商联及省内外闽商的会见中孙书记始终围绕福建发展和海西建设大局，站在战略高度，为福建省民营经济发展提出了明确要求。一是要求广大非公有制企业要积极贯彻党中央、国务院关于调整经济结构、转变经济发展方式的发展思路，实现科学发展，这是福建持续发展、再创辉煌的优势所在、活力所在、潜力所在。二是希望省外闽商更积极更广泛地投身海西新一轮发展，在加快自身发展的同时，积极回家乡投资兴业，为福建发展作出新贡献。省委、省政府不仅对省内外闽商提出了新希望，也对工商联工作提出了更高要求，对工商联围绕中心、服务大局，促进非公有制经济在转变经济发展方式实践中健康发展提出了更高要求；对工商联突出特色、发挥作用，引导非公有制经济人士在履行社会责任中健康成长提出了更高要求；对工商联求真务实、开拓进取，以改革创新精神进一步凝聚闽商力量，加快福建发展提出了更高要求。全省各级工商联认真传达贯彻孙书记的讲话精神，结合实际，认真学习、深刻领会和广泛宣传讲话精神，切实把讲话精神落实到推动民营经济科学发展、促进海西先行先试的实际行动上，将以改革创新精神进一步开创工商联工作新局面。

三 存在的问题与对策建议

（一）存在的问题

随着我国社会主义市场经济体制的不断完善和非公有制经济的快速发展，商会作为党和政府联系非公有制经济的桥梁和纽带，作用越发凸显。因此如何改善福建省商会的组织现状，充分发挥商会的重要作用，切实履行和发挥好商会职能，解决好制约商会发展的各种问题，就显得至关重要。

1. 编制和经费仍是制约县级工商联和基层组织开展工作的重要因素

市、县（区）工商联直接面对会员，各种服务要由他们去做，各项任务需要他们去完成。但长期以来，由于在资金、人员配备、办公条件等方面缺乏必要的条件，使他们在履行职能时受到了很大的局限。2009年福建省工商联对县级工商联建设开展了比较全面、深入的调研，针对县级工商联还普遍存在人员编制不足、办公设施落后、办公经费紧张、自身建设明显滞后于民营经济发展要求等问题，在8月召开的全省工商联组织工作会议上进行了专门研究、探讨，积极推动县级工商联更好地开展工作。福建省工商联挤出经费为全省90个县（市、区）工商联配备了新电脑，以改善办公条件。但这只是杯水车薪，并不能解决根本问题。

2. 有些行业协会充当着"二政府"的角色

行业协会大多是由政府主管部门组建起来的，工作人员也多来自主管部门。这些行业协会名义上实行机构分离，实际却和政府机关内部的其他机构一样，借助于权力谋求垄断利益，在这种利益关系下，政府主管部门对这些行业协会形不成严格有效的监督。要解决行业协会充当"二政府"的问题，关键在于真正实现行业协会与政府完全脱钩，彻底断掉政府主管部门与行业协会的隶属关系和经济联系。政府部门要从深化政府机构改革和职能转变入手，塑造"服务型政府"，做到权为民所用、情为民所系、利为民所谋，按照政府职能转变的要求，尽快转变观念和作风，革除各种有悖于经济发展的思想和行为，真正将属于民间组织能管得了、管得好的职能赋予工商联（商会）。

（二）对策建议

1. 在法律上明确商会的地位和作用

作为活跃在市场经济中的商会组织，要具有社会权威性，不仅要有党的政策指引和高度重视，还要有法律的保障和规范，商会活动必须拥有法的依据，得到法的保护，以法的权威性理顺方方面面的关系，推动商会活动的开展。要使工商联、商会能够发挥其应有的职能和作用，不应该也不可能只依靠地方党政领导的开明和重视来解决；不应该也不可能靠与其他部门抢跑道、争职权来解决，而这都必须通过立法来解决。因此，尽快出台"商会法"，明确商会的职能和任务，依法开展商会活动，这是社会主义市场经济立法工作中一件刻不容缓的大事。

2. 从手段上赋予商会必要的服务职能

当前，迫切需要赋予商会的服务职能应包括以下几方面。一是赋予非公有制经济代表人士政治安排的初审职能。非公有制经济人士在各级人大、政协的人事安排应以工商联界别为主，有关部门、团体建议或推荐的非公有制经济人士，要统一归口工商联，由工商联初审后报送统战部，形成规范性的政治安排。二是赋予统计管理规范渠道的职能。三是赋予归口管理非公有制经济组织党建工作的职能。四是赋予协调非公有制企业劳动关系的职能。五是赋予工商联参与物价、市场、卫生等方面管理的职能。只有赋予商会这些职能才能进一步加大商会的工作力度和深度，推动商会全面履行职能，促进非公有制经济快速、健康发展。

3. 政府应按照行业协会商会发展规律进行管理指导

行业协会商会快速发展，一方面在社会事务和经济活动中发挥着不可替代的作用，另一方面也难免出现这样那样的问题。如何顺应行业组织发展规律进行管理和指导，对政府来说是一个全新的课题。搞得好，可以推动行业组织在市场经济中发挥积极作用，搞不好会拖市场经济体制建设的后腿。因此，政府对行业组织的管理，应当适应其规律，才能取得三方面效果。一是使行业组织在市场经济中更恰当地发挥作用，二是使行业组织更真实地反映行业和会员诉求，三是提高服务水平和规范运作。三者缺一不可。管住不是目的，也不是本事，能够取得三方面效果，才是真正认识到位、措施得当，符合党中央提出的科学发展观和建设和谐社会的要求。

课 题 指 导：张剑珍
课 题 负 责 人：陈　峰
课题组成员：陈　飚　陈素平　金秋珊
执　　　笔：陈　飚　陈素平

B.5
湖北省商会发展报告

2008年以来,湖北省工商联(总商会)深入学习实践科学发展观,紧紧围绕省委、省政府的中心工作,以促进非公有制经济健康发展和非公有制经济人士健康成长为主线,下大力加强商会建设,充分发挥商会作用,不断推进商会组织创新发展、规范运作,全省各级各类商会建设取得了显著成绩,商会成为促进全省经济社会发展的一支重要力量。湖北省工商联连续3年入选"全国工商联十大工作亮点",2008年湖北省工商联荣获第三届中博会"优秀组织奖"并受到商务部表彰,荣获第三届中博会"突出贡献奖"并受到省委、省政府表彰,被省委评为"劳务经济开发工作先进单位"。

一 湖北省商会发展的基本现状

2008年以来,全省商会得到较快发展,截至2010年年底,全省工商联系统共有省级工商联组织1个,地市级工商联组织17个,县级工商联组织103个,乡镇商会组织1092个,行业商会668个,异地商会118个。全省商会发展主要体现在以下几个方面。

1. 政策支持,健全商会组织

党委的重视与支持是商会发展的关键,相关政策的出台与落实是商会发展的重要支撑。湖北省委、省政府高度重视工商联(总商会)工作,先后出台了《关于加强县级工商联工作的意见》、《关于建立省领导联系省外湖北商会制度的通知》和《关于进一步加强和改进工商联工作的意见》,这些政策的出台为全省商会发展提供了政策支持,这些政策的贯彻落实有力地促进了全省商会进一步健全组织,依法有序地开展工作,使商会发展进入一个新阶段。

2008年年底至2009年年初,为进一步摸清全省基层工商联组织建设的现状和开展工作的情况,贯彻落实《全国工商联关于加强县级工商联组织建设的若干意见》精神,湖北省工商联(总商会)开展了全省县级工商联组织建设大调研活动,通过调研基本摸清了全省基层工商联和商会组织的现状。在调研的基础上,省工商联起草了《关于加强县级工商联工作的意见》(代拟稿)。中共湖北省委办公厅、湖北省政府办公厅于2009年7月下发了《关于加强县级工商联工作的意见》。该文件的主要内容包括:充分认识加强县级工商联工作的重要意义、充分发挥县级工商联组织的作用、切实加强县级工商联组织建设和加强对县级工商联工作的组织领导等。该文件按照全国工商联章程要求将县级工商联职能进一步明确和细化,使其内容更具体、更具可操作性;对现时期县级工商联开展工作面临的主要问题和困难提出了具体的解决意见;对乡镇街道商会的模式、组织建设等作了明确规定;对县级工商联领导班子,特别是主席(会长)、书记人选条件作了明确规定;对注重发挥企业家副主席(副会长)作用提出了要求;对各部门形成合力支持非公有制经济发展、支持工商联工作提出了要求。各级工商联抓住这一难得的历史发展机遇,以贯彻落实文件为契机全面加强县级工商联和乡镇商会建设。全省县级工商联认真落实《关于加强县级工商联工作的意见》的精神,积极争取省委、省政府对工商联工作的领导和支持。恩施土家族苗族自治州、襄樊、宜昌等工商联积极向党委常委会汇报,党委召开常委会专门研究工商联工作,研究贯彻落实文件的意见措施,并形成党委常委会议纪要。恩施土家族苗族自治州常委会议决定,县级工商联换届时,按《关于加强县级工商联工作的意见》精神落实县级工商联主席进同级人大、政府、政协班子,并将工商联开展工作的经费列入财政预算。目前,全省县级党委均有一名常委分管工商联工作,绝大多数县(市、区)党委、政府建立了经常听取工商联工作汇报、定期研究工商联工作的制度,县级工商联领导班子进一步配强。省委、省政府对工商联在开展工作中的具体问题和困难及时研究解决。省委、省政府及有关部门在制定非公有制经济有关政策和协调非公有制经济有关工作时,邀请工商联参加;组织有关经济活动,召开相关重要会议,安排工商联参加;成立非公有制经济协调机构,吸收工商联为成员单位。省委、省政府高度重视工商联干部的培训和交流工作,将优秀干部选配到工商联任职,将工商联干部交流到重要部门工作。省委、省政府不断改善县级工商联工作条件,对其工作场所、工作经费、工作用车等方面给予保障。全省大部分县级财政已将县级工商联开展工作必需的经费列入财政预算,并对乡镇(街道)商会基础建设按有关政策给予支持。《关于加强县级工商联工作的意见》的贯彻落实，切实加强了全省县级工商联和乡镇商会组织建设，据统计，全省103个县级（含县级市、区）工商联和1092个乡、镇（含街道）商会组织健全，能够围绕促进非公有制经济健康发展和非公有制经济人士健康成长履行职责，开展工作。如武穴市工商联在应对国际金融危机中，深入企业调查研究，及时反馈非公经济发展现状、存在问题和非公经济人士的意见要求，为省委、省政府提供决策参考；积极推动政企互动，组织企业家进行行风评议，为改善发展环境献计献策。汉川市工商联以行业商会为抓手，通过组建行业组织带动纺织业等行业连片发展。

目前湖北省在全国20多个省区市建立湖北商会28家，这些商会联系着20多万家湖北人士创办的企业和1000多万在省外的打工人士、创业者。为充分发挥省外湖北商会作用，加强与省外湖北籍企业家的联系，推进湖北与各地的交流与合作，湖北省工商联（总商会）积极向省委、省政府建议出台关于加强省领导与省外湖北商会的联系制度。省领导高度重视，2010年3月，省委办公厅、省政府办公厅下发了《关于建立省领导联系省外湖北商会制度的通知》，文件规定每一位省领导联系一个省外湖北商会，并明确了联系的内容和方式。该文件要求省领导每年参加一次所联系商会的年会或其他重要会议、活动；省领导到所联系的湖北商会所在省区市开会、考察时，要看望慰问该商会负责人和企业家代表；邀请所联系商会负责人和企业家代表参加省内举办的重大经贸活动；通过其他方式加强与省外湖北商会的联系。根据分工，省领导分别以不同形式参加了所联系商会的活动，加强了与省外湖北商会的联系，促进了商会的发展。2010年11月5日，省委常委、省委秘书长李春明接见了贵州省湖北商会会长谢美华一行。李春明表示，家乡是在外客商永恒的靠山。湖北相关职能部门将进一步建立健全信息沟通机制，加强协调服务，努力做好排忧解难的工作。2010年10月19日，省人大常委会副主任任世茂赴天津参加"2010年楚商合作发展论坛暨湖北商会会长会议"，并发表讲话。

2010年12月31日，省工商联向省委常委会汇报全国加强和改进工商联工作会议精神、贯彻落实《中共中央、国务院关于加强和改进新形势下工商联工作的意见》工作安排和工商联工作情况，省委常委会决定出台关于加强和改进工商联工作的意见，召开全省加强和改进工商联工作会议。2011年4月10日，中共湖北省委、湖北省人民政府出台了《关于进一步加强和改进工商联工作的意见》，4月18日，省委召开全省加强和改进工商联工作暨加快民营经济发展会议，省长王国生主持会议，省委书记李鸿忠出席会议并讲话，全体省委常委和省人大、省政府、省政协分管领导，各市州党委书记或市（州）长、省直各部门主要负责人出席会议。省委组织部、省委宣传部、省发改委、省经信委、省民政厅、省财政厅、省人社厅七个省直单位分别结合本部门职能，对支持配合工商联开展工作作了表态发言；襄阳市委、武昌区工商联、汉川市工商联三个单位分别交流了本地做好工商联工作的经验。《关于进一步加强和改进工商联工作的意见》的出台和这次会议的召开营造了重视、支持、推动工商联事业发展的良好氛围，极大地提升了工商联的社会地位，极大地提升了工商联在党委、政府心目中的形象和地位，较好地形成了各部门支持工商联的合力。

2. 制度创新，规范商会管理

湖北省在商会管理中探索了"对省外湖北商会联系好、对省工商联直属商会管理好、对基层商会指导好"的管理模式。

对省外湖北商会联系好。由于省外湖北商会远离湖北，参加省内组织的活动较少，为加强与省外湖北商会的联系，湖北省建立了省领导联系省外湖北商会制度。湖北省工商联作为省领导联系省外湖北商会的工作部门，积极做好联系和服务工作。一是将各商会会长吸收为省工商联常委；二是每年请各商会回湖北召开会长会议，每年由一个商会承办一次活动；三是组织商会参加光彩行和回归工程等活动。这一制度的建立使省工商联对省外湖北商会的联系与管理更加紧密、更加规范。为加强省外各湖北商会的联系与合作，2010年10月19日，湖北省工业联合会、湖北省总商会与天津市湖北商会在天津举办了"2010年楚商合作发展论坛暨湖北商会会长会议"，来自全国各地28家湖北商会的楚商精英280多人会聚天津，共叙乡情友谊，共谋合作发展。

对省工商联直属商会管理好。为规范对所属商会的管理，湖北省工商联（总商会）出台了《关于湖北省工商联（总商会）所属商会规范组建、规范管理、规范运作的意见》，各商会能够按政策、法规、商会章程和管理规定开展活动。与此同时，每年还举办一次湖北商会论坛，探讨商会管理与发展的问题，使商会管理规范有序，管理水平不断提高。

对基层商会指导好。为加强对基层商会的工作指导，湖北省工商联（总商会）注重从提高领导班子成员素质，增强领导班子领导能力入手，加强对领导班子成员的培训，每年组织市州工商联主席、书记到省外学习兄弟省区市工商联的先进经验。在工作上，每年召开一次全省工商联工作会议，组织市州工商联主席、书记安排部署年度工作，统一思想，明确目标。在业务上，采取不同形式进行指导，如下发文件、召开会议、组织培训等。2009年组织召开了全省工商联组织工作暨思想政治工作会议，会议就贯彻落实《关于加强县级工商联工作的意见》进行了安排部署，组织市、县级工商联，乡镇商会及行业商会开展工作经验交流，并就如何做好下一步工作进行了研究。

3. 发挥作用，促进商会发展

湖北省工商联（总商会）注重通过发挥商会在促进非公有制经济健康发展和非公有制经济人士健康成长中的作用，使商会在履行职能的过程中不断完善自身建设，以此来促进商会的发展。

一是发挥商会的桥梁纽带作用。省工商联积极向省委建议每年召开一次民营企业家代表座谈会，请省领导面对面听取企业家对促进民营经济发展的意见和建议，为省领导与企业家搭建沟通交流的平台。2008年，省委先后3次召开民营企业家代表座谈会，省领导与民营企业家共同研究"度危机、谋发展"的措施和办法。2009年、2010年分别向省委建议召开全省民营企业家代表座谈会，在会上企业家就加快转变发展方式，促进民营经济科学发展向省领导提出意见和建议。

二是发挥商会在社会主义新农村建设中的作用。2008年以来，湖北省工商联（总商会）有计划地组织省内行业商会和外省湖北商会会长、秘书长及会员企业参加农业项目推介会及投资考察活动，较好地发挥了商会在社会主义新农村建设中的作用。截至2010年年底，全省参与"民企联村"的非公有制企业达3943家，联系3944个村，共建项目3262个，协议投资金额81.53亿元，实际到位金额47.90亿元，带动21.8万农户84.17万农民致富，培训、转移安置27.69万农民工就业。百步亭集团和东西湖区共建"百步亭农村新港苑"，致盛集团和黄陂区共建"沙口佳苑"，汇集住宅新社区、商业经营服务、民主自治管理于一体，充分展现出现代化社会主义新农村的新面貌。经省工商联牵线搭桥，湖北省江苏商会整体投资13亿元，在洪湖市新滩镇建江苏工业园，采取"公司+基地+农户+商会"的管理模式，引进科技产业和其他产业的加工生产，可为洪湖市提供上万名农民工就业岗位。2009年，省工商联会同省委统战部，先后组织广东省湖北商会、云南省湖北商会、上海市湖北商会、北京市湖北商会、武汉市温州商会、武汉市台州商会、湖北省山东商会、湖北省陕西商会等省内外企业家16批次180余人赴仙洪社会主义新农村建设试验区实地考察、洽谈对接项目。仅在仙桃市投资项目签约仪式上就签约投资项目45个，投资额达123.32亿元。项目涉及农产品深加工、生态环保、轻工纺织、机械制造、生物科技、市场物流、基础设施建设等多个领域。

三是发挥商会在实施"回归工程"中的作用。2008年，组织广东省湖北商会考察团40位企业家赴荆门、应城等地考察，共签约6个投资合作项目。在2009年举办的中国光彩事业恩施行活动中，上海市湖北商会、重庆市湖北商会、广东省湖北商会、河南省湖北商会、四川省湖北商会等省外湖北商会积极组织企业回家乡考察投资，活动中共签约项目76个，投资总额203.8亿元。上海市湖北商会常务副会长、致盛企业集团董事长张润斌在武汉市黄陂区武湖农场沙口分厂建立社会主义新农村建设示范园区，示范园区包括占地500亩的农民新城镇（配套农民居住房屋达25万平方米），2600亩的现代农业服务集聚园区，3300亩观光生态农业园。总体规划为"一镇、三区、七大项目"。目前，一期农民新城镇已竣工，600户农民入住。

四是发挥商会在招商引资中的作用。湖北省工商联（总商会）充分发挥各级各类商会的网络优势，以商招商，取得良好效果。通过商会组织会员企业参加光彩事业孝感行、襄樊行、咸宁行和"百名汉商随州行"等活动。2010年，在光彩事业孝感行活动中，共签约43个项目，签约金额132.79亿元，共为公益性事业捐赠1.88亿元，并全部用于社会主义新农村建设、济困助学、扶老助残和抗震救灾等社会公益事业。2008年，省工商联通过省外湖北商会邀请全国500强和全国知名民营企业家506人来武汉参加了第三届中博会，并邀请全国知名民营企业家到武汉、宜昌、黄冈、鄂州、黄石、咸宁等地考察，共签约8个项目，合同金额达72亿元。为表彰在此次中博会中表现突出的省外湖北商会，湖北省工商联授予广东省湖北商会、上海市湖北商会、重庆市湖北商会、河南省湖北商会、甘肃省湖北商会、辽宁省湖北商会、杭州市湖北商会、温州市湖北商会八家省外湖北商会"招商引资优秀组织奖"。省工商联分别被商务部和湖北省人民政府授予"优秀组织奖"、"突出贡献奖"，此项工作被全国工商联评为年度十大亮点工作。2008年，通过上海市湖北商会邀请长三角地区企业家参加了"2008鄂沪投资说明会"，上海复星科技等全国知名企业参加了说明会。与湖北省江苏商会等单位联合举办了"首届国际苏商论坛",活动期间开展了洪湖江苏工业园建设、人才培养签约、扶贫捐赠仪式,项目招商会,武汉新区考察等活动,来自海内外的600多名客商参加了活动。2009年,先后组织会员企业参加了第四届中博会和"2009海内外知名企业家齐鲁行"等活动。

五是发挥商会在企业维权中的作用。湖北省行业商会为维护企业合法权益,积极参与行规和行业标准制定,促进行业规范经营,并探索出利用国家有关政策,维护行业商会组织中的企业在经贸活动中的合法权益的途径。有的商会组织向政府有关部门反映涉及会员集体利益的建议和意见,建议采取保障措施,以维护会员的合法权益。有的商会通过加强自律行为,组织市场拓展,发布市场信息,推介行业产品,开展行业培训,提供技术咨询和帮助融资等多方面的服务,以提高商会组织的影响力和凝聚力。如黄冈市罗田县是全国板栗产量第一县,但在增加附加值方面还很落后,而且有少数板栗加工企业还以劣充优,互相杀价,严重影响了罗田板栗的声誉,为此罗田县工商联组织全市71家板栗加工企业成立了罗田县板栗加工行业协会,变无序竞争为有序竞争,促进了行业的发展。2011年年初,为提高板栗产品的技术含量,使板栗食品通过ISO9000质量认证,县板栗加工行业协会鼓励大家走向联合,原71家作坊式小厂按照国家QS标准重组为新厂26家,用高压锅炉冲气取代土锅土灶杀菌消毒,改进技术后,板栗的附加值年增2000多万元。

六是发挥商会在社会公益事业中的作用。湖北省工商联(总商会)及其所属商会积极组织企业参与社会公益事业,为构建和谐社会贡献了力量。在2008年"5·12"抗震救灾活动中,湖北省工商联(总商会)积极动员组织全省工商联、商会和民营企业开展抗震救灾工作,要求全省各级工商联和商会充分发挥组织优势,动员会员企业积极行动起来,大力支援灾区。各地工商联组织和商会发扬"一方有难、八方支援"的精神,通过不同的方式参与救灾工作。共向灾区捐款捐物17491.74万元。其中,省工商联及所属商会、直属会员企业共捐款捐物6492.78万元,各市州工商联及其会员企业共捐款捐物10998.96万元。2010年,青海省玉树藏族自治州发生7.1级地震后,全省工商联、商会及其会员企业和个人以多种形式向灾区捐款捐物达2534.29万元。广东省湖北商会会长欧阳祥山为家乡云梦捐款3000万元投资兴建了当地第一家博物馆,为村里修上了柏油马路,并多次组织企业家回家乡考察投资。

二 湖北省商会发展存在的主要问题

1. 商会发展还不平衡

一方面，各地商会发展不平衡。湖北商会的发展在政策层面上有了较好保障，政策的出台促进了全省各地商会快速发展。但由于各地落实政策的情况不一，商会发展也有差异。政策落实好的地方，商会发展较快，商会在促进经济发展中的作用也比较明显，当地党委、政府也更加重视和支持商会工作。政策落实不好的地方，商会发展相对滞后，不能适应当地经济尤其是非公有制经济发展的需要。另一方面，行业商会和异地商会发展不平衡，异地商会发展迅速，而行业商会发展相对较慢，还有大多数行业没有组织起来成立行业商会组织，尤其是新兴的产业领域和高科技产业领域中成立行业商会的较少。异地商会之所以发展迅速，一是各地企业家以乡情为纽带，容易组织和团结在一起；二是各地政府为招商引资的需要，比较重视和支持成立异地商会。行业商会发展较慢的原因，一是"一业一会"等规定制约了行业商会的发展；二是行业内规模大的企业不多，"行业领军人物"较少，缺少组建商会的带头人；三是受"同行是冤家"思想观念的影响，企业对成立行业商会的积极性不高，有的甚至不愿意参加行业商会组织。

2. 商会自身建设还有待加强

商会自身建设存在的问题主要有四个方面。一是少数商会会长缺乏管理经验，不善于管理商会。二是有的商会领导班子没有形成领导商会的合力。商会班子成员之间合作共事不够，集体凝聚力不强。三是会员队伍建设不够。只注重发展会员，忽视对会员的管理、服务。四是商会开展活动少，为会员服务少。有的商会长期不开展活动，缺少为会员服务的平台和手段，在会员中失去威信和影响力。

3. 商会发挥作用不够充分

一是行业商会在政治和社会事务中缺乏影响力，没有话语权。二是商会对所属非公有制经济人士教育引导没有计划，组织教育培训少，宣传教育不够。三是代表企业与有关部门沟通合作不够，在为会员进行融资、维权、信息等方面的服务方法不多，不能满足会员的需要。

三　进一步促进商会发展的对策建议

虽然湖北的商会发展势头良好，作用也日渐凸显，但因为受各方面因素的影响，商会发展仍存在内在和外在两方面的问题。如何解决好上述问题使全省商会继续保持良好的发展势头，是摆在我们面前的重要课题。我们认为，当前促进湖北商会发展应做好以下几个方面的工作。

1. 转变观念，提高认识

要充分认识商会在经济发展中的重要作用，商会在经济发展中既发挥着政府与企业之间的桥梁和纽带作用，又有着政府和企业所无法替代的特殊地位和优势，可以弥补政府职能的不足，发挥企业代表的组织优势，在经济社会发展中有着不可或缺的作用。省委、省政府必须克服商会是民间组织，可有可无的思想认识。充分认识商会在本地经济社会生活中的地位和作用，大力支持商会建设，采取有力措施促进商会发展，注重发挥商会在促进本地经济社会发展中的重要作用。

2. 进一步落实政策，为商会发展营造良好的政策环境

一是各地党委、政府要进一步加大对促进非公有制经济和商会发展的相关政策的落实力度。一方面要制定相应的措施和办法贯彻落实有关政策，另一方面要督促协调有关部门严格落实政策，为商会发展营造宽松的政策环境。二是各级工商联要注重加强商会建设。既要加大组建商会的力度，又要发挥商会在促进经济社会发展中的作用，争取省委、省政府的重视和支持。三是要为商会发展营造良好的氛围。加强对商会性质、地位、作用的宣传，为商会发展营造良好的舆论环境。注重树立和宣传先进典型，提高商会的知名度和社会认同感。积极开展商会问题研究，举办专题研讨会、报告会，编写商会发展报告，逐步提高商会的社会影响。

3. 加强商会自身建设，完善商会组织

一是加强培训，提高商会会长和领导班子的综合素质和管理能力。制定培训规划，有计划地对商会领导班子成员进行培训，通过组织不同形式的培训，增强综合素质，提高其管理商会的能力。二是完善内部治理机制。严格按照商会章程，加强制度化建设，建立健全选举、会员代表大会、理事会、监事会、财务管理以及分支机构、代表机构管理、重大活动报告和信息披露等内部治理制度，形成民主选举、民主决策、民主管理、民主监督，独立自主、规范有序的运作机

制，激发商会的活力。三是提升行业影响力。以优质服务不断吸纳新会员，扩充新力量，扩大行业覆盖面，全面提升行业影响力和代表性，努力打造一批在省内外、国内外有广泛影响力的知名品牌商会。四是提高行业公信力。积极开展行业诚信自律活动，建立行业信用服务机制，增强会员约束力，提高行业公信力。

4. 建立发挥商会作用的有效机制

一是建立委托授权机制。依法赋予商会行规行约制定，行内企业资质认定及等级评定，专业技术职称、执业资格评定，行检行评等方面职能，选择一些行业代表性强、运作较规范的商会作试点，取得经验后再逐步推广，稳步推进。二是建立合作联动机制。加强政府对商会的指导，加强信息沟通，构筑政府、商会、企业之间分工明确、相互配合的多层次合作体系。三是建立征询机制。构建长期稳定的联系对话平台，支持商会依法维护行业合法权益。四是建立监督指导机制。政府相关部门应协助指导商会制定完善的行规行约，报登记管理部门备案并公布，接受社会监督，支持商会对违规会员进行处罚，树立商会权威，规范会员企业的生产和经营行为。五是建立考评奖惩机制。建立评级制度，借鉴国外管理商会的经验，探索建立商会的综合评价体系，定期跟踪考评，结合年审作出升降级决定。建立鼓励制度，对诚信守法、自律严格、作用突出、社会公允的商会及其会长、秘书长，可给予适当形式的宣扬和奖励。六是建立惩戒制度，对商会运作中出现的问题，视情节给予其限期改正、收回授权、重新选举直至注销的处理。

5. 加强对商会的领导

一是加强组织领导。省委、省政府要切实把发挥商会作用列入重要议事日程，加强领导，掌握政策，把握商会规范与发展的正确方向，并结合本地区本部门实际，研究制定促进商会发展的具体方案和措施。二是加强分类指导。因地制宜推进各类商会的合理布局，有重点地在全省新兴产业、支柱产业、优势行业中组建一批在国内外具有较强代表性和影响力的商会。三是积极探索党对商会领导的新途径。在商会中成立党的组织，加强党对商会的领导，探索"党委政府领导、部门指导、民间办会、依法活动"的新路子。

课题组负责人：赵晓勇

执　　笔：薛志连

B.6
重庆市商会发展报告

近年来,在市委、市政府的正确领导下,在全国工商联的指导下,重庆市工商联(总商会)以"服务会员、服务社会"为宗旨,坚持"永跟党走、科学发展、构建和谐、富民兴渝"的方针,遵循社会主义市场经济规律,大力发展和完善各类商会组织。截至2010年12月底,全系统商会组织总数达到791个,初步统计会员所从事的行业领域达到56个。这些商会组织在发展过程中,不仅具有发展速度平稳、组织结构多元、管理体系健全、服务方式多样的特点,而且为以后进一步探索、建立、发展和完善现代商会组织积累了宝贵的经验。通过建立商会组织体系,在开展区域合作、积极参政议政、提供信息服务、实现政企沟通、加强行业自律、开拓融资渠道、维护会员合法权益等方面,发挥了较好的作用,担当起了企业与政府、企业与企业、企业与其他社会组织之间的桥梁和纽带作用,成为市场经济条件下构建和谐社会的活跃因素,进一步推进了市场经济体系的建立和完善;调动起了在渝的不同行业、不同籍贯、不同地域商人参与"五个重庆"建设、打造内陆开放高地、推进统筹城乡发展的参与意识;为促进非公有制经济健康发展和非公有制经济人士健康成长作出了积极贡献。

一 组织现状

重庆市工商联系统现有商会组织791个。其中市工商联(总商会)现有直属市级行业商会组织24个,市级异籍商会组织17个,市级综合类商会组织3个。全市40个区县(自治县)工商联中,有34个区县(自治县)建立了商会组织,占85%,其中所建行业商会,总数达到147个,异籍商会总数达24个,其他商会组织576个。全市工商联系统商会组织共涉及房地产、餐饮等56个行业(见表1、表2)。

表1　重庆市工商联（总商会）商会组织基本情况统计表

类　别	具有独立法人资格	本地有其他相同的商会组织	下设专委会	有报刊	有网站	有会办企业	涉及行业或地区
市级行业商会	4个（占比：17%）	13个（占比：54%）	6个（占比：25%）	11个（占比：46%）	14个（占比：58%）	2个（占比：8.3%）	五金机电、旅游、餐饮、美容美发、房地产、建材、广告、园林、医药、汽车摩托车配件、电力承装修试工程管理、工程机械、环保、纺织、服装、能源、农业、食品工业、物流、建筑、化工、水电、道路运输、苗木、中药材
市级异籍商会	14个（占比：82.4%）	1个（占比：5.9%）	3个（占比：17.6%）	8个（占比：47%）	14个（占比：82.4）	3个（占比：17.6%）	浙江、湖南、河北、湖北、江苏、南安、河南、福建、安徽、甘肃、四川、陕西、台州、山西、江西、巴中、泉州
区县（自治县）行业商会	33个（占比：22.4%）	25个（占比：17%）		10个（占比：6.8%）	18个（占比：12.2%）	7个（占比：4.8%）	全市34个区县（自治县）

表2　重庆市工商联（总商会）商会组织2009年度收支情况表

单位：万元，%

类　别	总收入	总支出	平均收入	平均支出	会费收入	其他收入
市级行业商会	453	387	22.65	19.35	72.3	27.7
市级异籍商会	947	709	47.35	35.45	77.5	22.5
区县（自治县）行业商会	1038	1006	9.27	8.98	86.7	13.3

二　组织特点

（一）发展速度较为平稳

重庆市工商联系统商会组织2007~2010年间发展平稳（见图1）。其中2010年全市工商联系统商会组织比，2007年增加了14.8%。市级行业商会数量逐年稳步增长，区县级异籍商会，发展迅速，达到了3年度年均增长41.1%的增长水平。总体来看，四年来重庆市工商联系统商会组织建设发展保持了健康、稳定的发展。

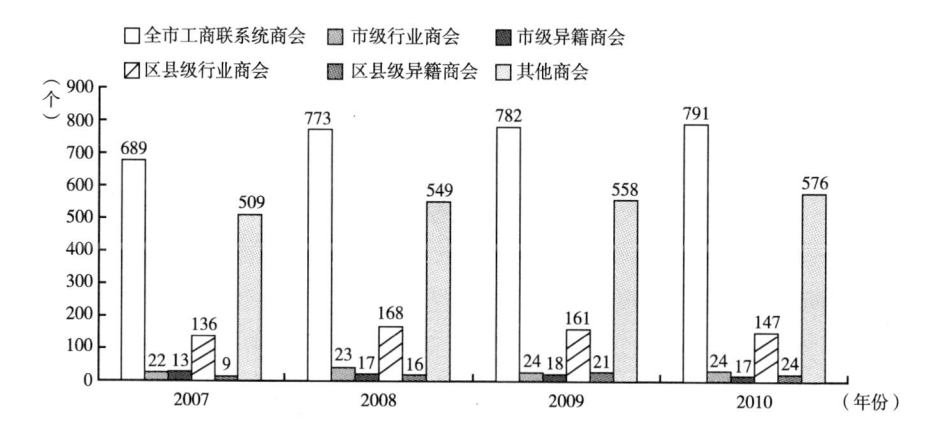

图1　2007～2010年重庆市工商联系统商会组织发展情况

（二）组织构成日趋多元

重庆市工商联系统商会组织涵盖了全市272个乡，577个镇，160个街道。有各种行业、异籍、乡镇、市场以及综合类商会。商会组织体系构成呈现多元化发展态势，与现阶段非公有制经济组织的构成和要素流动分配相适应，使微观经济主体地位得到加强（见图2）。

（三）管理体系逐渐完善

重庆市工商联系统商会组织体系是市场微观经济主体间的一种信任和合约，是相对于共同价值追求和基本利益的责任体现。会员企业以缴纳会费的方式获取商会组织的信息、协作、维权等服务。商会的生存也主要靠会员企业的会费和组织活动来维持。这种组织安排决定了工商联系统商会组织的亲企业的特性，是与体制内行业协会组织的根本区别。由此形成的工商联系统的商会在信息、约束、维权、服务等方面的机制，也较体制内行业协会组织更为灵活、更为高效。目前重庆工商联系统商会组织，组织化程度不断提升，管理体系逐步得到完善，工商联系统商会组织领导层均由民主选举产生，商会组织管理体系构架逐步规范（见图3）。

此外，在整个社会管理体制机制不断完善的同时，商会自身也根据形势的发展，不断出台和完善管理制度，部分商会组织已制定出了行业规章，为解决

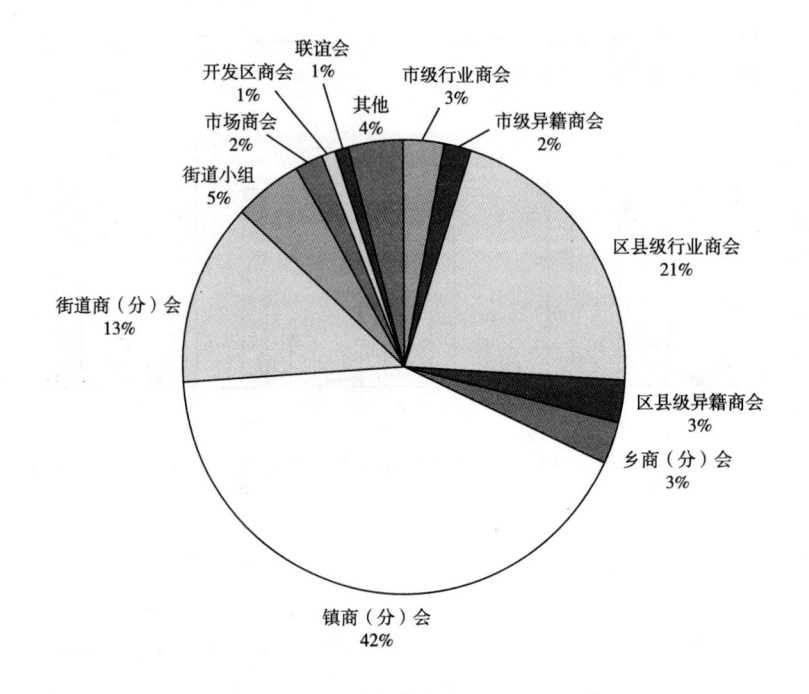

图 2　重庆市工商联系统商会组织系统构成比例

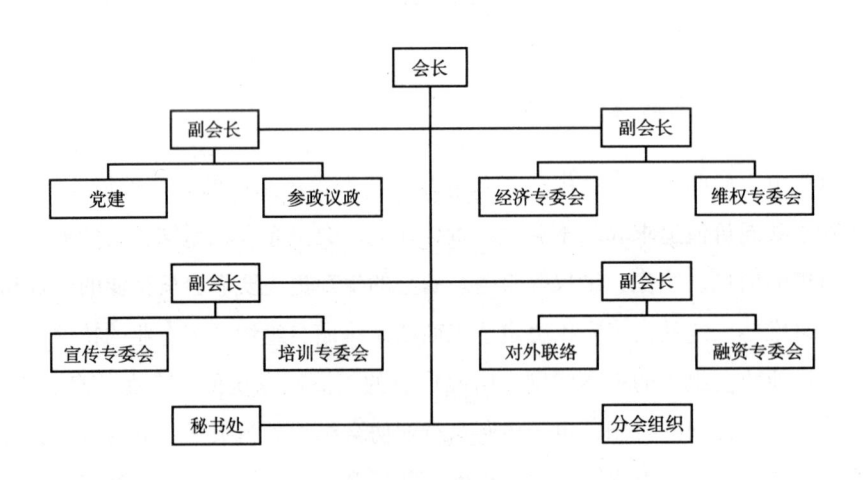

图 3　商会组织管理体系构架图

行业争端、调解行业利益、规范行业秩序，提供了依据，积累了经验。目前，有部分商会还在内部设置了监事会，并仍在不断探索组织演进和升级的更优途径。

（四）服务形式不断创新

重庆工商联系统商会组织与生俱来的民间性，决定了其开展工作、服务会员，必须始终根据会员需求，根据市场经济规律进行运作。从商会建成之初的单纯联谊，逐步创新衍生出了许多服务会员的方式方法（见图4）。特别是在全球金融危机期间，通过商会组织的平台，搭建新型融资体系，投资建立大型行业销售市场，组织中小企业抱团发展、组建战略联盟，不仅有效缓解了中小企业融资难题，还降低了企业生产成本和风险成本，取得了较好的社会效益和经济效益，实现了互利多赢的良好局面。

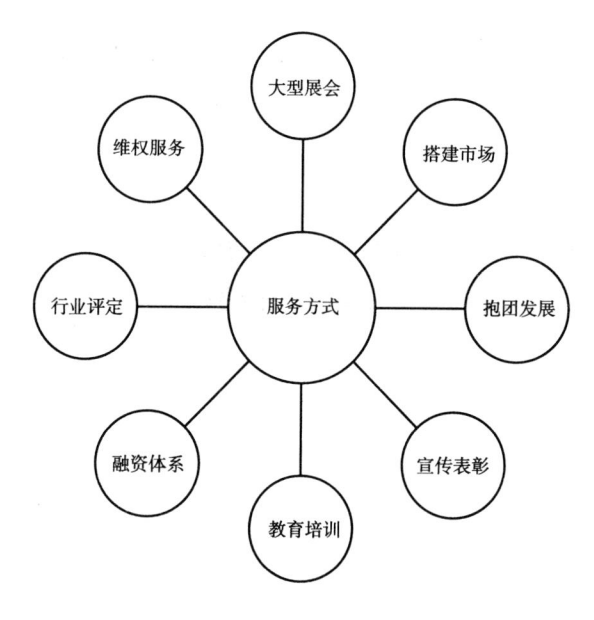

图 4　商会组织服务会员企业方式

三　主要工作

重庆市工商联系统商会组织，随着非公有制经济的不断发展和社会格局的改变，逐渐成为全市经济社会生活不可或缺的重要支点。非公有制经济占全市GDP的比重由成为直辖市前的24.93%提高到2010年年底的62%。2007~2010

年4年间,重庆市工商联系统商会组织积极发挥"桥梁纽带"和"助手"作用,将商会自身的优势转化为保持经济平稳较快发展和社会和谐稳定的重要因素,在区域合作、参政议政、信息服务、政企沟通、行业自律、融资渠道、维护会员合法权益、承担社会责任、协助社会管理等方面作出了较大贡献。

(一) 开展区域合作

重庆市工商联(总商会)按照"区会联合、优势互补、合作共赢、相互促进、共同发展"的工作思路,以45个市联直属商会为主体,以40个区县(自治县)工商联的112个商会为基础,以商会与基层政府战略合作为主要载体,以项目合作、投资开发等为主要形式,组织实施了商会带动战略,带动和助推全市经济社会发展。2010年以来,重庆市工商联(总商会)组织直属商会,分别与重庆市北碚区、黔江区、万州区、合川区、双桥区、大足县、潼南县等区县政府签订战略合作框架协议,以此为平台,帮助和带动所在区县非公有制经济增大总量、提升档次、转变方式,走科学发展道路,促进所在区县经济社会发展。目前,重庆市工商联(总商会)浙江商会、台州商会、上海商会等直属商会的会员企业,与双桥区政府达成了投资合作意向,其中有11家企业与双桥区政府正式签订了总金额8.8亿元的项目协议。其他商会在助推区县(自治县)经济社会发展中也取得了较多实质性进展。

(二) 积极参政议政

重庆市工商联(总商会)商会组织中的各级人大代表、政协委员,通过人大议案、政协提案,参加征求意见会、工作联席会等方式,积极参政议政,努力为本行业和企业的发展营造良好发展环境。各商会组织立足于行业、地域优势,深入开展调查研究,通过议案、提案、意见、建议,举办研讨会、沙龙、高层论坛等形式,搭建民营企业与政府部门的沟通平台,提出与本行业发展有关的规划、计划、方案、政策等意见和建议,得到党委和政府的重视和采纳,有的被写进了政府的政策文件,推动了地方经济发展。

自2007年以来,重庆市工商联(总商会)各直属商会提交了提案和意见建议共77件。其中,2009年9个直属商会中的政协委员共提交提案33件,47个区县(自治县)行业商会组织共提交提案75件。2009年重庆市工商联(总商会）根据房地产商会的情况反映，在市政协联组会议发言中提出促进重庆市房地产行业稳定健康发展的建议，绝大部分内容为会后市政府出台的促进房地产健康发展的"十七条"所采纳，另外关于降低开发企业项目资本金的建议等，在后来出台的相关政策中也得到了体现。2009年，道路运输商会提交的《关于进一步打击出租汽车行业"黑车"的建议》，甘肃商会提交的《关于取消郊县农民工进城购房须大专及以上学历文凭、人均30平方米以上居住面积的建议》，2010年，旅游商会提交的《中国旅游业（重庆）发展重大问题的建议》等，都得到有关部门的重视和采纳，产生了积极的社会效益。

（三）提供信息服务

重庆市工商联（总商会）各基层商会组织从创建开始，就非常重视搭建宣传、信息载体，相当部分商会几乎是在建会同时，就同步创办了报刊、网站。如《重庆五金机电》、《重庆汽摩》、《浙商》、《旅游商会》、《畅游天下》、《同行报价》等刊物。建立网站的商会组织也在逐年增加。各基层商会组织，通过刊物和网站及时宣传了党和政府的方针政策，向会员企业传递了市场监管政策动向，引导会员企业提升传统产业、加快技术创新和产业升级。网站建设更是克服了商业信息范围和容量的局限，收集、加工和传播形式的现代化，使更多的市场、科技等信息，能够更快捷、更准确、更方便地提供给会员，增强了商会组织的吸引力、影响力和凝聚力。商会组织还提供各项培训服务，组织会员企业家和员工参加各种研讨会和讲座等，使他们的技能和知识不断得到更新。

为了提升会员企业的战略发展眼光，拓展国际、国内两个市场，商会还组织会员企业"走出去"参与国际竞争，"请进来"开展商贸交流，推动行业整体发展。如餐饮商会组织会员企业远赴欧洲、中东等国家和地区，通过与境外组织的合作交往，协助会员企业开拓国际餐饮业市场。面对国内市场，除考察、学习和走访各省区市，加强与国内同行业交流合作外，商会还通过提供多种中介服务，为会员企业牵线搭桥，组织会员企业参加博览会、展示会、招商会、论坛会、产品推介会、商会峰会等，增加了企业间交易和沟通的机会。美容美发商会承办"美博会"，至2011年已举办五届，每届都收到了良好的社会效益和经济效益。2009年，美容美发商会总结经验、整合资源，改单纯的"美博会"为"首届中国（重庆）美容产业博览会暨第三届美丽重庆时尚文化节"，吸引了众多包括港

澳地区在内的全国各地知名美容美发商会和企业前来参加。目前,"美博会"已被重庆市政府列为全市十大展会之一。餐饮商会一年一度的美食节、火锅文化节,房地产商会的房交会等也各具特色。汽车服务业商会、广告商会多次组织会员企业参加各地的行业交流及展品会,也取得了良好的效果。

(四) 实现政企沟通

商会组织积极进行行业调研,广泛听取会员心声,及时向政府反映行业需求及变化,提出有利于行业发展和立法等方面的意见和建议,为政府决策提供依据。2008年,旅游商会向市委、市政府提交了《5·12特大地震灾害给重庆旅游业带来的损失和影响的评估报告》,医药商会提交了《关于充分发挥民营经济在中医药事业发展中重要作用的建议》。有的商会还积极为政府研究制定产业政策提供依据,并承担行业标准的设置和行业发展规划的制定。2007年,旅游商会根据时任市长王鸿举的要求,组织专家学者完成了《重庆长江三峡旅游业的调查研究》专题研究课题,为后来市政府出台相关政策提供了可靠依据。为迎接亚太市长峰会,市委、市政府牵头对210机场路的广告进行全面整治,广告商会为解决拆迁与保护广告公司利益的两难问题,通过积极做工作,在广告公司内部采取"二拆一"方案,妥善解决了这一难题,并因此成为市委、市政府主城区城市环境整治和建设工作总结表彰大会上唯一一家受到表彰的非政府单位。美容美发商会提出在商会设立消费者投诉站的建议后,获得市消委授权,在美容美发商会设立了"3·15"消费投诉站。

(五) 加强行业自律

各商会组织积极制定行业公约,维护行业权威。健全各项行业自律管理制度,组织实施行业道德准则,大力推动行业诚信建设。如家具商会协助质监局推广家具使用说明强制性标准,为会员单位编制符合标准的使用说明书,推动了行业健康发展。汽车服务业商会制定了部分操作技术标准,并通过组织技术竞赛检验、推广标准,促进了行业技术水平的整体提高。道路运输商会还制定了行业劳动合同范本,推动行业劳动合同规范化。美容美发商会在美容美发大赛中将评比与劳动技能评审鉴定结合起来,在劳动行政管理部门的支持帮助下,评审认定出了一批初、中、高级理发师、美容师,促进了本行业企业劳动者素质的提高,并协助劳动行政管理部门加强了对本行业的就业管理。建材商会针对建材市场上商品种类繁多、质量参差不齐，经营人员良莠混杂，管理部门及消费者难以全面监督、辨明真伪的困难等，商会即自行组织力量开展市场调研，在掌握劣质商品的有关情况后，依法进行投诉或举报，打击了不法商家，保护了消费者和合法经营企业的利益。

（六）开拓融资渠道

重庆民营经济迅速发展，促进了商会的发展，商会的发展又反过来对民营企业的资源配置起到了优化促进作用。2007年，银监会颁布了《银行开展小企业授信工作的指导意见》，以放宽担保条件为突破点，加快小企业授信业务创新，以保证小企业有良好生存空间和发展环境。这为重庆市广大商会组织开展融资担保业务提供了良好的政策环境。2007年，浙江商会成立浙商信用担保有限公司，注册资金2000万元，获得市商业银行2亿元的授信额度。接下来的两年半时间里，浙商信用担保有限公司共贷款180笔，贷款金额5亿多元。2008年，浙江商会又成立了浙商小额贷款公司。两年时间里，浙商小额贷款公司共为50多家会员企业贷款，实现贷款金额5亿多元。2010年，建材商会创立了建商互保贷款，与重庆银行紧密合作，建材商会1000多家会员单位贷款，可由建材商会7家企业提供互相担保，不再提供其他担保，首创全国互保贷款担保模式。全球金融危机期间，重庆市工商联（总商会）建材商会1000多家中小企业会员无一家倒闭，无一家因资金问题出现经营困难。他们创立的互保贷款担保模式，被央视作为抗击全球金融危机的成功案例。

（七）维护会员合法权益

各商会组织作为会员利益的代表，通过建立会内与会外、企业与企业、企业与部门的联系机制，反映合理诉求，以及开展对外宣传、学术研讨、与政府沟通对话、聘请专业律师、请求司法协助等，来维护会员的合法权益。如重庆市南滨路餐饮一条街由于受市政施工引起的交通改道影响，经营情况急转直下，许多餐饮名店门前冷落。餐饮商会就此问题与重庆市工商联和重庆市其他有关部门协商，积极争取政策性扶持，帮助会员渡过了难关，留住了南滨路餐饮这张重庆"名片"。还有很多商会聘请了专业律师等担任法律顾问，通过电话、信函、上

门协调等多种方式，既有效地维护了会员的合法权益，又督促了政府依法行政、企业诚信履约、个人遵纪守法，普及了法律知识，维护和优化了重庆的发展环境，为推进依法治国、依法治市作出了贡献。

（八）参与社会管理

基层商会是工商联工作的重要基础，是工商联发挥"桥梁纽带"、"助手"作用，参与社会管理的重要依托。近年来，重庆市各基层商会组织，以地域、亲情、文化、行业、产业链条、市场等为纽带，广泛联系着一个个独特的社会群体，并为所代表的群体开展服务、反映诉求、协调关系、疏导矛盾，引导群体成员有序参与社会政治事务，协助党和政府加强了对这一群体内成员的服务管理，为构建和谐社会发挥了独特作用，作出了较大贡献。

四 存在问题

重庆市工商联系统各商会组织，在推进重庆发展、促进和谐社会建设进程中，进行了有益探索和实践，取得了一定成绩。但是，与发达国家的商会组织和我国东部地区的商会组织相比，无论是自身建设，还是发展环境，都还存在一定的差距和亟待解决的问题。

（一）体制障碍制约了商会组织的发展

当前，重庆市工商联系统商会组织中，只有异籍商会组织注册登记工作在重庆市工商联不懈努力下，于2007年年底取得了突破。而全市行业性商会（协会）组织，大多都隶属于政府主管部门，基本是属于改革开放初期或计划经济时期的产物，主要是服务于政府行业管理和行业控制。在体制、财政、人事上与政府相关部门有着千丝万缕的联系，组织内部运作有较浓的行政化色彩。随着非公有制经济的快速发展，特别是民营企业的日渐成熟，面对市场的激烈竞争，非公有制经济组织急需一个中介组织，来稳定彼此间的分工与协作关系，来集中提供市场信息，来组织行业内各企业抱团抵御市场风险，工商联所属的行业商会由此应运而生，体制内行业协会的主体地位也因此逐渐被动摇。但当这些行业商会按照国家法律法规要求申请注册登记时，却被民政部门以"一地一业一会"为由，拒绝登记，只能以工商联内部团体的形式继续运作，不具有法人资格。因而当前，就形成了官办行业协会与民办行业商会共存的局面，这极大地影响了行业商会作用的发挥，也不符合市场经济发展的需求。

（二）政府职能转变力度不够，影响了商会组织作用的发挥

虽然政府部门一直在强调加快政府职能的转变，把不应由政府部门承担的职能转给行业组织，但是在实际执行中，政府放权和职能转变没有真正到位，各部门为了各自的局部利益，不愿放下权利和转变职能，甚至2007年虽由市政府督查室牵头，对全市政府职能部门所建行业协会进行整治，要求整体脱钩，但事隔3年成效仍然不明显。在一些部门或个人的认识中，始终抱守着管理就是利益、服务就是付出的理念，为了部门利益或个人利益，不愿让行业协会从自己的管理权限中退出去，进而影响了具有民间性的商会组织作用的发挥。

（三）部分商会组织发展滞后，组织松散，功能薄弱

由于商会组织地域、行业、规模差异较大，部分商会组织发展仍然滞后，这不仅反映在组织的数量远不能适应现代市场的需求，还反映在组织的素质比较差。有的商会组织松散，与会员企业的联系比较脆弱，经不起市场的考验和风险的冲击；有的商会功能薄弱，没有发挥其维权、自律、协调等应有作用。一些区县（自治县）的行业商会硬件设施严重缺乏，处于无办公场所、无专职人员、无工作经费、无工作报酬的"四无"状态，开展活动少、质量差，商会作用发挥不明显。有的商会工作人员把商会当做行政机关，把商会工作当做行政工作，照搬行政机关工作运行思路组织商会活动，会员不欢迎、不支持、不参与，商会工作人员也深感费力不讨好，有的商会甚至形成恶性循环，最终导致商会停止活动或解散。

（四）缺乏培育商会组织发展的法律政策环境

从全国层面来看，我国尚未出台专门的商会法，致使商会的名称、性质、职能定位等十分模糊，行事也缺乏法律依据。从重庆本地来看，商会组织的发展，也没有具体可行的发展规划。政府工作规划并没有把促进商会组织健康发展纳入工作日程，商会组织在发展进程中，也很难得到政府财政的支持，由此牵涉到了

商会组织工作,特别是软硬件设施、科技项目、经贸招商活动、国际经贸合作等方面,与政府沟通不畅;商会工作人员的人事管理、养老、医疗保险缺乏相应政策;商会工作人员流动性极大,高级商会工作人才难以吸引进来。这种法律和制度上的滞后,不仅不利于市场经济条件下新兴组织的萌生和发育,也阻滞了正在发挥重要作用的各类商会组织的成长和完善。

五 对策建议

(一) 加快商会立法,确立商会的法律地位

商会组织是市场经济演进发展到一定阶段的产物,是市场经济发育是否成熟的重要标志。从世界经济发展或地区经济发展特征和趋势看,商会经济的组织化程度越高,对生产资源要素市场化配置程度也就越高,对规范市场秩序、保障要素合理流动的作用也就越强。因此,全球市场经济国家都十分重视从法律层面规范商会组织的地位作用。原国家经贸委早在1997年就向国务院上报了《中华人民共和国商会与行业协会法(送审稿)》,但至今未见该法出台。我们建议:有关部门应结合新时期我国经济发展特点和非公经济发展实际,尽快研究出台规范商会活动的专门法律法规,确定其性质、职责、权利和义务等。我们可以借鉴国外立法的经验,抓紧制定我国商会的实体法,以利于尽快与国际接轨。在立法中,商会的"民间性"必须在立法中予以充分体现,这是商会组织的根本特征和根本动力源。

(二) 营造行业性组织平等的市场化竞争环境

市场经济是公平竞争、优胜劣汰的经济体制。强者生存、弱者淘汰的"丛林法则"是推动各市场主体不断发展壮大的原动力。我们建议:政府职能部门应该转变观念,营造行业性组织平等的市场化竞争环境。一是按照市政府的统一要求,尽快与体制内行业协会脱钩,真正将体制内行业协会组织推向民间化,以激发其民间组织的内在活力,将体制内行业协会组织平等地置身于民间行业组织的竞争格局中,去求生存、求发展。二是政府部门要营造行业组织间公平竞争的环境,对那些确实发展较好、公信力较高的民间性商会组织,政府部门不能

故步自封，不能拘泥于"一地一业一会"的限制，要让其"适度竞争"。应该主动促成他们登记注册，纳入政府登记管理规范中来，让他们与体制内行业协会，开展公平化的市场竞争，让市场来整合行业组织，并推动其发展。三是将有关职能部门与行业协会脱钩工作的执行力度，列为政府对职能部门考核的重要检查内容。

（三）政府应把商会作用的发挥纳入全市建设总体构架中

商会是市场经济的重要组成部分，是我们基本经济制度不可或缺的重要内容。纵观世界经济发展规律，我们可以清晰地看到商会在推动市场经济发展中的重要作用，可以清晰地看到各国政府发挥商会组织在调控经济有序运行中的重要作用。政府是经济社会平稳发展的管理者，拥有强大的行政干预资源。而商会组织，是各会员企业为了获取社会资源，通过经济活动的共性而链接在一起的民间组织，其成员间具有共同的义务与期望。我们建议：政府在社会经济生产、流通、监管等不同环节和经济政策制定时，都应该积极地把商会纳入进来，听取他们的意见和建议，甚至让他们直接参与，提出更加合理化的建议。这样做有四个方面的好处：一是保证了政府政策制定的合理性；二是促进了政府工作的高效；三是从一定程度上，防止了监管环节、政府职能部门、部分工作人员的徇私舞弊和腐败现象的发生；四是能更加真实和清晰地听到民营企业的呼声，促进政府部门作风的转变。

（四）各级工商联要强化对商会组织自身建设的指导

各级工商联要强化对商会组织自身建设的指导，一是要强化领导班子的建设，将更多高素质、更具代表性的企业家，纳入商会的领导层选择视野。二是要指导商会组织建立和完善以章程为核心的内部管理制度，严格按照程序进行换届选举。三是要督促各商会组织制定战略发展规划，不能摸着石头过河、走一步看一步，要大步前行，加快发展、规范发展、创新发展。四是要努力使商会成为组织机构合理、自律机制健全、人力财力较强、功能作用到位的社团组织。五是要使商会组织成为沟通企业与政府、企业与企业、企业与其他社会组织关系的桥梁与纽带。

中国特色社会主义市场经济条件下的商会组织，目前正处于发展的过程中，具有很强的生命活力和发展空间。我们将在今后的工作中密切地加以关注，不断地加大调查研究的力度，开展理论探讨和实践探索，为深化和发展具有重庆地方特色的商会经济，培育壮大真正的市场经济主体，加快"五个重庆"建设，打造内陆开发高地，构建和谐社会，促进重庆经济社会又好又快发展作出新的更大的贡献。

课题组负责人：刘杰锋
课题组成员：陈孝维　姚　丹　侯　亮
执　　　笔：侯　亮

B.7
江苏省行业商会发展报告

改革开放以来，江苏省社会主义市场经济体系建设逐步完善，民营经济迅猛发展，行业商会日益活跃，作用不断显现。江苏工商联系统在发展行业商会的过程中，结合江苏的实际进行了一些探索，积累了一些有益的经验。但从总体上看，当前行业商会发展仍然面临着一些体制和机制上的障碍，必须从大局出发，本着改革创新的精神，建立具有中国特色的行业组织管理新体制。

一 发展现状及作用

截至2011年5月，江苏省私营企业和个体工商户累计注册登记417.57万户，其中私营企业达到110.34万户，比上年底增加5.53万户。全省私营、个体累计注册资本达到33737.83亿元，其中私营企业注册资本达31345.59亿元。与此相对应，全省工商联系统已建有行业商会组织1445个，其中省级27个、省辖市级327个、县级824个、乡镇267个。在民政部门登记的行业组织达474个，占总数的32.8%。全省行业商会总数位居全国工商联系统前列。

实践证明，行业商会是建立和完善社会主义市场经济体制的需要，是政府转变职能的需要，是民营经济自身发展的需要，也是当前工商联围绕中心、服务大局，引导民营企业深入贯彻落实科学发展观，转变经济发展方式的重要抓手。从应对当前国际金融危机的要求来看，也是保增长、扩内需、调结构的重要载体。总体上看，江苏省工商联系统行业商会的发展现状主要有以下几方面的特点。

1. 覆盖面不断扩大，代表性进一步增强

全省各级工商联在组建行业商会过程中，特别注重覆盖面和代表性的要求。目前，全省工商联行业商会共涉及近100个行业。许多行业商会在本行业中的代表性也日益增强，全省行业商会的会员在同行业企业数中的比例平均达到40%以上。有的行业商会覆盖规模企业达到了80%以上。一些在行业中有影响、规模较大、有实力的行业领军企业已成为行业商会的中坚力量。

2. 运行机制不断完善，整体工作水平进一步提高

全省各级工商联组织注重加强行业商会规章制度建设，逐步走上了制度化、规范化的轨道，达到以制度管理事务、以制度约束会员、以制度规范运行的目的。目前已经探索建立了行业商会各种会议活动制度、秘书长联席会议制度、星级商会评比制度、会长年度述职制度等，这些都对行业商会的健康规范发展起到了十分重要的作用。2009年年底，全省又开展了行业组织上下联动工作机制的探索，并率先在组织网络较为成熟的纺织服装行业进行试点，目的是为了在更大范围整合力量，提高行业和企业在经济国际化和国内经济转型期的适应性和风险防范能力。现在，全省行业组织联动的工作机制已经产生了良好的示范效应，全省餐饮业商会、五金机电商会等都采取联动机制，取得了较好的效果。

3. 工作领域不断拓展，职能发挥更加明显

推动行业组织充分发挥作用是行业组织工作的重中之重。全省各级工商联行业商会，在党和政府及有关部门的帮助支持下，在服务会员、维护权益、行业自律、沟通政府、联系社会等方面发挥了独特作用，做了企业想做做不到，政府想做做不了的事，在推动地方经济建设，特别是对民营经济的发展中显示了其强劲的活力，发挥了不可替代的作用，得到了党委、政府和社会各界的认可。

第一是在深入调研的基础上提出行业发展报告，参与编制行业规划、进行行业统计、制定行业标准、发布行业动态信息，提出有关行业发展方面政策性意见和建议，提升行业商会对行业发展的影响力，增强对业内企业的凝聚力。如省餐饮商会和苏州市餐饮商会的餐饮业发展报告，以权威的数据、专业的分析、宏观的预测为餐饮行业建言献策，得到了企业的欢迎和政府的高度重视。省美容美发商会的行业标准的制定，对行业的发展起到了十分重要的规范作用。第二是主动承接政府职能转变的相关服务工作。行业组织在为地方经济发展服务中，主动与政府有关部门沟通协调，推动并承接政府转变职能，购买服务。如省工业陶瓷商会等4家行业组织作为政府购买服务的试点，已多次通过政府部门组织的考核验收，商会的工作得到政府的认同和资金的支持，更有力地促进了商会的发展。第三是支持引导会员企业自主创新，提高企业的市场竞争能力。行业商会为会员企业打造技术共享服务平台，在商会设立研发中心、检测中心。引导企业树立品牌理念，提高企业和产品的竞争能力。如省工业陶瓷商会成立产品检测中心免费为会员企业服务。镇江丹阳市眼镜商会通过构建行业科技公共服务平台，为培育地区品牌和提高产品的市场竞争力作出了突出贡献。第四是加强行业自律，维护公平竞争和市场秩序。行业商会在规范自律行为等方面发挥了重要作用，维护了市场秩序。如连云港市赣榆县泥鳅业商会规范市场竞争行为，实行资源优化配置、集中供苗、规范养殖、统一报价、统一外销，提升了产品形象，增强了市场竞争力，年出口产品占全国的98%。第五是注重产业集群发展，推动区域品牌建设。不少行业商会以产业集群为纽带，积极推动创建区域产业品牌活动，扩大产业集群的影响力。如"丹阳眼镜"和"璜泾加弹"品牌都是这方面的典型，丹阳眼镜业商会向国家有关部门成功申报"中国眼镜生产基地"称号，促进了当地眼镜产品在全国的知名度和市场占有率。苏州太仓璜泾加弹商会对产业集群和品牌建设也发挥了重要作用。第六是组织开展国际贸易诉讼。随着经济全球化，国际贸易摩擦不断增多，行业商会在国际贸易争端中，发挥自身优势，为保护行业企业的权益开展诉讼的成功案例不断增多。

4. 积极应对国际金融危机的影响

受国际金融危机的影响，江苏省许多行业都遇到了前所未有的困难，全省许多行业商会积极行动起来，发挥了不可替代的重要作用。第一，引导会员企业认清形势，坚定抵御国际金融危机的信心。在危机面前，许多行业组织帮助会员树立信心和勇气，敢于面对困难和挑战，克服思想上的迷茫和顾虑，主动分析形势、抢抓机遇、化危为机。第二，开展调查研究，反映企业诉求。在危机中，企业面临着困难，各地行业商会及时加强和会员企业的联系沟通，深入调查研究，掌握企业经营情况的第一手资料，并迅速报政府相关部门，为党和政府制定措施提供依据，真正发挥了建言献策和桥梁纽带的作用。第三，积极帮助企业解读政策，推动行业调整结构。帮助民营企业了解、运用好相关政策是工商联和行业商会的一项重要工作，尤其在国际金融危机的形势下，显得更加迫切。为应对国际金融危机，从中央到地方政府相继出台了一系列的扶持政策。各行业商会都及时收集整理了中央、省（区市）、市出台的帮扶政策，下发到会员企业，受到了普遍欢迎。第四，构建多种工作平台，增强服务的针对性和有效性。国际金融危机对实体经济的传导复杂多变，不同行业、不同企业，乃至不同的产品都有着不一样的感受，时间先后不一，程度深浅不同。为此，许多行业商（协）会把跟踪经济变化、掌握行业动态、了解企业情况作为一项重要工作，通过收集信息、座谈调研、走访企业等多种途径，积极了解全球经济走势、行业企业发展变化，为会员企业提供有效服务。第五，加强行业自律和自身建设，规范企业行为，提升行业内团结互助、抱团取暖的能力。如采取建立互助资金，实行行业企业连保等办法帮助企业克服困难，度过危机。各地行业商会在提升行业内团结互助、抱团取暖等方面创造性地做了大量工作，取得了较好效果。第六，积极引导行业企业在危机下彰显社会责任。国际金融危机给企业带来了巨大的困难，造成了大量富余劳动力。而民营企业在经济社会中又占有重要的地位，全省民营企业就业人数达1600多万人，在危机中能否做到企业员工减薪不裁员、歇业不下岗，为社会解决就业难，意义十分重大。为此各级工商联和行业商会认真做好企业家们的思想政治工作，积极引导他们树立大局观念，用长远眼光视职工为财富，尽力不减员、不降薪，带领员工闯市场，共渡难关。如省餐饮业商会、省石油业商会、省五金机电商会、省钢铁贸易商会等都把当年年会开成了一次行业应对国际金融危机的研讨会。省餐饮业商会还在会上发表了《关于餐饮业积极应对金融危机的倡议书》，提出了六条具体的应对措施。海安县茧丝绸商会、化纤商会等通过多种办法，抱团取暖，筹集资金，帮助会员企业渡过难关，极大地提升了行业企业的凝聚力和影响力，为行业的发展发挥了重要作用。

5. 努力引导转变经济发展方式

全省各级工商联组织在加快行业商会建设的过程中，把行业商会作为推动民营企业转型发展方式的组织支撑。在调结构方面，突出重点，抓好新兴战略产业行业商会建设。进一步加大在先进制造业、新兴产业及服务外包、现代物流、文化创意、科技信息等现代服务业领域组建行业商会的力度，充分发挥商会在转型发展中的引领作用。同时围绕促进行业企业整体转型升级，引导和支持具有产业、产品和市场优势的行业商会进一步提高产业链关联度和资源配置效益，形成产业集聚优势，促进行业企业的整体转型发展。如南京市已形成了鼓楼模范路科技创新园和南京石㴷机制刀具商会等一批行业商会牵头的产业集群，凸显了在行业转型、调整结构方面的集聚优势，促进了行业经济从相对分散向更加注重集群式发展的转变。无锡市工商联从加强银行与商会之间对接沟通、定向服务入手，促进"银会"之间的合作，推动金融机构创新对中小企业开展金融服务的方法和手段，全面支持中小企业的发展，他们先后为十多个商会近千家中小企业进行了信贷辅导与需求对接，促成了无锡市交通银行为支持"530"项目与无锡归国人员创业商会签订了30亿元的专项信贷，形成了"有困难找商会，要融资找商会"的局面。这些做法，有力地推动了行业企业转变发展方式的进程。

二 江苏工商联的主要做法

江苏省行业商会的发展，一方面是江苏省民营经济迅猛发展的必然产物，也是政府坚持市场化导向，努力转变政府职能的需要；另一方面，工商联是党领导的工商界组成的人民团体和商会组织，是联系工商企业的总商会，有着统战性、经济性和民间性的特点，工商联是商会组织的"娘家"，在加强行业商会建设，推动行业商会的发展中做了大量的促进和引导工作。

1. 省工商联比较早地提出了发展江苏行业商会的总体指导思想

根据江苏省民营经济发展初期的特点及行业组织的分布状态，省工商联提出了自下而上、拾遗补缺、重在基层、重在实效的发展思路。当时，针对政府部门体制内的行业协会的力量越往上层越强大的情况，省工商联把发展体制外行业商会的重点放在政府行业协会力量相对薄弱，产业集群比较明显，私营个体经济比较发达的县及乡镇，真正使组建的基层行业商会能发挥作用，能得到当地党委、政府的支持。多年来的实践证明，这一指导思想对江苏省基层行业商会的发展起到了重要的指导作用。目前，全省近1400家行业商会，绝大部分都在县级和县级以下，其作用的发挥得到了党委和政府、行业企业及社会各界的广泛认可。在处理政府体制内行业协会与工商联行业商会的关系上，省工商联本着互相包容、共同发展、发挥优势、提升服务的原则，努力增强商会的发展水平和质量。现在省级商会、协会关系融洽，有些已经开始整合，走到一起，实行"两块牌子、一套班子"。

2. 依据民营经济的市场化原则，确立了行业商会发展的市场化导向

这是江苏组建的行业商会与政府体制内的行业协会的根本区别。工商联行业商会是同一行业中的企业联合会，会员构成以民营企业、中小企业为主，具有自我组织、自我管理的特点，其市场化导向主要体现在以下几个方面。一是组建商会的前提是行业企业和行业市场发展的内在需求。二是组建过程中严格执行"六自"原则，即自主发起、自愿参加、自筹经费、自理会务、自我规范、自我发展。三是特别强调应在协商一致的基础上，由行业领军企业的负责人担任会长，增强行业的代表性、凝聚力和影响力。

3. 在学习借鉴的基础上制定全省行业商会发展举措

一是针对江苏省民营经济的发展现状，特别是会员企业的行业分布情况，研究提出了江苏省行业商会发展的重点领域和目标任务。特别是对江苏省民营经济比较集中的产业和产业集群，如纺织服装、房地产、工业陶瓷、餐饮服务、美容美发等行业，以及一些新兴产业提出了明确地发展要求。二是对会员企业在行业的覆盖率以及规模以上行业企业的入会比例作了相应的规定。并且每年把发展目标计划层层分解下达，年终检查落实。三是建立激励机制，明确提出各级行业商会的会长可逐步进入各级工商联的领导机构，担任执委、常委，甚至副会长、副主席，从而保证省、市、县及乡镇行业商会发展有动力、有方向、有目标、有要求。四是为保证商会的健康发展，工商联注意用制度规范商会行为。近年来，省市工商联先后制定了行业商会换届暂行办法、商会会长秘书长职责及一系列规章制度，使商会工作逐步规范化。

4. 加强交流，典型引路，有效引导行业商会提高发展质量和水平

新时期的行业商会如何运作管理，如何发挥作用，如何当好政府助手，如何促进行业健康发展，可以说没有现成的经验，需要不断探索和创新。近年来，全省各地涌现了一大批优秀的行业商会。为了总结一些成功商会的工作经验，省工商联每年都在广泛调研的基础上，认真总结发现一些先进典型，通过召开经验交流会，以及强化媒体宣传等形式，树立典型，引导全省行业商会结合实际学习借鉴。如面对国际金融危机的影响，许多行业都遇到了经营发展方面的困难，而一些行业组织此时通过采取抱团取暖的多种形式发挥了重要作用，省工商联为了总结这些做法和经验并加以推广，及时召开了全省行业商会应对国际金融危机报告会，收到了较好效果。

5. 组织培训，强化行业商会工作人员队伍建设

行业商会搞得好不好，会长很重要，商会工作人员的能力素质也是一个关键环节。省工商联每年把对商会工作人员的培训作为一项重点工作，坚持每年培训一次。形式上采取走出去、请进来、学规范、比做法等多种办法，推动大家开阔眼界，拓宽思路，规范运作，创新工作，不断提升商会工作人员的能力和水平，为商会的健康发展建立起有力的支撑体系。近年来，江苏省工商联先后组织省级行业商会工作人员赴山东、山西、浙江、江西等地学习交流商会工作经验。无锡市工商联先后组织20多家商会会长、秘书长赴香港培训，对香港商会的发展历史、法人治理及运作、财务管理等进行深入的学习考察。通过学习培训，商会的工作水平得到了逐年提高。

三 当前行业商会建设与运作中存在的问题

江苏省行业商会建设工作已经取得了很大成绩，也积累了许多宝贵经验。在看到成绩的同时，也应看到当前行业商会建设和运作中存在的问题，这些问题主要表现在以下几方面。

1. 行业组织管理体制改革的路还很漫长

行业组织的发展到底该走什么路。目前全国主要有三种模式：一是广东的"无主管"，即除民政部门进行登记管理外，协会、商会没有明确的主管部门。二是无锡的"一家主管"，即规定所有工商类行业协会商会，在民政部门实施登记管理的基础上，全部归口工商联管理。三是浙江、福建、湖南、湖北等省以及江苏省一些市县实行的"分头主管"，即行业协会仍由相关政府部门作为业务主管单位，授权工商联作为系统内行业商会的业务主管单位。这些模式孰优孰劣，有待今后按照政府职能转变和市场化的方向进一步研究。

2. "登记条例"中"一业一会"的规定，严重制约了行业商会的发展

行业商会和行业协会是经济类行业组织的主要形式，商会来自民间，是自发形成的行业组织；协会大多是机构改革中从政府部门剥离出来的，有的还有行政管理职能，因而不同程度地具有"官办"色彩。由于背景不一样，商会远比协会活跃。商会、协会的同时存在以及"一业一会"的规定，制约了商会的发展。一方面，如果已有协会存在，新组建更有活力的商会就困难重重。另一方面，已经"一业两会"的行业企业，难以处理商会与协会的关系，企业往往在自愿参加商会的同时还要参加协会，不仅增加企业负担，而且让企业无所适从。

3. 政府授权工商联主管资格后将出现新制约

解决业务主管部门的问题虽然在国家层面上已经有了示范，江苏省也将依照实施，但这个办法实施后可能会带来许多新的难题，如工商联新成立行业商会需充分征求有关政府部门意见，这可能会对工作造成很大牵制。另外，对已经成立的行业商会与政府部门协会重叠的，重新登记可能会遇到很大困难，这些都需要加以协调解决。

4. 行业商会的行业覆盖面有待提高

江苏省工商联行业商会的数量虽然超过了1300家，但其行业覆盖面及在本行业中的覆盖面还都需进一步拓宽，全省性的行业商会网络体系还没有形成，上下联动机制还处于起步阶段。

5. 行业商会影响力还不大

总体看，全省行业商会发挥重要作用的情况参差不齐，真正得到行业、政府和社会一致认可的行业商会还不多，不断提升商会影响力的工作空间很大。

6. 行业商会的自身建设跟不上形势发展的要求

这主要表现在制度建设滞后，专职工作人员数量不足，素质有待提升，商会规范运作的支撑体系难以建立。

总之，行业商会在体制机制、覆盖面、代表性、作用发挥、规范管理等方面还存在着诸多问题，需要在今后的工作中加以解决，以推动江苏省行业商会的更好发展。

四　推动商会发展的建议

为了进一步提升行业商会的发展水平，更好地重视发挥第三方力量在促进经济又好又快发展中的重要作用，必须在党和政府的领导下，进一步解放思想，加快行业组织管理体制的改革和支持的力度。

1. 解放思想，充分认识改革当前行业组织管理体制的重要意义

胡锦涛总书记在谈到建立与社会主义经济、政治、文化体制相适应的社会体制时强调，要发挥社团、行业组织和社会中介组织提供服务、反映诉求、规范行为的作用。行业协会商会在发展社会主义市场经济中具有不可替代的作用。随着我国社会主义市场经济体制改革的不断完善，改革行业组织管理体制的条件已经越来越成熟，搞好这项改革意义深远。一是有利于政府在新形势下，尊重市场规律，坚持科学发展，加强政府对宏观经济，特别是行业发展的影响力和控制力。二是有利于贯彻落实中央关于工商联要充分发挥在行业协会商会改革发展中的积极作用的要求，不断探索行业协会商会发展的新模式。三是有利于转变政府职能，推进行政管理体制改革，加快与国际接轨，实施政府与市场中介组织的分离，把应该转给企业和社会组织的事项转移出去。这不仅有利于解决政会脱钩问题，也有利于克服行业协会等中介组织的不正之风和腐败隐患。四是有利于跨所有制的企业在统一的商会平台上加强企业之间和行业组织之间的相互交流，促进行业组织整合和行业健康发展。五是有利于发挥工商联的政治优势，重视商会的经济统战功能，培养和推荐企业家担任行业商会会长，促进非公有制经济人士的健康成长。

2. 明确方向，逐步建立具有中国特色的行业组织管理体制

当前，我国行业组织管理体制大致分两条线：一是由政府有关部门主管的行业协会，它们大多是机构改革中从政府的相关部门中剥离出来的，有的还有行政管理职能，不同程度地带有"官办"色彩，会长由退职官员担任，这些协会越往上层其资源越多，作用越大，而越往基层，大多数协会作用发挥不明显，有些甚至名存实亡。二是由工商联发起成立并主管的行业商会，其中部分经民政部门登记，而大多数为工商联的二级组织。商会来自民间，这些商会贴近市场，完全按照市场化原则组建，由行业领军企业家担任会长，工作有活力，作用发挥比较明显。

这种两条线的管理体制存在着诸多弊端。一方面，政府部门主管的协会，具有"二政府"和计划经济的色彩，体制机制不适应市场经济发展的要求。另一方面，工商联组建的行业商会缺乏政府业务主管部门的宏观协调和政策指导能力，其中有些行业商会只是作为工商联的二级组织存在，未经民政部门登记，没有独立的法人地位。此外，两条线有时还存在着协会、商会重复设置，会员在自愿参加商会的同时还得参加协会，致使出现会员企业负担加重，无所适从的情况。因此，必须解放思想、锐意改革，逐步建立具有正确政治方向和市场导向，统一管理，分工明确的具有中国特色的行业组织管理体制。可以参照江苏无锡市"一家主管"的做法，即规定经济类行业组织，包括行业协会商会，在民政部门实施登记管理的基础上，统一由工商联归口管理，政府部门不再主管行业协会，实现政会的彻底脱钩。所谓工商联"主管"，其本质与政府部门"主管"不同。工商联是党领导下的人民团体和商会组织，是政府助手，不是权力机关。工商联工作的重点应放在政治方向的引导和把关上，按照商会职能，利用商会平台进行运作管理和服务。所谓分工明确，是指属于政府部门的职能仍然由政府职能部门行使。如政府宏观经济部门负责对行业组织的规划协调和改革，政府有关职能部门负责对行业的政策制定和指导，民政部门负责行业组织的登记、年检等。这项改革可以在条件成熟时由下而上逐步推进实施。在此之前，可先明确新建立的行业组织统一由工商联主管，政府相关职能部门要积极给予支持。新建或原有行业组织与协会重复的，建议按照市场化原则进行跨所有制的行业资源整合，实行"两块牌子、一套班子"，会长由行业领军企业的负责人担任。政府行业主管部门负责行业政策指导，工商联负责行业协会商会的具体运作管理。

3. 加快行业组织的立法进程，不断完善落实国家关于规范和促进行业组织发展的有关政策

改革开放30多年，社会主义市场经济体制的法律地位已经确立，随着行业协会商会雨后春笋般发展，行业组织立法的必要性和可能性不断加大，应大胆借鉴国际先进经验和国内的探索实践，加快行业组织的立法进程。当前，要认真贯彻落实国务院办公厅2007年下发的《关于加快推进行业协会商会改革和发展的若干意见》。要积极拓展行业组织的职能，充分发挥其桥梁纽带作用，加强行业自律，切实履行好服务会员的宗旨。同时，要加强行业组织的自身建设和规范管理，健全法人治理结构，规范收费行为，加强财务和对外交流管理。

4. 加快商会等行业组织的发展进程

要以推进思想解放、深化改革开放为重要抓手，在重视商会统战功能的基础上进一步扩展其经济功能，形成重视商会、依靠商会、服务商会的良好氛围。要明确发展商会的工作思路。一是要妥善处理行业协会商会之间的关系。在目前情况下，应确立相互包容、共同发展的原则，形成行业组织蓬勃发展的生动局面。行业协会商会维持目前分头主管的现状，鼓励各展所长、竞相发展。二是要给予商会相应的地位和适当的扶持。建议政府部署经济工作要让商会知道情况，制定发展规划要与商会共同研究，出台相关政策要向商会征求意见，保证商会的知情权、参与权、表达权、监督权。同时要认真落实国家对行业中介组织的优惠政策，研究出台新的扶持办法，努力消除政策障碍，给商会组织发展营造良好氛围。三是要制定商会发展规范。建议尽快出台相关规定措施，对商会建设进行规范，为商会发展创造有利条件。

课题组负责人：桂德祥

执　　笔：罗向阳

B.8
陕西省行业商会发展报告

为了更好地发挥工商联作为党和政府联系非公有制经济人士的桥梁纽带和政府管理非公有制经济的助手作用，更好地促进非公有制经济人士健康成长和非公有制经济健康发展，近年来，陕西省各级工商联以党的十六届三中全会提出的"积极发展独立公正、规范运作的专业化市场中介服务机构，按市场化原则规范和发展各类行业协会、商会"的精神以及党的十七大报告关于"重视社会组织建设和管理"的精神为指导，认真贯彻落实全国工商联关于行业组织建设的要求，从本省实际出发，实事求是，树立创新意识，积极开拓进取，大力发展行业商会，积极探索本省行业商会建设新路子，全省工商联行业商会得到了新发展，工商联组织的臂膀得以延伸，影响力和凝聚力不断增强，工商联工作不断推进。

一 陕西省工商联行业商会、异地商会概况

根据陕西省工商联行业协会商会、异地商会最新统计，截至2010年3月，全省工商联各类同业、行业组织已经发展到287个，其中行业商会240个，异地商会47个。

1. 按照成立行业商会、异地商会的层级划分

省工商联成立行业商会12个、异地商会3个；10个设区市工商联成立行业商会23个、异地商会28个；县（区）工商联包括乡镇成立行业商会205个、异地商会16个。

2. 按照成立时间划分

1997年以前成立的行业商会、异地商会共20个，占全省商会总数的6.9%；1998～2001年成立了39个，占总数的13.5%；2002～2006年成立了117个，占总数的40.7%；2007年至2010年3月份成立了111个，占总数的38.6%。

3. 批准成立情况

经过省、市、县（区）工商联批准成立的行业商会、异地商会共210个，

占全省商会总数的73.2%；经各级工商联批准，并在民政部门登记注册的行业商会、异地商会共62个，占总数的21.6%；还有少部分是经其他部门批准成立的，如科委、中小企业局、农业局等，这类行业商会有15个，占总数的5.2%。

4. 商会会员规模情况

50个会员以下的商会有178个，占全省商会总数的62%；50~100个会员的商会有68个，占总数的23.7%；100个会员以上的商会有41个，占总数的14.2%。

5. 商会会长、秘书长情况

由企业家担任会长的商会有251个，占全省商会总数的87.5%；由干部担任会长的有19个，占总数的6.6%；由其他社会成员担任会长的有17个，占总数的5.9%。商会设有专职秘书长的有78个，占全省商会总数的27.1%；未设秘书长或秘书长兼职的商会有209个，占总数的72.8%。

按照商会章程规定按时换届的商会有147个，占全省商会总数的51.2%；到届而未按时换届的商会103个，占总数的35.8%。

6. 商会组织架构等情况

内部设有秘书处、办公室等日常工作部门的商会有188个，占全省商会总数的65.5%；其中设有两个以上部门的有33个，占设办公部门商会数的17.6%。下设分支机构的商会有18个，占总数的6.3%。有稳定办公地点的商会有225个，占总数的78.4%。

7. 商会开展活动情况

运作正常，能够经常或正常开展活动（包括商务活动、会员服务、联谊活动等）的商会有254个，占全省商会总数的88.5%；活动基本没有，处于瘫痪或半瘫痪状态的商会有33个，占总数的11.4%。

二 行业商会发挥的作用

1. 努力做好服务工作

一是开展咨询培训。根据行业实际和会员企业的需要，行业商会开展培训和举办专题讲座，学习新技术、新工艺，开展行业技术比武，提高从业人员技能和行业整体素质。不少商会举办《劳动合同法》、《价格法》等法律培训；结合会员企业所需，开展企业管理、财务管理、市场营销等方面的专业培训。如岐山县餐饮业商会先后举办多起厨师职称技能和服务人员礼仪知识学习培训班，配合政府职能部门颁发厨师证书和礼仪服务人员资格证书。宝鸡市服装商会在省服装协会的支持下举办了"唐装（华服）"培训，组织参加省服装技术检测站的质量抽查活动，从而促进企业产品质量的提升。

二是信息和技术服务，通过创办刊物、设立信息部门等，定期向会员发布市场信息，同有关部门技术合作，帮助和指导会员企业合理生产。如礼泉县工商联果业商会成立了信息部，建立果品销售网络，为果农提供急需的销售信息，积极联系销售商，避免了个体分散销售的弊端，规范了当地果业市场，形成了包装、运输、销售一条龙服务，开拓了市场。除国内市场外，他们还把果品销到缅甸、泰国、越南、新加坡、俄罗斯等国家和地区，每年商会对外出口销售果品70多万吨，当地约有一半果品是通过商会销售出去的，解决了当地果品销售难的问题。定边县蔬菜业商会联合蔬菜技术人员，积极推广农业新品种、新技术，在定边北部滩区种植特色辣椒，2000~2009年，种植面积由4000亩发展到20000亩，产量由1.15万吨提高到10万吨。2003年完成20000亩无公害农产品基地认证工作，"一定"牌注册商标获市级著名商标认定，产品通过国家食品安全检测，畅销大陆和香港地区。这方面工作做得比较好的还有宜君县苹果协会等。

三是帮助会员融资。融资主要有三种方法，一是经由商会出面与相关金融机构联系协调，解决会员企业贷款难问题。二是由商会担保，在会员企业中进行短期资金拆借，解决生产经营中资金短缺周转难问题。如永寿县工商联建筑建材商会牵头，采取自愿入股，公平分红的方式，吸收会员企业闲散资金，先后融资5次2000多万元，解决了咸阳永鑫房地产开发公司项目实施过程中的资金困难，使项目顺利实施，参与的会员企业得到了实惠。三是成立担保公司，开展银企合作融资。如省工商联闽商商会成立的陕西闽商投资担保公司，成立半年就为会员企业贷款担保资金6000万元。省工商联温州商会和家居建材商会分别与建设银行有关支行签订了战略合作协议，探索解决担保难问题的新路子。

四是举办或组团参加展销会、博览会、交易会，帮助会员企业拓展市场。省工商联工艺礼品商会已连续三届在东西部贸易投资洽谈会上设立独立的展馆，组织会员企业展示商品和开展经贸洽谈，成效好，很受会员企业欢迎。眉县砖瓦机械工业协会为会员企业积极拓展市场，成功举办了首届"砖瓦机械展销会"，帮

助会员企业实现销售6000多万元。省工商联农资商会2010年举办的"西部农产品博览会",成为一年一度杨凌"农博会"之外,由民间组织的大型农博会,这些活动提升了陕西省和西部农资产品的市场地位,扩大了农资产业的社会影响。

五是为会员企业调解纠纷,化解矛盾。在会员企业发生生产经营或其他方面的纠纷时,行业商会积极参与调解工作,避免矛盾激化,大事化小,小事化了,尽快解决问题,使企业恢复正常经营。如旬邑县交通运输业商会针对会员企业之间的不正当竞争,要求相互监督,并与交管部门配合,对搞不正当竞争者,处以10倍现金处罚并停工一个月。据统计,共处罚12名当事人,奖励8人(次),有效遏制了行业不正当竞争。该商会共为会员企业调解纠纷36人次,挽回经济损失40多万元。

2. 加强行业自律,规范行业经营,维护行业秩序

相关行业商会根据自身特点,积极推动行规行约的制定,规范会员企业的经营行为,以会员企业示范引导行业企业遵纪守法、守规经营,维护行业经营秩序。省工商联出租汽车商会与西安日报社、市城管执法局、市交通局、市公安局交管支队、爱卫办等单位开展了"文明行车、无烟车厢"活动。为保证活动落到实处,商会给出租车安装IC卡管理系统,加强监管;印制"文明行车、无烟车厢"标识,提示驾驶员不鸣笛、不越线行驶、不闯信号灯,自觉接受乘客监督;倡导乘客不在车内吸烟,积极营造绿色健康安全的乘车环境。商会对驾驶人员进行西安历史文化知识、文明礼仪、外语手语、应急处置、文明行车和遵章守纪教育等方面的培训。商会还安排会员企业深入市场检查,帮助执法部门纠违,规范行业服务,调动了会员企业自查的积极性,形成了企业间良性竞争,提升了行业形象。省工商联美容美发化妆品业商会在行业内开展"远离黄色、远离假冒伪劣、远离劣质服务"和"天天3·15"维权活动,得到了业内人士的积极响应。延安市工商联百货服务业商会制定了《延安市工商联百货服务业商会行规行约》。该市工商联建筑业商会全面实施《诚信建设纲要》,积极倡导诚实守信,活动取得了较好的成效,对规范行业经营行为和提高社会公信力起到了一定的作用。洛南县砖瓦建材商会制定了行业商会规范标准,在提供产品和服务等方面规范企业行为,制止企业低价倾销或价格垄断等不公平竞争行为,统一市场价格,严禁企业随意抬高价格,以次充优,侵犯消费者利益。在这方面做得比较好的还有耀州区家电业商会等。

3. 积极参与社会公益事业

一是积极响应政府及相关部门号召，参与抗洪救灾、抗震救灾等社会重大公益活动。为支持青海玉树抗震救灾，据不完全统计，省工商联直属的行业商会捐赠现金约 127 万元，直属会员企业捐赠现金 3600 多万元。据了解，参与此类公益活动的商会非常多，几乎每个商会在不同时期都参与了救灾活动。二是积极参与工商联组织的光彩事业活动，在贫困地区投资兴办企业、兴办教育和扶贫济困等多种社会公益活动。省工商联直属的行业商会捐款捐物，帮助蓝田县十回场村修桥修路、助学、慰问贫困家庭等。省工商联书业商会会员奥达集团在陕西省留坝县投资宾馆开发旅游，目前已投入 200 多万元。永寿县工商联建筑建材商会发动会员为地方修缮校舍、普九教育、修建砖厂等累计捐款 50 多万元；每年资助贫困大学生 2 万元；每年向永寿文艺活动捐赠 1.5 万元。三是号召企业积极参与所在地的公益活动。如 2003 年以来，韩城煤炭同业公会、韩城焦化商会为地方社会主义新农村建设捐款 8000 多万元，为地方教育事业捐款 2000 多万元等。洛南县豫灵选矿业商会为当地灵口镇星沟村修路、拉电、引水等。致富不忘回报社会，树立良好的社会形象，极大地提高了业内人士及社会公众对行业商会的认识。

4. 维护会员的合法权益

行业商会服务会员的一种重要手段就是维护会员企业的合法权益。以前企业在生产经营中合法权益受到侵害，一般都或通过自身力量或以个人关系或通过聘请律师等方式解决，由于力量的单薄，事情处理起来非常艰难，企业往往知难而退。商会成立后，遇到侵权事件，商会及时出面，通过一定的方式、渠道，积极向有关部门反映，使问题得到合理解决。如省工商联五金机电商会帮助会员企业收回拖欠货款 43 万元，为企业解决了一大难题。汉中市工商联食品百货商会设立法律服务部，聘请法律顾问，全方位为会员企业提供法律服务。仅 2009 年就为会员企业解决了 160 多万元的经济纠纷。眉县常兴纺织商会、乾县纺织协会面对国际金融危机带来的影响，深入企业调查，将纺织行业生产经营中存在的困难和问题，通过多种渠道反映给政府，引起了上级和主管部门的重视。旬邑县交通运输业商会根据会员反映，了解到私家车以价格低廉、新车等优势私自运营招揽生意，影响正规的出租车运营，商会通过县总商会与县主管部门协调，由交管部门进行查处，两个月查处 87 辆（次）私家车跑出租，维护了会员企业的切身利益。长武县餐饮业商会针对县环保局经济处罚一家会员企业存在的问题，积极与县环保局协调，为会员企业挽回了4.6万元的损失，并因此在其他会员企业中产生了一定影响。

5. 受政府委托协助制定行业标准，进行行业管理

陕西省工商联一些行业商会受政府委托协助政府部门制定行业标准，进行行业管理。如省工商联美容美发商会协助政府相关部门对行业进行管理。一是省劳动社会保障部门授予美容美发行业职业技能鉴定、人员聘任合同的管理职责。二是省卫生厅授权办理美容美发卫生许可证，协助处理相应的医疗纠纷。三是省工商局授权协助工商部门办理美容美发营业执照和打击假冒伪劣。四是公安部门授权协助扫黄打非及办理相关许可证。五是技术监督局授权协助技术监督所检查规范整个行业。岐山县餐饮业商会会同政府职能部门共同制定了臊子面、臊子肉等地方特色饮食的制作标准，制定了特色菜谱和收费标准，提高了地方特色饮食的质量和水平，得到了上级质检部门的质量认证。

6. 沟通联络，建言献策，当好政府和企业之间的桥梁和纽带

部分行业商会根据会员要求，就产业结构调整，技术创新、行业发展规划进行深入调查研究，直接向政府主管部门或通过工商联在人代会、政协会上，以提案、议案形式提出意见、建议，为政府部门决策提供比较可靠的依据。同时，行业商会还协助政府，宣传党的方针政策、法律法规，使企业在生产经营中较好地依法按章办事。西安市工商联所属的西安永康商会、西安东阳商会邀请西安市改善投资环境投诉中心等部门与会员企业座谈，面对面沟通，帮助会员企业了解和解决在西安投资或经营中遇到的困难和问题，也让这些部门为企业提供意见和建议，就重大问题给予会员企业帮助，取得了较好的成效。韩城市煤炭局出台《韩城市煤炭经营管理办法》，遭到了煤炭企业的抵制，在煤炭同业公会的沟通联络下，经过讨论修改最后顺利实施，政府部门在以后制定相关政策时邀请商会参加，充分听取商会的意见建议。神木县煤焦行业商会，按照国家整治煤炭行业的政策，积极配合省、市、县部署，着眼于提升技术装备水平，加快地方煤炭工业的改造升级，推动全县节能减排，实现资源综合利用。按照建大关小的思路，新建23个60万吨以下节能环保型兰炭企业，原有100多个小焦炭企业全部关闭，用两年时间完成煤炭资源整合，全县煤矿数量由190个下降到144个，回采率达到60%以上，全部实现机械化开采，推动全县产业结构优化升级，为神木县的煤焦炭产业发展打开了新天地。宝鸡服装商会走访周边陈仓区、凤翔、岐山、眉县的24个企业，了解企业的生产经营状况，把企业遇到的问题、困难及要求主动向政府有关部门反映，争取帮助和支持；组织召开了"投资环境协调会"、"服装行业发展战略研讨会"、"争取优惠政策企业之间合作联合座谈会"等，使企业、商会和政府在观念、认识、发展思路上达成了共识；商会还积极与宝鸡市渭滨区政府洽谈，以最优惠的条件使6家会员企业入驻渭滨姜谭服装科技工业园。

三 行业商会工作的一些经验

1. 凝聚会员企业，扩大行业商会知名度

一是加强与现有商会会员企业之间的经常性联系、沟通，巩固会员企业队伍，并发挥会员企业自身的联系渠道及网络，积极与行业内企业进行广泛联系，开展多种形式的交流、联谊、服务等活动。二是与媒体建立深入广泛的联系，通过各种出版物、电视、广播等媒体，介绍行业商会活动，比如抗震救灾、帮贫扶贫等，宣传会员企业的先进事迹，如资助困难学生、捐资贫困地区等，向全行业及社会大力宣传行业商会，吸引更多人士的关注。三是积极参加政府组织的各种社会公益活动，如抗洪救灾，扶贫济困，光彩事业等，树立良好的社会形象，扩大知名度，提高业内人士及社会公众对行业商会的认识。

2. 积极发展会员企业，壮大商会力量

会员企业是行业商会存在发展的基础。行业商会对此非常重视，想方设法扩大会员企业队伍。一是通过会员企业宣传、联络和商会主动上门接触推介吸收会员。二是通过举办同业联谊会，参加贸易展览会、经贸洽谈会等活动，吸引同业企业入会。三是向会员企业提供多种形式的服务，凝聚会员，发展会员。

3. 加强行业商会的内部管理

行业商会制度化管理是商会良好运作的保障。一是设立相应的内部工作机构，明确机构分工，分清人员职责。二是建立完善的内部规章管理制度。一般商会都制定或部分制定了《商会会长办公会议规程》、《会员权利和义务》、《理事会议规程》、《财务开支规定》、《公章使用办法》等规章制度，使商会管理制度化、规范化。旬邑县交通运输业商会为了有效地管理会员，提高工作效能和经济效益，制定了《商会章程》、《出车制度》、《上岗工作纪律》、《财务管理制度》、

《维权服务承诺》等一系列的制度，以制度约束会员，规范工作行为，收到了良好的效果。据统计，出车次数由过去的20~40人（次）/日提高至现在的50~60人（次）/日，隐报、少报款项事件减少了，企业的总收入增长了。

4. 重点是做好服务工作

服务会员企业是行业商会的立会之本。根据陕西省行业商会工作经验，近年来，行业商会通过提供切实有效的服务，比如信息、调解纠纷、融资、拓展市场、维护会员合法权益等，使会员企业真正得到了实惠，也体现了行业商会的价值。服务就像黏合剂一样牢牢地把会员企业同行业商会紧密联系起来，商会有了凝聚力、向心力，商会的地位提高了，工作也更好开展了。为当地经济社会发展服务，商会才能得到当地党委、政府的支持，如华阴市（县级市）浙江商会自成立以来，不但在当地做了许多公益事业，还协助邻近县招商引资1.7亿多元。

5. 有一个好的带头人和富有活力的、团结的领导集体

商会工作好坏关键看领导班子。领导班子能否团结，是否有活力，关键在会长。陕西省不少商会工作有声有色，凝聚力强，社会反响好，其共同的特点是有一个好的带头人和好的领导班子。一是商会主要负责人素质高，品行好，组织能力、协调能力强，热心商会的工作，作风民主，在行业中有较高威望，为商会发展倾注了大量精力；二是商会领导班子成员团结一致，心往一处想，劲往一处使，齐心协力，分工合作，为商会发展出谋划策，尽心尽力；三是在商会运作过程中，领导班子成员能够率先垂范，提供资金、物质支持，保证了商会工作的正常运转。省工商联美容美发化妆品商会、书业商会和出租汽车商会就是先进的典型例子。

四 关于行业商会的发展建设和规范管理

首先是领导重视。陕西省工商联非常重视行业商会发展建设。在省工商联第十次会员代表大会和每年一度的执委会上，领导反复重申要抓紧行业商会建设和对现有行业商会的指导和规范管理。

其次是每年省工商联都要把制定的具体的年度发展目标下发各市，以便省各级工商联有针对性地安排操作，并在年中进行检查，年底进行统计、评比和通报完成情况。如《关于下发2010年度会员发展组织建设指导目标的通知》，明确了当年全省行业商会的工作目标和任务。

再次是做好行业商会的调研，及时发现问题、总结经验。省工商联领导经常参加行业商会的重要活动，深入行业商会了解情况，听取会员部关于行业商会情况的汇报。分管领导经常带队深入到省、市、县（区）工商联就行业商会发展状况进行调研，与行业商会同志进行面对面座谈，听取情况汇报，听取他们的意见建议，总结各地好的经验，撰写经验材料。陕西省工商联在下发各市《关于开展行业商会组织建设调研工作的通知》文件的基础上，由分管领导带队赴有关区县做行业商会情况实地调研，摸清本省情况，为全联行业商会工作会议和本省下一步行业商会发展做好准备。

最后是召开专门会议，研究问题，推广经验。陕西省根据调研情况，及时总结经验，召开组织工作会议或专题会议，研究行业商会问题，推广行业商会工作先进经验。2003年和2005年，陕西省工商联先后在渭南市大荔县和西安市召开基层商会和行业商会经验交流会。2009年6月，陕西省工商联再一次召开了组织工作会议，会上多家行业商会介绍了好的经验。会议特别邀请了中共临潼区委书记和定边县委书记介绍各自支持工商联工作的先进经验，并表彰了32个县级工商联组织建设先进单位、59名工商联先进工作者，表彰了1个市级总商会先进单位、57个乡镇商会和街道商会先进集体、106名乡镇商会和街道商会先进个人，表彰了42个行业商会和异地商会先进集体、42名行业商会先进个人、20名异地商会先进个人。会后编发了经验材料专刊，供市县工商联组织和行业商会学习参考。2009年12月，召开省工商联直属各行业商会会长、秘书长会议，横向交流行业商会建设经验，探讨发展方向。这些措施有力地促进了陕西省行业商会的发展和建设。

鉴于陕西省行业商会大多数不具备独立的法人资格，只是以工商联组织名义设立和开展活动。陕西省在积极发展行业商会的同时，要求各级工商联努力做好行业商会的规范管理。

第一，把守好商会组建关口。陕西省工商联组建工商联行业商会，一方面要突出民间性，方式上采用行业内企业家自发设立，坚持"自愿入会，自选领导，自聘人员，自筹经费，自理会务"的组织原则，实行"自我管理，自我服务，自我协调，自我约束，自我教育"的方针。行业商会会长及其领导班子成员均由企业家担任。商会独立开展各项工作，组织结构自行决定，日常事务自我处理。商会的工作人员面向社会公开招聘，活动经费自筹，办公场所采取租赁等方式自行解决。另一方面我们参照民政部门登记注册协会的条件，结合工商联自身特点制定相应的成立规则，并按照工商联成立商会程序审批。一是对发起成立的企业数，企业在本行业的地位，商会成立的名称、场地、专职人员等提出了明确要求；二是要求有详细的行业商会章程，章程必须按照规范的形式书写；三是选拔好领导班子，特别是会长人选，对拟提名的会长、副会长进行认真考察，并经工商联主席办公会议审查批准，等等。

第二，与行业商会加深联系并加强督导。对行业商会的管理，主要是四个方面。一是要求行业商会建立健全领导班子和工作机构，建立健全商会规章制度和财务制度，配备专职秘书长和工作人员。二是指定专门处室和人员负责行业商会工作，建立健全行业商会会长、秘书长及商会的联系方式，要求行业商会的重大活动必须及时向工商联通报，并邀请工商联领导参与商会的重要活动。三是工商联负责商会工作的领导和部门不定期走访行业商会，听取商会情况汇报，以便及时了解掌握商会动态。四是加强学习，表彰先进。召开行业商会秘书长联席会议，督促指导学习工作。经常组织商会负责人学习党和政府有关文件政策，掌握思想动态，组织考察学习，交流工作经验。利用工商联召开执委会和组织工作专题会议的机会，表彰先进商会。五是吸纳行业商会的主要领导进入各级工商联领导班子。

五　问题与思考

1. 行业商会登记注册的问题没有根本解决，"一地一会，一业一会"政策影响深刻

目前全省287个行业商会、异地商会，已经在民政部门注册登记的有62个，占总数的21.6%；未登记的有225个，占总数的78.4%。大部分登记的行业商会是20世纪80年代到90年代初成立的，集中在少部分县（区）和宝鸡、咸阳两市。目前，以国务院授权全国工商联为经济类社会团体业务主管单位为契机，经过努力，省政府常务会议已于2009年10月22日批准，陕西省省级工商联作为非公有制经济中行业商会业务主管单位，具体操作问题还在同省民政厅协商。各市工商联也正在积极努力，争取政府授权。

《社会团体登记管理条例》规定"一地一会，一业一会"已远远滞后于现实发展，行业组织之间的正当竞争也无从谈起。现实的情况是，在历次政府机构改革中，很多原先的政府行业主管部门翻牌变为行业协会，而且这种协会的名称一般包括的范围十分宽泛，这在行业划分越来越专、越来越细的趋势中，无法名副其实地发挥行业商会作用。再则，在这些行业中非公经济成分越来越多，大多数高过国有成分，非公企业要求成立民间性质的行业商会的呼声也很高，但受此条款的限制，形成了"社会离不了，市场离不了，企业离不了，体制不衔接"的现象。

2. 现有行业商会的规模小，行业覆盖面小，自身发展速度较慢

从统计情况看，287个商会中，会员数在百人以上的有41个，占总数的14.3%，其中大多在100~200人之间；会员数在百人以下50人以上的有68个，占总数的23.7%；会员数在50人以下的有178个，占总数的62%，会员人数从十几个到二三十个不等。

另外，大多数行业商会没有依法登记，现在只能作为工商联的一个附属机构，这样就出现了一些难以解决的问题。一是无法向有关职能部门申请办理正常的会费票据，会费收取只能以非正式的票据代替，影响会员企业的账务处理和行业商会的会费收缴；二是活动限制在工商联会员中，尽管事实上行业商会的活动范围已经超越了工商联会员范围，但限于合法性等因素的影响，活动不能很好地展开，对行业成员的吸引力不够大，造成行业商会的自身扩张比较慢。

3. 部分行业商会自身发展的后劲不足

从总体上看，陕西省行业商会大部分活动还是比较正常的，但也有一部分商会活动还不够经常，凝聚力不强。主要原因是行业商会成立时，有部分骨干企业和热心的企业家参与，会员企业对商会寄予厚望，大家齐心协力，商会还算红火。但随着时间的推移，由于这样那样的原因，比如经费问题、会员服务问题、领导班子问题等，造成一些商会活动越来越少，人气涣散，处于半瘫痪或瘫痪状态。

4. 对行业商会实行有效监管比较难

现有大部分行业商会不具备独立的社团法人资格，只是作为工商联的一个会员组织开展活动，行业商会活动如产生负面的后果只能由工商联承担，所以对行业商会的监管显得异常重要。但从实际操作过程看，工商联对行业商会的日常监督管理一直比较薄弱，目前还没有行之有效的、有一定刚性的办法。针对现阶段的特殊情况，一是尽快解决登记注册问题，确立行业商会的独立法人资格；二是在登记问题解决前需要好好研究，想方设法，做好监管，避免出现不利情况。

5. 几点期望

在现阶段，加强对省内行业组织（包括行业协会、商会和异地商会等）的培育和指导，着力提高非公有制经济的组织化程度和规范化水平，既是保证陕西省经济和各项事业又好又快可持续发展的基础工作之一，又是一项具有前瞻性的战略任务。一是要促进政府有关部门逐步与其下属的行业协会脱钩，实行政会分开。二是要促进政府有关部门的公共职能向行业组织转移，把原由政府部门承担的行业规划、编制，有关标准制定、修改，企业评比、考核、培训等职能逐步移交给行业组织。三是把那些政府难以管、不该管、管不好或管理效率低，而对企业又是不可或缺的事务，都交由行业组织去做。政府有关部门委托行业组织承担事务的，可采用以购买服务的方式进行。四是要建立政府与行业组织的联系机制，要注意发挥工商联的桥梁纽带作用。五是省内有关市、县（区、市）人民政府应尽快授权工商联为当地非公有制经济社团组织业务主管单位。六是积极热情支持、帮助行业组织加强自身建设。七是包容、鼓励行业商会之间的正当竞争，并把这种竞争视为接受社会和市场检验，逐步形成优胜劣汰的生存机制。

课题组负责人：李挺毅

成　　　员：李向军

执　　　笔：崔新华

B.9 闽籍异地商会发展报告

随着社会主义市场经济的发展和社会主义市场经济体制的不断完善,特别是政府职能转变步伐的加快,在原籍地和所在地党委和政府的关心支持下,通过统战部和工商联的指导、帮助,各地闽商齐心协力、热心参与,闽籍异地商会在全国各地蓬勃发展,组织管理日益规范,规章制度日益健全,成绩作用日益凸显,作为新兴的社会组织已成为团结、凝聚、引导、服务广大在外投资兴业闽籍企业家的重要平台,成为宣传闽商文化、弘扬闽商精神、树立闽商品牌的重要载体,为推动原籍地与所在地的经贸交流合作,服务家乡经济与当地经济发展发挥了积极的作用。

一 闽籍异地商会是改革开放实践的成果和客观需要

改革开放30多年来,我国的非公有制经济从社会主义公有制经济的补充,到被纳入基本经济制度写入宪法,已成为社会主义市场经济的重要组成部分。经济体制的改革使非公有制经济获得了快速发展。各地的闽商群体也在这一进程中由小到大、从弱到强,由个体户、私营企业主,逐步成为中国特色社会主义事业的建设者。因为有了闽商这一群体的逐渐发展壮大,才有了属于闽商群体自己的商会组织。因此,异地商会从本质上讲,是改革开放实践的成果,是社会主义市场经济体制的必然产物,是非公有制经济发展的客观需求。

1. 闽籍异地商会的发展是适应了社会主义市场经济发展的客观需要

计划经济体制时期,各种经济活动基本是政府相关部门占主导地位,没有民间行业社团存在的条件。改革开放后,社会主义市场经济体制改革不断深化,尤其是非公有制经济飞速成长,催生了多元化的经济和社会形态,各种类型的社团组织如雨后春笋般涌现。随着社会主义市场经济体制的不断完善和非公有制经济的不断发展,党和政府为了进一步完善市场体系,规范市场经济秩序,加快政府职能转变，促进非公有制经济健康发展，引导非公有制经济人士健康成长，客观上需要充分发挥行业商会、同业公会等中介机构的作用。因此，闽籍异地商会是伴随着社会主义市场经济发展应运而生的。

2. 闽籍异地商会的发展是闽商企业发展的迫切需要

改革开放以来，广大闽籍工商界人士走出福建，闯荡大江南北，新闽商在全国各地稳健崛起，成为了我国经济领域的一支生力军。他们远离家乡故土投资兴业，单个企业势单力薄，保障合法权益难，企业之间需要相互帮助与合作，以此来寻求更大的整体优势和发展空间。为反映诉求、维护权益、提携互助、共同发展，服务社会、回报桑梓，在外闽籍企业家迫切需要搭建合作交流的平台，并不断向制度化、合法化、规范化发展。因此组建福建商会，不断加强异地商会建设、服务闽籍企业发展需要就成了在外闽籍企业家必然的选择和共同的愿望。

3. 闽籍异地商会的发展是工商联开展非公有制经济人士思想政治工作的必然需要

进一步做好非公有制经济人士为主体的新的社会阶层人士工作，是工商联面临的新课题。通过各类商会组织，把他们组织、凝聚起来，引导以非公有制经济人士为主体的新的社会阶层人士爱国、敬业、诚信、守法、贡献，是当前工商联工作的重要内容。异地商会为做好非公有制经济人士思想政治工作开辟了新途径。

二 闽籍异地商会发展阶段

经过各级工商联的持续推动和闽籍异地商会的共同努力，闽籍异地商会在全国的网络格局已逐渐形成，组织管理逐步规范，影响力和作用日益彰显。闽籍异地商会正成为弘扬闽商精神，促进闽商向更高层次发展的重要平台，在凝聚闽商、承接市场、搏击商海、服务海西的进程中发挥着其他各类人民团体和商会组织所无法替代的作用，截至2010年年底，福建省各级异地商会共有460家，分布在全国31个省、自治区、直辖市，其中在外省成立的省级异地商会有30家，它们当中经民政社团登记的有27家，占90%；市级异地商会75家，还未成立省级异地商会的4个省（自治区）都正在筹备成立之中。回顾闽籍异地商会20年来的发展过程，大致经历了两个发展阶段。

1. 异地商会自发成立和初步发展阶段

大约20世纪80年代末至21世纪初，部分在省外的闽籍人士为加强乡情联系，自发成立一些协会、联谊会。在初期阶段，由于闽商人数较少，非公有制经济人士在这些闽籍协会中发挥的作用比较有限，其运作模式与现代商会运作模式有较大区别，主要是老乡联谊的作用，服务会员发展的作用有限。随着福建省各级工商联结合原籍地政府招商引资工作的需要，推动了经济发达、闽商聚集较多的地区组建异地商会。省外闽籍企业家热情参与，联合起来，按照"发起自愿、人员自定、经费自筹、会务自主"的原则组建异地商会，以服务闽籍企业发展的需要。这个阶段的异地商会虽然会员较少，管理模式比较粗糙，制度规章不够健全，服务会员手段比较有限，但是，由于其符合市场经济发展的客观需要，各级异地商会如雨后春笋迅速发展，显示出强大的生命力。出现了一些富有活力的异地商会组织，在发挥组织优势，服务会员发展方面发挥了积极作用。

2. 异地商会迅速发展阶段

2004年，福建省召开首届世界闽商大会，异地商会组织400多位省外闽商应邀参加了此次会议，标志着省外闽商力量得到了省委、省政府的高度重视，异地商会作为一个崭新的组织开始进入省内重大经贸活动和社会活动中。在这一阶段，福建省委统战部和省工商联不断加强异地商会工作，多次召开异地商会工作会议，总结异地商会建设的经验和成果，规范异地商会工作，探索异地商会发展的新途径和新方法，大力促进了闽籍异地商会健康有序发展。异地商会不断加强自身建设，争取社团登记成为社团法人，商会的活动逐渐正规化、合法化，商会职能从维持联系、维持乡情、维护权益逐步向共求合作、共寻商机、共谋发展、提升素质方面转变。福建各级工商联也结合当地实际积极探索异地商会发展的新途径和新方法，大力促进了闽籍异地商会健康有序发展，推动异地商会积极组织会员企业实施"回归工程"，据统计，截至2009年年底，全省有169个异地商会、3126位异地闽商、2169个回家乡投资项目，总投资额达1517亿元。

三 闽籍异地商会作用彰显

1. 发挥组织优势，服务会员发展

闽籍异地商会最主要的职能就是会聚闽商力量，整合闽商资源，创建闽商之家，在组织的协调下实现会员之间的优势互补，形成较合理的组织优势，全方面服务会员实现集群发展。一是提供市场拓展，促进资源优化配置服务。各级异地商会在实践中已经形成了较规范的服务体系，为会员企业提供商务考察、筹资融资、项目合作、开拓市场、产品展销、信息交流、管理咨询、教育培训等多方面的服务，使全体会员在商会平台上实现"资源共享、相互帮助、抱团发展"的愿望。二是提供维护会员合法权益服务。以商会组织的力量维护在外创业闽商的合法权益，推动当地政府创造一个良好的投资创业环境是闽籍异地商会的一个重要服务职能。许多商会专门成立了维权部或聘请律师，积极为会员排忧解难，帮助会员解决民事纠纷、经济纠纷，审核经济合同等，真正成为闽籍异地商人利益的代言人。三是提供协调沟通公共关系服务。各异地商会积极发挥组织优势，以商会的名义加强与政府有关部门的沟通，协调会员企业同公共管理服务机构的关系，帮助会员解决职称评定、项目立项、工商登记、企业用地、优惠待遇、企业纳税、生产许可、产品质量、计划生育、子女上学、代购票务、车辆保险等方面的问题。

2. 发挥桥梁纽带作用，促进两地经贸交流合作

闽籍异地商会作为所在地和祖籍地联系闽籍企业家的桥梁纽带，在拓展两地经贸往来方面发挥了十分重要的作用，既为所在地来闽招商引资，吸引闽资二次创业开拓市场作出了积极贡献，更积极组织会员开展"回归工程"投身到海峡西岸经济区建设中，一批由省外闽商投资的经贸项目相继在八闽大地落地开花。闽籍异地商会网络基本形成后，结合国家区域经济发展格局，各商会之间交流日益频繁，内外互动，片区互动，促进跨地区闽籍企业之间的信息交流和强强联合，推动区域经济形成合理的发展格局。

3. 搭建参政平台，推动政治协商

广大闽商通过异地商会这个平台，进入各级人大、政协、工商联领导班子，他们积极建言献策、参政议政，显示了异地商会企业家们在政治上的不断成熟和进步。如2007年泉州市政协在换届时就新增了"工商联（二）"界别，吸收异地泉籍商会代表性人士15名；2008年福州市政协有12名异地商会会长担任市政协委员，各县（市）区也安排部分异地商会企业家代表分别担任县（市）政协委员、人大代表；2007年福建省工商联换届，安排了3名异地商会正副会长担任省总商会副会长；上海市福建商会会员中就有122人任全国或省、市、县人大代表、政协委员。

闽籍异地商会的一大功能是收集和反馈各地的经济、社会信息，供党委、政府博采众长，形成更加科学的决策，推动家乡经济发展。每年春节期间，各地市县党委、政府都要召开异地商会座谈会，主要党政领导与回家过年的企业家共贺新春、共谋发展战略，各地代表纷纷把所在地经济和社会发展的好思路、好经验、好做法反馈给原籍地党委和政府，为其制定经济发展战略建言献策，提供宝贵意见。

4. 勇担社会责任，促进社会和谐

闽籍异地商会在自身取得发展的同时，勇敢而自觉地承担起社会责任，注重引领广大会员致富思源，富而思进，推动广大闽商树立良好整体形象，提高会员企业法律政策水平。发挥商会自律作用，积极配合相关行政机关，制定符合科学发展观的产业发展政策、法律和行政法规。倡导参与社会公益活动，为构建和谐社会尽心尽力。这几年不少异地商会企业家们除了向各级光彩会和各有关机构捐款外，还积极参与了海西春雨、民企联村、光彩助学、金秋爱心及各种老、少、边、困地区的考察活动。

四 闽籍异地商会规范运作，提升水平，实现更大作为

2010年2月12~15日，正值海峡西岸经济区建设的关键时刻，中共中央总书记、国家主席胡锦涛来闽考察，对事关福建当前和长远发展的重大问题作了深刻阐述，要求牢牢把握国家鼓励东部地区率先发展和加快建设海峡西岸经济区两大机遇，努力推动福建经济社会又好又快发展。各闽籍异地商会作为福建联系全国其他省份和世界的桥梁和纽带，积极响应党和国家号召，把握总书记来闽考察指导、推动福建加快发展的宝贵良机，不断调动激发闽商爱国爱乡热情，引导各地闽商企业坚持科学发展，紧紧抓住福建新一轮发展机遇，主动融入福建发展和海西建设中。

1. 福建省委、省政府高度重视非公有制经济发展和工商联及闽籍异地商会工作

福建省委、省政府高度重视民营经济发展和闽籍异地商会工作，履新不久的福建省委书记孙春兰同志，非常重视福建省非公有制经济发展和工商联及闽籍异

地商会工作，多次强调工商联工作很重要，工商联工作大有可为；民营经济是福建发展和海西建设的希望所在、潜力所在。2010年3月3日在参加全国"两会"期间，福建省委书记孙春兰、省长黄小晶在百忙之中抽出时间与在京发展的北京福建企业总商会会员和部分闽籍企业家代表，欢聚一堂，同叙乡情，共商建设家乡的大计。4月23~25日，孙春兰书记率领的福建省党政代表团到新疆昌吉回族自治州考察，孙书记指出，要发挥民营经济优势，深化产业合作，鼓励更多的福建企业利用新疆的资源、土地、市场等优势，要引导和促进更多有实力的福建民营企业抓住新疆跨越式发展的机遇，到新疆投资兴业，努力把福建的经济、产业和技术优势与当地的资源、土地、市场等优势有机结合起来，发挥各自区位优势，加强对外开放合作，实现互利共赢。5月2日，在出席上海世博会开幕式期间，孙春兰书记会见了上海市福建商会会长许荣茂等8位闽商代表，充分肯定在省外发展的企业家不仅有经验，而且有实力，是福建省很大的资源优势，为福建省的发展作出了很大的贡献，在福建新一轮发展中，希望在省外发展的企业家回乡投资。不到半年时间，省委、省政府主要领导三次会见省内外闽商，充分体现了省委、省政府对民营经济发展的高度重视和对广大闽商在福建发展和海西建设中的殷切希望。

2. 坚持正确的方向，坚定走中国特色社会主义道路

各闽籍异地商会从创会开始就牢牢把握正确的发展方向，积极融入所在地及原籍地政治经济主流活动，争取在成立地依法登记注册，依据法律法规和规章制度有序开展工作。闽籍异地商会自觉接受两地有关部门特别是统战部和工商联的指导，已成为党和政府联系非公有制经济人士的桥梁与纽带，促进非公有制经济健康发展和引导非公有制经济人士健康成长的重要助手。闽籍异地商会团结带领广大闽籍企业家弘扬"爱国、敬业、诚信、守法、贡献"的优秀建设者精神，坚定走中国特色社会主义道路，受到了各地党委、政府的充分肯定，多家异地商会及个人获得表彰。

3. 突出服务职能，推动闽商企业加快转变经济发展方式

加快经济发展方式转变是深入贯彻落实科学发展观的重要目标和战略举措，是保证我国经济发展和社会和谐的内在要求。加快经济发展方式转变，既是挑战也是机遇。实践中各闽籍异地商会主要把握以下几个环节：积极拓展服务平台，提升服务水平，引导会员企业按照国家产业政策导向和各省产业振兴规划，自觉调结构、转方式、上水平，不断提高市场竞争能力、抵御风险能力、可持续发展能力，为提高经济发展质量和效益发挥积极作用。同时为会员企业提供服务，就会员关注的问题，及时、准确地向政府有关部门反映他们的愿望和要求，同政府职能部门协调关系，为经营活动创造良好的环境；调解内部纠纷，协调会员之间关系，组织会员参加展销会、交易会，组织会员共同开拓市场；帮助会员了解经济、政策信息，促进企业健康发展；开展各种培训活动，提高会员业务素质；以商会为平台，组织会员股份合作，联手开发大项目。

4. 提倡和谐办会，优化商会结构

各闽籍异地商会都注重讲团结、顾大局、讲合作、重闽情。团结凝聚所在地闽商，最广泛代表当地闽商群体，树立闽商整体优秀形象。不断理顺各级闽籍异地商会关系，引导下一级商会以团体会员或分会的形式加入上一级商会。推动同级商会互相支持，各级商会应该团结在省级商会周围，集中人才和力量共同办好省级福建商会，才能不断壮大商会平台，才能更有效地发挥商会组织作用。各省级福建商会在运作中做到广泛联系、团结家乡和所在地不同行政区域的闽籍企业家，领导班子的构成注重家乡和所在地不同行政区域两方面的代表性，为会员互相交流提供有利的平台，不断提高商会的凝聚力、向心力。

5. 坚持规范办会，加强自身建设

各闽籍异地商会在办会过程中，按照"自我管理、自我服务、自我协调、自我发展"的方针，结合当地实际，不断探索异地商会建设的新思路和新举措，建立并不断完善各项管理制度，做到制度办会、制度管人，提升商会的办会能力和服务水平。特别注重规范换届程序，完善选举制度，严把政治审查关，确保把那些政治上可靠，经济上有实力，为人公道正派，在群众中有一定威望且热心商会工作的代表人士选拔进入领导班子。

6. 弘扬闽商精神，提倡闽商文化，打造闽商品牌

在2004年、2007年、2010年召开三届世界闽商大会的基础上，提炼"闽商精神"，倡导"闽商宣言"，宣讲"大爱闽商"，从闽商文化的高度引领世界闽商和闽籍异地商会健康发展，这些都得到了各闽籍异地商会的强烈响应和认同。各商会纷纷通过会刊、网站、新闻媒体等渠道，深度挖掘、研究、推广和弘扬闽商文化，为闽商发展提供文化智力支持，以闽商精神会聚广大闽商智慧和力量，统一大家的思想和认识，塑造闽商整体形象，打造闽商品牌，扩大了闽商影响力，壮大了闽商整体实力，提升了各闽籍异地商会工作水平。

7. 注重加强党建，引导商会规范发展

闽籍异地商会坚持正确的政治立场和政治方向，确立了商会党组织的政治核心地位，积极主动配合原籍地和所在地的党组织抓好在外民营企业的党建工作，引导广大非公有制经济会员开展第三批学习实践科学发展观活动，通过党组织做好监督社会团体负责人贯彻党的路线、方针、政策，遵守国家法律、法规的工作，抓好非公有制经济人士的思想政治建设。此外，商会党组织作为党在商会的基层组织，可以发挥党的思想、政治、组织优势，超越派系，消除地域观念，广泛团结会员，增强商会凝聚力。

课题指导：张剑珍
课题负责人：陈　峰
课题组成员：陈　飚　欧　勇　兰　剑
执　　　笔：陈　飚　兰　剑

B.10
上海市工商联乡镇、街道商会报告

中发〔2010〕16号文明确要求"县级工商联和大中城市区工商联要做好乡镇、街道、社区、市场等基层商会建设",《中共上海市委、上海市人民政府关于贯彻〈中共中央、国务院关于加强和改进新形势下工商联工作的意见〉的实施意见》明确指出,"街道、乡镇、开发区商会是工商联的基层组织,是开展工商联工作的组织基础和重要依托","积极支持工商联在开发区、园区、市场、楼宇等非公有制企业较为集中的区域建立基层商会,逐步扩大工商联基层商会组织覆盖面"。

按照中央和上海市委市政府对基层商会工作的要求,在全国工商联的指导下,上海市工商联将继续通过组织发动、政策带动,构筑乡镇、街道、开发区商会等基层商会运行平台,扩大基层商会组织覆盖面,逐步扎实商会基础工作,提升完善商会功能和服务水平,使乡镇、街道、开发区商会成为推动区域经济社会发展的重要力量。

(一)乡镇、街道、开发区商会组建概况

1994年开始,上海市工商联在非公经济发展较快,而原有工商联组织体系相对薄弱的市郊进行了建立乡镇商会的试点,1998年市工商联又在部分街道开展建立分会的试点工作,由于指导思想明确,领导重视,组织得力,从创立之初基层商会就显示了其较强的工作活力。市委统战部于1996年和2000年分别转发市工商联《关于在郊县和城乡结合区建立工商联乡镇商会的请示》,《关于建立工商联街道分会的请示》文件,要求各区、县委统战部加强对工商联工作的指导,支持和帮助工商联建立基层商会。全市工商联多次召开基层商会工作交流会,通过区县工商联和基层商会的典型事例介绍和经验交流,要求区县工商联在乡镇、街道推进基层商会组建工作。为适应形势发展的需要,市工商联在市级开发区试点组建基层商会,探索符合上海特点的基层商会组建之路。在全市基层商

会普遍组建的基础上,市工商联将工作重点转移到基层商会机制建设和功能提升上,制定了《基层组织工作细则》,提出了2004~2006年行动计划,力争3年内使2/3基层商会建成达标商会,实现"组织、制度、活动、场地、经费"五个保障要求。经过试点、推进、提升三个阶段后,全市基层商会如雨后春笋般发展起来,覆盖率达九成以上。2003年市工商联又制定了《开展基层商会建设创优活动实施方案》,共开展了四次基层商会创优活动,表彰了优秀基层商会和优秀个人,四次创优活动根据不同时期的中心工作任务,提出了不同侧重点,即突出制度建设方面,信息化建设方面,围绕中心、发挥作用方面,会员发展和信息报送方面。四次创优活动得到了商会和当地党政部门的高度重视,在全市基层商会中形成了"比学赶帮超"氛围,极大地促进了基层商会工作。截至2011年6月底,全市210个乡镇、街道建立了207个基层商会,建会率达98.6%,组建了张江高科技园区等11个市级开发区商会。

(二) 乡镇、街道、开发区商会组织形式和领导班子建设情况

上海市工商联乡镇、街道、开发区等基层商会是在街道(镇)或开发区管委会党委领导下,在区县工商联指导下开展工作的。基层商会的党建由当地街道(镇)或开发区管委会党委负责。鉴于基层商会是以工商联会员为主要对象组织起来的民间商会组织,在会长人选上,提倡"企业家办会"的方向,通过试点和政策支持,非公经济企业家担任基层商会会长的比例正逐年增加,不具备企业家办会的基层商会因地制宜由当地党政干部担任或兼任会长。无论企业家办会还是党政领导兼任,均需做好了三方面工作。一是紧密围绕党和政府的中心工作,在大局中行动,在融入全局中发展,这是商会工作取得党和政府及其他相关各方支持,保证工作落实的重要方面;二是配备工作得力的秘书长、副秘书长或专职工作人员,人员要相对稳定;三是团结、凝聚一批热心商会事业的非公经济企业家会员队伍。目前,全市218个乡镇、街道、市级开发区商会,每个基层商会配备会长1人、秘书长1人,全市乡镇、街道、市级开发区商会会长和秘书长各218人,每个基层商会有副会长5~6人,副秘书长1~2人。平均每个基层商会有专兼职人员9人,实有人员总计1900余人。

(三) 乡镇、街道、开发区商会发展状况

经过这些年建设,全市各基层商会在工作中抓重点、促发展,抓规范、上档

次，抓活动、增活力。呈现出发展速度较快、服务功能日趋增强的良好发展态势。

1. 党政领导逐渐加大重视力度

由于各区非公经济发展不平衡和各级党政领导对基层商会认识不同，各区县工商联在市工商联的指导下发挥了主观能动性，积极争取当地党政领导的关心和支持，主动汇报工作和想法，反映基层商会工作的困难和问题，为基层商会解决人员、场地、办公经费等问题。随着领导对商会工作认识的深化，在有的区，凡是基层商会成立领导必定参加，并经常到工商联了解情况，关心基层组织建设；有的区领导对所属街道、乡镇支持商会工作情况逐一检查落实；有的街道镇领导在工作中提出，重视基层商会工作就是重视非公经济发展，就是重视在社区工作中贯彻党的新时期基本经济制度。

2. 基层商会基础工作稳步夯实

基层商会工作正常化、规范化、制度化，是基层商会工作取得成绩的重要保证。按照市工商联基层组织工作细则和达标创优要求，在街镇党政领导的重视下，各基层商会在人力、物力、财力上获得了极大保障，基层商会的软硬件设施得到大幅改善。数据库联网和数据更新工作取得较大进展，部分基层商会拥有了自己的网站、网页以及自主性标识。形成了商会专人负责、有人管事、有钱办事的良好局面，完善了会议制度、分工负责制度、会费收缴管理使用制度、发展会员制度等系列规章制度。全市绝大部分基层商会工作已经步入制度化、规范化轨道，为基层商会工作的正常运作提供了良好的基础保障和制度保障。

3. 基层商会服务逐渐实效化

集中精力，精心组织，打造服务特色和工作品牌是基层商会工作出形象出实效的重要途径，体现了工作重点和切入点的结合，联系实际与发挥特点的结合。各基层商会聚焦"上级要求的，企业家需求的，商会能办到的"，服务逐渐实效化。一是发挥商会组织和服务功能，办了许多单个企业想办却难以办成的事。部分镇商会针对国际金融危机影响，组织会员企业成立了"联保基金"，全市成立十多家由民营企业股东发起的小额贷款公司，缓解了会员企业融资难的问题。部分街道依托街道经济服务中心，建立了街道党政领导和工商、税务等部门组成的联系工作制度，为企业排忧解难。二是发挥招商引资功能，在经济服务中突出平台作用。徐汇华泾镇商会加大与上海韩国商会、台资企业的交流和联络，效果明显。

4. 围绕中心工作能力日趋加强

各基层商会围绕党和政府中心工作积极开展了培养引导代表人士、招商引商、吸纳就业、社会公益和非公党建等方面工作，切实发挥了桥梁和助手作用，对社区贡献明显提升，得到了当地党政部门的高度重视和大力支持。尤其是2009年国际金融危机蔓延之际，基层商会发挥贴近基层、贴近会员、服务会员，反应快，针对性强的优势，让企业感受到商会的支持和帮助。帮助企业树立起战胜困难的信心和勇气，在挑战中寻求机遇。同时，基层商会充分发挥信息"主渠道"作用，畅通政府与企业信息，建立了由基层商会为主体的企业重要信息定期通报制度，由基层收集的信息经整理形成比较详细的专题报告直接上报市委、市政府主要领导，得到领导的重视，主要领导多次批示并转发相关部门，为政府制定、执行、调整有关政策提供了重要依据，扩大了工商联组织的影响力。

（四）乡镇、街道、开发区商会工作存在的问题

近年来，基层商会围绕中心，服务大局，发挥"三性"功能，为政府、社会和会员做了大量工作，取得显著的成绩，但在发展中还存在一些问题，主要表现在以下几方面。

1. 发展不平衡

少部分基层商会基础建设质量不高，部分基层商会存在主动争取领导支持不够，服务特色不鲜明，人员变动频繁，专职人员少等问题。此外，由于中心城区人员编配多郊区编配少，市区企业集中、郊区企业分散等原因，各基层商会在工作上存在较大差距。

2. 会员发展速度较慢

近几年市工商联着重强调会员发展的质量和结构，取得了一定成效，会员质量有所改善，但发展数量上相对缓慢。目前，会员占市私营企业总数比重较低，仅为3.1%，比重处于逐年下降状态。此外，会员发展的质量和结构仍需改善。许多实力强，规模大，尤其是近几年发展起来的规模企业还不是工商联会员。从会员产业分布情况看，大多集中在机械、纺织、批发和零售等传统行业，先进制造业、现代服务业、高科技行业等上海重点培育发展的行业会员企业比重偏少。

3. 开发区商会工作需进一步深化

随着科技、创意、楼宇等形式的开发园区的发展，大批科技型、先进制造

业、现代服务业等类型的民营企业高度集聚，涌现出留学归国、高学历、年龄轻等人才高地，但由于园区管理体制、运行模式不同于街镇，给工商联开展工作带来了新课题，需要进一步研究和探索。

4. 需更加主动适应内外环境变化

目前上海街道职能正在转变，街道将逐步弱化经济管理和服务职能，加强社区管理和服务职能。基层商会需进一步发挥经济服务的优势和专长，主动承接部分经济服务职能，切实做好党和政府的助手，为地方经济发展作出贡献。此外，基层商会还面临如何在市场环境下拓展其生存空间和职能，是否进行法人登记等诸多需在实践中探索的问题。

（五）加强乡镇、街道、开发区商会建设的设想

基层商会建设是一项全局性、系统性、长期性的工作，是做好工商联工作的着力点和突破口，要常抓不懈、抓出成效，针对目前建设中的现状和存在的问题，加强和改进新形势下基层商会工作，还需着力做好以下几方面的工作。

1. 加大会员发展力度，培育新的基层商会

会员是工商联的构成主体和活力源泉，是基层商会工作的基础。扩大会员覆盖率，提高会员发展数量，寻求会员发展新的增长点，增量调整会员质量和结构是基层商会工作的重点。同时要积极培育开发区商会、科技商会等新的基层商会，在开发区建立商会也会经历类似街道乡镇基层商会试点、推进、提升三个发展阶段，也需要找到加强开发区商会建设和发挥作用的新思路、新方法。要取得开发区党委和领导支持，把表现比较突出的企业和人员发展进来、培养起来，成为商会工作的中坚力量。要把招商引资任务、开发区商务服务功能和基层商会工作结合起来，更好地为企业服务，要将培养选拔代表人士的任务融入开发区工作中去，更好地推进基层商会的建设。

2. 创造条件支持基层商会发展

区县工商联会长或党组书记要亲自抓基层商会工作，要有专人管理基层商会工作，切实把加强基层组织建设列入区县工商联工作的总体规划和重要议事日程中，把基层组织建设的好坏作为检验区县工商联工作成效的重要标准之一。坚持加大源头参与的力度，积极主动地向党委和政府主要领导汇报、沟通，要紧紧依靠党委的领导，按照党的社区统战工作的总体部署，不断优化基层商会建设的环

境；发挥好基层商会参与政治和社会事务的主渠道作用，对具备条件的街镇商会企业家会长，推荐他们作为区人大代表或政协委员。要切实抓好领导班子和干部队伍建设，强化民主协商，充分发挥非公经济企业家的作用，健全企业家副会长和执常委及普通会员对商会事务的参事议事制度。

3. 鼓励基层商会创新

实践证明越是基层，越富有创造力，近年来基层商会进行的组建行业小组、楼宇分会和社区分会等创新活动不仅延伸和巩固了基层商会组织建设，也极大地增强了基层商会的活力和凝聚力，面对内外环境的变化，要形成鼓励尊重实践，讲究实效，支持创新的良好氛围，鼓励基层商会按照党委政府全局工作所需，按照市场需要，积极创新，积极拓展职能，在探索实践中，要把握商会的性质和特点，切实发挥"桥梁、纽带和助手"作用；要依靠会员办会，运用多种渠道开展特色活动，形成品牌；要牢固树立"服务立会"的宗旨，拓展工作思路，讲究工作方法。市区工商联要从理论与实践的结合上，总结经验，把握基层组织建设特点、趋势、规律，推广成熟做法，指导基层建设新的实践。

4. 加大表彰宣传力度

市工商联开展了四届基层商会创优活动，先后表彰优秀基层商会137家，同时为进一步鼓励基层工作人员，评选表彰了优秀基层商会会长、优秀基层商会秘书长等共计57名。市工商联基层商会达标创优活动，得到本市广大基层商会的积极响应，各基层商会围绕党和政府的中心工作，借助达标、创优活动的深入开展，商会基础日趋扎实，商会活动日趋活跃有序。2011年在上海工商联成立60周年大会上表彰了第四届上海市工商联基层商会创优活动的优秀基层商会和基层商会先进个人，全国工商联、市委主要领导为获奖单位和人员颁奖，《上海商报》配合宣传报告优秀基层商会和先进个人，会议的规模、隆重程度在全市工商联系统还是首次，全市区县工商联和基层商会反响强烈。今后要加大对工作成绩突出的基层商会和先进个人的表彰宣传力度，以此进一步激发基层商会的工作热情和激情。

课题组负责人：陈平田

课题组成员：毕建新　吴　彪　付　凯

B.11
浙江省嘉兴市行业协会商会发展报告

这几年来,嘉兴市委、市政府对行业协会商会的改革和发展工作相当重视,进行了大胆的探索,在浙江省乃至全国率先出台了一系列促进行业协会商会改革发展的政策措施,并取得了一定的成效。

一 嘉兴市行业协会商会发展回顾

自2004年以来,嘉兴市委、市政府相继出台了《嘉兴市促进行业协会改革发展的若干意见》、《嘉兴市行业协会发展办法》等一系列的文件。2004年9月成立了由市政府有关部门参加的嘉兴市行业协会改革发展协调小组,协调小组办公室设在市工商联(总商会)。2005年3月市政府授权市工商联(总商会)为市行业协会(行业商会、同业公会)的业务主管单位。自此形成了全省唯一新型的"双重管理、三方负责"的行业协会商会管理体制,即由市民政局作为登记管理部门、市总商会(工商联)作为业务主管单位、市政府相关行业主管部门负责行业协会商会所涉及的产业发展和行业规范有关事务的业务督导工作。几年来,嘉兴市行业协会商会的改革和发展工作,有效地推动了嘉兴市行业协会商会的健康发展。

(一) 嘉兴市行业协会商会发展的成效

近年来,由于嘉兴市委、市政府对行业协会商会工作的高度重视,并充分发挥市工商联(总商会)在管理行业协会商会中的主导作用和政府相关行业主管部门的业务督导作用,使嘉兴市的行业协会商会在培育发展、规范运作、发挥作用等诸多方面取得了一定的成效。

1. 集聚资源促进行业协会商会快速发展

近年来,嘉兴市行业协会商会发挥了行业规模(龙头)企业的引领作用和同行业集聚区域的主导优势，并充分利用政府部门的资源优势，主要围绕先进制造业、现代服务业、特色产业的发展，培育发展了一批行业协会商会，使行业协会商会实现了从少到多，从小行业到大行业，从二产到二、三产并举发展的趋势，起到了集聚产业链、推动科技进步、增强企业实力、扩大市场份额等方面的作用。2007~2009年，嘉兴市行业协会商会培育发展市级经济类的行业协会商会有15家。截至2009年12月底，全市登记注册行业协会商会187家，其中已有20家建立了党的组织；市级经济类的行业协会商会有58家（其中一产有2家，二产有22家，三产有34家），2005年以来培育发展的有32家，成为嘉兴市行业协会商会发展最快时期。

2. 行业协会商会作用日益显现

几年来，市工商联积极探索新形势下行业协会商会作用，以发展为主线，以改革促规范，营造了有利于行业协会商会健康有序发展的市场环境和政策环境，发挥行业协会商会具有"规范行为、反映诉求、提供服务"的三大功能，履行"行业服务、行业自律、行业代表、行业协调"的四大职能，行业协会商会的作用日益显现。

（1）反映诉求，当好助手。行业协会商会根据经济及不同行业的发展情况，在反映诉求、探索承接政府职能、参与标准制定等方面做了大量工作。这些建议引起了领导高度重视，推动了有关问题的解决，对政府决策也产生了重要影响。

第一，及时反映行业诉求。市工商联通过行业协会商会，了解嘉兴市有关行业发展情况以及存在的困难和问题，通过召开座谈会、行业协会商会信息专报和简报、工商联的提案等形式，经过梳理后向政府有关部门反映情况，并提出建议意见。几年来，共提交提案和反映情况60多件，为行业发展、反映诉求、当好政府助手发挥了积极作用。2008年和2009年在征集"两会"提案期间，市工商联就如何促进太阳能行业、净水剂行业、担保业、船舶业、预拌混凝土业、会展业、电子商务业、印刷业、紧固件业、防水保温业、新型墙体材料业等行业的发展提交了14个团体提案。

第二，探索承接政府职能。近年来，嘉兴市行业协会商会积极主动与政府职能部门联系沟通，在加强行业自律的基础上，逐步探索承接政府职能。如市防水保温协会取得了试行建筑防水材料备案制的职能；市担保业协会对从业人员进行资格认证培训，参与组织信用评级。新型墙体材料行业协会参与修改了《关于加强全市新墙材行业自律的暂行规定》、《墙材产品合格证管理制度》、《产品合格证签发暂行规定》三个管理规定。市建材工业协会协助政府主管部门承担省政府3年内淘汰水泥机立窑落后生产能力工作，协助起草全市水泥行业结构调整布局规划及节能限产的相关文件。另外，还有不少行业协会商会协助政府参与了行业管理。

第三，参与行业标准制定。市集成吊顶行业协会与奥普、友邦、品格等16家企业联合起草《家用和类似用途的吸顶式多功能卫浴装置》国家标准。市汽车行业商会为政府部门制定了《嘉兴市二手车流通管理实施细则》。市印刷行业协会及会长单位参加全国"簿册"行业标准的起草和修订工作，并在嘉兴审核通过该标准。

（2）行业自律，规范行为。目前，嘉兴市有50%以上的市属行业协会商会在行业自律方面做了大量工作，规范了企业的经营行为，较好地树立了非公企业良好的社会形象。如：2008年，针对食品安全方面存在的问题，市食品工业协会组织浙江五芳斋集团等7家本行业的龙头企业，向全市食品工业企业发出《加强食品质量安全管理，提高人民生活质量水平》的倡议，要求全市食品工业企业加强食品生产质量安全管理，做到"横向到边，纵向到底"，一旦获知产品存在危及人体健康和生命安全的隐患时，须严格实施主动召回，确保本市食品安全。

2009年4月，市净水剂行业协会在加强行业自律和提升管理能力的基础上，取得了市环保局的大力支持，使行业自律与行政执法得到了有机结合。市环保局下发文件，委托市净水剂行业协会开展净水剂行业环境保护工作自查自纠专项行动。

市餐饮业协会推出的"五常法管理"，规范和促进了餐饮业的健康发展。上海、苏州等城市的餐饮业都来嘉兴学习考察，"五常法管理"惠及长三角区域。除此之外，还有市银行业协会、市保险行业协会、市担保业协会、市照相婚庆行业商会等均开展了行之有效的行业规范化管理。行业协会所开展的活动，赢得了市民和同行及会员的好评，有效地促进了行业的健康发展。

（3）提供服务，促进发展。几年来，市工商联（总商会）充分发挥行业协会商会的自身优势和有效载体开展各种活动，为会员企业的发展提供服务。

第一，提供信息，办好展会。行业协会商会的组建能较好地为企业提供各种

信息并能为企业开办一些有效的展会活动等。如：市照相婚庆行业商会和上海市婚庆行业协会联合在嘉兴举行了"2008年上海市第三届百对新人、百年双喜"红色婚礼活动。嘉兴市汽车行业商会连续承办了两届"江南（嘉兴）国际车展"以及两届"天德杯"、"商业房产杯"汽车文化博览会，活动期间还开展了对全市汽车销售公司、汽车管理人员和经营人员等一系列的评选活动。2007年，市太阳能行业协会承办了"中国南方（嘉兴）太阳能产品展示会"，137家企业参展，成交额达3000万元。

第二，加强横向联系和合作。2007年，市工商联（总商会）与上海市社会工作党委、上海市社会服务局联合举办"促进嘉兴市与上海市两地行业协会商会交流与合作活动"，两地18家对应的行业协会商会进行了座谈交流，其中8对沪嘉两地的行业协会商会签署了建立友好合作协会的协议。与会两地行业协会商会还发起倡议，在沪嘉两地开展全面交流与合作，探讨建立长三角地区行业协会商会交流合作机制，定期沟通座谈，互访交流，密切合作。市太阳能行业协会和南通市太阳能行业商会共同承办了"长三角（嘉兴）太阳能产业高峰论坛"，扩大了嘉兴市太阳能产业基地的影响和辐射力。

第三，外联服务，应对反倾销。近年来，嘉兴市一些行业协会商会根据行业的自身特点组织会员企业到国外进行商务考察或设摊参展，为维护会员企业的合法权益，组织中小企业抱团应对反倾销。如市紧固件进出口企业协会连续几年组织会员企业并代表全行业分别应对了"欧盟对我碳钢紧固件反倾销调查"、"美国螺纹钢杆反倾销调查"、"美国碳钢紧固件'双反'调查"等。特别是在应对"美国碳钢紧固件'双反'调查"中，行业协会商会发挥自身优势，积极采取应对措施，最终在2009年11月6日美国贸易委员会投票以无损害结案，终止了调查。这是美国对华开启"双反"调查以来20多起案件中唯一一起以无损害初裁终止调查的案件，也是中国紧固件行业遭遇贸易救济调查以来唯一完胜的一个案例。在国际金融危机期间，一些行业协会商会抱团参展和开展商务活动，如洪合羊毛衫商会等，组织企业参加广交会，以统一承租展台、统一包装参展的方式，改变了以往单兵作战的状况，增强了品牌效应。这些外联服务活动的开展均引起了强烈的反响。

第四，合作交流，发展共赢。几年来，以市工商联开展活动为载体，根据不同的需求，选择相应的行业协会商会参加，使行业协会商会的交流合作和互动空间不断扩大，逐渐形成了政会、校会、警会、银会、会会的合作氛围。政会合作，行业协会商会主动与有关政府职能部门联系，协助政府部门起草规范行业市场秩序等的文件。校会合作，市工商联就行业协会商会与嘉兴职业技术学院以"优势互补、资源共享"促进区域行业产业发展，推动嘉兴市产学研合作等方面签订了合作协议。其他有关行业协会商会与浙江科技工程学校等学校、科研单位挂钩，开展学术、培训等活动。警会合作，市工商联与市公安局经侦支队就预防经济违法犯罪，建立了合作机制，选择了一些行业协会商会参与QQ警企交流平台。银会合作，市工商联先后与建行嘉兴分行、市商业银行等金融机构建立了合作机制，为银会合作构建平台，十多家市级行业协会商会与银行相继签订了合作协议。会会合作，搭建了行业协会商会之间交流沟通的合作平台。如市照相婚庆行业商会连续承办了三届市婚庆博览会，活动期间邀请了其他行业协会商会参加，整合了婚纱影楼、婚礼用品、婚庆策划、酒店、房产乃至汽车销售等相关的餐饮业、房地产、汽车行业，将婚庆业初步打造成为嘉兴市的一个新兴产业。此外，市模具行业协会、市电力行业协会、市温州商会等联合会还与有关部门单位联办"2009第七届长三角（嘉兴）机械工业装备展览会"。

3. 行业协会商会管理逐步规范

3年来，市工商联充分发挥市行业协会改革发展协调小组的协调作用，按照市委、市政府的有关文件精神，积极探索新形势下行业协会商会工作的规律，逐步建立健全科学、规范、有效的监管体制。

（1）建立了日常工作机制。市工商联会同市行业协会改革发展协调小组办公室制定了培育发展行业协会商会的制度和规划，编辑印发了《嘉兴市行业协会工作文件汇编》、《嘉兴市行业协会（商会）工作手册》，编制了《嘉兴市行业协会、商会设立指引（试行）（2006~2010年）》；建立了行业协会商会工作会议制度及秘书长联席会议制度，建立行业协会商会信息员、联络员队伍和QQ交流平台；组织开展各类学习考察和交流活动，形成了行业协会商会之间的联系、合作、交流机制。

（2）建立了评价激励机制。为积极鼓励和扶持行业协会商会的发展，市工商联会同经贸、民政等部门制定了嘉兴市行业协会商会工作评价细则，并在2008年4月30日，由市政府办公室转发了《市发改委、市经贸委、市民政局、市工商联关于建立嘉兴市行业协会商会工作评价体系的意见（试行）的通知》，就组织机构、制度建设、平台建设、履行职能、工作创新等方面制定了评价标准。在评价的基础上，对运作较好的行业协会商会分别给予了6万元、4万元、2万元、1万元的奖励。通过2008年、2009年两年来的评价，各行业协会商会逐步完善了各项管理职能的建设。

4. 行业协会商会管理体制取得突破性进展

2008年，为了促进嘉兴市行业协会商会的健康发展，市委副书记牵头对全市社会组织发展包括行业协会商会发展情况进行了调研，并先后出台了有关政策文件，在行业协会商会管理体制上有了新的突破。

（1）归口管理。2009年，市委、市政府办公室下发了《关于扶持和促进社会组织发展的若干意见》，建立健全由市民政部门承担登记管理的法定职能，市工商联（总商会）、市社科联、市科协、市文联分别承担政府授权业务主管的管理职能和相关政府职能部门承担业务指导职能的分类归口管理模式。全市性经济类行业协会商会统一由市工商联（总商会）归口管理，理顺行业协会、商会、学会的业务主管单位，实现自主办会、自主管理、自我发展。

（2）党建工作。市委组织部已批复同意成立嘉兴市行业协会商会党委并委托嘉兴市工商联党组管理。这一举措进一步规范并保障了工商联作为行业协会商会业务主管单位的管理体系。通过加强行业协会商会党建工作，宣传贯彻党的路线方针政策，引导行业协会商会把好正确方向，健全管理机制，协调利益冲突，化解各种矛盾，在强有力的政治保证中不断推进行业协会商会健康发展。

5. 行业协会商会发展环境不断改善

近年来，由于行业协会商会的作用不断显现，并在市委、市政府及政府有关部门的重视下，相继建立了市领导联系行业协会商会制度、设立了软环境监测点以及工作机制的创新等，嘉兴市行业协会商会发展环境不断得到改善。

（1）建立了市领导联系制度。2009年4月，市委、市政府办公室下发了《关于建立市领导联系行业协会商会制度的通知》。市委、市人大、市政府、市政协四套班子的32名市级领导与32家市级行业协会商会建立联系沟通机制，通过市领导不定期走访联系行业协会商会、参加行业协会商会的重要会议及重大活动，进一步加强与行业协会商会的联系，了解行业协会商会工作进展和自身建设情况，指导并帮助解决行业协会商会在履行职能、服务行业和企业中遇到的一些实际问题和困难，加快推进嘉兴市行业协会商会的改革和发展。

（2）建立了软环境监测点。根据市纪委书记到市工商联调研时提出的要求，工商联作为政府联系非公有制经济人士的桥梁，又是行业协会商会的主管单位，应该说最了解民营企业和行业的诉求和愿望。为此，2009年在市工商联设立了软环境监测点，此后市工商联又把这个监测点延伸到了各个行业协会商会。

（3）工作机制不断创新。市工商联作为行业协会商会的业务主管单位，其为行业协会商会服务的工作手段十分有限。市工商联利用与有关政府部门的联系合作关系以及聘请13位市政府有关部门的分管领导为市工商联特邀顾问的这些联系渠道，为行业协会商会多提供有价值信息，为充分发挥行业协会商会作用提供了良好的发展环境。

（二）行业协会商会发展面临问题

近年来，虽然嘉兴市行业协会商会呈现良好的发展趋势，但由于观念、体制、利益等各种因素的影响，在行业协会商会发展方面还面临不少问题。

1. 行业协会商会总量与经济发展不相适应

目前行业协会商会的发展与嘉兴市经济社会快速发展相比，还存在一些不相适应的地方，如行业协会商会的数量、规模、质量、作用，总体上还不能满足日益增长的社会需求。行业协会商会的培育发展还缺少发展规划、结构不合理，其行业覆盖尚不全，如电子、丝绸、汽配、木业、服装、皮革、化纤等行业尚未组建市级行业协会商会。

2. 行业协会商会综合素质偏低

由于嘉兴市行业协会商会发展目前还处于初级阶段，在人员配备、资金投入、教育培训、管理等方面的相应措施没跟上，使行业协会商会的综合素质与嘉兴市经济发展的要求不相适应。

（1）会员数量少，代表性不强。目前在市级行业协会商会中，有些行业协会商会其会员数量少，会员企业经济总量小，地域覆盖面不全。

（2）专职人员少，综合素质偏低。在市级行业协会商会的工作人员中，兼职人员多、专业人才缺、年龄老化现象比较普遍。目前，年龄在50岁以上的工作人员占60%~70%。其原因是多方面的：首先，一些从政府职能部门退下来的老领导、老同志受聘到行业协会商会工作；其次，由于经费不足，没有经费聘用专业人才。有的行业协会商会工作缺乏主观能动性，缺少必要的服务能力，使行业协会商会自我"造血"功能不完善，造成经费不足，难以开展有深度的功能性服务。这种现象与行业协会商会在新形势下的工作要求不相适应。

（3）法人治理结构不完善。在部分行业协会商会中，制度不健全和执行不好并存，会长、副会长、秘书长、理事的素质参差不齐，奉献、合作的意识不强。会长、副会长、秘书长人选及其工作更多的是体现原业务单位的意愿，而不是大多数会员的意愿，导致协会在运行时更多的是满足原业务单位的要求。

3. 行业协会商会民间化管理不到位

行业协会商会作为非政府组织，应该和政府脱离关系，行业协会商会应由非政府人员组建，作为行业协会代表的会长，更应该脱离政府角色。以国外行业协会商会为例，其会长基本上都是由企业家来担任。而在嘉兴市有的行业协会商会中还是政会不分，有些行业协会商会的会长或秘书长是由行政执法下属事业单位的负责人兼职。因此，这些行业协会商会在运作上或多或少带有行政色彩。

（1）认识上有误区。有的部门对行业协会商会的地位、作用缺少应有的认识；有的部门将行业协会商会看做机关的内部机构、代管机构；有的部门把行业协会商会看成是安置退休或闲散人员的就业机构；有的部门将具有独立法人地位的行业协会商会置于从属地位，当做政府机构的延伸等。

（2）政会分开不彻底。由于行业协会商会与政府有关部门的关系还没真正分开，有些部门从本部门的利益考虑，各自为政，难以形成合力来构建服务体系，未能达到资源共享。有不少行业协会由于"政会不分"，多头管理，致使一些真实的建议意见不能有效地反映到政府及有关部门。

4. 业务主管力量薄弱

2005年，市政府授权市工商联（总商会）作为行业协会商会业务主管单位以来，新组建了30多家行业协会商会，协调、交流、合作的工作量很大，而原工商联人员编制却减少了，只有"行业协调处"牌子，无人员编制和经费，按照市委、市政府和行业协会商会要求，进一步做好服务工作显得力不从心。

二 嘉兴市行业协会商会发展形势

在我国经济体制改革的过程中，国务院非常重视行业协会商会的发展，连续出台政策文件，为行业协会商会的改革和发展提出了具体的要求，并授权全国工商联作为全国性社会团体业务主管单位，嘉兴市政府正在积极贯彻国务院的文件精神，并要求市工商联会同市政府有关部门共同抓好行业协会商会的改革和发展工作。当前行业协会商会的改革和发展正朝着国务院指定的方向发展，在引导非公经济快速健康发展中，发挥着越来越重要的作用。其发展形势主要体现在以下几个方面。

（一）明确了工商联为社会团体业务主管单位的地位

改革开放以来，全国各地如深圳、无锡、上海、嘉兴等地对行业协会商会发展的管理体系进行了有益的探索，并取得了一定的成效。2009年，民政部下发了《国务院授权全国工商联作为全国性社会团体业务主管单位有关问题的通知》，授权全国工商联作为全国性社会团体业务主管单位。国务院的授权有助于工商联对行业协会商会的管理和指导，也有助于行业协会商会的规范建设及其作用的发挥。

（二）各级政府进一步充分发挥行业协会商会作用

近年来，全市各级党委、政府高度重视行业协会商会建设，加大体制机制创新力度，加强规范管理，行业协会商会得到迅速发展，自治功能日益完善，社会作用不断增强，逐步成为一支促进经济社会发展的重要力量。市委、市政府近年来已连续出台了一些政策措施，就嘉兴市行业协会商会的发展有了一个明确的指导意见。市政府已连续几年把培育发展行业协会商会作为年度目标任务进行考核。此外，市委、市政府就如何发挥行业协会商会作用，行业协会商会的规范管理以及政府职能转移、政府购买服务等方面的改革都作了明确要求。

（三）行业协会商会发展将有效促进嘉兴市经济社会的发展

一方面，行业协会商会能及时有效地反映行业和企业的情况以及利益诉求，为政府决策提供服务；另一方面，行业协会商会努力实现企业、行业、政府三方的利益整合、组织整合、规范整合，服务于行业、服务于企业，形成行业发展的良好社会环境。因此，我们必须从深入贯彻落实科学发展观的高度，把扶持、培育和引导行业协会商会加快发展作为一项重大和长期的任务，切实抓紧抓好。扶持和促进行业协会商会发展，有利于政府职能转变，完善市场功能，增强产业竞争力，实现又好又快发展；有利于加强社会管理，增强社会自治功能，发展社会主义民主政治；有利于整合社会资源，满足社会公共服务需求，有效促进嘉兴市经济社会的发展。

（四）行业协会商会发展将有力推动嘉兴市经济转型升级

面对经济社会转型的新形势，嘉兴市将面对传统产业的转型升级以及加快产业结构优化升级，通过各种措施促使传统块状经济向更具开放性、国际性的产业集群转型。这些转型使得企业之间建立在关系性契约基础上的分工协作向市场化、制度化的分工协作转变。行业协会商会的产生和发展依托于其特定的区域经济增长模式和产业结构。当前，在新的发展阶段和环境下，如何不断提升其组织功能，依托其服务水平和公信力，促进企业之间的制度化合作，从而增强产业集群的竞争力，是行业协会商会组织自身能否进一步发展和提升的关键之所在。

1. 指导行业企业技术进步和结构调整

一方面，可以根据实际需要和具体情况，由行业协会商会出面组建行业内独立的技术研发和产品设计机制，为产业集群内的广大中小企业提供技术和产品设计服务；另一方面，行业协会商会要保护企业开发的新产品、新技术，规范企业的竞争行为，形成"创新光荣、仿冒可耻"的良好氛围，为推动行业的转型和健康发展发挥积极作用。

2. 指导行业企业打造产业链配套体系

行业协会商会按照专业分工的原则，从减少企业重复投资、充分发挥各企业的比较优势出发，组成产业组织结构相互配套、销售网络一体化的专业化分工体系。通过行业协会商会的运作和资源整合，着力建立和完善嘉兴行业和企业产业链中的关键环节，实现产业链的延伸和技术品质的升级。

3. 帮助企业拓展海外市场

根据嘉兴市制造业出口依存度高的特点，行业协会商会要积极组织企业联合起来，共同开拓国际市场。要建设行业公共服务平台，帮助企业加强与国外经济技术交流与合作。要组织并代表行业企业参与协调对外贸易争议，积极组织会员企业做好反倾销、反补贴和保障措施的应诉、申诉等相关工作，维护会员企业的正常进出口经营业务。

4. 培养和引进行业企业紧缺的专业人才

依托行业协会商会的优势，通过各种方式、各种渠道积极培养行业企业紧缺的专业人才，也可从外面引进专业人才来嘉兴工作，为嘉兴制造业的升级和企业转型提供人才保障。

（五）行业协会商会发展将促进政府职能的转变

通过这几年来嘉兴市行业协会商会的快速发展，对政府职能的转变已起到了一定的促进作用。如市保险业协会、银行业协会、汽车行业商会、建筑业协会、餐饮行业协会、食品工业协会、预拌混凝土（砂浆）行业协会、净水剂行业协会、新型墙体材料行业协会等有关行业协会商会，都在不同程度上协助政府部门参与了行业管理。目前，市工商联与市环保局正在制定《嘉兴市组织引导学协会联合参与环保管理试点工作方案》，方案中确定6家市级行业协会商会参与项目环评、污染治理、专项执法检查、专项补助四项政府职能，以加大行业协会商会参与政府管理行业的力度。为此，促进行业协会商会快速发展，是适应当前形势的要求，通过承接政府职能转移，逐步将政府部门有关事务性、辅助性等职能转移、授权或委托给公信力强、功能完备、运作规范的行业协会商会来承担，并切实为行业、企业做好服务，从而促进行业健康发展。

（六）行业协会商会发展将拓展党建工作的展开

在行业协会商会的快速发展中，也需要有党组织的政治核心作用和党员的先锋模范作用来进行保障。嘉兴市在行业协会商会中成立党委就是要按照有利于加强党的领导、有利于加强党员教育管理、有利于开展党的活动的原则，将进一步拓展党建工作在行业协会商会发展中的覆盖面，从而有力地保障行业协会商会的规范运作。

三 促进嘉兴市行业协会商会健康发展的建议意见

随着我国社会主义市场经济的发展，政府职能的不断转变，行业协会商会作为介于政府、企业之间的一个重要中间组织，具有协调市场主体利益、规范市场经济秩序、提高市场配置资源效率的重要功能。因此，大力发展行业协会商会是完善社会主义市场经济体制的重要内容，也是促进经济社会转型和政府职能转变的重要途径。由于目前嘉兴市行业协会商会的培育发展相对滞后，已制约了这一能量的释放，为此，提出如下几点建议。

（一）加大行业协会商会培育发展的扶持力度

1. 强化职能

行业协会改革发展协调小组和工商联作为行业协会商会培育发展的指导协调机构和业务主管单位，承担着全市行业协会商会改革发展工作，应强化具体工作职能。目前，由于职责的不明晰和职能的不具体，使得有关政府部门在工作中不理不睬或者表面上应付一下，很难达到预期的效果。

2. 政策扶持

对新建的行业协会商会或运作初期的行业协会商会，要加大财政扶持力度，探索建立行业协会商会扶持发展专项资金。建议市财政每年拨出一定数量的资金作为行业协会商会发展专项资金，重点扶持行业协会商会的发展，完善培育和扶持政策，优化发展环境，激发社会活力，使行业协会商会成为社会建设的重要力量。

3. 宣传引导

政府要加大对公共服务平台——行业协会商会的宣传力度，采用专栏、专题、采访等多种报道形式，宣传行业协会商会为发展嘉兴经济所起的积极作用，努力营造行业协会商会发展的良好氛围。要修订《嘉兴市行业协会商会设立指引》，进一步发挥行业龙头企业的引领作用，在先进制造业和现代服务业中培育发展市级行业协会商会。

（二）增强行业协会商会民间化，推进改革发展

1. 转变思想观念

政府有关部门要贯彻落实好市委、市政府有关促进嘉兴市行业协会商会发展的文件精神，特别是行业协会商会的归口管理，政府部门要与行业协会商会彻底脱钩。关键是脱钩以后，政府部门对行业协会商会仍然要加强支持和服务，不要撒手不管。要充分认识到行业协会商会的健康发展能为工商联开展工作当好参谋，能延伸工商联的工作手臂，并可以帮助政府解决疑难问题和人手不够问题。

但也要避免成为政府部门的附属物，避免自身滋生"行政化"的倾向，避免成为公务员退休的养老院。

2. 加快政府职能转移试点工作

要加快转变政府职能，理顺政府、市场和行业协会商会的关系，建立新型的政社合作互动关系。进一步推进政社分开，除法律法规另有规定外，政府部门要对各自承担的社会管理和公共服务职能进行全面梳理，将行业管理与协调性职能、社会事务管理与服务性职能、技术服务与市场监督职能等，包括行业准入资质资格审核、等级评定、行业标准、行业评比、行业领域学术和科技成果评审、法律服务、宣传培训、公益服务、行业调研、统计分析、决策论证、资产项目评估等，按行业协会商会的承接能力，选择一些独立公正、行为规范、运作有序、代表性强、公信力高的行业协会商会，作为承接政府职能转移的试点。

3. 建立购买公共服务制度

以行业协会商会具备承接能力为前提，政府职能部门要有重点、分步骤地将行业管理与协调、社会事务管理与服务、技术服务与监督等职能，通过授权、委托等方式转移给行业协会商会，并实行"费随事转"，建立政府购买公共服务机制。将原来由政府直接举办的，为社会发展和人民群众日常生活提供服务的事项，通过政府采购，以公开、合理方式确定由有资质的行业协会商会来组织实施，并根据行业协会商会提供服务的数量和质量，由政府支付相应的服务费用，逐步建立"政府采购、定项委托、合同管理、集中支付"的新型政府提供公共服务方式，重点向从事政府转移项目、公共服务项目等领域的行业协会商会购买服务。要加快建立政府向行业协会商会购买公共服务制度，制定出台具体实施办法，明确规定政府部门授权或委托行业协会商会承担管理服务事项的，由政府各部门提出年度购买服务的事项及要求，纳入部门年度财政预算，由同级财政支付。部分特殊事项在一定时期可以实行定向购买服务。

（三）行业协会商会要履行职责，树立行业权威

要充分履行行业协会商会服务、自律、代表、协调的职责，加强行业协会商会工作的规范化、制度化建设。要完善运作机制，建立自主办会的组织体制，理顺协会与政府关系，提高社会公信力。要建立征询机制，构建长期稳定的沟通对

话平台。要拓展服务领域，找准服务的着力点，通过服务，促进政府职能的转变，提高行业协会商会的影响力和凝聚力，树立行业协会商会在行业中的权威地位。

1. 完善运作机制

要引导行业协会商会建立和完善包括议事、问责、会员管理、财务管理、档案管理等一系列规章制度；引导行业协会商会配备专职合格的秘书长和专职工作人员，制定和完善各工作机构的工作职责；引导行业协会商会保持正确的办会方向，实现工作规范化和制度化，形成民主选举、民主决策、民主管理、民主监督、独立自主、规范有序的运行机制。

2. 不断提高人员素质

加大对行业协会商会的会长、秘书长以及专职人员的培训教育力度，做好对这些人员的培训教育。探索推行行业协会商会会务工作人员职业化、专业化制度，吸引社会优秀人才到行业协会商会工作。

3. 加强行业自律

要加强行业协会商会的自身建设，要扩大会员企业的覆盖面，增强行业代表性。要把行政执法与行业自律相结合，建立完善自律性管理约束机制。由于目前政府职能转变的步伐尚落后于经济和社会发展的需要，行业协会商会还没有真正承担起行业自律管理的职能，行业自律的开展还缺乏广泛的会员基础和有效的惩戒手段，因而现阶段行政执法和行业自律并重。

4. 建立征询机制，构建长期稳定的沟通对话平台

政府有关部门应当与行业协会商会建立制度化的沟通协调机制，听取意见建议，支持行业协会商会依法维护行业合法权益。政府在制定涉及行业利益的政策规定时，应先征求行业协会商会意见。政府举行的各类听证会，凡涉及行业利益的，应吸收行业协会商会代表参加。公用事业和垄断性行业企业提出的调价要求，应征求有关行业协会商会意见后再提交政府。让行业协会商会提早介入，将行业纠纷与矛盾控制在最小范围。

（四）完善监管机制，促进行业协会商会健康发展

1. 进一步完善对行业协会商会的评价机制

在现有的评价体系基础上，随着行业协会商会发展范围的逐步扩大，要不断

修订和完善评价细则，并要引入第三方中介组织参与评价，以充分体现它的公平、公正，进一步完善有效的行业协会商会评价机制，促进嘉兴市行业协会商会规范化发展。

2. 加强监管

市委、市政府要组织力量对已下发的有关促进嘉兴市行业协会商会发展的文件精神的贯彻落实加强督察，特别是对行业协会商会的归口管理和行业协会商会的民间化，以及《市领导联系行业协会商会制度》等有关文件的贯彻落实，以保证促进行业协会商会发展的文件精神落地，而这就需要有效的监管机制来保障。

专题报告

B.12
全国工商联行业商会
调查问卷统计分析报告

全国工商联会员部

《全国工商联2010年工作要点》要求对新形势下行业商会、基层商会和异地商会等商会组织建设进行深入调研，以改革创新精神对商会的规范管理、会员服务、行业自律、企业维权等方面提出指导性意见，着手制定全国工商联商会发展规划，召开全国工商联商会组织建设工作会议。按照《民政部关于国务院授权全国工商联作为全国性社会团体业务主管单位有关问题的通知》精神，要加强和改进商会的领导方式、管理方式和服务方式，加快行业商会法人登记工作和组织建设，指导地方工商联争取社会团体业务主管单位授权，推动商会进一步完善职能，发挥作用，促进"两个健康"。

为配合完成上述工作，了解和掌握工商联系统行业商会发展情况，分析行业商会发展规律和趋势，全国工商联会员部设计了《全国工商联行业商会调查问卷》（以下简称《调查问卷》）。《调查问卷》共分基本情况（23项）、组织建设（38项）、职能作用（6项）三个部分共计67项内容。

2010年3月份，全国工商联向各省、自治区、直辖市和新疆生产建设兵团工商联下发了关于填报《调查问卷》的通知，此次历时3个月的统计工作，得到全国各省、自治区、直辖市和新疆生产建设兵团工商联的大力支持。截至6月底，共收回3456份问卷（占2009年底工商联县以上行业商会总数9809家的35.2%）。我们对问卷内容进行分析如下。

一 基本情况

1. 全国、省级、地级、县级调查问卷回收数占总回收数比例（见表1）。

表1

单位：家，%

	总回收数	全国	省级	地级	县级
已回收	3456	28	207	1115	2106
占总回收数的比例	100	0.8	6.0	32.3	60.9

2. 20世纪80年代初工商联恢复工作以来至1996年，工商联行业商会组建工作进展缓慢，每年增长10~20家左右。1997年党中央和国务院在全国工商联八大的贺词中提出"在条件成熟的大中城市，可以支持工商联自下而上地组建以行业自律为宗旨的同业公会或行业协会，为建立正常的市场经济秩序作出贡献"。全国工商联八大之后，行业商会发展呈上升势头，至2009年行业商会逐渐加速发展，年增长接近500家（见图1）。

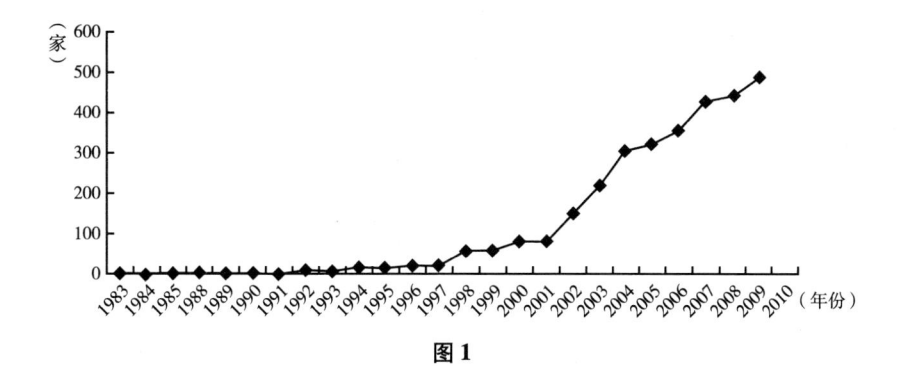

图1

3.《中国私营经济年鉴（2006～2008）》提出"从登记情况看，通过对3206家工商联行业商会抽样分析，有1/3已在民政部门注册登记，2/3尚不具备法人资格"，当时有14个省级工商联得到业务主管单位授权。

统计的3456家行业商会中，在民政部登记的有1868家，占54.1%；未登记的1588家，占45.9%。从表2中可以看出，其中登记比例最高的是地级行业商会，其次是省级行业商会。而目前已有21家省级工商联得到授权。登记比例的提高与工商联得到授权数量的提高成正比（见表2）。

表2

单位：家，%

	全国	省级	地级	县级	总数
已回收	28	207	1115	2106	3456
已登记	0	113	760	995	1868
所占比例		54.6	68.2	47.2	54.1

4. 3456家行业商会中，有相同相似商协会组织690家，占20.0%；无相同相似商协会的2766家，占80.0%。其中全国有相同相似行业组织的比例最高，省级、地级、县级依次递减。省级行业商会多为大、中行业，县级行业商会多为细小行业，从中可以看出，在细分行业组建商会较易避开相同相似的行业组织（见表3）。

表3

单位：家，%

	全国	省级	地级	县级	总数
已回收	28	207	1115	2106	3456
相同相似	17	96	248	329	690
所占比例	60.7	46.4	22.2	15.6	20.0

5. 3456家行业商会中，设有秘书处的2420家，占70.0%；没有秘书处的1036家，占30.0%。除全国性的行业商会外，省级行业商会设有秘书处的比例最高，地级、县级依次递减。县级行业商会有近40%未设秘书处，地级行业商

会也有约20%未设秘书处，而秘书处作为行业商会的办事机构发挥着重要作用，可以看出，行业商会的组织建设工作有待加强（见表4）。

表4

单位：家，%

	全国	省级	地级	县级	总数
已回收	28	207	1115	2106	3456
设秘书处	28	199	869	1324	2420
所占比例	100.0	96.1	77.9	62.9	70.0

6. 3456家行业商会中，设有专业委员会的660家，占19.1%；未设专业委员会的2796家，占80.9%。其中全国性的行业商会设有专业委员会的比例最高，省级、地级、县级依次递减（见表5）。

表5

单位：家，%

	全国	省级	地级	县级	总数
已回收	28	207	1115	2106	3456
有专委会	13	79	241	327	660
所占比例	46.4	38.2	21.6	15.5	19.1

7. 3456家行业商会中，办有报刊的699家，占20.2%；未办报刊的2757家，占79.8%。其中全国和省级行业商会办有报刊比例较高，地级、县级依次递减（见表6）。

表6

单位：家，%

	全国	省级	地级	县级	总数
已回收	28	207	1115	2106	3456
办有报刊	18	119	342	220	699
所占比例	64.3	57.5	30.7	10.4	20.2

8. 3456家行业商会中，设有网站的787家，占22.8%；未设网站的2669家，占77.2%（见表7）。

表7

单位：家，%

	全国	省级	地级	县级	总数
已回收	28	207	1115	2106	3456
有网站	28	148	381	230	787
所占比例	100.0	71.5	34.2	10.9	22.8

9. 3456家行业商会中，有会办企业的318家，占9.2%；没有会办企业的3138家，占90.8%。可以看出，大部分行业商会中没有自办企业，自身创收能力比较弱。全国工商联直属行业商会的会办企业主要是为了设立财务账户和解决发票问题。

10. 从2790份有效数据中汇总的会员总数为344023人，平均每家商会有123名会员（见表8）。其中企业会员130362人，占会员总数的37.9%；团体会员11280人，占会员总数的3.3%；个人会员202381人，占会员总数的58.8%。

从会员结构看，个人会员比例偏大。

表8

单位：人

	全国	省级	地级	县级	总数
会员数	12647	33771	102833	194772	344023
平均值	527	224	123	109	123

11. 从2276份有效数据中汇总的秘书处工作人员为6004人。其中专职工作人员2703人，占45.0%；兼职工作人员3301人，占55.0%。其中全国性行业商会秘书处工作人员最多，省级、地级、县级依次递减，但兼职人员平均值，县级行业商会最多（见表9）。

表9

单位：人

	全国	省级	地级	县级	总数
工作人员	218	753	1823	3210	6004
平均值	9	4.8	2.7	2.3	2.6
专职人员	199	532	1017	955	2703
平均值	8	3.4	1.5	0.7	1.2
兼职人员	19	221	806	2255	3301
平均值	0.8	1.4	1.2	1.6	1.4

12. 3456 份问卷中,有 402 家行业商会建有党组织,占 11.6%。从上述数据看,行业商会建有党组织的比例还是偏低的,应加强行业商会党组织建设,扩大行业商会党组织的覆盖面,充分发挥党员在行业商会工作中的先锋模范作用。

13. 2792 份有效数据中:

——会员中党员数为 40533 人,占会员总数(344023 人)的 11.8%。

——专职工作人员的党员数为 1625 人,占专职工作人员数(2703 人)的 60.1%;其中组织关系在商会的人员为 1406 人,占党员数(1625 人)的 86.5%。

——会长、副会长中有党员 6481 人,其中 1000 人的组织关系在商会,占会长、副会长党员总数的 15.4%。

二 组织建设

1. 从 3449 份有效问卷中看行业分布图。在行业分布中,批发和零售业占到第一位,农、林、牧、渔业和制造业分列二、三位。而市场化程度较高的住宿和餐饮业,租赁和商务服务业,居民服务和其他服务业,信息传输、计算机服务和软件业所占比例相对较小(见表10、图2)。

表 10

单位:家,%

名称	数量	所占比例	名称	数量	所占比例
农、林、牧、渔业	516	15.0	房地产业	101	2.9
采矿业	65	1.9	租赁和商务服务业	218	6.3
制造业	514	14.9	科学研究、技术服务和地质勘察业	17	0.5
电力、燃气及水的生产和供应业	42	1.2	水利、环境和公共设施管理业	15	0.4
建筑业	151	4.4	居民服务和其他服务业	197	5.7
交通运输、仓储和邮政业	160	4.6	教育	11	0.3
信息传输、计算机服务和软件业	78	2.3	卫生、社会保障和社会福利业	58	1.7
批发和零售业	662	19.2	文化、体育和娱乐业	119	3.5
住宿和餐饮业	250	7.2	金融业	18	0.5
其他	257	7.5			

2. 从 3386 份有效问卷中看,行业商会以业内企业自发组建为主,占一半以上;其次是工商联主导发起;政府部门主导发起的只占不到 10%(见表11、图3)。

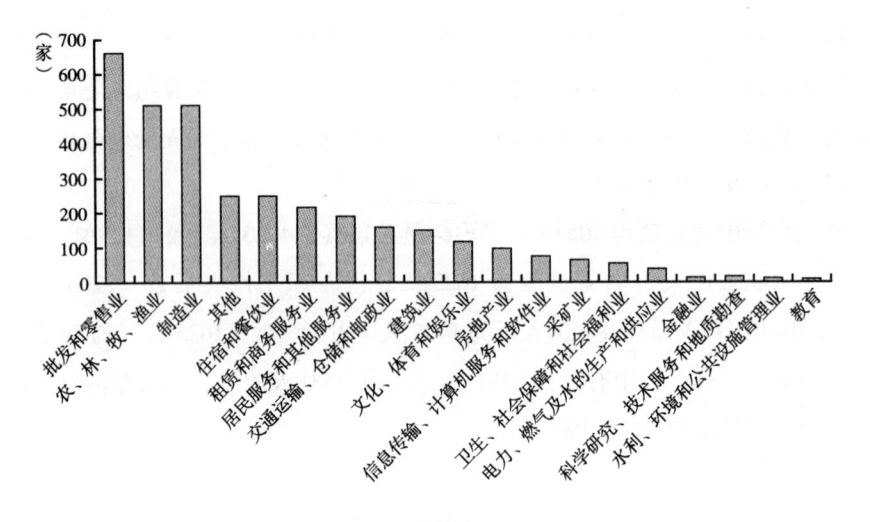

图2

表11

单位：家，%

	行业内企业自发组建	工商联主导发起	政府部门发起	其他
数　量	1831	1287	186	82
所占比例	54.1	38.0	5.5	2.4

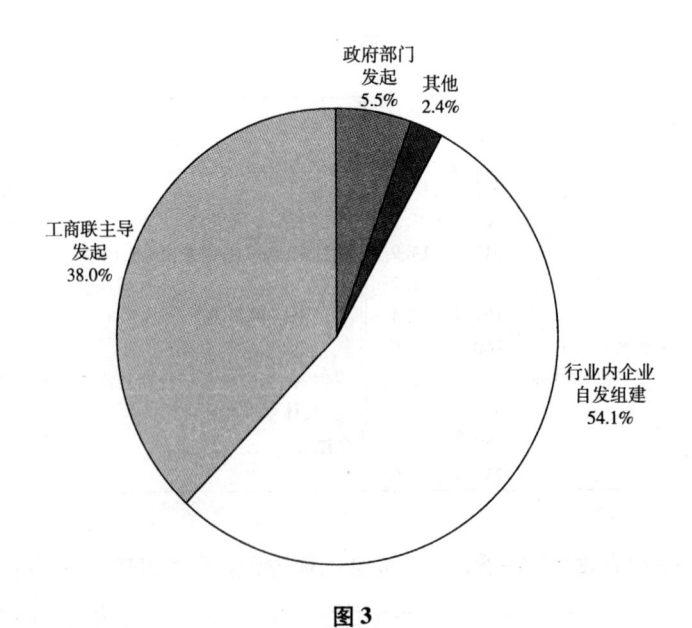

图3

3. 从3456份问卷中看商会会长基本情况：年龄以40~50岁为主，党员数超过1/3，学历以大专以上为主，任职前以企业出资人为主。

会长基本情况见表12。

表12

职务	男	女	年龄			任职时间			政治面貌	是否专职
			时间段	人数	占比	时间	人数	占比		
会长	2892,占83.7%	564,占16.3%	30岁以下	183人	5.3%	2年以下	393人	11.4%	党员:1371,占39.7%	是(671)占19.4%
			30~40岁	409人	11.8%	3~5年	1189人	34.4%		
			40~50岁	1566人	45.3%	5~10年	1408人	40.7%	群众:2085,占60.3%	否(2785)占80.6%
			50~60岁	989人	28.6%	10年以上	466人	13.5%		
			60岁以上	309人	8.9%					

会长学历情况见表13和图4。

表13

单位：人，%

	数量	所占比例		数量	所占比例
初中及以下	248	7.18	大学本科	622	18.00
高　　中	998	28.88	硕　　士	219	6.34
大　　专	1312	37.96	博　　士	57	1.65

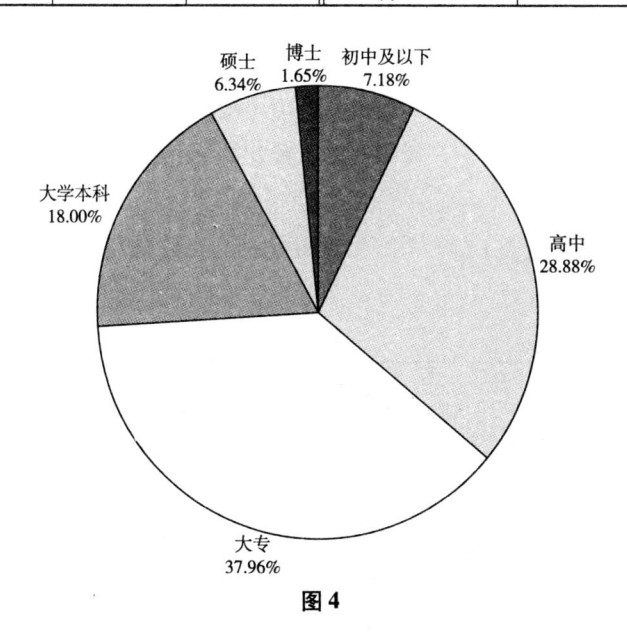

图4

会长任职前身份情况表14和图5。

表14

单位：人，%

	数量	所占比例		数量	所占比例
企业出资人	1984	60.9	专家学者	23	0.7
现职公务员	126	3.9	企业高级管理人员	484	14.8
离退休公务员	84	2.6	企业一般管理人员	114	3.5
其他现职公职人员	87	2.7	自由职业者	225	6.9
其他离退休公职人员	21	0.6	其他	112	3.4

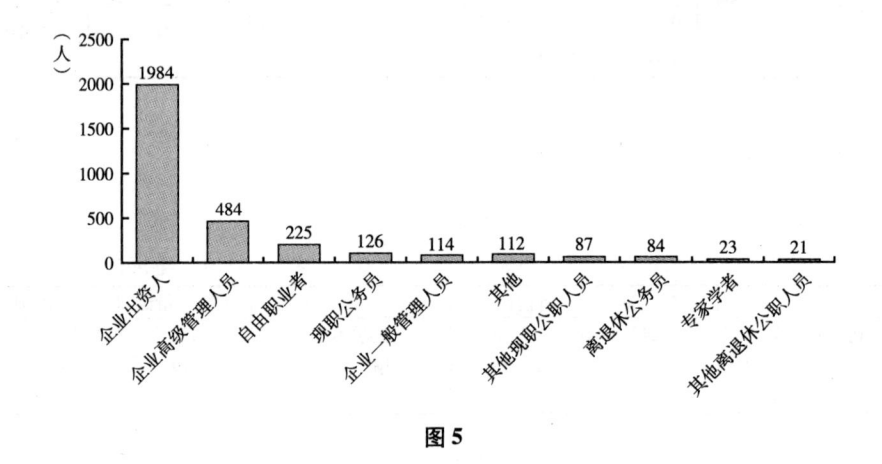

图5

4. 从3456份问卷中看秘书长基本情况：年龄以40~50岁为主，党员数已超过1/3，学历以大专以上为主，任职前以企业出资人为主，以上情况与会长情况基本相同。

秘书长基本情况见表15。

表15

职务	男	女	年龄			任职时间			政治面貌	是否专职
			时间段	人数	占比	时间	人数	占比		
秘书长（办公机构负责人）	2546人，占73.7%	910人，占26.3%	30岁以下	293人	8.5%	2年以下	920人	26.6%	党员:1278人，占37.0%	是(1597人)占46.2%
			30~40岁	828人	24.0%	3~5年	1060人	30.7%		
			40~50岁	1148人	33.2%	5~10年	1134人	32.8%	群众:2178人，占63.0%	否(1859人)占53.8%
			50~60岁	726人	21.0%	10年以上	342人	9.9%		
			60岁以上	461人	13.3%					

秘书长学历情况见表16和图6。

表16

单位：人，%

	数量	所占比例		数量	所占比例
初中及以下	181	5.24	大学本科	720	20.83
高　中	842	24.36	硕　士	158	4.57
大　专	1484	42.94	博　士	71	2.05

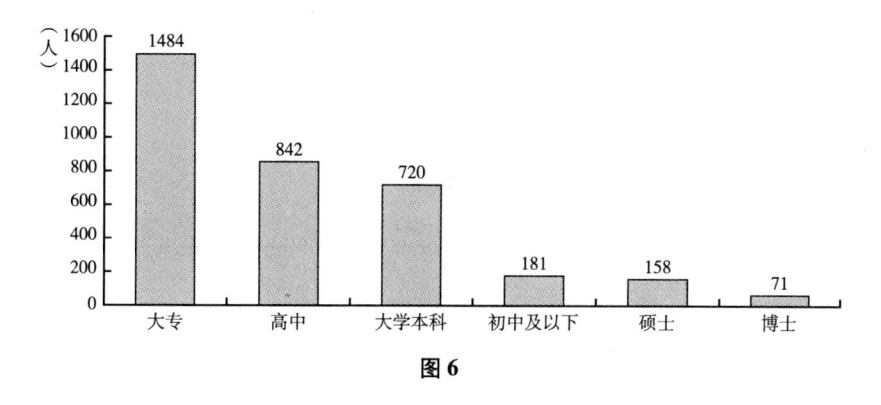

图6

秘书长任职前情况见表17和图7。

表17

单位：人，%

	数量	所占比例		数量	所占比例
企业出资人	835	25.6	专家学者	34	1.0
现职公务员	326	10.0	企业高级管理人员	487	14.9
离退休公务员	257	7.9	企业一般管理人员	333	10.2
其他现职公职人员	194	6.0	自由职业者	304	9.3
其他离退休公职人员	106	3.3	其他	130	4.0

5. 3456份问卷中，商会常务副会长、驻会副会长和副会长兼秘书长情况见表18。

6. 3456份问卷中，从行业商会的组织运行状况看，大部分行业商会制定了会议制度并能够按照章程规定召开会员大会、理事会等会议（见表19）。

图表数据（图7，单位：人）：

- 企业出资人：835
- 企业高级管理人员：487
- 企业一般管理人员：333
- 现职公务员：326
- 自由职业者：304
- 离退休公务员：257
- 其他现职公职人员：194
- 其他：130
- 其他离退休公职人员：106
- 专家学者：34

图7

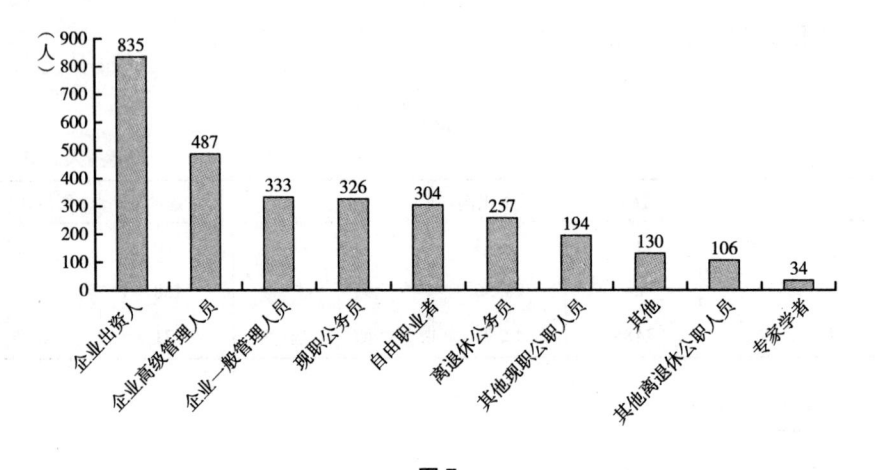

表18

单位：人，%

项 目	是	所占比例	否	所占比例
是否设有常务副会长	1571	45.46	1885	54.54
是否设有驻会副会长	516	14.93	2940	85.07
商会秘书长是否由副会长兼任	981	28.39	2475	71.61

表19

单位：人

项 目		会员大会	理事会	常务理事会	会长会（会长、副会长）	会长办公会
是否设立	是	3191	2539	1398	2555	2228
	否	265	917	2058	901	1228
是否能按照章程召开	是	2992	2255	1333	2410	2130
	否	464	1201	2123	1046	1326
是否制定了会议制度	是	2955	79	1326	2338	2046
	否	501	3377	2130	1118	1410

7. 3456份问卷中行业商会最主要的三项收入来源，填写会费为第一收入来源的有1935家，占56.0%；填写企业赞助为第一收入来源的有451家，占13.0%；填写社会捐助为第一收入来源的有68家，占2.0%。

8. 商会的财务人员情况见表20。

表 20

单位：家，%

项　目	数量	所占比例	项　目	数量	所占比例
有专职财务人员,会计和出纳分开	616	17.8	有兼职财务人员	1825	52.81
有专职财务人员,会计兼出纳	278	8.04	无财务人员	737	21.33

9. 商会工作制度情况：大部分都建立了秘书处工作、财务管理和会费收缴制度，但对印章管理和劳动人事制度重视不够（见表21）。

表 21

单位：家，%

项　目	数　量	所占比例	项　目	数　量	所占比例
秘书处工作制度	2068	59.84	劳动人事制度	726	21.01
财务管理制度	2458	71.12	会费收缴制度	2213	64.03
印章管理制度	1837	53.15	其他	200	5.79

三　职能作用

1. 主管本商会的工商联是否定期向商会传达党委、政府有关文件和会议精神并组织学习贯彻？

3456份问卷中回答"是"的有3381家，占总数的97.8%；另外有75家商会回答"否"，占总数的2.2%，其中绝大多数为县级工商联行业商会。

2. 商会作为工商联组织的重要组成部分，在工商联发挥党和政府联系非公有制企业和人士的桥梁纽带作用方面所起到的主要作用（多选）。

行业商会在组织宣传学习、贯彻落实党的路线方针、产业政策、参政议政、促进"两个健康"、履行社会责任等方面发挥的作用较大，在与政府有关部门和有关单位方面的配合与合作方面发挥的作用相对较少（见表22）。

3. 商会作为工商联组织的重要组成部分，在工商联发挥政府管理非公有制经济助手方面所起到的主要作用（多选）。

在对行业发展进行调研，向政府部门提出建议等宏观方面做得较多，对参与

政策、行业标准的制定、技术评定等方面做得不够,在这方面的整体能力尚须加强(见表23)。

表22

单位:家,%

编号	项　　目	数量	所占比例
A	宣传学习、贯彻落实党的路线方针政策和国家法律法规,引导非公有制经济人士健康成长,促进非公有制经济健康发展	3453	99.9
B	宣传学习、贯彻落实国家行业政策	3450	99.8
C	就行业发展和发展中遇到的问题提出建议,积极为工商联充分发挥在非公有制经济人士参与政治和社会事务的主渠道作用服务	3447	99.7
D	倡导企业履行社会责任,积极开展光彩事业	2802	81.1
E	通过举办研讨会、沙龙、高层论坛等形式,搭建民营企业与政府部门的沟通平台	1780	51.5
F	与工会等机构密切配合,积极构建和谐劳动关系	1412	40.9
G	其他	75	2.2

表23

单位:家,%

编号	项　　目	数量	所占比例
A	对行业发展进行调研,向政府部门提出关于行业法律、法规和政策等方面的建议	3075	89.0
B	参与行业相关法律法规、产业政策的研究、制定	1907	55.2
C	参与修订制定行业标准、行业发展规划和行业准入条件	1845	53.4
D	协助相关部门对非公有制经济人士进行专业技术资格的评定	1547	44.8
E	其他	109	3.2

4. 商会在加强行业自律方面的主要职能(多选)。

行业商会在加强行业自律方面工作比较均衡(见表24)。

表24

单位:家,%

编号	项　　目	数量	所占比例
A	建立健全各项自律性管理制度并在会员中推行实施	2736	79.2
B	参与制定并组织实施行业职业道德准则	2340	67.7
C	协调会员关系,维护公平竞争的市场环境	3172	91.8
D	推动行业诚信建设	2872	83.1
E	其他	89	2.6

5. 商会在服务会员方面的主要作用（多选）。

行业商会在服务会员工作方面：维护权益，反映诉求占到第一位；收集、发布行业信息占到第二位，参与行业资质、新产品和新技术的认证或鉴定工作尚须加强（见表25）。

表25

单位：家，%

编号	项 目	数量	所占比例
A	收集、发布行业信息	2831	81.9
B	搭建平台,组织展销展览会并开展国内国际交流与合作	2145	62.1
C	在会员中开展人才、技术、管理、法规等培训,提升行业水平	2362	68.3
D	参与行业资质、新产品和新技术的认证或鉴定	1369	39.6
E	为会员提供经济、技术、信息、生产、管理、融资、法律法规等方面信息服务	2588	74.9
F	维护会员合法权益,反映会员的合理诉求	2846	82.3
G	其他	65	1.9

课题组负责人：李树林

课题组成员：李兵书 江 建 薛 葵

执　　　笔：江 建

B.13
制约行业协会发展的政策环境因素
——基于"国家与社会"视角的分析

李勇 许昀*

一 问题的提出

改革开放以来,我国行业协会的总体发展趋势是良好的。随着社会主义市场经济体制的建立和完善,各类行业协会发展起来,在提供政策咨询、加强行业自律、促进行业发展、维护企业合法权益等方面发挥了重要作用。但是,与发达国家相比,我国行业协会仍处于发展的初级阶段,还存在一些问题和不足。克服这些问题和不足,不仅需要行业协会不断加强自身建设,更需要从行业协会发展面临的管理体制、扶持政策、监管措施等政策环境因素入手加以分析,针对制约其发展的政策环境进行改革和完善。

(一)行业协会的概念

在国内,对行业协会没有一个统一的定义,大体上来看,国内学术界有这样一些看法:"行业协会是一种主要由会员自发成立的、在市场中开展活动的、以行业为标识的、非营利的、互益性的社会组织"[1];"行业协会是以同行相关企业或以产品相关企业,或经营方式、经营环节相关的企业自愿组成的,从事行业协调、服务、自律、管理的非营利性经济类社会团体"[2];"行业协会是同行业企事业单位,在自愿的基础上,为增加共同利益,维护合法权益,依法组织起来的非

---

* 李勇、许昀,民政部民间组织管理局。
[1] 贾西津等:《转型时期的行业协会——角色、功能与管理体制》,社会科学文献出版社,2004,第11页。
[2] 杨华维:《广东行业协会发展的回顾与展望——在全省行业协会发展研讨会上的讲话》。

营利性、自律性的社会经济团体"[1];"行业协会是指介于政府、企业之间,商品生产业与经营者之间,并为其服务、咨询、沟通、监督、公正、自律、协调的社会中介组织"[2]。目前我国对行业协会也还没有法律上的统一界定,部分省、市出台了相关的地方性法规,对于行业协会进行界定,比如《广东省行业协会条例》的表述为"从事相同性质经济活动的经济组织,为维护共同的合法经济利益而自愿组织的非营利性社会团体"。日本经济界认为"行业协会是指事业者以增进共同利益为目标而自愿组织起来的同行或商人的团体"[3];美国出版的《经济学百科全书》一书有这样的定义:行业协会是一些为达到共同目标而自愿组织起来的同行或商人的团体[4]。

这些概念的表述各不相同,但是,从性质上看,行业协会具有市场性、行业性、会员性、非营利性、非政府性和互益性。具体来说,"市场性"强调行业协会的基础是市场经济,离开了市场经济就无所谓行业协会;"行业性"强调行业协会以市场经济中客观存在的业种、品种、工种等行业差异作为组织标识,形成不同层次、不同领域、不同范围的行业协会;"会员性"强调行业协会在构成上属于会员制的社会团体,由各种形式的会员(如团体会员、个人会员等)构成;"非营利性"强调行业协会虽以谋求会员利益为目标,但其自身运作并非以营利为目的,而要致力于谋求会员的共同利益,组织活动所产生的剩余不得进行分红;"非政府性"强调行业协会既不是政府机关及其附属机构,也不采用行政式的管理与运作机制;"互益性"强调行业协会的目的既非私益也非公益,而是为了特定群体的共同利益服务,是基于相互间的利益认同而达成的一定的共同体。

(二)"国家与社会"视角下的行业协会

"国家与社会"分析方法作为西方思想史上的一种学术传统,对西方政治学、法学、经济学、社会学均产生重要的影响。这一传统可以追溯到柏拉图和西

---

[1] 我国工商领域行业协会改革与发展政策总课题组:《我国工商领域行业协会改革与发展政策研究》(课题总报告)。
[2] 王满仓、苏子微:《政府与行业协会关系的错位与纠正》,《生产力研究》2005年第1期。
[3] 《行业发展与管理》1987年第11、12期(合订本),经济日报出版社,第57页。
[4] 王名、孙春苗:《行业协会论纲》,《中国非营利评论》2009年第1期。

塞罗那里，并且在罗马法中得到体现。① 在那里，人们在认识上开始将国家与社会两个概念进行界分和疏离。这一传统发展到近代，已从坚持国家与社会二分的方法论范式发展到关注国家与社会的相互关系、影响及其变化规律。于是，围绕国家与社会关系架构中孰主孰次、孰重孰轻的问题，产生了重大的理论分野，一派主张以国家为中心，强调国家的作用与价值；另一派强调以社会为中心，突出个人与社会的能力和意义，从而形成了"国家路线"和"社会路线"两条思维路线。与社会路线相比，国家路线更关注国家相对于社会的角色和作用，社会的作用被认为是可大可小，可有可无。自马基雅维利始，经布丹、霍布斯，再到黑格尔，使这条路线思想一脉相承。社会路线对国家持消极态度，通过社会契约论倡导社会的先在性，又通过论述经济领域存在的合法性证明社会的外在性。洛克、亚当·斯密、潘恩、孟德斯鸠和托克维尔等坚持的是这条路线。② 由此发展，后世主要流行于欧洲的法团主义（又称合作主义）思想③受"国家路线"影响较大，而主要流行于英美的多元主义思想更多地继承了"社会路线"。

　　就当前中国国家与社会关系进行的研究大都承认，改革开放以来，中国的国家与社会关系结构发生了重大调整。普遍认为，新中国成立到改革开放以前的中国并不存在国家与社会的分野。比如，"总体性社会"解释模式认为在改革开放之前我国的总体性社会结构中，国家几乎垄断着全部重要资源。这种资源不仅包括物质财富，也包括人们生存和发展的机会（其中最重要的是就业机会）及信息资源。以这种垄断为基础，国家对几乎全部的社会生活进行着严格而全面的控制。同时，对任何相对独立于国家之外的社会力量，要么予以抑制，要么使之成为国家机构的一部分。这种国家与社会关系结构的特点是社会的政治中心、意识形态中心、经济中心重合为一，国家与社会合为一体以及资源和权力的高度集中，使国家具有很强的动员和组织能力，但结构较为僵硬、凝滞。④ 而改革开放以来，过去那种被称为"全能主义国家"和"总体性社会"

---

① 庞金友：《国家与社会：近代西方的理论视角》，《中共宁波市委党校学报》2008年第1期。
② 庞金友：《国家与社会：近代西方的理论视角》，《中共宁波市委党校学报》2008年第1期。
③ 法团主义思想中的"国家法团主义"思想更体现国家本位的传统，而"社会法团主义"思想则已经开始注意到"国家路线"与"社会路线"的融合，及至"第三条道路"学说的出现，则已经具有明显的调和英美传统与大陆传统的意味。
④ 孙立平、王汉生等：《改革以来中国社会结构的变迁》，《中国社会科学》1994年第2期。

的关系结构逐渐向分化性社会过渡,国家从社会领域逐渐退出,并赋予社会更大的自主性。在关于这一变迁的论述中,研究者对于以行业协会为代表的社会组织的成长予以高度重视,认为改革以来中国国家与社会关系的变化和调整,与改革以来社会组织的迅速兴起和蓬勃发展密不可分。① 更为直截了当的学者将中国社会组织的成长归结为中国社会结构变迁的后果,他们认为,改革开放以来,国家开始向社会放权,社会组织得以发展。同时,他们将社会组织的成长看作促进国家与社会关系良性发展的变量,认为社会通过组织化增强了对国家的作用,国家与社会的互动步入良性发展轨道。②

从国家与社会视角来归纳我国行业协会的研究,可以将之概括为三大范式。一是市民社会理论视角,认为与改革所引发的社会经济变化相契合,在国家和经济行动者之间,大量迥异于政府和企业的组织正在出现,它们与国家体制的界限日益明显,它们的活动空间也日益扩大,体现了"市民社会"的萌芽,意味着国家与社会之间的权力平衡发生了变化。二是法团主义的视角,持国家中心论的路径,亦即国家根据自主的理性选择在推动自主性社团空间的成长中发挥积极或消极作用,认为中国公民社会存在于一个国家法团主义式的制度环境中;国家对社会还处于强控制阶段;现行的行业协会双重管理体制是国家对公民社会实施强控制的基本制度安排之一。三是治理理论的视角,从政府治理方式变革的角度解释行业协会的兴起,认为政府在改革开放后,弱化了经济职能和社会职能,在大部分生产、经营、民事与文化、艺术与学术等领域,政府不再履行直接的管理职能,而将这些职能转交给了包括行业协会在内的相关社会组织,与社会组织的合作实际上是一种善治的转变。③ 总结从"国家与社会"视角对我国行业协会的研究可以得出这样几点共识:一是我国行业协会的产生和成长是改革开放后国家与社会关系变迁的产物,二是当前行业协会的发展特点可以从国家与社会关系背景中寻找结构性原因,三是行业协会等社会组织的健康发展可以成为推动国家与社会良性互动的积极因素。

---

① 张青国:《法团主义视角下中国国家与社会关系模式的调整与建构》,《重庆社会科学》2006年第1期。
② 张新光:《社会组织化:构筑国家与社会良性关系的关键》,《学术交流》2007年第8期。
③ 陆春萍、邓伟志:《民间组织研究的多维理论视角析评》,《南京社会科学》2007年第7期。

二 当前制约行业协会发展的主要环境因素

（一）职能转移不到位

一是一些职能部门对行业协会的认识不足。有的部门认识不到行业协会的作用，认为行业协会可有可无，对行业协会采取不信任、不放手的态度，不愿为其创造条件扶持其发展。有的部门因自身利益把一些评比、资质认定牢牢把在手里不肯放给相关行业协会。

二是按照市场经济规律本应由行业协会承担的一些职能仍由政府承担。随着行政体制改革的深化，政府机构改革的推进，政府应该对原有职能重新进行梳理，将一些该交给行业协会承担的职能尽快转移。但是，一些本应由行业协会承担的职能仍掌握在政府部门手里未交给行业协会。

三是行业协会履行职能仍然直接受制于政府部门。有些职能形式上已经由政府部门转移给行业协会，但行业协会履行职能仍然受政府部门诸多干预制约，没有得到政策、资金等方面的保障，更缺乏法律、制度的支持，使得行业协会的一些职能只能停留在纸面，得不到真正实施。

（二）扶持政策不落实

一是税收政策不完善。行业协会作为非营利性组织，资金来源十分有限，其开展的咨询、培训等有偿服务收入，主要是为了维持协会的正常运转，应当享受与以营利为目的的企业不同的税收政策。但是，目前行业协会的会费等收入减免税优惠政策仍然不完善，协会反映税收负担较重。

二是政府资助政策不完善。行业协会做的许多事情，其实在某种程度上是在代政府履行发展经济、服务企业的责任，政府给予行业协会资金支持，是国外的普遍做法。但是当前很多行业协会协助政府开展工作却得不到资金支持，只能赔本赚吆喝。虽然一些行业协会获得了政府的一些资助，但仍然缺乏财政制度保障，没有建立起制度化的政府购买服务机制。

三是人事政策不完善。行业协会工作人员的社会保险政策不明确，工伤保险和养老保险虽然有文件依据，但在具体执行中仍存在很大困难。在职称评定方面，行业协会工作人员有何职称、如何参评没有政策规定。在出国访问、党团关系等政策方面也没有建立起明确统一的制度规定。行业协会人事政策不完善影响了行业协会的人才引进。

(三) 管理体制不完善

一是法律法规不健全。我国行业协会的法律体系还处于逐步完善的过程中，现有的法规和规章落后于行业协会发展的需要。目前，虽然不少地方已经制定了关于行业协会的地方性法规和政府规章，但是在国家法层面还没有行业协会的专门法律法规。目前的法律依据只有《社会团体登记管理条例》以及部分规范性文件，法律层次不高，内容不完善，在行业协会主体地位、财产、职能、权利和义务、与政府和企业的关系等重要方面缺乏法律规范。同时，我国的经济体制处在转型时期，计划经济的惯性仍然存在。行业协会作为与市场经济紧密联系的一类新社会组织，许多行为还缺乏明确的规范和指导。

二是登记门槛过高，行业协会的设立不能适应市场经济发展的需要。一方面，随着经济的快速发展和行业的细分，企业对行业协会的需求不断增长，而难以找到业务主管单位使得许多跨部门的行业和新兴行业难以组建自己的行业协会。另一方面，一些行业已经萎缩甚至消亡，其行业协会已经没有存在的需要，但是由于没有建立起科学的退出机制，一些名存实亡的行业协会无法注销。总体来看，行业协会的布局和结构不尽合理。

三是业务主管单位的管理存在"错位"。业务主管单位应当履行哪些职责缺乏明确的法律规定，致使业务主管单位的自由裁量权过大，有的部门对协会放任自流，有的部门认为协会是负担，不能帮助协会真正解决实际问题和困难，存在管理"缺位"现象；有的业务主管单位对行业协会内部事务管理过多，从人员、财务到开展活动，事无巨细均需要经过主管部门批准，管理"越位"，影响了行业协会的自主发展。

三 从"国家与社会"视角看行业协会的政策环境

(一) 我国行业协会政策环境的演进历程

我国的行业协会，是伴随着改革开放成长起来的。纵观改革开放后行业协会

的发展历程,行业协会政策环境的演进是沿着经济体制改革和行政管理体制改革两条线索进行的,与之相适应,行业协会面临的经济环境和政治环境不断发展。我们可以大致将我国行业协会的发展划分为三个阶段。

1. 从1978年到1992年,是行业协会起步阶段

以党的十一届三中全会和十二届三中全会的召开为背景,党的工作重心转移到经济建设上来,经济体制改革全面展开,企业对政府的依附逐渐减弱,行业内横向联系的需要增强,行业协会应运而生。这一时期行业协会面临的经济环境是市场经济体制尚未确立,但是商品经济的重新起航对经济管理方式的改革提出了要求。1979年,针对我国长期以来条块分割、缺乏有效行业管理的情况,政府提出了打破部门管理和地区分割,按"行业组织、行业管理、行业规划"进行改革的要求。因此,中国包装技术协会(即现中国包装联合会的前身)、中国食品工业协会、中国饲料工业协会等行业组织先后成立。这一时期行业协会面临的政治环境是改革方兴未艾,为行业协会试点提供了有利的政策空间。当时政府机构实行"三个转变",即由部门管理转变为行业管理,由直接管理转变为间接管理,由微观管理转变为宏观管理,这为行业协会提供了生长发育的空间和机遇。

2. 从1992年到1998年,是行业协会蓬勃发展的阶段

以1992年邓小平同志南方谈话为标志,按照党的十四大确定的建立社会主义市场经济体制的目标以及党的十四届三中全会关于"发挥行业协会、商会等组织的作用"的要求,行业协会获得长足发展。这一时期行业协会面临的经济环境是社会主义市场经济体制被作为经济体制改革的目标提出,作为市场经济重要组织载体的行业协会逐渐成为经济建设不可或缺的要素。当时经济体制改革的重要内容是以建立现代企业制度为目标的国企改革。根据建立现代企业制度的要求,企业朝着独立市场主体的方向转变,越来越多的企业脱离对行政主管部门的依附,独立参与市场竞争。在走向市场的过程中,企业对行业协会在搜集和发布行业信息、举办业务知识和市场知识培训、推动行业技术水平提高和经营能力增强、协调同行业间以及企业与政府间关系等方面的作用逐渐重视。这一时期行业协会面临的政治环境是,政府逐渐将行业协会作为市场经济条件下经济管理的重要助手来培育。于是,为进一步推动行业协会的培育和发展,1997年国家经贸委选择上海、广州、厦门、温州等城市开展行业协会试点工作。1999年,国家经贸委印发了《关于加快培育和发展工商领域协会的若干意见》,对行业协会的性质、建立措施做了更为明确的表述。

3. 从 1998 年至今，是行业协会全面发展的阶段

以国务院机构改革为契机，一些经济主管部门被撤销，组建了相应的行业协会，承担起行业自律发展的职能。我国加入世界贸易组织后，为适应新形势的需要，许多外向型行业和新兴行业组建起行业组织。这一时期行业协会面临的经济环境是，经济改革深化和对外开放扩大给行业协会的发展提供了前所未有的平台。加入世贸组织意味着中国经济市场化进程的加快。根据世贸组织规定，各成员方政府的职能部门不具有企业属性，不能直接介入国内外市场竞争。因此作为企业利益代言人的行业协会承担起国际贸易活动中不宜或难以由政府和企业直接承担的事务。加入世贸组织，也让我们逐渐认识到国外行业协会的作用，进一步深化了对行业协会在市场经济中的地位和作用的认识，从而促进了我国行业协会的全面发展。这一时期行业协会面临的政治环境是，随着经济与世界接轨，我国的许多政策法律法规逐渐与国际规则相融合，与市场规律相适应。一方面，市场经济相关法律法规不断完善，法治经济逐渐进入轨道，行业协会等服务性、中介性组织的功能定位和权利义务逐渐在各行业相关立法中得到法律规范。另一方面，发展行业协会的政策方向越来越明确，从中央到地方都将建设行业协会作为完善市场经济体制的重要内容，一些地方已经开始出台培育和规范行业协会的地方性法规或地方政府规章。

从历史脉络来看，我国的行业协会与西方的行业协会存在的较大区别是，我国的行业协会很多是由政府部门脱胎而来，或与政府部门有着亲近的血缘关系。这一背景决定了行业协会在组织机构、内部治理、运作模式等方面存在较强的路径依赖，在其朝着现代行业协会演变的过程中不可避免地受到既有条件的影响，这一既有条件就是行业协会脱胎于其中的行政机构的工作原则、运行机制。有学者从国家与社会关系演变的角度，提出了我国社会组织自治化进程要经历的三个阶段：绝对的全面控制阶段；国家处于主导地位阶段；社会获得充分自治阶段。当前我们大致属于第二阶段。这一观点有助于我们从历史发展的视角，把握社会组织自治化进程的总体趋势。[①]

---

① 李艳萍等：《论国家与社会互动关系中的社会组织》，《山东省农业管理干部学院学报》2004 年第 5 期。

（二）从"国家与社会"视角看当前行业协会政策环境的不足

从当前政策环境对行业协会发展的制约来看，症结在于政府与行业协会的关系。无论是职能转移、扶持政策还是管理体制，都是政府与行业协会关系的体现。职能转移是政府对行业协会的赋权，因为我国的行业协会总体上来说不是市场自发生成的，而是政府经济管理政策的结果，所以其职能不是行业协会内生的，而是需要政府通过相关政策赋予的。扶持政策是政府对行业协会的转移支付，由于行业协会代替政府提供了具有公共性或准公共性的产品，因此，政府通过税收优惠、购买服务等政策予以扶持。管理体制是政府对行业协会的监督和规范，政府通过管理体制确定行业协会的准入和退出机制。

从"国家与社会"视角来看，政府与行业协会的关系演变，是国家自上而下地主动建构社会的过程，正是由于转型中行业协会与其脱胎于其中的政府之间的关系尚未厘清，使得行业协会存在着主体性不足和功能性不足的双重困境。

1. 行业协会的主体性不足

此方面不足，主要表现为行业协会对政府的依附。许多行业协会对业务主管部门过分依赖，政会不分，难以按市场经济规律和国际通行原则运行。很多行业协会的会长、秘书长等负责人是由业务主管单位推荐的，有的协会至今仍然与政府部门、事业单位一套人马、两块牌子。这种情况下，行业协会的自主性较为欠缺，没有将自己作为一类独立的法人组织，而是作为政府的附属，因而被人们诟病为"二政府"。造成行业协会主体性不足的政策环境主要是管理体制，正是由于双重管理体制使得行业协会在产生之初就离不开其业务主管单位。而这种管理体制正是当前我国国家与社会关系的体现。在我国，以社会组织为组织形式的社会不是先于国家存在的，而是伴随着经济市场化和政治现代化的进程由国家主导建构的，国家保持了主动的控制。

2. 行业协会的功能性不足

此方面不足，主要表现为行业协会的职能不充分和职能实施的偏离。行业协会的职能不充分主要因为其社会合法性不足，即行业协会的作用没有得到企业的充分认可。行业协会的社会合法性不足是因为其在职能实施过程中存在偏离。行业协会的功能在于促进本行业的集体性利益或共通性利益，其主要作用是通过行业自律和为企业提供服务，促进行业健康发展。但是，我国行业协会由于对政府的依附性，使得其在发展过程中过多地强调对政府的辅助，而忽略了行业协会的生存之本是维护会员企业的共同利益。①造成行业协会功能性不足的政策环境主要是政府转移职能不到位和扶持政策不完善。由于政府行使了很多本应由行业协会行使的职能，使得行业协会职能不充分；由于扶持政策不完善，使得行业协会缺乏应有的资源提供具有公共性和准公共性的服务，从而未能有效发挥作用。职能转移和培育扶持方面政策环境的不足正是由于政府与行业协会的权利义务关系未厘清，而这正是当前我国转型过程中国家与社会边界尚未明确界定的体现。

四 改善行业协会发展环境的建议

（一）构建新型政会关系

一是切实抓好政会分开，推进行业协会的民间化。政府职能部门要在机构、人员、财务、职能等方面与行业协会分开；促进行业协会负责人的职业化，杜绝政府机关领导在行业协会兼职的现象；杜绝行业协会借助政府部门权力和影响力进行乱收费的现象。

二是厘清政府与行业协会的职能边界，促进政府向行业协会转移职能。政府应当将适宜由行业协会行使的行业规划、行业统计、行业协调及行业技术性服务等方面的职能逐步向有条件承担这些职能的行业协会转移。

三是建立政府购买服务制度，规范政府部门与行业协会的合作关系。行业协会承担的政府委托事项，按照"政府提供资金，定项委托工作，实施合同管理，监督评估兑现"的原则由政府购买服务，所需资金纳入财政预算管理。

（二）进一步完善扶持政策

一是调整行业协会税收政策。加强对行业协会税收政策的研究，完善税收优惠政策，进一步扩大对行业协会的税收优惠范围。

二是加强行业协会人才队伍建设。完善行业协会专职工作人员的资格认证、

---

① 义海忠、郑艳馨：《对我国行业协会性质错位的思考》，《河北法学》2008年第3期。

工资福利待遇、职称晋升、档案管理、合同管理和社工招聘等政策措施，优化行业协会人才发展环境。

（三）完善管理体制

一是加快健全行业协会有关法律法规。尽快制定行业协会商会条例或行业协会商会法，从法律层面明确界定行业协会的性质、地位、职能，特别是调节行业协会与政府、企业的关系，明确行业协会与政府的职能边界。

二是明确政府监管职能。建立统一协调的工作机制，各有关部门在统一协调的前提下根据各自职能依法监管。行业协会的业务活动由有关行业主管部门按业务范围依法监管。行业协会行为涉及的市场监管、社会管理等问题由相关职能部门在各自职能范围内依法监管。例如：公安部门依法承担行业协会的治安管理责任；市场监管部门依法承担行业协会的经营服务行为的市场监管；财政部门依法监督行业协会相关财务制度的执行；税务部门依法监督行业协会执行国家税收法律规定的情况。

三是促进行业协会加强自律。要建立健全行业协会自律机制，提高自我约束能力。引导和规范行业协会普遍建立以章程为核心的约束机制和行为准则，完善内部治理结构；加强财务收支、社会捐赠、服务收费等制度建设。

B.14
为行业协会商会立法需要明确解决的几个问题

张 经

随着社会主义市场经济建设的不断深入，社会体制改革作为经济体制改革、文化体制改革和政治体制改革的重要组成部分，亦取得了重大进展。社会体制改革的主要内容之一，就是各行各业的行业协会商会的建设与发展。一方面，我国的经济建设离不开行业协会商会的积极参与，应运而生的行业协会商会近年来有着长足增长。另一方面，我国的行业协会商会的发展与建设由于多方面的原因而裹足不前。正如2007年《关于加快行业协会商会改革和发展的若干意见》中所指出的那样，"由于相关法律法规不健全，政策措施不配套，管理体制不完善，行业协会还存在着结构不合理、作用不突出、行为不规范等问题"。其中，首先必须尽快解决的问题，就是有关行业协会商会的法律立法问题。全国人大常委会已在2007年年底将"行业协会商会法"立法工作列为新的五年立法规划中"提交审议"的15件法律草案的第一项，社会各界也无不为之抱有期待的心情。全国工商联主张对这些问题认真研究，是国家机关应有的态度。我们认为，要想做好有关立法工作，需要解决以下一些问题。

一 立法调整范围包括不包括商会

这么多年来，我国在经济领域中大体上出现了两种名称相异的行业组织，分别称为行业协会和商会。"行业协会"基本上是由各级各地行政机关作为其"业务主管单位"而注册的；"商会"除少量是由原外经贸系统组建，基本上是经工商联系统作为其"上级主管部门"批准而产生的。由于现行法规所限，取名为"商会"的社团组织在相当一部分地区无法取得法人资格，以2007年年底全国工商联系统所成立的8770家行业商会的情况看，只有1/3左右的商会在当地民政部门进行了注册登记，另外2/3左右的行业商会只是以各级工商联内设机构的形式开展着行业企业需要的各种经济行为和市场活动。

绝大部分理论研究人员和社会组织工作者均认为，行业协会与行业商会都是企业的行业性组织，它们为社会主义市场经济服务的本质是一致的。因此，全国人大常委会确定的"行业协会商会法"，其法域应当涵盖这部分商会。理由是：第一，在党中央国务院的相关决定中，以及中央领导同志对该问题已多次做过清晰的论述；第二，各地相关规范性文件和政策也有许多将商会与行业协会等同看待的明确规定；第三，有关部委近年来不断制定的政策和有关规范性文件，对商会都多次作出了肯定。

我国出现行业协会与商会分立的局面，在一定程度上是由已经滞后的现行法规《社会团体登记管理条例》的羁绊所造成的。该条例中经修改的核心内容是规定行业协会等社会组织申请成立必须首先经"业务主管单位"批准，然后才能向民政部门申请登记注册。这样的规定在法规修改的那个历史时期是必要的，但是在进入21世纪后，特别是我国加入WTO后，由于国内国际两个市场的竞争，已经使得我国的广大企业，特别是中小企业越来越充分地认识到，只有团结起来，才能更加有效地整合国内市场与企业的资源，并使之发挥最大的效能；只有联合起来，才能在来华外资和跨国公司的联合挤压下有力地保护和提升国内传统市场，有力地开拓国际新的市场。因此，组建越来越多的行业协会和商会，已经从党中央国务院的号召迅速转变成为广大企业的自觉行动。但是，这种积极行动在某些行政机关及部分公务员落后的执政理念面前遇到了新的障碍，与此同时，全国工商联却在大力发展行业商会。于是，在各级工商联身边，团结起一大批有志于通过行业组织联合闯荡市场的企业；由于行政机关作为"业务主管单位"而成立的行业组织可以叫协会，而不是行政机关作为"业务主管单位"的行业组织不能叫协会，于是，各种行业商会诞生了。

全国工商联系统的商会在1989年仅为100家左右，1993年为423家，2002年为3557家，2003年为5077家，2004年年底为7588家，2005年年底为7834家，到国务院办公厅36号文件出台前，已达8200余家，2007年下半年已逾8611家，2008年年初为8770家，到2009年年底则已达到10400家。另外，由于种种原因部分不能注册的离土背乡的中小企业家所发起组成，或者围绕"走出去"的我国中小企业在中国境外组成的异地商（协）会尚未统计在内。

总之，国内有很多商会是因为在组建过程中得不到行政机关的支持和理解，万般无奈之下转而投奔工商联，才获得批准而成立起来。由此能得出的结论就是，我国的商会就是行业协会，新的行业协会商会法的调整范围应当包括行业商会。

全国政协副主席、全国工商联主席黄孟复为《中国商会发展报告（2004）》作的序言中这样论述了商会的地位和作用："如果我们能将对历史的理解与现代市场经济理论结合起来认识商会，充分发挥商会、行业协会等社会组织在市场化进程中促进经济增长的重要作用，无疑对增强非公有制经济发展活力，加快推动社会主义现代化进程具有深远意义。"

为了解决同业公会、行业商会面临的问题，近几年，全国工商联做了不懈的努力。从2000年起，连续3年向全国政协递交团体提案。在2000年的"两会"期间，全国工商联第一次以团体提案的形式向大会递交了《关于给予工商联组建的同业公会（商会）以社团法人地位的建议案》。2001年3月，全国工商联再次提出了《关于请求政府授权工商联为同业公会行业商会业务主管单位的建议案》。全国工商联还进一步指出，早在1952年8月政务院颁布的《工商业联合会组织通则》第三章第十一条就规定了工商联可以建立同业公会组织，虽然历经50年，但经请示国务院法制局，确认此通则没有废止，依然有效，有效者即可继续实施。不久前，民政部同意全国工商联可以作为行业商会的"业务主管单位"，为商会的非国民待遇问题的彻底解决创造了一定的条件。

二　法律已经熟视无睹的"先法定""后许可"的问题必须解决

《中华人民共和国宪法》规定："中华人民共和国公民有言论、出版、集会、结社、游行、示威的自由。"《中华人民共和国民法通则》规定："具备法人条件的事业单位、社会团体，依法不需要办理法人登记的，从成立之日起，具有法人资格；依法需要办理法人登记的，经核准登记，取得法人资格。"这种规定的实质意义就在于通过国家法律确认作为中华人民共和国的公民具有"结社"

的权利。然而作为低一级的法规级文件《社会团体登记管理条例》则在第三条中规定："成立社会团体，应当经其业务主管单位审查同意，并依照本条例的规定进行登记。"这样，上位法律等级的权利在先，下位行政法规级的许可在后，实践中各行政主管部门视国家法律的规定而不见，只把自己上级部门的规定奉为至宝，明显违背了宪法。因此，在这次立法中，双重管理体制理顺的前提是防止在商会等社会组织注册程序上的违宪问题。

三 "双重管理体制"的问题必须妥善解决

所谓双重管理体制，是指行业协会的成立与生存，除了有各级民政部门负责其登记、年审等事务外，还需要有一个政府机关作为其业务主管单位，对行业协会的日常行为实施监管。《社会团体登记管理条例》规定：国务院有关部门和县级以上地方各级人民政府有关部门、国务院或者县级以上地方各级人民政府授权的组织，是有关行业、学科或者业务范围内社会团体的业务主管单位。该条例同时还规定，申请筹备成立社会团体，发起人应当向登记管理机关提交业务主管单位的批准文件。双重管理体制开始于1989年，主要是为了改变整个20世纪80年代社团管理混乱的局面而使然，但从这20多年的实践来看，双重管理体制严重限制了行业协会商会等社会组织的发展。

一方面，双重管理体制使得行业协会的成立非常困难。由于原则上业务主管单位要为所主管的行业协会的具体行为负责，不少政府部门本着"多一事不如少一事"的思想，极少同意做社会人士自发组建的行业协会的主管单位。同时，伴随着数次政府机构改革，政府部门往往将裁撤的内部机构转换为由本单位主管的行业协会，即通常所称的体制内生成的行业协会，几乎整个20世纪90年代新组建的行业协会都是通过这种途径建立的，直到中国加入世贸组织之后情况才有所改观。在2009年年底进行的行业协会基本情况调查问卷中，有57.23%的行业协会是由政府部门转制而来或是由政府部门牵头成立，这从一个侧面说明了民间力量组建行业协会的难度。另一方面，双重管理体制使得行业协会变成政府退休干部的养老院。此外，双重管理体制还加剧了行业协会与政府之间的矛盾。所以这个问题必须首先解决。

四 工商联经批准可以作为商会的主管单位之后，应当负责什么样的社会组织

2009年6月，经过多年的努力，全国工商联被民政部批准成为行业组织即商会的主管机关。这意味着工商联也可以像其他行政机关一样，作为允许行业协会商会成立的权力机关。暂且不说这种授权由于后面还需要民政部门的许可而实际上仅存部分值得庆幸的价值，单是工商联如何与其他行政机关区分行业组织的范围的问题，就是一个不能不认真考虑的课题。有人主张，称为"行业协会"的归其他行政部门管辖，称为"商会"的则由工商联管辖。就这两种社会组织对于社会主义市场经济体制的作用本质上是一致的，因而这种分类可认为不能成立。有人主张，公有制的商协会归其他行政部门管辖，非公有制的商协会归工商联管辖。以社会组织的经济属性作为是否主管的依据，显然其潜在的实质是将非公有制另眼相看，无论从哪个角度都存在着巨大的隐患。还有人主张，制造生产业的行业协会商会由其他行政部门管辖，而流通服务业的行业协会商会由工商联管辖。殊不知，从今往后越来越成为潮流的货物贸易与服务贸易相互交叉的趋势也会马上打破这样分类的格局。笔者主张充分竞争，即不要按照任何原则分类，由工商联与其他行政部门比拼，以优质的服务作为唯一的分类标准，利用工商联机关的积极性冲破其他行政部门"万马齐喑"的现状。

五 政府对商会的大力支持必须写入法律

行业协会商会与政府、与各行政权力机关的关系能否健康正常，是这个国家是否进入现代市场体系的主要标志之一，是这个国家能否应对经济全球化的重要指标。中国之所以在"入世"后依然不能取得国际社会所承认的市场经济国家地位，就与中国的行业协会商会与政府与行政权力机关的关系没有理顺、没有厘清、没有自主运作有着重大关联。行业组织不是政府的助手，而是在一个成熟的市场经济体制国家中作为非正式制度下的非政府组织，与政府及行政部门所组成的正式制度下享有人民赋予和实施的公权力的正式组织和广大企业等市场主体所组成企业制度一道，成为我国的社会制度与市场结构的三大基本组成之一。

因此，行业协会商会与政府的基本关系应当是在互相尊重的前提下良好合作的关系。这种政府与行业协会商会广泛的合作能否形成，将成为我国的社会主义市场经济体制能否进一步完善的重要保证。

政府及行政部门应当建立与行业协会商会进行经常性联系的程序和渠道，对行业协会商会提交的要求、建议和意见，政府及行政部门应当限期答复；未听取时，应当书面答复。逾期未答复或对要求、建议和意见未采纳时，行业协会商会可以向行政部门提出质询。

政府及行政部门引导和支持行业协会商会工作人员职业化。

对设立初期经费确有困难的行业协会商会和从事涉及公益事业、公共服务的联合会，政府和当地财政部门应当给予必要的财政拨款或者公共资金资助。对行业协会商会组织的涉及国家政策的重大活动，政府和财政部门应予经费支持。

无数事实证明，虽然行业协会商会对于社会主义市场经济体制而言，是一个正式的行为主体，但由于各种诸如体制、机制、吏制、法制、财制等方面的改革尚未到位，因此，大部分行业协会商会在发展的初期均以资金经费不足为最大困难。政府的支持是必要的。社会生活中的许多事实已经充分说明政府与财政的支持的意义。政府及行政机关应当建立对行业协会商会的政府采购制度，要深入落实行业协会商会税收减免政策，政府应对重点行业的协会商会拨款以支持其发展。

在德国、日本等国家，政府对行业协会商会的拨款占到行业协会商会全部资金收入的60%以上。目前，我国只有极少数行业协会商会能够获得政府拨款补助，政府应就此成立专项资金账户，从产业扶持性资金中专门划出一块促进行业协会商会发展，以解决行业协会商会发展资金不足的问题。

六 组建具有公权力的行业组织

通过法定，设立具有一定公权力的行业组织，即行业联合会，是解决目前社会组织特别是经济类的行业协会商会双重管理体制的一种新思路，也是一条值得探讨的符合国际惯例的可行之路。

迄今为止，我国的行业协会从享有权利的性质角度看，其发展经历了两个阶段。第一阶段，自改革开放开始，部分由原行政管理部门整建制地转为了行业协会组织形式，如由国家纺织工业部、国家轻工业部改建组成的中国纺织工业协会和中国轻工业协会等。在此基础上，各部委及地方政府部门成立了部分行政色彩比较浓厚的行业协会。大抵在2000年之前，我国经济类的行业协会都具有一定的行政职能。第二阶段，在党中央国务院多次提出要重视和发挥行业协会商会在社会主义市场经济新体制建立过程中的作用的号召下，在新的经济形势发展下，如中国"入世"的迫切要求，中国的学术界、理论界和新闻媒体几乎开始异口同声地主张行业协会、商会的民间化，即充分还原行业协会作为非政府组织所应具备的与行政权分开的基本状态。这种主张对于正在起步的中国的行业协会商会事业无疑是一种强大的推动力。但是，在强调中国的行业协会应当尽快走上市场化、民间化道路的同时，也要注意对此问题的看法不能绝对化，即法律是否允许某些具有公权力的行业组织的产生和存在，也是一个需要统一认识的问题。本文将大部分私权利选择的行业协会商会与少量具有公权力的行业协会并存的局面的出现称为中国行业协会商会建设发展的第三阶段。德国的工商总会、日本的经济团体联合会等在自己的国家甚至国际市场中发挥了重要作用的其他国家的社会组织就是这样的一种行业组织。它们的主要工作人员由政府任命，它们的活动经费主要由政府承担，它们的主要职责就是为了保证政府的经济决策与意图可以通过这些行业组织迅速地传递给各会员企业。从某种意义上说，这些具有公权力的行业组织已经成为这些国家的政府行政职能转换的最佳落脚点和最有力的支持单位。

现在我国已经出现了许多类似的行业组织，如中国总商会、中国工业经济联合会，以及一些由国务院国资委联系的所谓直管行业协会。虽然国务院办公厅的《关于加快推进行业协会商会改革和发展的若干意见》已经提出要加快对行业协会之间"直管"与"代管"的管理模式进行改革，但如何使这些大型行业组织的改革真正符合市场经济的需求，又能在已有的工作成果基础上稳步地得到进一步的发展，除将其中少数工作效绩不好或者不明显的在下一步改革中解散或者转为研究会外，其他可以考虑通过立法把它们确定为公权力性质的行业组织。在目前全国性行业协会之间的"直管"与"代管"关系的矛盾面前，这种原属"直管"的行业组织可以因其享有的公权力而摆脱现有的"管理"的概念。在目前各地纷纷要求改革社会组织的双重管理模式的矛盾面前，此做法一方面可以减少对有关行政主管机关的事务性压力；另一方面，由于这些行业组织享有了法定公权力，能够顺理成章地承担起已经成立特别是那些急切要求成立的行业组织的企业寻找自己的"业务主管单位"的不便而发生的责任，从而大大减少民政部门

由于无法走出现有的双重管理体制而不易修改《社团登记管理条例》的苦恼。在部分由于政府扶持而组建的那些大型行业组织，如联合会的工作人员普遍感到无所适从的矛盾面前，可以稳定已经从事大型行业组织，如联合会这样的行业协会工作的人员的情绪，也可以使政府与行政机关的宏观调控意图迅速地通过公权力的行业组织及时传递到更为广众的以私权利的集中反应为主要性质的其他行业协会中去。既提高了目前不少大型行业组织的积极性，又能在一定程度上理顺行业协会与政府的关系。

七 中国农民必须纳入商会立法的组织范畴

据资料记载，邓小平同志曾经提出恢复农民协会。

国外的农业农产品行业协会历史悠久，覆盖面广，涉及农产品生产、加工、营销等各个方面，功能相对齐全。在世界上100多个国家和地区总共有90多万个合作社，社员5亿人以上，它们的生存与发展是与众多的农业领域中的行业协会的作用分不开的。

与我国仅仅为农村专业合作社立法的思路完全不同的是，国外在考虑农业的发展问题时，没有像我国那样将农业合作社与农业领域的行业协会分开。国外的农产品行业协会与农民合作社并非一回事，有严格的区分，在职责上各有分工，但又相互支撑，然后共同形成本国农产品的流通体系。从覆盖范围来看，农产品行业协会的覆盖面一般较大，而农民合作社的覆盖面较小，农民基于发展的需要，经协商入股开展经营，属于营利性社会组织。从功能上看，国外农产品行业协会的主要功能是联合众多生产者包括一些农民合作社，开展行业自律，按照约定的标准生产并向世界各地推销自己的农产品，属于明确的非营利性社会组织；从功能上看，农民合作社只负责生产经营，而农产品的出售与流通全部交由农业领域的行业协会进行。因此，我国在对农业合作社立法过程中发生如何认定合作社的营利或非营利性质的争论，从国际实践来看，就是一种无稽之谈。从二者在市场中的地位分析，农业合作社仅是以较封闭的地理为限的单纯的农业生产单位，而与外界发生经济关联的只能是农业领域中的行业协会。

法律保护是国外农产品行业协会得以发展的前提条件。国外农产品行业协会的发展，要么有专门的立法，要么在有关法律里有明确的规定。例如，日本为了保护农协的发展，在1947年专门颁布了《农业协同组合法》，后于20世纪60年代重新修订。该法明确规定农协是不同于经济团体和政治团体的一种特别法人，是不以赢利为目的服务机构。该法对农协的成立、管理、解散等各个方面作了详细的规定。澳大利亚在《公司法》里对于行业协会的性质、管理方式等都有明确规定，农业生产者依法按非营利性公司的条件组建协会，农产品行业协会依法开展活动并接受社会的监督，政府依法对其实施监管。加拿大虽然没有单独为农产品行业协会立法，但是，在相关的农业法律里面对支持农产品行业协会发展都有明确的规定。

国外农产品行业协会没有政府的支持是很难发展的。除立法支持以外，政府还通过直接或间接的经费补贴、筹建项目等方式对协会给予支持。政府通过与协会合作，共同开展科研攻关和技术推广，进而提高生产力和农产品的竞争力。政府还通过协会了解产业发展情况，以便集中财力、物力支持农业发展，提升农产品的全球竞争力。从实践来看，这些国家的农业产业规模、产业优势、协会发展规模与政府的支持力度成正比。例如，日本政府通过农协下属的专业性奶业协会实施对奶农的补贴，建立奶业会议制度，统一协调市场，既保证了牛奶市场的正常供应，又确保了奶农的利益。澳大利亚政府每年拨出一部分财政经费支持行业协会的发展。加拿大也对参与农产品行业协会的农民给予联邦和省政府退税的优惠待遇。

我国农村各行业组织风起云涌，作用很大。曾有资料统计，全国农村行业组织，包括专业合作社等已经有150万家了。但由于缺乏正确的引导和法律的规范，极易出些偏差。山东靠海，但有的时候韩国购买商经常团结起来一道压价，一年下来养的海贝、鲍鱼都卖不出好价钱。于是我国渔民组织起渔业协会来对抗，但是由于长期没有政府和法律部门的正面引导和保护，现在很可能有一些组织会成为类似黑社会的组织。全国性农业领域的协会受体制所限，实现不了前面所说的这些行业协会应有的工作目标。

八　异地商会应当得到法律承认

随着经济建设的发展，不可避免地需要打破地区原有颇受局限的封闭观念，众多企业在自己的商务行为逐渐辐射到省（区市）外、全国、国际市场并取得一定成果后，更加需要通过在异地将具有区属性质的企业及个体工商户团结、联合、组织起来，一方面有效地维护这些离乡离土身处异地的企业和人员的合法权

益；另一方面，还希望通过这样一种组织形式，为所在地的经济建设以整体的姿态作出应有的贡献。目前，这类行业组织在申请法定承认的过程中遇到多种问题，诸如这些社会组织的"业务主管单位"是何种行政机关，这些社会组织的成立目的是不是经济目的，等等。因此，有不少地区的政府及有关行政机关由于缺乏认识，在异地商（协）会提出成立申请时，常以不知道这种社会组织的"上级主管部门"应为何者而拒绝。从发展社会主义市场经济新体制的大局考虑，从这些异地商会协会已经为所在地作出的主要围绕经济建设方面的贡献考虑，行业协会商会法应当将其纳入自己的规范范围并加以鼓励。

九 商会的职能应当明示而非"默示"

从我国近年来围绕行业协会商会的建设与发展所发生的诸多问题来看，行业协会商会在社会主义市场经济新体制中的作用，即职能，是一个必须明确的重大问题。

按照党中央国务院多次的提法，行业组织的主要功能即是"规范行为、提供服务、反映诉求"的原则体现。这种概括性的作用，除了在2000年以来我国为了迎接"入世"而制定和修改的法律、行政法规中已经有许多散见的规范外，国务院办公厅颁发的36号文件对行业协会商会的职能和作用也进行了高度的概括。以行业协会或者商会为代表的非正式制度中的非政府组织，是一个国家能否达到现代化市场经济国家的重要标准。对行业内部，这样一种组织可以将分散的同行企业联合起来，交流稍纵即逝的信息，分享存储有限的资源，集中重复使用的成本，维护利益攸关的信誉，从而取得共同提高发展的局面。

行业商会可以具有以下职能。

宣传贯彻党和国家的法律、行政法规、路线、方针和政策，并据此制定行业规则并在会员范围内监督执行；组织和开展与本行业发展有关的信用建设；开展行业及地区性经济发展的调查研究，向政府或者有关部门提出有关经济政策和立法方面的意见、建议直至法律、法规或政策的草案；制定行业发展规划，对行业内重大的技术改造、技术引进、投资与开发项目进行前期论证；对不符合本行业发展的行政决定向政府及行政机关提出质询；经政府或行政机关授权进行行业统计，发布行业经济信息报告；经政府或行政机关授权组织与本行业有关的认证。对行业生产、经营许可证的发放提出意见，参与资质审查；条件成熟时，行业协会可以在政府及行政机关的参与下，以自己的名义直接颁发行业生产、经营许可证；经有关机构批准，设立法定检测、评估、认证、仲裁、审查等分支机构并开展活动；向政府及行政机关提出制定有关技术标准、行业标准、本行业入市资格的建议，参与有关国家技术标准的制定，以自己的名义直接制定和发布行业标准，建立行业行为规范机制；协调解决会员之间、会员与非会员之间、会员与消费者之间涉及市场活动和经营活动的争议，协调本行业协会与其他行业协会或者其他组织之间的相关事宜。指导会员企业的维权行为，向行业企业提供法律援助、法律咨询和法律培训等活动；代表会员或者行业内相关经济组织提出反倾销调查、反补贴调查或者采取保障措施的申请，组织会员企业，以联合行动的方式，参与反垄断、反倾销、反补贴、反规避及涉及337条款案件等申诉活动。代表本行业接受政府及行政机关与本行业利益攸关的决策论证咨询；组织力量进行与本行业有关的经济安全预警研究和通报；组织指导会员企业建立和维护知识产权的活动；组织市场开拓、业务培训、技术交流、业务咨询等服务；印发行业刊物，条件成熟时，可申请有关管理机关批准公开发行；组织与本行业有关的展销会、展览会；参与相关产品的市场建设；独立或者与行政机关共同开展行业检查和行业评比；组织科技成果鉴定和推广应用；开展国内外经济技术交流与合作；组织协调调解同行价格等争议，维护国内市场的公平竞争；对外组织同行业企业进行价格联盟；指导、帮助企业改善经营管理，提交有关合同示范文本稿并要求政府有关部门审订发布，或者以自己的名义发布并要求行业内实施；向政府或者有关机构、组织、舆论部门反映会员要求，协调会员关系，发展行业和社会公益事业；直接向世界贸易组织（WTO）等国际性组织表述本行业会员企业的要求；在境外建立派出机构或者派出代表；与其他行业协会共同组织行业协会之间的活动；依政府采购程序，承担政府授权或者委托的其他事项；提供法律、行政法规以及地方性法规、地方性规章未予禁止，会员要求提供的符合行业协会章程的服务；做好行业协会工作人员的社会福利保障工作，等等。

  在立法研讨过程中，有部分专家学者主张用概括式的方式赋予商会职能。所谓概括，就是设定一个原则范围，至于具体是什么职能，文字间并不确定。这一做法看起来给了商会很多很大的职能，但由于概括式的笼统规范，容易给某些行政执法人员，特别是那些不尊重学习的行政执法人员一种否定的口实。所以，应当通过成文法律明示行业商会的职能，这在目前应是必然的原则。

十 不能只对行业组织如商会限定义务而从不授予权利

我国的法律法规群体至今存在着一个严重的缺陷，那就是大多只规定了行业协会商会的义务，没有规定行业协会商会应当享有的权利。以《反不正当竞争法》的修改稿和已经生效的《反垄断法》为例。《反不正当竞争法》2009年5月修订稿第四十六条规定："行业协会违反本法规定，组织本行业的经营者达成垄断协议的，反垄断执法机构可以处五十万元以下的罚款；情节严重的，社会团体登记管理机关可以依法撤销登记。"第四十八条规定："经营者以外的组织或者个人实施的损害经营者或者消费者合法权益的，扰乱市场竞争秩序的行为视为不正当竞争。"可以将这两条视为行业协会商会必须承担的义务，但通篇却看不到一条对行业协会商会所应享有的权利的规定。《反垄断法》（自2008年8月1日起施行）第十一条规定："行业协会应当加强行业自律，引导本行业的经营者依法竞争，维护市场竞争秩序。"第十六条规定："行业协会不得组织本行业的经营者从事本章禁止的垄断行为。"这样一种规定，也是只有对行业协会商会必须承担的义务的索求，而没有对行业协会商会可以享有的权利的赋予，当然也不限于这两部法律（或修改稿）。翻遍我国现有的法律和法规，至今没有一部对行业协会和商会可以享有的权利作出法定说明的法律和法规，没有权利，何来义务?! 正如国务院办公厅《关于加快推进行业协会商会改革和发展的若干意见》所指出的，"行业协会"之所以"还存在结构不合理、作用不突出、行为不规范等问题"，其原因皆在于"相关法律法规不健全，政策措施不配套，管理体制不完善"。既然"相关法律法规不健全"表现在对行业协会商会的权利的赋予方面，那么，可以尝试从《反不正当竞争法》的修改开始，设定一些相应的内容。

虽然党中央国务院近年来多次在不同的重要场合反复强调全党全国要"重视行业协会、商会的作用"，但是广大的行业协会和商会仍然处于一种在社会中、在市场上的弱势地位。这种弱势地位，使得我们的立法工作忽视了对其应当享有的法定权利的授予，而只注重其义务的取得，这样的法律的出台和修改，必然会使党中央国务院所期望的中国的行业协会商会事业的改革和发展继续面临巨大的困难。现在的问题是，防止将行业商会看成行业垄断的必然主体的错误倾向。

B.15 中国商会立法的必要性、模式选择及架构设计

浦文昌

我国历史上有制定商会法的传统。商会立法可以追溯到清朝末年。从清末1904年的《奏定商会简明章程》颁布，经1914年民国北京政府颁布《商会法》法案，1929年南京政府颁布《商会法》、1937年第二次修订《商会法》，到1947年南京政府颁布《工业会法》，前后有40多年的商会立法实践。

新中国成立初期，为了改造旧商会，使之适应当时恢复国民经济、对资本主义工商业进行社会主义改造等形势，政务院于1952年8月1日制定了《工商业联合会组织通则》（政务院第一百四十七次政务会议通过）。依照这个通则，各地的旧商会被改组为全国工商联组织系统。随着社会主义政治体制以及计划经济体制的确立，工商联成为对老工商界人士进行思想改造的统战性组织。10年"文化大革命"，工商联被停止活动。改革开放以来，为适应市场经济体制的需要，工商联恢复活动并得到快速发展，行业协会（商会）等其他民间商会协会也蓬勃发展起来，商会立法问题被提上议事日程。早在20世纪90年代初，我国有关部门和学术界就提出了商会立法的建议。[①] 进入21世纪，特别是近几年来随着我国商会和行业协会组织的快速发展，以及商会、行业协会自身发展过程中出现的各种问题，商会立法的呼声越来越高，全国人大也已将制定"中国行业协会（商会）法"列入立法计划。但是，无论是学术界还是各有关部门对商会立法的模式、指导思想、基本原则、框架设计等方面均存在较大的分歧，特别是在立商会法还是立行业协会法等问题上分歧最大，因此很有必要对这一问题作深入的讨论和研究，以便促进立法的进程、确保立法的质量。本文着重对设立中国商会法问题展开讨论。

[①] 早在1994年，当时的国家经贸委法规司就对商会立法进行调研论证，出版了《商会发展与制度规范》一书，并起草了商会法草案。

一 关于设立中国商会法的必要性和重要意义

1. 我国商会、行业协会立法现状

改革开放以来，随着工商联恢复活动并得以迅速发展、各种行业组织迅速兴起，以及随着我国社会主义法制的不断完善，我国规范和促进民间商会和行业组织发展的立法活动有所进展，但总体上说还是十分滞后的。

对于工商联组织的法律规范。颁布于1952年的《工商业联合会组织通则》至今没有废止，但实际上这一行政法规已不适应我国现阶段国情。为适应工商联发展的新情况，1988年，经党中央批准，全国工商联六大修改了章程，明确工商联组织的性质是"中国工商界组织的人民团体，民间对内对外商会"。1991年中共中央15号文件又进一步明确工商联的工作对象为民营企业，是带有统战性、经济性、民间性的人民团体，是民间商会，由此各级工商联增挂商会、总商会的牌子。15号文件还批准工商联可以在县镇进行同业公会试点。2007年11月，经中共中央批准的全国工商联十大章程又规定："中华全国工商业联合会是中国共产党领导的中国工商界组成的人民团体和商会组织，是党和政府联系非公有制经济人士的桥梁纽带，是政府管理非公有制经济的助手"。以上举措有力促进了我国民间商会的发展，但它具有局限性：一是它的调整、规范对象仅适用于工商联组织系统；二是它并未采取立法形式，因而无法从法制层面上确认民间商会的法律地位。

对于行业协会的法律规范，迄今为止主要是通过以下方式进行：

（1）制定和修改《社会团体登记管理条例》。对包括商会、行业协会在内的各种社会团体建立"分级管理、双重管理"的管理体制。

（2）对特殊的商会组织制定相关行政法规。如1989年国务院颁布了《外国商会管理暂行规定》。

（3）制定针对行业协会的指导意见。如国务院于2007年发布了《关于加快推进行业协会商会改革和发展的意见》。

（4）在一些部门法中制定相关条文，对一些特殊行业的协会进行规范。如在我国的《证券法》、《注册会计师法》等法律中，对相关的协会作了特别规定。《证券法》单独设立一章——"第九章 证券业协会"。该章共4条（第174～177

条），对证券业协会的性质、职责、治理结构等作了明确的规定。

（5）由国务院的相关部门制定部门规章或指导意见加以规范。如1999年由当时的国家经贸委制定了《关于加快培育和发展工商领域协会的若干意见（试行）》，该文件就行业协会的定义、设立、职能等作了较为详尽的规定。

（6）地方立法。进入21世纪，随着各地民间商会、行业协会的发展，一些省（市）和一些具有立法权的地级市纷纷制定规范和促进行业协会（商会）发展的"条例"，更多的城市则是制定"意见"加以规范。

新中国成立已经60多年，改革开放、确立社会主义市场经济体制也已经30多年，尽管民间商会、行业组织蓬勃发展，但我国至今没有商会法，也没有社团法或结社法。这种格局与我国的社会主义法制、民主建设，与完善社会主义市场经济体制的要求已完全不相适应。

2. 商会立法滞后所带来的主要问题

没有规矩，不成方圆。由于立法滞后，商会发展就无法可依，必然产生各种问题。

（1）民间商会的法律地位模糊。法律地位指公民、法人或其他组织等各种权利主体由法律赋予的或受法律保护和约束的地位，是权利主体享有法律赋予的权利和义务的资格。

由于我国商会立法滞后，至今并未明确各种商会组织包括各种行业组织的法律地位（已有相关立法的行业协会，如证券协会等协会除外），从而导致商会、行业协会法定的权利、义务不明晰。由此必然产生两大突出问题。一是各种商会和行业协会的权利、义务缺乏统一的法律规范和约束。导致许多商会、行业协会的宗旨、行为模糊，行为失范。最突出的问题就是许多行业协会政会不分、牟利倾向、经商办实体、利用公权力通过各种不正当手段侵犯企业权益。这些问题在具有政府背景的行业协会中尤其突出，比如有些行业协会以政府行政手段强制企业入会并强制收取"会费"。有些行业协会则用行政手段强制企业接受其"服务"以达到牟利目的，由此还可能导致政府部门的腐败。二是民间商会的合法权益得不到法律保障。特别是许多带有"草根"性质的民间商会、行业协会难以成立，或难以取得团体法人地位，严重限制了民间商会组织的发展及其功能的发挥。

（2）民间商会的生态结构紊乱。改革开放以来，由于我国商会、行业协会的发展"经历了一个'体制内生成'(存量转型)和'体制外生成'(增量突破)的双向互动过程"①,又没有对商会行业组织的发展进行事先统一立法,从而使我国的商会、行业协会生态结构相当紊乱,各种商会、行业协会体系之间的关系很不协调。目前带综合性商会性质的组织主要有全国工商联(民间商会)及其下属的带同业公会性质的行业商会和异地商会的商会体系、中国国际贸易促进委员会(国际商会)体系、中国个体劳动者协会、私营企业协会体系、青年商会体系。目前带行业协会性质的组织主要有:中国工经联的行业协会体系,中国企业联合会的行业协会体系,特殊职业行业协会(证券、律师、审计、会计等)体系,省(区市)级、地(市)级地方行业协会体系(该体系中的行业协会大体上和中央部本级行业协会对口,但不对口的行业协会越来越多),以及地方上根据企业实际需要建立的多种形式、多种名称命名的但带有一定商会性质、行业性质的团体体系。

由于没有统一的法律规范,在以上综合性商会之间、行业协会之间、综合性商会与行业协会之间均存在诸多矛盾。比较突出的是各种商会、行业协会重复设会、功能重叠,带来许多矛盾和摩擦。比如全国各级个私协会与各级工商联组织的会员对象基本重叠,功能也非常相似;工商联的行业商会与当地现有行业协会之间也存在重复设会、功能重叠的问题,许多行业商会由于受双重管理体制的限制无法取得团体法人地位;在各行业协会之间也存在类似现象,这种生态结构的紊乱不仅造成社会资源的浪费,也严重阻碍民间商会的发展。

(3)民间商会的性质、职能不确定,治理结构不规范。商会究竟是个什么性质的组织,这是一个关键性的问题,对此存在不同的认识。传统的观点强调商会是一种由政府授权的或者受政府委托的"中介组织"。中央文件对工商联性质所作的规定是工商联具有双重性:一方面是具有统战性,它是共产党领导下的政治组织,另一方面是民间商会。也有人把商会的属性表达为"三自",是一种"自发、自治、自律的组织"。由于我国没有商会法,并未对以上问题作法律上的界定,就很难对商会的职能及其治理结构进行明确规定,从而导致我国的商会职能模糊、治理结构很不规范。

---

① 余晖:《我国行业组织管理体制的模式选择》,载浦文昌主编《建设民间商会》,西北大学出版社,2006,第230页。

3. 设立中国商会法的重要意义

（1）建立和完善适合中国国情的商会、行业协会管理体制的迫切需要。推进商会立法，设立中国商会法，有利于克服我国商会、行业协会生态结构紊乱的现象，依法建立完善适合中国国情和市场经济体制要求的，横向综合性商会组织和纵向行业协会有机结合、职能分工明确的商会、行业协会管理体制模式。

（2）界定政府与商会、行业协会职能和建立政府与商会、行业协会互动合作制度的迫切需要。推进商会立法，设立中国商会法，有利于克服目前民间商会、行业协会均面临的职能无法落实的困境。2007年国办36号文件《关于加快推进行业协会商会改革和发展的意见》，明确了行业协会六个方面的职能。但这个文件未能对综合性商会与专业性行业协会的关系，以及对全国性行业协会与地方性行业协会的关系作出界定，也没有从民间自治组织的地位去界定商会、行业协会与政府之间的职能分工和互动关系，而只是侧重强调行业协会为政府提供辅助作用的功能，所以仍然难以解决商会和行业协会的职能落实问题，这些问题均需要通过立法才能得到较好解决。

（3）保证商会、行业协会健康发展的需要。目前相当多的商会组织在治理结构、规章制度、运作机制等方面很不完善，存在着许多问题，以致没有真正发挥应有的作用。其原因是多方面的，无法可依无疑是重要原因之一，这些问题迫切需要通过立法和严格的执法才能得以解决。

（4）促进公民社会、和谐社会发展的迫切需要。在市场经济体制下社会利益是多元化的。通过立法赋予商会代表工商界利益参与社会利益协调的职能，对于促进我国公民社会、和谐社会的建设具有十分深远的意义。

鉴于以上原因，抓紧制定出台一部统一的商会法，以适应民间商会发展与经济社会生活的客观需要，显然是十分必要的。

二 国外商会和行业协会立法经验及我国商会立法模式的选择

由于世界各国国情、法制不同，商会的法律结构模式、立法途径也不尽相同。有些国家设立商会法，而有些国家则并不设立商会法。当前，我国在商会立法上的一个重大分歧是：究竟是立商会法还是立行业协会法？相当多的学者主张立行业协会法。全国人大立法规划的提法是"行业协会商会法",这里的商会也是指行业性组织。但是迄今为止,在世界各国还没有发现单独统一为行业协会立法的先例。为什么世界各国不单独为行业协会统一立法?为什么国外商会法的调整对象仅限于按国家立法设立的地域性商会?为什么在设立商会法的国家中只有商会才享有公法人或特别法人的法律地位并拥有政府赋予的公共管理职能?国外对于行业性组织又是如何规范的?在我国商会立法中,这些问题都应该研究清楚。

1. 国外商会和行业组织的区别

在世界各国,工商界均有许多由会员组成的互益性团体,通常被称为"商业会员组织"(Business Membership Organization,BMOs)。① 根据世界银行的研究,BMOs 一般可分为两个大类:一是商业协会(Business Association),其中包括贸易/产业协会(Trade/Industry Association)、中小企业协会(SME Association)、雇主协会(Employer Association)、联合会(Confederations)、双边商会(Bi-national Association)、私营经济论坛(Private Sector Forums)等组织;二是商会(Chamber of Commerce)组织。② 从以上分类看,"贸易/产业协会"相当于我国目前的各类行业协会,但它只是商业协会的一部分。

商会和行业协会同属 BMOs,两者之间确有许多共同的特点:如两者均为非政府、非营利的业界自治组织;均实行会员制,会员主体均为企业及业界人士;两者均为会员企业及政府提供服务;两者的治理结构也大体相似,均设会员代表大会、理事会,实行民主决策等。

但是,商会和行业协会等 BMOs 之间在组织结构、会员构成、划分标准以及职能方面均极不相同。根据世界银行的研究,国外商会和其他商业会员组织的区别见表1。③

---

① 参见世界银行:*Building the Capacity of Business Membership Organization:Guiding Priciples for Project Members*—World Bank Group-Small and Medium Enterprise Department-secound edition. August 2005。

② 参见世界银行:*Building the Capacity of Business Membership Organization:Guiding Priciples for Project Members*—World Bank Group-Small and Medium Enterprise Department-secound edition. August 2005. p. 13。

③ 参见世界银行:*Building the Capacity of Business Membership Organization:Guiding Priciples for Project Members*—World Bank Group-Small and Medium Enterprise Department-secound edition. August 2005. p. 15。

表1

BMOs 的类型	划分标志	典型功能
商业协会		
• 行业/产业协会	职业/产业	仲裁、配额分配、制定行业标准、游说、质量提高
• 中小企业协会	企业规模	企业家培训咨询、融资安排、团体服务
• 妇女协会	性别	企业家培训、小额融资、性别政策倡导
• 雇主协会	劳工关系	代表与工会相反的利益、提供职业信息与培训
• 商业联合会	最高层次机构	高层次政策倡导、一般商务信息、会员协会协调
• 双边商会	跨国	贸易促进、商品交易、介绍交易
商会	地理区域	授权行使政府职能、主持仲裁法院、提供基础信息服务、沟通政府的桥梁作用、地区经济发展

纵观各国商业会员组织的发展，其基本的趋势是：按地域设立商会和按行业设立行业组织以及按其他各种要求设立各种协会组织，它们各自发展、合理分工、功能互补、协调发展，构成一个由工商界企业及市场参与者自愿组织起来的、纵横交错的商业会员组织体系。

2. 世界各国的商会立法对策

根据国外学者的研究，各国商会的法律结构可以划分为：以法国、德国为代表的大陆模式（Continental Model）；以英美为代表的盎格鲁—撒克逊模式（Anglo-Saxon Model），也称英美模式；以日本为代表的兼有以上两种模式特征的混合模式（Mixed Systems）。[①]

在英美模式国家中，对商会和所有其他商业会员组织的立法对策没有区别：他们均不单独为商会和行业协会立法，而只是制定统一的非营利组织法，或社团法、结社法加以规范，如果某些组织并无收入和雇员，也不需要法人地位，也可不必到政府部门登记注册。商会、行业协会均属私法人。

在大陆模式国家和混合模式国家中，对商会和行业协会的立法对策完全不同。这些国家从立足于促进工商业经济发展出发，通过制定商会法（公法），依法按地区设立商会（工商会）和同业公会（属于公法人），并授予某些公共职能；从立足于企业各种互益性需求出发，让企业按照行业分类自由成立各种行业

[①] 参见 CIPE：《National Chambers of Commerce》, Copyright 1995, pp. 11 – 17; World Bank Group-Small and Medium Enterprise Department: *Building the Capacity of Business Membership Organizations* 2005 Second Edition, pp. 15 – 17。

协会或其他商业会员组织。对于行业协会，他们和英美模式国家一样，也仅通过设立结社法、社团法、非营利组织法等予以规制。行业协会均属私法人。原因是商业协会种类繁多、功能各异、变动性大，难以统一赋予公共职能，故一般仅用社团法、非营利组织法加以规范，这些法律一般属于程序性的法律。需要特别说明的是，大陆模式和混合模式的商会均是通过国家立法，按照"一地一会"、"一业一会"的原则依法组建或重组建立起来的，均属于"超前立法、事先规制"。

从实践看，无论是大陆模式、混合模式还是英美模式的商会法律结构均有利有弊。

大陆模式和混合模式的有利方面是：由于有专门的商会法（公法），商会受到法律保护；由于法律规定实行会员义务制，商会具有完全的、广泛的代表性，商会收入来源稳定并有可靠保证；由于作为公共机构，工商会与政府之间有正式的对话、协商制度，从制度上提供了商会参与公共管理的正式渠道；由于法律规定"一地一会"，便于为各类企业提供平等的服务；由于根据法律，商会被授予某些政府职能，商会能与私营部门保持密切的联系，特别是有利于为中小企业提供各种服务。其主要弊端是：其活动范围受到法律的限制，缺乏不断满足会员单位服务需求的内在动力，在维护企业的利益时往往难以表达明确的立场，商会内部缺乏竞争的激励机制，很容易造成效率不高。

英美模式的有利方面是：由于没有专门的商会法、行业协会法，商会具有完全的独立性，其活动不受政府的干预；由于商会是会员自愿入会的志愿者组织，加上存在商会之间以及商会和行业协会之间的竞争、会员有参加和退出商会的自由，这都有利于提高商会的工作效率；由于商会没有得到任何履行公共事务的政府授权，商会可以独立自主地确定自己的活动内容和范围，具有很大活动空间。其主要弊端是：在某些地区商会重复组建、过度竞争；会员"搭便车"现象普遍；因无授权业务的服务收入，从而使商会的收入不稳定。

3. 我国商会立法模式的选择

如果借鉴英美模式，我国不必设立商会法或协会法，只需设立结社法、非营利组织法或社团法等程序性法律。如果借鉴大陆模式和混合模式则需要设立商会法，但不必设立协会法，而只需要通过设立结社法、非营利组织法对商会以外的各种社会团体加以规范。

我国究竟借鉴何种商会立法模式？这要从我国政治经济社会体制的实际出发。相比较而言，我国宜更多借鉴日本及我国台湾地区的立法模式为妥。

（1）从政治体制看，日本和我国台湾地区的混合模式商会制度不采取英美自由主义的做法，保留了政府的主导作用，但又不像法德两国那样实行典型的公法制度，这与我国目前的政治制度相接近。

（2）从法律制度看，我国有商会法的传统。迄今为止，我国采用混合模式商会体制已经有近百年历史。这种商会制度，大体符合我国的传统，也易于和我国现有法律制度接轨。

（3）从企业愿望看，在我国的政治经济体制下，企业包括民营企业虽然不希望政府强力干预，但又希望能与政府保持较为密切的联系，混合模式的商会制度正好体现了这一愿望。

三 商会立法的指导思想、基本目的和基本原则

1. 商会立法的指导思想

根据科学立法的原则，从我国目前商会（工商联）和行业协会发展的现状出发，我国的商会立法必须确立以下几个指导思想。

（1）体现商会组织发展的普遍规律。按照地区设立商会（综合性），按照行业组建各类行业组织（包括行业协会、同业公会），按照工商业者其他的互益性要求依法自由设立其他各种非营利的互益性组织，构成纵横交错、功能互补的商业会员组织体系，这是各国带共性的发展格局，它的确是带有一定规律性的发展趋势，我国在商会立法中必须体现这一规律性趋势。

（2）体现改革精神。要注意"把法律的科学性和可行性结合起来"。对于现有的商会性组织、行业协会发展中不符合改革方向和目标的做法应予以制止，同时制定周详的过渡性措施和方法，使商会立法做到既不脱离实际，又不偏离改革的方向和目标，使商会法成为促进市场经济体制建立和完善的重要法律。[1]

（3）体现事前规制的精神。采取事前立法、事先规制的立法策略有利于尽快建设一个遍布全国各地的综合性商会网络，并以此为基础构建纵横交错、功能

---

[1] 参见陈清泰主编《商会发展与制度规范》，中国经济出版社，1995，第290页。

互补的 BMOs 的网络；有利于政府尽快退出应由商会、行业协会从事的服务领域。为提高政府效率，有些在现代市场经济体制下虽本属政府应该提供的部分公共职能可以授权给商会承担，以减轻政府成本；有利于商会规范运作，为促进经济发展，扶持中小企业成长，推动政府与商会、企业家的互动作出贡献；有利于把享有部分公共职能的商会活动置于法律监管之下，使之既有自治度，又能严格依法活动。

（4）借鉴国外经验，努力与国际接轨。我国的商会立法既要从实际出发，立足国情，有自己的特点，又要注意借鉴国外好的经验和做法。我国至今并没有制定商会法的实践，这就特别需要注意总结和借鉴国外的经验。

2. 商会立法的基本目的

商会立法的目的应该包括两个方面的内容：

（1）要通过国家层面的立法，确定一个符合市场经济要求的新的商会体系目标模式，在此框架下依法调整、重组目前的商会体系。这是迅速克服我国目前商会体系混乱的最有效的途径。

（2）通过立法使商会、行业协会规范化。在新的商会发展模式中，综合性商会的任务主要有哪些？商会是否要承担在市场经济体制下本应由政府承担的某些公共职能？这些都必须通过国家立法加以明确。此外，承担一定政府公共职能的商会和当地同业组织（包括行业协会、行业商会、同业公会）的关系，也应该通过立法加以明确，从而使纵横交错的各种商会组织能合理分工、规范运作。

3. 商会立法的基本原则

根据商会组织存在和发展的普遍性的规律，在商会立法中应确立以下基本原则。

（1）自治性原则。各级商会应该独立于任何政府行政机关、事业单位和其他社会团体，由商会组织自主选举领导机构，自主决策，自主处理会务，自主开展活动，自主行使应有的职能和权力。

（2）自愿性原则。会员有自愿入会和退会的自由（法律规定的特殊行业组织如会计师协会、证券协会、律师协会等除外）。

（3）自律性原则。商会组织既然是独立自治的、互益性的团体法人组织，它就必须具有能够协调业内利益纠纷和冲突的能力，为此就必须制定出包括行规行约在内的整套规则，其核心是促进企业诚信经营，树立良好的经济道德风尚。

四 通过商会立法重组我国商会及行业组织体系的基本思路和框架设想

1. 重组的基本思路

根据商会和行业协会的不同特点和不同职能,"商会相对侧重于横向,而行业协会侧重于纵向"。重组我国商会体系的基本思路是:按照行政区划建立商会,按照行业分类组建同业组织(行同业公会、行业商会、行业协会),优化商会、同业组织的区域设置和层次结构,明确界定商会、同业组织的性质定位和职能分工,形成商会和同业组织之间有序分工、和谐互动的具有中国特色的商会体系。

2. 重组的框架设想

综合借鉴国外三种不同商会法律模式的优点,重组我国商会体系可以有三种不同的重组框架:一是以同业公会为基础组建各级商会体系。其特点是首先依商会法建立各类同业公会,将各类企业吸纳到相关公会之中,然后由各类同业公会发起建立各级商会或总商会组织。在此体制下,商会依照《工商会法》,根据"一地一会"的原则组建,同业公会依照《工商会法》,按照"一业一会"的原则组建,但不实行会员义务制。各种行业协会和其他商业会员组织则以依照民法、社团法或社团登记条例由企业自由设立。二是依照《工商会法》,根据"一地一会"原则,以区域内各类企业为基础组建各级工商会。在此体制下,工商会下面没有同业公会或行业协会,其会员全部为区域内的各类企业。行业协会和其他商业会员组织则按照民法、社团法由企业自由设立。三是将混合模式的经验和美国的经验结合起来,采取其各自的长处,建立新的模式。具体做法是借鉴混合模式的做法设立《工商会法》,按"一地一会"的原则建立工商会组织,但既不像我国台湾地区那样以同业公会为基础,也不像日本那样仅仅以各类企业为基础,而像美国各地的商会那样以各类企业、行业协会以及其他商业会员组织为基础,这些企业和相关团体均可自愿参加工商会成为其会员。[①]

[①] 如美国华盛顿特区商会明确规定其会员资格包括合伙企业、公司、协会和其他相关团体等,见 http://www.dcchamber.org。

3. 重组的具体构想

（1）第一种重组框架：以同业组织为基础的商会体系架构。

其基本内容：

一是设立《中华人民共和国工商会法》，依法建立各级工商会及同业公会体系。通过人大常委会立法，设立《工商会法》，其适用对象为全国各级工商会，通过立法统一赋予一定的公共职能。工商会的基本框架是：按照省（自治区、直辖市）、市、县三级行政区划，根据"一业一会"的原则，按照行业类别将现有各种地方性行业协会、行业商会等整合为各类各级同业公会（或称行业商会），其会员对象为各行业的工商企业和业主。按照省（自治区、直辖市）、市、县三级行政区划，按照"一地一会"的为限原则，组建省（区市）、地（市）、县（市）工商会，其会员为当地各同业公会及无对应行业组织的企业和业主。以上两种组织的关系是：前者是后者的基础组织，后者对前者发挥代表和业务指导作用。由各省（自治区、直辖市）工商会组成全国工商业联合会。在重组中，各级贸促会保留建制，加入各级工商会组织；各级个私协会应并入各级地方工商会组织。

二是整合全国行业协会资源，组建全国性行业协会网络体系。通过由国务院制定《行业协会条例》或由全国人大常委会设立《行业协会法》，规范设立和组建全国性行业协会体系。《行业协会条例》或《行业协会法》的适用对象为全国各类行业协会，该条例主要为程序性法规，并不统一赋予公共职能。允许各地企业根据《行业协会条例》或《行业协会法》自愿建立行业协会，为鼓励行业协会发展应取消"一地一业一会"的限制。按照行业类别组建各种省级以及全国性的行业协会，其会员对象为全国同类大型企业及地方同类行业协会。全国性行业协会可在各省区市建立分支机构。组建全国行业总会，其会员为各全国行业协会及无对应行业协会的大型企业。

在全国总商会和全国行业总会之间建立互动关系（见图1）。

（2）第二种重组框架：以各类企业为基础的商会体系。

其基本内容：

一是设立《中华人民共和国工商会法》，依法组建整合各级工商会。通过人大常委会立法，设立《工商会法》，其适用对象为全国各级工商会，通过立法统一赋予一定的公共职能。工商会的基本框架是：在县（市）建立县（市）工商会，由

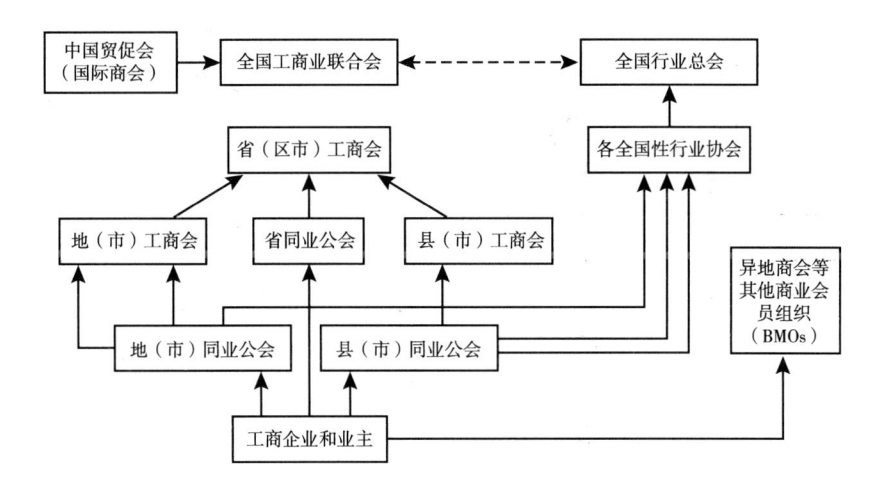

中国商会立法的必要性、模式选择及架构设计

图1 第一种重组架构示意图

说明：图中虚线剪头表示双向互动。

当地各类企业依法自愿建立；在地（市）建立地（市）工商会，由当地各类企业依法自愿建立，县（市）工商会也成为所属地（市）工商会的会员；在省（自治区、直辖市）建立省（自治区、直辖市）工商会，由全省（自治区、直辖市）的各级商会组织依法自愿建立；在全国建立全国工商业联合会，由全国各省（自治区、直辖市）以及地（市）商会依法自愿建立。在整合中，中国贸促会（国际商会）体系继续保留，但应参加各级工商会，全国个私协会系统并入各级商会系统。

二是设立《行业协会条例》或《行业协会法》，依法组建各类行业协会。

通过由国务院制定《行业协会条例》或由全国人大常委会设立《行业协会法》，规范设立和组建全国性行业协会体系。《行业协会条例》和《行业协会法》主要为程序性法规，不统一赋予公共职能。其适用对象为全国各类行业协会。基本框架为：在县（市）由企业依法自愿建立各类县行业协会；在地（市）由企业依法自愿建立各类地（市）行业协会；在省（自治区、直辖市）由企业和各地（市）行业协会自愿建立各类省行业协会；在全国建立各行业总会（见图2）。

（3）第三种重组框架：以各类企业和所有BMOs为基础的商会体系。

其基本内容：

一是设立《中华人民共和国工商会法》，依法组建整合各级工商会。通过人

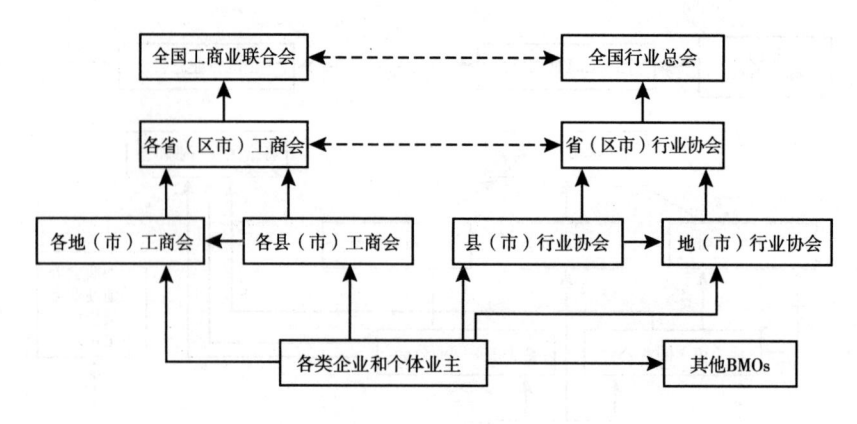

图2 第二种重组架构示意图

说明：图中虚线剪头表示双向互动。

大常委会立法，设立《工商会法》，统一赋予一定公共职能，其适用对象为全国各级工商会。

基本框架为：在县（市）建立县（市）工商会，由当地各类企业、行业组织和其他BMOs依法自愿建立；在地（市）建立地（市）工商会，由当地各类企业、行业组织和其他BMOs依法自愿建立；在省（自治区、直辖市）建立省（自治区、直辖市）工商会，由全省（自治区、直辖市）的各级工商会组织以及省属工商企业依法自愿建立；在全国建立全国工商业联合会，由全国各省（自治区、直辖市）、地（市）工商会、全国各类行业协会和其他全国性BMOs依法自愿建立。在整合中，中国贸促会（国际商会）体系继续保留，但应参加各级商会、总商会，全国个私协会系统并入各级商会系统。

二是设立《中华人民共和国社团法》或《中华人民共和国结社法》，依法组建除工商会以外的其他各种BMOs。通过全国人大常委会立法，设立《中华人民共和国社团法》，其适用对象为各类社会团体，其中包括行业协会、各类行业联合会，以及异地商会等其他各种商业会员组织，即本法适用于除商会组织以外的其他所有社团组织。

基本框架为：依照《社团法》，由工商企业自愿组建各种行业协会、联合会和其他互益性商业会员组织，所有这些社团均为纯民间性的社团组织；依照《工商会法》，由各种行业协会等商业会员组织自愿参加各级工商会，成为其团体会员，工商会为纯民间性组织（见图3）。

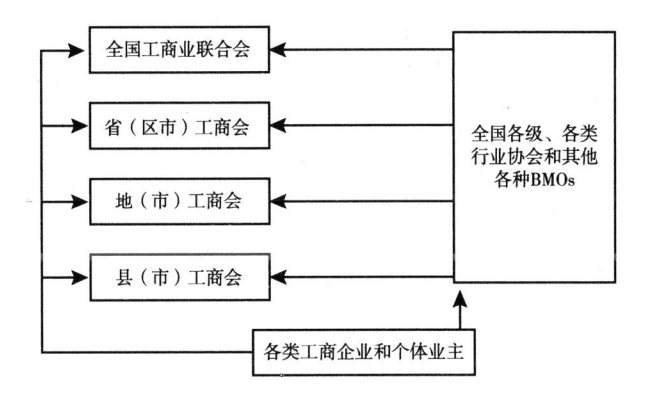

图3 第三种重组架构示意图

4. 商会和行业组织的职能分工

在三种重组框架中，地方各级工商会、同业公会及全国性行业协会的职能分工设想如下：

（1）按行政区域设立的各级工商会的主要职能。

根据工商会的属性和优势，建议明确以下主要职能：

协助政府贯彻执行发展经济的方针政策及政令，改善投资环境，发展工商经济；

代表本地区工商界的整体利益，维护企业的合法权益；

帮助中小企业改善管理、培养人才、创新技术，调整结构，以实现现代化；

帮助企业办理商业证明，如签发原产地证明等；

对政府的现行工商业法规、方针政策提出建议；

建立仲裁协调部，配合法院和仲裁机构调解本地区工商企业之间的商业纠纷和劳资纠纷；

协助本地区各行业组织发展会务；

促进地区间和国际商务交流、国际市场开拓；

参与本地区各项公益活动，为创建和谐社区作出贡献；

承办政府委办的其他业务。

（2）按行业设立的同业公会的主要职能。

根据专业性同业组织的属性和优势，提出以下主要职能：

就本行业的发展动态进行调查、统计、交流、研究并提出对策；

代表同业向政府提出政策建议；

代表、保护会员和行业的合法权益；

组织技术合作、技术开发、管理创新和市场开拓，推进产业发展；

调解业内会员之间的纠纷；

开展行业内部的职业培训；

制定行业诚信自律性规章；

举办会员公益事业；

协助有关部门解决业内的劳资纠纷；

承办政府委办业务。

（3）全国性行业协会的主要职能。

对国内外本行业发展状况进行调查、统计、研究，发布行业信息，就本行业的改进和发展向国家提出政策、立法建议，答复国家有关部门的咨询；

向国家反映会员、行业的诉求，代表、保护会员和行业的合法权益；

组织制定、修改本行业的产品标准、服务标准；

推行行业技术研究、技术合作、技术交流，进行新技术推广，组织新产品质量鉴定以及各项咨询活动；

组织行业内人才、技术、管理、法规培训，进行资质考核；

组织举办行业展销会、博览会，帮助业内企业开拓国内外市场；

代表会员企业、行业参与协调国际贸易争端，办理出口产品原产地证明；

联系国内外同业组织，开展国内外经济技术交流合作；

发展公益事业，承担社会职能；

承担国务院其他委托业务。

5. 以工商联系统为组织架构建立中国的商会行业协会体系

以上三种重组框架设想中，均需要按"一地一会"的原则建立综合性商会组织。鉴于目前商会和行业协会的现状，确立工商业联合会作为区域性和全国性工商行业同业公会及其联合会的综合性商会法律地位应该是最合理的选择，而且能够与国际接轨。

在具体操作上，可以有两个方案：

一是将工商联整体转型为民间性的综合性商会组织。通过设立《中华人民共和国工商会法》，并按"一地一会"的原则，依法将全国工商联转型为民间性、经济性的全国工商业联合会，省（自治区、直辖市）、地（市）工商联转型为省（自治区、直辖市）、地（市）工商会，县（市）工商联组织转型为县（市）工商会。省（区市）、地（市）、县（市）工商联也可沿用工商业联合会的名称，法律名称就为《中华人民共和国工商业联合会法》。之所以选择工商联作为我国商会网络体系的主架构，是因为工商联的前身就是商会、总商会；改革开放以来，工商联已经凭借其统战性建立起覆盖全国所有县（市）级行政区的严密的网络架构。考虑到现有政治体制的格局，在较长时间内尚不允许有大的改动，作为过渡，工商联组织可以继续保留人民团体的性质，但其主管部门应改为由各级地方政府与统战部门双重领导；工商联可以继续承担统战职能，但要以经济性、民间性为主，把主要精力用于政府委托的任务和促进工商经济、行业组织的发展；工商联的治理结构也要适应民间商会的要求，改现有的民主集中制为现代社团法人治理结构。经过一定时期的实践、磨合，随着我国政治体制改革的深化，工商联将向着成为名副其实的民间商会的目标演变。

二是将商会职能及相应组织机构从工商联分离出来以建立新的商会体系。具体设想是改变目前工商联和民间商会两块牌子、一套班子的组织格局：一方面，保留现有各级工商联组织及其人民团体的性质，参加人民政协，发挥其在工商界统战性的作用。另一方面，依托工商联的网络架构，将民间商会从工商联组织中独立出来，通过设立《中华人民共和国工商会法》，依法设立各级工商会，在全国设立全国工商总会。这样，就会形成各级工商联和各级工商会并列的组织格局。经过一段时间的过渡，在条件成熟时可以由工商会取代工商联，成为统一的经济性、民间性的商会系统。

五 立法路径的选择

1. 立法层级选择

鉴于商会和行业组织制度是社会经济体制中的一个极为重要的法律制度，商会法应该具有较高的位阶。最理想的是具有基本法位阶，但从目前看难度极大，比较现实的选择是按照全国统一的单行法位阶设计，以克服各地立法不统一的情况。商会的立法必须与我国《民法》、《商法》和《社团法》、《非营利组织法》紧密结合，以避免与《民法》、《商法》、《社团法》、《非营利组织法》等上位法发生矛盾，以及避免出现像日本那样商会法人种类繁多的弊端。

其基本构想应该是在现有《民法通则》和将来可能出台的《社团法》、《商法》、《非营利组织法》下，设立全国统一的《中华人民共和国商会法》及其实施细则，以规范各级地方商会和作为地方综合性商会基础网络组织的行业组织。同时由国务院专门制定针对全国性行业协会的指导意见或条例。

2. 立法主体选择

根据我国的《立法法》，如果将商会法的位阶提高到基本法层次，立法权属于全国人大。而作为"除应当由全国人民代表大会制定的法律以外的其他法律"[①]，其立法权属于全国人大常委会。由于商会法的制定涉及多方面的利益关系，涉及多个政府部门和人民团体，建议由全国人大法工委组织专门的《商会法》法案起草组。在起草法案的过程中应注意发挥各类商事组织和民间智库的力量，以真正凸显政府、市场与民间机构在商会治理环境中的不同角色与作用。

3. 建立完善的商会和行业协会的法律体系

由于商会、行业组织在横向和纵向上的利益关系十分复杂，社会关系十分广泛，有些商会、行业组织还具有相当的特殊性，仅仅靠一部《商会法》是难以加以全面规范的，需要有一整套的相辅相成的法律制度，才能保证商会和行业组织的健康发展。

将来商会法律体系的总框架设计如下：

最高层次为宪法，商会和各种行业组织必须在宪法范围内活动。但在宪法中应增加商人组织（如企业）享有结社权利的条款。

第二层次为相关的基本法，包括《民法》、《商法》、《社会团体法》、《非营利组织法》，商会活动应当遵守这些基本法的相关规定。在《商法》中应规定商人和商人组织结社的权利。

第三层次为单行的专门法，即《商会法》、《行业协会法》以及国务院关于全国性行业协会的行政规章。

第四层次为与商会行业组织相关的其他各单行法规，如《会计师法》、《证券法》等，以规范一些特殊的行业组织。

第五层次为地方从实际出发制定的相关地方性法规。

---

① 引自《中华人民共和国立法法》第二章第一节。

B.16
日韩商会考察报告

林蔚然 韩 鹏*

为学习、借鉴韩国和日本在商会运作中好的经验和做法，进一步促进全国工商联与日韩商会的交流与合作，2009年8月18～27日，全国工商联副主席孙晓华率工商联日韩考察团一行17人赴韩国和日本进行了为期10天的商会考察活动。随行的有辽宁省工商联党组书记王立斌、全国工商联会员部副部长马君、全国工商联研究室副巡视员张金喜、湖北省工商联副主席罗昌兰、安徽省工商联副主席严安云、重庆市工商联副主席李增、青海省黄南藏族自治州副州长阿更登，以及几位全国工商联直属行业商会会长、企业家和全国工商联机关干部。考察活动受到了韩国和日本主要工商社团的高度重视以及当地华商的热烈欢迎，考察取得圆满成功。现将考察的基本情况、主要收获和几点启示报告如下。

一 考察的基本情况

在韩国，考察团首先拜会了韩国中华总商会，听取了总商会负责人对韩国经济社会发展状况的简要介绍，对华人华侨在韩国的生活、工作状况以及华商在韩国的经营状况有了进一步了解。在总商会宴请期间，中国驻韩使馆领事章国栋、副领事杜晟出席晚宴并对考察团一行表示热烈欢迎。之后，考察团一行在韩国首尔先后拜访了韩国四大工商社团，即韩国商工会议所、韩国贸易协会、韩国中小企业中央会和韩国全国经济人联合会。拜访期间，考察团分别与四大工商社团的主要负责人举行了正式会谈，韩方重点介绍了工商社团的组织构架、运作模式、主要职能以及立法保障等方面的基本情况，对出访团成员的提问进行了耐心细致的解答，孙晓华副主席代表出访团一行对韩方的周到安排表示衷心感谢，并期待

---

* 林蔚然，全国工商联研究室；韩鹏，全国工商联法律部。

今后双方进一步加强交流与合作，会后互换礼物，会谈气氛融洽，取得圆满成功。值得一提的是，在韩访问期间，考察团的部分成员还与韩国商工会议所国际部举行了工作层面的座谈，对韩国商工会议所有针对性地帮助中小企业发展等方面的做法印象深刻。

在日本，考察团分别拜会了日本商工会议所、日本经济同友会、日本MBK公司、日本中华总商会以及大阪商工会议所等日本主要工商社团，并与受访单位举行了正式会晤。会晤除双方礼节性致辞外，日方还认真解答了我方关于商会地位、职能、作用等方面的许多问题。在日本期间，考察团一行普遍感受到了日本人认真、严谨、守时的工作态度，尤其是日本商工会议所会长冈村正在百忙之中亲自接见了考察团全体成员，这是考察团一行在访问期间所受到了最高礼遇，体现了日本商工会议所对全国工商联考察团的重视程度以及对未来中日双方开展交流与合作的真诚期待。在日本MBK公司举行的招待酒会期间，MBK公司总裁森下将典详细介绍了公司在全球尤其是在中国的业务发展情况，考察团中的企业家不失时机地与日方企业进行了友好沟通与磋商，就双方未来合作达成了初步共识，体现了中日企业家的务实作风。

二 考察的主要收获

通过此次考察，对日韩商会有了较为深入的了解和认识。

1. 成熟的商会立法，为商会发展提供了有力的法律保障

日韩商会之所以能够在国家经济发展中取得如此重要的地位，与其成熟、可行的商会立法息息相关。日韩两国商会立法基本相似，具有许多共同的特点，其商会立法模式，大致可以概括为，以宪法结社自由为根本依据，一般民事立法与特别商会立法相结合。一是宪法上规定公民的结社自由，为商会组织的存在提供了根本的法律保障。二是没有专门的结社立法或者社团立法，而是将商会归为社团法人，通过民法上的社团法人规定，为商会成立发展提供了直接的法律保障。三是针对特别商会制定了特别的商会立法——《商工会议所法》，特别商会立法为促进特定商会发展、延展政府职能提供了特殊的法律保障。日韩通过建立符合自身特点的商会立法，切实保障商会的正当权益，为商会发展奠定了坚实的法律基础。

2. 主管部门对商会管理有序

日韩政府对商会组织的管理十分有序，这是有其历史原因的，往往人口较少的国家和民族，其企业和商人在对外竞争中只有团结凝聚在一起才能够显示出力量，也只有与政府密切合作才能获取最大利益，因此日韩商会在成立之初就比较成体系并与官方保持着密切的关系。如日本政府对商会等社团的管理主要有：一是部门主管制度，主管部门是总理府和12个行政省，主要审批社团设立和日常监督指导，同时在各行政省之间设立联络协议会机构；二是根据法令把政府主管部门的管理权限委托给地方政府相应行政机构；三是监督社团业务，如要求社团向主管部门提交业务报告书（包括项目计划书、收支预算书、项目状况报告书、收支决算书、财产目录、职员人事变动情况报告书等），主管部门可进驻社团进行调查，对连续3年没有开展业务、没有理事或理事的任期已于3年以前到期、连续3年以上没有向各省厅汇报及提出书面报告的社团进行整顿和管理。

3. 商会组织分类清晰，成熟度高

日韩的主要工商社团成立时间均较早，其中历史最悠久的当属日本工商会议所，成立于1878年，至今已经有100多年的历史。日韩工商社团主要分两大类：一是企业联合组成的团体（以下简称企业联合体），如韩国商工会议所、韩国贸易协会、韩国中小企业中央会、日本商工会议所等；二是企业家联合组成的团体（以下简称企业家联合体），如韩国全国经济人联合会、日本经济同友会等。其中，企业联合体又分三种类型：一是由同行业企业组成的团体，类似中国的行业协会，它们是自由组合起来的，而非依据特定法律；二是跨行业的综合性企业团体，它们是根据所在国的《商工会议所法》建立起来的；三是中小企业联合的团体，其全国性的中心组织是中小企业中央会。而企业家联合体多以大企业高层人士作为会员，会员数量较少，偏重经济问题自由研究，代表财界高层与政府对话。

4. 商会的服务功能健全，吸引力强

日韩商会或多或少均具有政府委托或授权的部分职能，如举办珠算、簿记、商业英语、营销等技能资格考试进行技能鉴定；提供投资、技术、市场、人才等信息检索服务；培训专门人才；出具产品原产地证明；融资审核与推荐；为中小企业结构调整、兼并联合、投资新技术、开发新产品、进行风险创业和解决经营危机等提供资金支援，等等。此外，商会在政府和企业之间架起了十分畅通的沟通桥梁，如韩国中小企业中央会每两个月请政府相关部门负责人与下属行业商会进行专题研讨；行业商会定期将行业发展的书面意见报中央会审定后提交政府部门。再如韩国全国经济人联合会以及日本经济同友会，都定期将企业反映的有集中性和代表性的问题向政府高层进行反映，在产业整体规划、税收政策、劳动雇佣等法律法规方面向政府提出建议与方案，而这些建议和方案往往都受到政府的高度重视。正因如此，在日韩虽然都采取会员入会自由的原则，且有些社团的会费十分高昂，但会员入会的积极性很高，反映出商会的吸引力很强。

5. 商会活动内容丰富，会员参与程度高

由于日韩商会高层大部分都是由企业家担任会长，因此商会活动的开展都与推动经济和企业发展密切相关。会员可根据自身需要自由选择、免费参加商会组织的各种活动。如日本经济同友会下设政策委员会、国际交流研究委员会、广报战略检讨委员会等，同友会每年举办多次的政策议论会、综合外交战略研讨会、产业恳谈会、经济政策恳谈会、宪法问题恳谈会、经济情势政策演讲会以及各种学习会等。据了解，每次会议均有上千人参与，而平均每个会员每个月都会参加1~2次会议。会议结束后，同友会根据会议讨论交流情况起草报告向政府建言献策，充分反映会员诉求。

6. 商会经费来源多样，运转良性循环

考察了解到，日韩商会的经费来源主要分三部分。一是会员会费收入，企业联合体类型的商会，其会员数量较多，一般会费收入占其经费来源的比例较大，而企业家联合体类型的商会其会员数量较少，虽然每个会员缴纳的会费较高，但占比依然不大。二是经营性收入，日韩的主流商会均有一定数量的不动产，不动产收益比较稳定，其在经费来源中的比重也较高，以韩国贸易协会为例，其比例高达90%以上。三是会员服务性收费，日韩商会为会员提供的服务很多是有偿的，因此其服务质量很好，会员也愿意支付。此外，有些政府背景浓厚的商会组织，政府也给予一定的经费支持，如韩国中小企业中央会等，其中支持力度最大的当属韩国中小企业振兴公团，政府每年拨付7万亿韩币（相当于近400亿元人民币）资助其对中小企业进行培训、融资、创新、创业等服务。由此可知，日韩商会的经费充裕，运转通畅。

三 几点启示

与日韩商会相比较，我国商会协会组织在管理、分类、服务以及法律地位等方面都与之有很大不同。随着我国社会主义市场经济的不断发展，商会的地位和作用越来越受到政府部门和企业群体的重视。成功借鉴国外成熟商会的发展经验，无疑对我国商会协会改革，对商会功能作用的有效发挥具有十分重要的积极意义。

1. 关于行业协会商会改革的思考

2007年国务院办公厅下发了《关于加快推进行业协会商会改革和发展的若干意见》，明确提出要"逐步建立体制完善、结构合理、行为规范、法制健全的行业协会体系"。然而从目前状况看，我国行业协会改革进展缓慢，这其中的原因比较复杂，然而无法做到"政会分开"是其重要原因之一。首先，行业协会的主要负责人的人选问题。我国的行业协会在初始发展阶段，主要负责人一般都是由行政机关所指派的公务员，或是由退休、临退休的机关干部来担当。这些人虽然是按照协会章程上所列出的"民主"投票选举出来的，但所谓投票基本上只是个象征性的程序。而随着行业协会商会的发展与逐步规范，行业协会的作用渐渐增强，社会公众对行业协会的关注力也开始提高。行业协会作为非政府组织，应该和政府脱离关系，行业协会应由非政府人员组建，作为行业协会代表的会长，更应该脱离政府角色。以日韩商会为例，其商会会长基本上都是由企业家来担任，且任期均不超过3年。其次，会员入会问题。由于目前我国主要的行业协会均掌握部分政府职能，因此行业内企业只能唯命是从，虽然绝大部分的行业协会章程中都写明会员入会自由，但据了解仍然有不少强制会员入会的现象，这从一个侧面反映出这些行业协会的吸引力不强。而日韩商会完全实行的是入会自由的原则，由于其务实、高效、规范的服务，会员入会的积极性非常高，甚至有的商会还对会员入会采取一定的限制，不符合标准的没有资格入会。再次，行业协会商会的管理问题。目前我国对行业协会商会采取的是双重管理体制，在这个体制中，业务主管单位拥有很大的自由裁量权，实际权力很大，具体表现在对行业协会领导人、活动开展、经费收入及使用、职权移交等方面的影响上，有的还涉及行业协会的日常管理。这种业务主管单位介入过深、干预过多的现象导致行业协会在建设和发展上失去了自主性，民主制度难以保障。而日韩的基本做法主要是主管部门对商会进行审批和监督等管理，监督过程中若发现问题再实施入驻式管理，对商会的建设和发展给予很大的自主权。最后，是关于"一业一会"的问题。目前我国的行业协会商会实施的是限制竞争的"一业一会"制度，这种制度造成了在行业协会成立上存在着明显的"先发优势",即谁先在法律上取得合法地位,就理所当然地成为本行业的合法代表人,不再有其他竞争的存在。这种情况容易造成行业协会养尊处优和不思进取的思想,既不利于行业协会自身的发展,也不利于本行业发展。而在日韩则不存在这种现象,允许行业协会商会之间的充分竞争。

2. 关于中国商会立法的思考

随着我国市场经济的不断发展完善,各种商会组织蓬勃发展,数量不断增加,活动范围不断扩展,在提供政策咨询、加强行业自律、促进行业发展、维护企业合法权益等方面发挥了重要作用,相当程度上缓解了市场失灵、政府失灵的问题,促进了我国市场经济的不断完善。但同时也存在着诸多的问题,如设立上的障碍、定位上的模糊、行动上的限制等,这些都严重制约着商会的健康、有序发展。这些问题的存在与我国商会立法的薄弱有着密切的关系,梳理我国商会立法的现状,找出其中的问题,无疑是非常必要的。

我国现行商会立法存在的问题主要有:一是宪法对结社自由定位偏差,导致对商会权利保障的不足。我国宪法规定结社自由的法条结构使得人们更多地将结社自由定位为一种政治权利,实际上,结社自由除了作为政治表达的自由之外,还作为非政治表达自由而存在,而且更多的是作为非政治表达自由而存在。我国宪法理论和实践对结社自由定位的偏差,使得结社自由对于商会等非政治结社社团的保障力度不足,商会在设立、活动中往往难以从结社自由上寻求支持,在行动上缺少最高立法的保障。二是一般社团立法重管理、强保护,限制了商会组织的发展。我国社团团体登记并不准用商事公司的规定,而是依据《社会团体登记管理条例》。《社会团体登记管理条例》强调对社会团体的管理、控制,忽视对社会团体的保护、支持,严重滞后于社会经济发展的实际,因而已经成为我国商会发展的主要障碍。三是特别商会立法缺乏,不利于发挥特别商会的作用。中华全国工商业联合会是中国共产党领导的中国工商界组成的人民团体和商会组织,是党和政府联系非公有制经济人士的桥梁与纽带,是政府管理非公有制经济的助手。根据《社会团体登记管理条例》的相关规定,全国工商联是参加中国人民政治协商会议的人民团体,不依照《社会团体登记管理条例》进行登记管理,而我国又没有特别商会立法,这就导致该商会组织缺少法律保障。

我国商会立法的争论和实践由来已久,但至今也没有相对成熟的立法出台,主要原因就是缺少明确的立法指导方向，缺乏清晰的立法模式。因此，首先要确定我国的商会立法模式，即要制定、完善哪些商会立法，以共同构建符合我国国情的商会立法体系。根据考察，我们建议可借鉴日韩的商会立法模式。我国可采取以宪法对于公民结社自由的规定为根本法律依据，一般商会立法与特别商会立法相结合的模式，结合自身实际，进行商会立法。具体而言，我国商会立法应注重以下几个方面：一是宪法层面。完善公民基本权利体系，校正宪法对于结社自由的定位，从表达自由、精神自由的角度重构结社自由，同时，积极探索、完善我国的宪法监督制度，使宪法真正发挥国家根本大法的效力，使结社自由真正发挥对商会等社会团体的保障作用。二是一般商会立法层面。具体有三种不同的立法选择：第一，完全参照日韩立法，在《民法典》中完善社团法人制度，对包括商会在内的公益性社团设立采取行政许可制，并准用商事公司的规定；第二，制定《结社法》，作为一般商会设立、活动的直接法律依据，取消双重审查、主管制度，区分对社团的服务职能和管理职能，等等；第三，制定《商会法》，将特别商会以外的商会一并纳入调整范围作统一性规定，明确一般商会的设立条件、法律地位、行动原则等，从而将商会从《社会团体登记管理条例》中分离出来。我们认为，第一种选择与我国现行制度差别较大，实施难度较大，后两种选择都比较可行。三是特别商会立法层面。制定《中华全国工商业联合会法》，专门调整中华全国工商业联合会这一特定商会组织，以法律形式确认其特殊地位和公共职能，规范其组织和行为，发挥其特殊作用。

3. 关于工商联商会属性的思考

工商联是党领导下的具有统战性、经济性和民间性的人民团体和商会组织，既有政治属性也有商会属性，是一个比较特殊的人民团体。工商联的政治属性体现在它是在党领导下的组织，是党和政府联系非公有制经济人士的中间组织，是做非公有制经济代表人士思想政治工作的组织，是反映非公有制经济代表人士意见建议和政治诉求的组织。工商联的商会属性体现在它是政府管理非公有制经济的助手，是促进非公有制经济健康发展的组织，是集经济服务、人员培训、调解维权、信息咨询等商会职能于一身的组织。从工商联的发展实践来看，其政治属性表现得十分突出，商会属性表现得比较弱。尽管工商联在商会职能上做了多年的努力和探索，但效果并不理想。例如，截至2008年年底，工商联企业会员总数为93.7万户，同期全国私营企业约657万户，仅占全国私营企业总数的

14.3%，如用全国企业总数作比较比例更低，可见企业对工商联的认同度还不够高，这与工商联的商会属性偏弱不无关系。而以日本商工会议所为例，其企业会员总数130万户，占日本企业总数的85%以上。可见差距十分明显。工商联的商会属性偏弱，其原因十分复杂，既有外部体制机制的问题，也有内部组成构架的问题。

目前工商联组织是由全国工商联、省级工商联、地市级工商联和县级工商联以及基层组织组成，组织网络健全。除企业会员和个人会员外，还有众多团体会员，其中有大量的行业组织。这些行业组织大都诞生于基层，是依托工商联基层组织成立和发展起来的，它们在本行业企业的发展中发挥着重要作用。由于行业商会主管权等历史原因，这些组织在成立时大部分没有合法地位，工商联既无权对其实行管理，也无法有效代表他们的利益，加之其自身管理并不规范，因此其作用发挥十分有限。虽然目前全国工商联已取得商协会业务主管权，各省级工商联也有半数被授权，但从全局来看，尤其是多数市县一级工商联还无权对行业类组织进行管理。基于上述原因，长期以来工商联在组织发展上对行业组织的发展显得力不从心，这也就导致了工商联无法依托行业组织更多地体现商会属性。以韩国中小企业中央会（以下简称中央会）为例，其直接管理的行业商会有600户，这些行业商会的240万会员也都是中央会的会员，加之中央会直接管理的60万会员，其会员总数达300万户。这些行业商会与中央会关系非常紧密，中央会也主要是依托这些行业商会来发挥作用。

结合我国国情和工商联工作实际，借鉴日韩商会经验，我们提出一点工作思路，供参考。一是尽快在全国范围内取得工商联的商协会业务主管权；二是在已取得主管权的地方抓紧对行业组织进行规范和管理，推动其有效开展工作；三是调整会员发展工作思路，以行业组织为抓手发展企业会员，这些行业组织的会员即是工商联会员；四是各级工商联组织主要做好非公有制经济代表人士的会员服务工作，其他会员通过行业组织集中向工商联反映意见和诉求，工商联通过行业组织来为会员服务。由此最终形成以非公有制经济代表人士会员、行业组织为依托，健全和完善工商联商会属性的良好局面。

实践探索

B.17
湖南商会党建工作研究

湖南省工商联

做好商会党建工作,对于夯实党的工作基础,推动商会组织健康发展等方面具有重要意义。近几年来,湖南各级党委围绕加强商会组织党的建设进行了一些有益尝试和积极探索,取得了明显成效。

一 商会党建工作的基本情况

1. 切实加强商会党建组织领导

湖南省把商会组织党建工作纳入地区经济社会发展全局之中,纳入党的建设总体布局之中,努力形成党委统一领导、系统分类指导、有关方面密切配合的商会党建工作格局。一是建立了领导体系。省里成立了基层党建工作领导小组,由省委常委、组织部部长任组长,统战部、民政、工商局等有关部门领导任副组长,办公室设省委组织部。各地各单位根据中央和省委精神,普遍建立了基层党建工作领导小组。二是健全了工作机制。按照"属地管理"的原则,由各级党

(工)委负责抓好本地商会组织的党建工作；同时根据"谁主管、谁组建、谁负责"的原则，对会员分布广泛、专业性较强、不便于地方党组织管理的商会组织，由业务主管单位负责其党的建设工作。近年来，随着工商联被授予社团组织业务管理职能，各级工商联党组织已经成为推动商会党建工作的重要力量。三是加强了统筹协调。省领导十分重视商会组织党建工作，定期召开有关座谈会，听取商会党组织和主管部门工作汇报，对所提出的问题给予重点解决。各地也根据实际情况召开专题会议，对加强商会党建工作进行部署落实。

2. 稳步推进商会党组织组建步伐

一是制定了发展规划。明确规定：凡社会团体常设机构专职工作人员（包括长期聘用人员）中有正式党员3人以上的，都应由其业务主管部门党组织（或上级党组织）负责建立党的基层组织；正式党员不足3人的，由其业务主管单位党组织负责与其他社团建立联合党组织，或将党员组织关系转入其业务主管单位的党组织，参加党的活动；对暂不具备建立党组织条件的社会团体，由其业务主管部门党组织选派政治指导员或联络员，负责开展党建工作。二是明确了发展重点。本着"成熟一个，组建一个，巩固一个"的原则，重点做好规模较大、会员较多、实力较强商会的党建工作。三是强化了工作措施。提出商会组织和党组织"四同时"的组建要求，即同时筹备、同时上报、同时审批、同时成立。通过这些举措，湖南商会党建工作得到了有效加强，2009年下半年以来，全省新组建行业协会商会党组织612个、工商联基层分会党组织272个。省工商联所属13个行业商（协）会都建立了党组织，组建率达到100%。

3. 扎实做好商会党建基础工作

一是加强调查摸底。对全省商会党建工作情况进行了三轮排查，全面掌握商会党组织的机构设置、人员状况、作用发挥、社会影响力等情况，建立了商会党建工作台账。二是加强制度建设。根据行业发展要求和党建工作需求，形成了加强商会党建工作的指导意见和商会党建工作规范。同时积极帮助商会党组织建立健全了定期例会制，党委委员、会长分工负责制，党委中心组学习、党员教育管理以及财务使用和管理等各项内部工作制度。三是加强工作指导。建立了商会党建工作考核体系，派出了商会党建工作联络员，定期对商会党建工作上门指导和督察。

4. 努力完善商会党建保障体系

一是积极争取商会负责人和会员的支持。定期召开非公党建工作座谈会，及时传达中央和省委指示精神，从政治上增强商会负责人支持党建工作的责任感和使命感。进一步健全了非公经济代表人士综合评价体系，把商会负责人是否支持党建工作作为政治安排和评比表彰的重要参考依据。二是建立商会党组织工作经费保障机制。由省委组织部、省财政厅联合发文，明确了商会组织开展党建工作可以从管理费用中列支。三是推动商会党组织发挥作用。大力倡导商会党建工作和会务工作的双向融合，积极推行商会党组织参与商会重大事项决策制度、商会党组织和商会联席会议制度。四是建立健全领导联系点制度。各级领导主动参与、指导商会党建工作，帮助商会解决碰到的困难和问题，努力把领导联系点建设成为非公党建工作示范点，带动商会党建整体水平的提高。同时实行领导联系点轮换制度，做到成熟一个更换一个，进一步巩固扩大成果。

5. 不断增强党务工作者队伍素质

一是选好配强党支部书记。在选配商会党组织领导班子时，对于商会主要负责人是党员的，一般采取商会和商会党组织领导班子进行交叉兼职，对于商会主要负责人不是党员的，坚持把思想政治素质好、工作能力强、熟悉经济工作、群众基础好的同志配备到商会党组织领导班子中来。建立非公经济组织党务干部人才库，通过内部选拔、公开招聘、组织选派等多种方式，配置商会党务干部。二是组织商会党务工作者开展政治和党务专业知识培训。定期组织商会党组织负责人到中央党校、省委党校、北大、清华等名校培训。开展商会党务工作者赴先进地区、企业和商会组织学习交流活动。三是建立健全非公经济组织党建工作指导员制度。一些市、县在机关选拔干部，派驻到商会组织中挂职锻炼，开展党的工作。

二 商会党组织发挥的重要作用

1. 发挥了核心作用

商会组织作为会员的自治组织，在形式上能把在会员集中起来，但由于会员素质的良莠不齐和思想的各异性，导致商会的自身建设常常出现问题。2005年长沙某商会换届时，很多有实力的会员都出来竞争会长职位，非常激烈，甚至出现贴大字报等过激行为。为此，商会党支部及时和当地主管部门沟通，形成共识，并分头做好宣传和统一党员、会员的思想工作，在选举上起了十分重要的作用，推选出一位有抱负、有能力、有实力的商会领导人，全体会员和地方党委政府对此都非常满意。

2. 推进了行业自律

全省广大商会党组织始终把增强行业自律作为商会党建工作重要内容，制定了多项规章制度，开展了"五查五看"等一系列活动，督促行业从业人员端正思想认识，共同抵制销售假冒伪劣产品和欺行霸市的行为。2008年，由于经济形势不乐观，湖南省个别地区的部分行业内发生了企业和经营者拖欠农民工工资的事件，各级商会党组织配合有关部门，认真对待每件个案，积极敦促企业和经营者发还拖欠农民工的工资，努力做好化解矛盾工作，把不安定因素消除在了萌芽状态。

3. 维护了会员权益

近几年来，各级商会党组织在加强与政府沟通，反映会员单位意见，维护企业合法权益以及协助制定政策等方面做了大量的工作，取得了较好的成效。湖南五金机电商会党支部组织党员积极参加省委献计献策活动，提出建议25条，由省工商联汇总上报给省委。长沙永康商会党支部为了指导会员企业解决生产经营中遇到的各种纠纷，向会员企业下发了各种法律法规书籍，并由党支部书记作专题辅导，增强了会员的法律意识，解决了14起会员企业的"老大难"纠纷。吉首市个私协党总支针对个体私营业主受到的违法行政侵害、不正当竞争侵害、误签合约侵害和不法分子的骚扰等"四大侵害"，党总支与个私协一道，专门设置了权益服务部、法律事务所和投诉接待站等权益服务机构，在全市城乡设置30多个权益服务联系点，向社会公开热线电话，向业主承诺24小时有求必应、有难必帮，并积极争取公安、司法等部门的支持和帮助，使权益服务机构真正成了业主充分信赖的"110"。

4. 促进了经济发展

在长期的实践探索中，全省各级商会党组织通过"党建搭台，经济唱戏"的模式，在支持、服务企业的生产经营发展方面做了许多有益的尝试，实现商会工作与党务工作之间的互动双赢。2009年，湘潭市金属材料商会党支部和商会领导班子成员科学谋划，大胆筹备建设新金属材料市场，结束湘潭金属材料行业有市无场、竞争力低、市场占有份额小、利税贡献少的历史，为湘潭市金属材料行业打造了优质平台。新市场开业一年来，门店入住率达到100%，销售额达到5亿多元，创造税收近600万元，打破了一个新市场发展成熟需要3~5年的行业规律，成为了推动科学发展的示范市场。他们还积极组织会员企业主和党员赴广东、广西、湖北、江西、山东、辽宁、上海等省区市学习交流，为企业寻找商机提供了机会。

5. 提升了党建水平

一是扩大了非公党建覆盖面。商会组织相比非公经济个体而言，具有较为稳定的特性。近几年，湖南省各级商会党组织通过吸引会员企业，特别是吸引不符合党组织组建条件的会员企业加入到商会组织中来，大大拓宽了非公经济组织党组织的覆盖面。长沙市各级商会党组织在非公有制企业中培养入党积极分子，发展党员40多名。在学习实践活动中，他们还积极开展"党员找组织、组织找党员"的"两找"活动，找到流动党员68名，较好地解决了"流动党员"、"口袋党员"的问题。二是提高了党组织的凝聚力。商会党组织能够对商会党员活动进行有效整合，同时也促进了党员之间的沟通和交流。张家界市浙闽粤商会支部把每月的18日定为党员活动日、党员学习日，组织商会党员、会员开展学习讨论，有效提高了商会党员政治业务水平。他们还长期为党员寄送学习资料，同时开展了党员生日必访、生病必访等活动，使商会党组织真正成为了会员企业党员之家。三是丰富了党建工作载体。在第三批学习实践活动中，全省各级商会组织广泛开展了"创业手牵手，帮扶一加一"、"百企联百村，共建新农村"、"联保联贷"等一系列活动，不但丰富了党建工作载体，同时也促进了非公经济的健康发展。

三 商会党建工作存在的主要问题

1. 思想认识有待进一步提高

一些地方党委对商会党建工作还没有引起足够重视，有些部门和党组织对商会党建工作抱着无所谓的态度，认为商会是自主治理组织，建不建党组织没有关系，有的甚至认为商会是经济组织的再组织，在商会开展党的工作没有必要。一些商会负责人对商会党建工作抱无所谓态度，个别商会负责人甚至认为有了党组织是多了个"婆婆"，对党组织工作接受程度低。

2. 党组织与商会关系不清晰

党组织在商会中如何定位、如何发挥作用、如何处理与商会的关系等问题至今缺少明确的制度安排。有部分人认为商会的发展有其自身的规律，商会的运行已有制度安排，党组织必须服从于商会。个别商会和党组织的关系不融洽，甚至争权夺利、闹矛盾，影响了商会的健康发展。有的党员借口自己是商会党支部的党员不缴会费，而又要求享受会员的权利，造成了较坏的影响。

3. 党务工作者力量薄弱

目前，湖南省基本上所有的商会支部书记均身兼数职，很难全身心地投入党建工作，而且现任的大部分商会党支部书记以前没有做过党务工作，他们的党务知识比较欠缺，难以找到发挥党组织战斗堡垒作用和党员先锋模范作用的切入点和着力点，在工作上存在随意性。各部门举办的党务知识培训，注重政治理论的学习，缺少鲜活的党务工作实务培训。

4. 党组织作用发挥不明显

商会党组织没有必要的经费支持，经费保障基本上寄托在企业主身上。由于受时间、场地、经费等诸多因素的制约和影响，商会党组织的作用难以发挥。有的商会党组织一年到头只有一两次活动，活动形式也十分单调，内容枯燥，要么念念文件、读读报纸、听听报告，要么干脆用研究业务工作代替党的组织活动等。长此以往，导致商会组织有党员无组织，有组织无活动，有活动无作用，形同虚设。

5. 党建管理体制不顺

就目前而言，湖南省商会党组织建设虽然形成了较为完善的工作领导体系，但是"条块结合"、多头参与的管理模式，使得责任不清，管理混乱。管理体制的混乱，首先是造成了商会党建工作的家底不清，无法针对商会党建工作的薄弱环节提出有针对性的对策建议；其次是造成了各部门之间的相互推诿，无法解决实际问题，出了成绩的时候各个主管部门都有份，有了问题的时候，基层商会党组织却难以找到有效的解决途径。

四　加强商会党建工作的几点建议

1. 加强政策指导

要明确商会党组织的职能定位。当前，我国对民间组织管理的立法工作还相对比较薄弱，建议上级立法部门制定出台包括商会在内的民间组织管理的基本法，并在法律中明确党的地位作用。要尊重商会的独立性，既要强调发挥党的政治核心作用，又要对商会进行依法管理，确保其健康发展；既要充分发挥党组织的战斗堡垒作用，又要尊重和支持商会独立开展工作，把商会的健康发展与党和国家的路线方针政策统一起来。

2. 加强队伍建设

建立一支熟党务、懂经营、善管理的党务工作者队伍，对加强商会党建工作起着至关重要的作用。各级党委要把加强商会党务工作者队伍建设工作摆在重要位置。一是要加强培训工作，将商会党务工作者培训纳入党员干部培训体系之中，定期开展培训交流活动。二是要选好配强党组织负责人，建立商会党务人才的发现、培养、激励等机制。要充分利用转制企业人才优势，推荐一批转制企业党支部书记到商会任职。

3. 完善保障机制

各级地方党委和业务主管部门应积极为商会建立党组织创造条件，对具备条件的商会党组织因地制宜、整合资源、分批分等级建立规范化的党组织活动场所，达到"有一定面积、有党员现代远程教育站点、有规范室内布置、活动阵地、活动制度"的规范化要求。要提高商会负责人的政治责任意识，通过提高商会负责人的政治荣誉、拓宽参政议政的渠道，提供信用、信誉资源，激励引导商会负责人积极参与到党的建设中来。

4. 理顺管理体制

根据商会党建工作的特殊性，应把当前条块结合的管理体制逐步转向纵向为主的管理体制。凡是可以纳入业务主管部门的商会党组织，都应逐步把党组织关系转移到业务主管部门。在理顺管理体制的同时，要注重发挥工商联在做好商会党建工作的重要作用，赋予工商联党组织参与商会党建工作的职能职责，确定工商联党组织在商会党建工作领导体制和工作机制中的适当位置。同时为工商联党组织参与商会党建工作创造必要的工作条件。

课题组组长：崔永平
课题组副组长：吴曙光
课题组成员：刘石鼎　谢商文　李　明
执　　　笔：李　明

B.18
广东乡镇商会发展若干问题思考

广东省工商联

一 广东乡镇商会整体现状及经验启示

根据《中华全国工商业联合会章程》，在乡镇设置的工商业联合会属于工商联基层组织。但在工商联的历史沿革中，街道、社区、乡镇没有一级工商联建制。《公务员法》的相关解释和配套文件规定，在乡镇设立的工商业联合会的工作人员不属于公务员。广东的乡镇商会是30多年改革开放的新生事物，泛指在乡镇、街道、社区内企业自愿结成的非营利性社会团体，与其他综合型商会和行业商会有不同的机构设置、管理制度和运作机制。因而乡镇商会的性质、地位、职能、管理等与县级以上工商联相比，具有一定的特殊性。据不完全统计，截至2010年年底广东全省已成立乡镇商会758个，各级行业商会209个。

中山、东莞是广东省两个不设县级行政区划的地级市，两市的街镇设置按县区规格建制，但两市镇街没有一级工商联建制。目前两市所有镇街都已成立乡镇商会。东莞市的乡镇商会全部在民政部门注册登记。整体上看，两市的乡镇商会既有一般乡镇商会的民间商会共性，又有不同于一般乡镇商会的特殊性。从两市乡镇商会发展历程看，最近五年组建工作取得的重大突破，离不开快速发展的民营经济大背景，离不开两市党委政府的重视和支持。2005年中山市委明确把基层商会建设纳入全市各镇区党委政府年度工作实绩考核范围，并由市工商联负责与未建立商会的镇区党委政府签订必须在期限内完成镇商会建设的协议书。东莞市委明确乡镇商会的组建工作由东莞市工商联负责推动。东莞市将乡镇商会的注册登记工作和加强乡镇商会与工商联联系机制相结合。一方面规范商会组建工作，要求各乡镇商会按照《社会社团登记管理条例》到民政部门注册登记；另一方面市委明确工商联作为总商会以及各镇（街）商会的业务主管单位，将乡镇商会工作纳入工商联工作范畴，为以后加强对乡镇商会的指导和服务工作，加强和改善乡镇的统战工作打下坚实基础。

在其他设置县级人民政府的地区，开展乡镇商会工作较有特色、工作模式有一定参考推广价值的地区是肇庆高要市（县级市）。2006年，市工商联抓住地方组织换届的有利时机，在向市委提交的《高要市工商联关于做好换届工作的实施意见》中，明确提出在乡镇建立工商联分会，获得市委同意，为工商联开展乡镇商会工作提供了有力支持。目前高要市工商联地方组织由7个镇分会，扩大到11个。另外，8个工商联分会的主席担任高要市工商联副主席，3个分会的主席担任市工商联常委，在人事安排上达到了紧密乡镇商会（工商联分会）与高要工商联的联系，进一步加强和改善对基层组织的指导工作的目的。

总结东莞、中山、肇庆高要等地乡镇商会的组建、发展经验，得出几点启示。一是必须坚持党的领导，争取党委政府支持，是乡镇商会扶上马、开好局的关键因素；二是必须坚持以服务会员为本，创新服务理念，是乡镇商会立会强会的基本要素；三是必须坚持发展商会自有经济实体，发展丰富经济手段，是乡镇商会实现可持续发展的根本保证；四是必须坚持结合当地发展实际，融入当地经济发展，是乡镇商会办好办活的重要原则；五是必须坚持抓好班子建设，提高领导集体整体素质，是乡镇商会凝聚力、执行力、创造力的源泉所在。

二 广东乡镇商会发展短板与现实困难

尽管这些年全省各级工商联在促进乡镇商会发展方面做了大量工作，但乡镇商会发展进度有快有慢，发展质量参差不齐，反映出来的困难和问题主要集中在以下几个方面。

一是经济实力有限，会务工作上层次有难度。有相当多的乡镇商会没有自有产权的办公场所，拥有会所产权的只有49家，不到10%。商会经济来源以收缴会费为主。会费收入仅能维持商会秘书处工作人员的日常工资和行政费用，大型活动只能依靠会长们捐助。全省得到过政府扶持和补助的乡镇商会数为86个，只占统计总数的15%。

二是管理体制局限，合力发挥有难度。在各地实践中，乡镇商会与工商联基层组织，两者未能完全画上等号。有的以工商联分会形式建立，有利于上级工商联加强基层组织领导，没有注册登记，不利于商会规范运行；有的完全以民间自发形式建立，与当地党委政府没有固定的沟通联系制度，难以发挥桥梁纽带作用；有的归属地方党委政府管理，具体工作由当地民营办负责指导，只谈经济建设，不做思想政治工作，只讲经济性，不讲统战性，统战部门干部无法参与乡镇商会工作，乡镇商会脱离与工商联的联系，成为基层统战工作的空白点。

三是服务手段有限，会员数量上规模有难度。多数乡镇商会没有形成自有的特色服务品牌。日常工作以会员联谊、组团考察、协调关系、被动接受党委政府或上级工商联的工作为主。在集体品牌、行业检测、商务办展等经营性服务业务上开展活动不多，只有5家乡镇商会设有技术检测、研究开发或信息服务中心；只有27家，占统计总数5%的乡镇商会承接政府部门转移的职能。

四是社会影响有限，作用发挥显成效有难度。还有许多民营企业对乡镇商会的认识不深。一方面本地区的大型企业"看不上"，认为乡镇商会"庙子太小"；另一方面大量的中小型企业没有向乡镇商会靠拢，存在"加入商会是增加负担"的思想。另外，在政策咨询、公共事务等活动中，乡镇商会的声音没有得到足够重视或者没有纳入党委政府信息搜集的正式渠道。

三　加强和改进乡镇商会工作的意见

发展乡镇商会，有利于提高中小企业自我组织能力，推动区域产业结构调整和提升，改善生产要素的利用效率；有利于推进行政管理体制改革，完善中小企业社会服务体系，提高对中小企业服务的广度和深度；有利于促进非公有制经济人士健康成长，引导民营企业投身光彩事业和社会慈善事业，推动和谐社会建设；有利于提高非公有制经济人士参政议政能力，推进基层民主政治发展进程。

1. 理顺管理机制，将乡镇商会发展纳入统战工作范畴

乡镇商会是工商联的基层组织。要进一步理顺乡镇商会的管理体制，明确统战部、工商联、其他部门在促进乡镇商会发展中的角色和职责，健全同级党委对乡镇商会的领导机制，将乡镇商会发展纳入地方考核体系，加大乡镇商会的宣传力度，推动乡镇商会进行登记注册。完善工商联指导乡镇商会发展工作机制，将乡镇商会纳入工商联（总商会）工作体系，真正成为工商联的基层组织，做到统战性、经济性、民间性相统一。

2. 加强商会党建工作，确保党的路线、方针、政策得到贯彻执行

据不完全统计，目前全省只有48家乡镇商会建立了党组织，占总数的9.4%。乡镇商会开展非公有制经济组织党建工作的积极性没有得到充分激发和利用。要进一步加大对商会组织开展党建工作的指导力度，按照十七届四中全会精神要求，根据商会党组织的作用发挥、活动方式、管理体制特点，利用商会的组织优势，进一步推动"两新"组织党的建设。

3. 加快政府职能转移，将乡镇商会打造成服务中小企业的重要平台

乡镇商会是中小企业社会服务体系的重要一环。要进一步加大对乡镇商会的用地、资金、人才等方面的扶持力度，扶持商会建设商会会所。设立商会发展扶持基金，给予乡镇商会一定的经费资助。还可通过集体品牌委托管理、公共设施委托管理、支持商会代办年审、发展商会职业教育、发展检测和技术服务中心等方式，帮助乡镇商会建设和完善经济服务手段。

4. 切实加强自身建设，不断提高乡镇商会承载职责的能力和水平

乡镇商会要达到"自我管理、自我服务、自我教育"目的，必须着力加强自身建设，提高服务企业的本领和能力。一要完善内部管理机制。要推进以章程为中心的规范化、标准化、制度化建设。建立健全内部管理机制，完善内部治理结构，健全激励和约束机制，活跃商会内部工作气氛，调动商会工作人员的积极性和工作热情。二要大力提高秘书处人员队伍素质，建设一支懂管理、善协调、敢创新、扬正气的秘书处工作人员队伍。鼓励和推荐优秀人才进入商会工作。同级党委政府、上级工商联应加强对乡镇商会专职人员的培训工作，加强各地交流，及时梳理总结商会工作经验。三要健全和完善对乡镇商会领导班子的考察、任用和监督机制。对于热心乡镇商会工作、有社会影响力、作风正派、拥护党的领导和社会主义制度的乡镇商会领导人，应吸纳为上级工商联执委以上领导班子成员，培养他们的参政议政能力和民主议事水平，符合条件的，推荐作为政协委员候选人，代表当地工商界发表意见，表达群体的主张和意愿。

课题组成员：陈瑞志　潘丽珍　陈　凌
　　　　　　庞　森　翁　俊　肖小爱
　　　　　　张定玉

B.19
整合力量 联手发展
共同促进商会规范有序发展

甘肃省工商联

2009年3月，甘肃省民政厅正式批准甘肃省工商联为各类商会的业务主管单位。以此为契机，省工商联及时组建了商会联络办公室（作为发展商会组织的临时机构），由1名地厅级干部专门负责，从工商联各部室抽调工作人员3名，与有关商会共同成立了金融、法律、科技、信息等四个服务中心。为了搭建商会交流平台，联手共促商会发展，省工商联提出了"整合力量，联手发展"的商会发展思路，创建了"甘肃省商会联席会议制度"。积极整合在此之前成立的、挂靠在各个不同单位和部门的20多家商会组织，作为商会联席会议成员。商会联席会议制度实施一年多来，从规范商会行为，理顺商会关系着手，边规范边发展，通过一系列的活动，使甘肃省商会发展从凌乱到统一、从无序到有序，展现出了良好的发展势头。截至2010年年底，商会联席会议组成单位已达到39家，其中异地商会22家，行业商会12家，5家其他类型的商会（甘肃民族发展商会、以穆斯林会员为主的甘肃民族商会、甘肃民营企业联合会、以高新区域为主的兰州高新开发区商会）。各地工商联成立各类商会组织400多家。

一 通过商会联席会议帮助引导商会向规范化方向发展

甘肃民间商会最先成立的是行业商会。甘肃省工商联五金商会成立于1998年，是甘肃省工商联成立最早的商会组织，但一直较少开展活动，作用发挥不明显。进入21世纪以后，甘肃异地商会逐渐兴起。2000年兰州温州商会率先成立，紧接着温岭商会、莆田商会成立；2001年，甘肃省浙江商会和义乌商会成立。这些商会主要集中在兰州的浙江商人这一群体之中。2003~2008年,甘肃商会发展速度较快,数量不断增多。这一阶段在浙江商会的带动下,晋商商会、江苏商会、湖南商会、湖北商会、陕西商会等异地商会相继成立,一时间多达20多家。这些商会成立的特点,一是均为家乡党政有关部门、社会组织和甘肃相关部门共同帮助组成,会员由在甘肃的同乡商人和一些从事其他工作的同乡组成;二是商会领导由筹备委员会提名,两地参与部门审核通过;三是商会活动多以接待为主,类似两省的联络部门,商会注意力大多放在家乡的经济发展上。此外,一些行业商会也逐步成立,如甘肃省工商联房地产商会、旅游业商会。因而此时成为甘肃商会发展的一个高峰期。

由于当时甘肃省工商联作为各类商会主管部门的职能没有明确,民政部门对商会的审批非常严格,加之成立商会的许多老板、企业家对商会的认识各不相同,又没有现成的模式可以参考,所以,商会组建存在很多问题。首先是成立商会随意性大,十几个老板在一起为了抱团发展,就要成立一个商会。其次是新成立的商会挂靠混乱,老板根据个人关系,随便找一些政府部门进行挂靠。在前几年成立的20多家商会中,少数是民政厅批准的,大多数挂靠在不同的单位和部门。有的挂靠在工商联,有的挂靠在商务厅,有的挂靠在经贸委,也有挂靠在政府其他部门的。再次是商会内部组织稳定性差,有的商会随意增减班子成员,有的成立半年就更换会长、副会长或秘书长。异地商会大多请一些有名望的同乡老领导担任顾问或名誉会长,有些商会设置的名誉会长数量多达十几个甚至五六十个。针对这些现象,省工商联商会联络办公室通过广泛调查研究,召开商会联席会议,组织各商会领导进行广泛深入的研究,提出了理顺和规范商会管理关系和组织结构的要求,得到了各商会的普遍认同。根据商会联席会议的决定,商会联络办公室组织专门力量,重点做了以下两方面的工作。一是对已成立商会的进行规范。主要是对一些已成立的异地商会领导班子进行调整,如对中原商会、潇湘商会、齐鲁商会等,由原来的以同乡籍干部为主变为以非公有制经济人士为主,强化了商会的经济性和民间性,成为真正意义上的民间商会。二是对新成立商会提出了新的、比较严格的要求,比如商会规模、会长、秘书长人选条件,名誉会长或顾问人数,商会章程及有关制度等,对商会成立的每个环节都进行严格把关。另外,为了明确商会成立的目的和意义,商会联席会议向新成立的商会提出了"筹备课题"的要求,即在筹备期完成

"成立该商会做什么"的课题。比如2008年成立的家装商会，该商会在筹备过程中发现当地家装市场有一些共性问题，如新商品房建好后，许多户型和消费者的要求不一样，结果是砸墙装修，一些装修公司自己装修自己验收，问题很多，商会筹备组通过调查研究，针对市场中存在的这些问题，成立了行业监督和保障机制，在保障消费者利益的同时保障会员利益，明确了商会的目标和任务，为商会的组建和发展奠定了良好的基础。

二 商会联席会议的主要职能

商会是民间社团性质的自律性组织，需要接受审批和注册它的单位或部门的管理。商会联席会议由工商联直接领导和主持，各成员单位协助配合，从根本上履行工商联作为商会主管单位的职能。按照《社会团体登记管理条例》规定和市场化原则规范发展商会。商会联席会议代替商会主管部门履行以下五项管理职能：一是筹备商会成立和变更的审查、审批手续；二是按照商会章程要求监督检查商会工作，指导商会遵纪守法，在法律规定的范围内开展活动；三是帮助指导年鉴的初审；四是协助登记机关查处违法行为；五是会同有关部门清算注销后的财产。另外还要配合批准成立的民政部门搞好以下三方面工作：一是注册成立、变更和终止；二是年度检查；三是对违法行为的查处和处罚。在实际工作中，商会联席会议认真履行业务主管单位的监督管理职能，并使之详细化、规范化、制度化、程序化，同时从商会发展的实际需要出发，凡是有利于商会发展的工作，商会联席会议都组织力量去做，比如对商会会长、秘书长的业务培训，围绕会员需要开展的各种经济活动等，不仅履行了主管部门的职能，还在一定程度上帮助商会履行了商会的职能。

三 商会联席会议开展的主要工作

1. 搭建交流平台

从各商会的运行情况来看，虽然都以团结会员、服务会员为基本宗旨，但不同的商会运行的方式和效果各不相同。比如商务联络每个商会都搞，但效果大不一样。浙江企业联合会每年都站在招商引资第一线，2004年实施引进工程：引进百家企业到甘肃,帮助百家会员转型发展,都取得了明显成效。广东商会多次组织广东企业家来甘肃考察,也频繁组织会员走出去参加经贸活动,有效促进了甘肃与各省的经贸往来和发展。有的商会工作方式不当,不能开展活动,有的商会成立时轰轰烈烈,不到一年就无声无息,有人称之为"头一年兴趣大,第二年多拖拉,第三年就散架"。自从商会联席会议把各商会整合到一起后,商会从工作中归纳出了八种好的做法,从八个方面回答了"如何发挥商会作用"的问题。通过召开商会工作经验交流会,各商会结合各自的实际,进行了大量有益的实践和探索,让工作做得好的甘肃房地产商会、甘肃民族发展商会、晋商商会等商会的领导介绍各自商会工作的好做法和好经验,同时组织各商会工作人员到好商会观摩学习。通过这个学习交流的平台,好的商会为商会工作树立了榜样,也使商会联席会议的各成员开阔了眼界,开拓了思维,起到了典型引路、共同发展的良好作用。

2. 开展教育培训

商会联席会议举办会长培训班,重点解决两个方面的问题:第一,教育引导商会会长树立民主管理意识,学会按照民主集中制的原则管理商会,提高对民间组织的管理能力。第二,教育引导商会会长增强法律意识,确保商会活动在法律规定的范围内进行,提高其领导商会健康发展的能力。通过专家主讲、会长交流的形式,培训工作取得了良好的效果。商会联席会议准备每年组织1~2期商会会长、秘书长培训班,以提高商会领导的业务水平。

3. 加强调查研究

2009年4月,商会联席会议组织20多名商会会长、秘书长,去一些重点商会和南方一些城市的商会进行学习调研。同年6月,商会联席会议抽调部分商会秘书长、工商联干部成立课题组,就"甘肃商会发展"进行专门调研。课题组走访了在兰州的36家商会组织,获得了大量的一手资料,并在此基础上完成了题为《甘肃商会发展情况》的调研报告。这篇报告被甘肃省委统战部评为一等奖。省工商联以此为依据,向省委、省政府提交了甘肃商会发展报告,受到省委、省政府领导的重视,并得到省委、省政府主要领导的批示,为工商联进一步做好商会工作打下了很好的基础。

4. 组织大型活动

商会联席会议采取"轮流坐庄"的方式,围绕民营经济的热点难点问题,定期由各商会分别组织举办活动。2010年商会联席会协助各商会共组织各类大型主题活动四次，协助浙江企业家联合会举办了"民营经济应对金融危机论坛"，邀请了一些重要领导、专家、学者和企业家同台发表演说，在特殊时期帮助民营企业树立信心、鼓舞民营企业积极应对国际金融危机发挥了积极的作用；协助山西商会举办了中小企业融资问题研讨会，邀请了政府主管金融工作的领导和金融机构的专家给商会会员介绍情况，解疑释惑。商会联席会议还充分利用新成立商会的机会，开展宣传和交流活动，这些活动的成功举办，不仅为民营经济的发展提供了有效服务，也增强了商会联席会议的吸引力和凝聚力，增强了商会的生机和活力。主题活动是商会联席会议的一大特色，也是效果较好的一项活动，商会联席会议将之列为每一季度一次活动。

四 建立商会联席会议制度的几点启示

1. 商会发展给工商联工作提出了新要求

商会作为市场经济中的一个新的发展源得到越来越多的认同，但是目前商会的能量还没有很好地释放出来，需要社会各方面的努力和帮助，工商联作为党联系非公有制经济的桥梁和纽带，作为商会的主管部门，帮助引导商会健康有序发展责无旁贷。从甘肃目前商会成立和运行状况来看，大多数商会还处于起步探索阶段，虽然取得了一些经验，但多数还没有确立清晰的工作思路，一些商会的领导对组织的性质、功能、运作方式、内部治理均缺乏明确的认识。商会自身建设、运作机制、活动开展都需要工商联做大量的帮助指导工作，如何促进商会发展成为新时期工商联工作的一个重要课题。

2. 商会联席会议是工商联加强和管理商会的重要措施

商会组织是工商联的一个优势，也是工商联工作的有力"抓手"。目前，我们建立了自上而下的工商联组织网络，建立了异地商会、行业商会等基层商会组织，有数量众多的会员，如果能把他们很好地组织起来，发挥商会联系广泛、信息迅速畅通的作用，就会为促进非公经济发展贡献更大的力量。根据商会目前的发展现状，规范和管理好商会是一项关乎当前、影响未来的重要任务。由于商会先天具有自律性不强的弱点，加之因多部门批准而造成的实际无人管，只能依靠商会自身的领导能力和组织能力，因此自我管理、自我约束、自我发展是商会存在和发展的特点。工商联作为党和政府联系非公有制经济的桥梁和纽带，政府管理非公有制经济的助手，与商会本身就有一种自然关系。实践证明，商会联席会议在规范商会行为、促进商会有序发展中发挥了良好的作用，无疑是工商联做好商会工作的有效形式。

3. 商会联席会议是促进商会初期快速发展的有效途径

现代商会如何建设和发展，在缺乏现成经验和模式的情况下，各类商会都在摸索中前行。商会成立形式不一样，活动内容和方式形形色色，作用发挥也有好有坏，许多商会会长在领导商会工作中存在很大的盲目性，给商会发展造成了极大的困难。甘肃省工商联通过建立商会联席会议制度，通过吸收商会联席会议成员，成功举办活动，极大地调动了各商会的参与热情，许多商会联合起来，共同探讨商会发展的问题和困难，彼此借鉴好的思路和做法，在许多问题上统一了思想，达成了共识。尤其通过几次大型活动，商会的活力逐步显现出来，商会联席会议的力量得到充分展示，商会的影响力也逐步扩大，各成员单位一致认为，工商联才是商会理所当然的主管部门，一些原来挂靠在商务厅或其他部门的商会要求工商联作为自己的主管单位，由工商联统一领导，从而理顺了商会管理体制。

4. 商会联席会议是各商会乐于接受的好做法

各商会领导认为，每次参加商会联席会议，均有不同程度的收获或提高。从开展活动情况来看，商会联席会议每次参加的人数都比较多，不论主办商会还是参与单位，大家都很积极，也很热心，可见，商会联席会议无疑是一种普遍受商会欢迎的好做法。

5. 商会联席会议在开展大型活动方面有其独特的优势

单个的商会往往没有能力举办大型的活动，商会联席会议通过整合几家甚至十几家商会共同举办活动，影响大，效果好。2010年商会联席会议整合商会力量，多次通过商会举办大规模的论坛、开展大型活动，由于人多力量大，各项活动都取得了圆满成功，体现了"1＋1＞2"的实际效果。许多商会都争相牵头举办活动，商会联席会议呈现良好的发展势头。

执笔：王琴玲

B.20
行业协会商会管理的无锡模式

江苏省无锡市工商联

行业协会商会作为由同一行业经济组织以及相关单位等自愿组成、实行行业服务和自律管理的非营利性社会团体，其重要性越来越多地被政府、企业和社会所认可。作为全国经济社会发展较快的地区之一，江苏省无锡市高度重视行业协会商会的改革与发展。2002年年初，无锡市委、市政府专门成立了由市主要领导任组长的行业协会和中介机构改革发展领导小组，全面规划和指导全市行业协会的改革发展工作；2003年8月，经江苏省人大批准，在全国地级市中第一个出台了促进行业协会发展的地方性法规——《无锡市促进行业协会发展条例》，为促进行业协会发展提供法律保障；2006年12月，出台了《中共无锡市委、无锡市人民政府关于进一步推进和深化改革攻坚重点工作的实施意见》，进一步创新行业组织的管理体制。近年来，无锡积极探索推进行业协会商会归口管理的工作机制，初步形成了行业协会商会管理的无锡模式。

一 无锡行业协会商会归口管理模式的形成过程

无锡行业协会商会归口管理模式的形成，大致经历了三个阶段：准备阶段——完成政会脱钩，还行业协会商会本来意义上的"社会组织"的身份和地位；实施阶段——实施归口管理，进一步理顺行业协会商会主管部门的关系，建立管理新体制；深化阶段——开展职能转移，还事于行业协会商会，发挥其在经济社会中的积极作用。

准备阶段——完成政会脱钩。以2003年颁布《无锡市促进行业协会发展条例》为标志，拉开了无锡市行业组织改革序幕。2005年先后出台《关于全力实施改革攻坚七项重点工作的决定》、《关于行业协会和学会改革发展的实施意见》、《关于行业协会和学会改革的若干政策意见》，全面清理整顿行业组织，实行行业组织与挂靠的政府部门在人员、场所、经费上的"三脱钩"。从 2005 年下半年至 2006 年年底，全市共有 259 家市属行业协会和学会与政府相关部门脱钩，327 名公务员辞去在行业协会中兼任的领导职务，38 家行业协会和学会兼并重组，用一年半的时间顺利完成了政会脱钩的改革任务，还行业协会商会本来意义上的"社会组织"的身份和地位。

实施阶段——实施归口管理。在政会脱钩的基础上，2006 年 12 月，无锡市出台《关于进一步推进和深化改革攻坚重点工作的实施意见》，进一步理顺行业组织主管部门的关系，明确全市工商类行业协会商会、社会科学类学会（研究会）、文化艺术类学会（研究会）、自然科学类学会（研究会）分别由市工商联、市社科联、市文联、市科协归口管理，从而使得全市行业组织的业务主管单位由原来的 40 多个减至 4 个。之后于 2007 年 7 月、2009 年 6 月下发了两个变更行业协会商会、学会业务主管单位的通知，分两批进行归口管理。第一批涉及 10 个部门的 70 家行业组织，第二批涉及 26 个部门的 103 家行业组织，加上原来属于市工商联、市社科联、市文联、市科协业务管理的行业组织，目前共有 360 多个行业组织由上述 4 个部门归口管理，其中由市工商联归口管理的行业协会商会达到 103 家。

深化阶段——开展职能转移。2007 年 8 月，无锡市出台《关于开展行业协会和商会承接政府职能转移试点工作的意见》，先行选择市建设局、市政公用事业局、科技局和经贸委 4 个部门为试点单位，分别将拟定行规行约、参与制定行业发展规划、制定行业标准、组织培训等 22 项事务授权委托给市建筑行业协会、市政公用行业协会等 5 个行业协会商会，取得显著成效。在此基础上，2010 年 1 月出台了《无锡市政府购买行业协会商会公共服务实施办法（试行）》和《无锡市行业协会商会承接政府有关职能的实施意见》，逐步将政府部门有关事务性、辅助性等职能，转移、授权或委托给行业协会商会承担，还事于行业协会商会，发挥其在经济社会中的积极作用。

二 无锡行业协会商会归口管理模式的主要特点

长期以来，在行业组织的管理体制上都是实行登记管理机关和业务主管单位共同负责的"二元管理模式"（见图 1）。近年来深圳、上海、嘉兴、无锡等地在行业协会管理体制的创新上，进行了程度不一、模式各异的地方实践。

商会蓝皮书

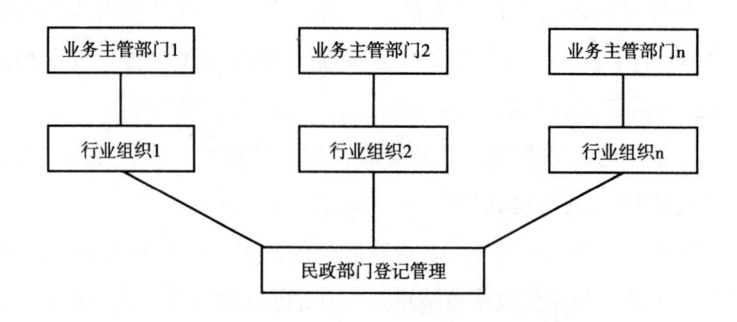

图1　传统行业组织管理架构

与传统的行业组织"二元管理模式"相比，无锡市在行业组织管理模式中增加了归口管理部门，全面履行统一规划、统一发展、统一监督行业组织的职能，形成了登记管理机关（市民政局）、归口管理部门（市工商联、市社科联、市文联、市科协）、行业管理单位（行业组织所属行业涉及的政府职能部门）为管理核心的"三元管理模式"（见图2）。从登记管理机关、归口管理部门和行业管理单位的各自管理职责来看，三者对行业协会商会的管理各有侧重、各负其责、互为补充。登记管理机关的管理侧重于对行业协会商会的组织程序和组织行为进行行政监督管理，类似于工商管理部门对企业所履行的管理职责。包括市工商联在内的归口管理部门在协助登记管理机关和行业管理单位开展工作的基础上，其业务管理的侧重点在于行业协会商会的内部组织建设和外部工作环境的营造。行业管理单位则侧重于行业的管理，在宏观上保证产业政策和产业规划的贯彻落实，在微观上确保行业健康发展等。

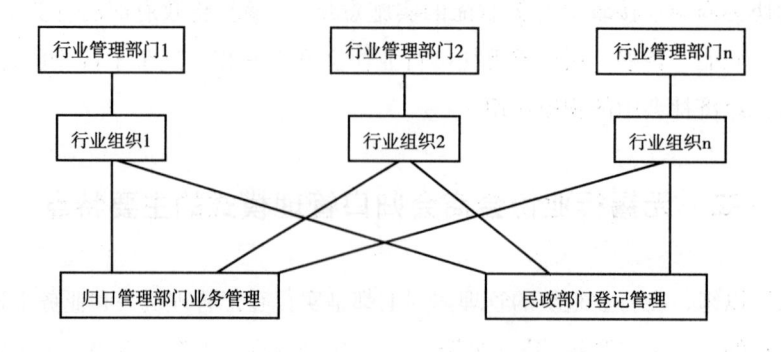

图2　无锡行业组织管理架构

无锡行业协会商会归口管理模式主要有以下特点。

一是管理主体集约化。市级行业组织分别由市工商联、市社科联、市文联、市科协4个部门进行归口管理，上述4个部门成为各自分管行业组织的唯一的业务主管单位，这是无锡模式的最大特点。特别是经济类行业协会商会统一由市工商联作为业务主管单位，这在全国也是创举。通过这一管理体制，有助于包括市工商联在内的归口管理部门，更好地掌握行业组织的整体情况，更好地成为登记管理机关、行业管理单位监督管理行业组织依法办事、按章办会的桥梁、纽带和平台。

二是工作指导规范化。在传统的行业组织"二元管理模式"中，各业务主管单位对行业组织的业务指导和日常管理，标准不一，缺乏统一规划。无锡模式中，由归口管理部门对行业组织进行集中管理，通过建立统一的工作程序、考核标准来规范行业组织的筹备、建立、登记以及运作、考核、承接政府职能等，既有利于指导和帮助行业组织按照统一标准加强组织建设、提高运作水平，也有利于在政府职能转移过程中对行业组织的工作绩效建立统一的评估体系。

三是组织资源社会化。无锡模式中归口管理部门履行依法落实扶持发展政策，研究制订行业组织准入标准，牵头组织和指导、协调和服务等职能。这意味着归口管理部门的工作定位，是成为行业组织与政府部门及其他组织间的沟通、协调平台，打破了原来"二元管理模式"中行业组织仅仅服务于各业务主管单位自身工作的局限性，使得行业组织资源和力量得到充分集中和整合，更有利于为经济建设和社会发展服务，同时也更有利于推进行业组织的改革与发展。

四是协会运作市场化。无锡市实行归口管理前的行业组织，与国内大多数地区相似，其业务主管单位通常为行业管理单位，不论是内部的组织建设，还是外部的组织运作，往往成为行业管理单位的一个工作部门。行业组织在获得行政合法性的同时，其市场属性难以得到充分体现。行业组织的运作必须遵循市场原则才能获得生存和发展，无锡模式通过实施行业组织在人员、场所、财产上与行业管理单位的脱钩，推动行业组织走市场化道路，使之真正成为市场经济的组成部分。

五是社会服务商品化。无锡模式中政府职能部门采取政府采购和定额补助的方式，向符合条件的行业组织转移、授权或委托有关事务性、辅助性等职能，包括草拟行业政策、行业规范准则、行业规划、行业产品标准、服务标准、立法建议，行业统计、行业状况调查、行业经济运行分析及预测，建设行业公共服务平台，承办专业会议、展览，行业技能、行业上岗、行业知识更新和继续教育培训等15类工作事务、事项,进一步增强了行业组织的造血功能,提升了行业组织的工作能力,拓宽了行业组织的服务领域。

三 无锡工商联在行业协会商会归口管理中的角色定位

无锡市工商联自2006年年底成为全市经济类行业协会商会的业务归口管理部门以来,围绕如何承担起归口管理的业务主管单位职责,全面推动行业协会商会改革,切实推进行业协会商会发挥作用这一重大课题,创造性地开展了如下工作。

1. 成为加强行业协会商会自身建设的引导者

针对行业协会商会行业代表性不强、法人治理结构不完善、工作制度不健全、能力水平不高等问题,无锡市工商联重点开展了以下几方面工作。一是定量考核行业协会商会组织发展。以会员数占整个行业内企业总数的比例是否达到20%、会员企业的经济总量占整个行业经济总量的比重是否达到50%,来衡量组织发展的好坏,促使行业协会商会拓宽覆盖面,增强代表性,掌握行业主导权。二是严格选举程序和决策程序。出台《无锡市工商联关于推选行业协会商会会长、副会长等候选人的意见》,明确候选人产生程序,体现代表性、广泛性和公正性。建立行业协会商会重大事项报告报批备案的工作机制,指导监督行业协会商会的重大决策按照章程规定的程序进行。三是逐步规范行业协会商会日常工作。要求行业协会商会硬件具备"三有"(有固定办公场所、有专职工作人员、有工作经费保障),软件具备"六有"(有工作职责、有工作制度、有工作台账、有会员数据库、有工作计划、有年度总结),并以此考核行业协会商会日常工作的好坏。四是对相关人员开展多种形式的培训。组织行业协会商会会长、秘书长赴香港、台湾、深圳、湖南等地考察学习,开阔视野,拓宽思路。定期召集行业协会商会会长、秘书长和会员骨干参加每月的座谈会、每季的工作例会,交流办会经验,提高工作水平。

2. 成为反映行业协会商会呼声诉求的组织者

随着社会主义市场经济体制的完善和政府职能转变的加快,政府、企业和社会更需要来自行业协会商会的情况反映和意见建议。工商联拥有参政议政的丰富经验以及参与政治和社会事务的通畅渠道,在组织行业协会商会反映行业诉求上大有可为。为此,无锡市工商联主要开展了以下几方面工作。一是组织行业协会商会深入调研。着重建好"四本台账":国内外和本地区本行业的"历史账",国内外和本地区本行业的"年度账",本地区本行业未来发展的"预算账",以及行业协会商会会员的"基础账"。二是推动行业协会商会撰写行业发展报告。通过行业发展报告的撰写,分析行业现状和问题,提出行业发展的对策和建议,为企业生产经营、政府科学决策、工商联参政议政提供参考。自2008年以来,无锡市工商联每年正式出版《无锡年度行业发展报告》,在社会上取得了良好反响。三是建立行业协会商会与政府部门的对话平台。每季度组织行业协会商会参与市有关职能部门的政策咨询会,每半年组织重点行业协会商会参加市委主要领导关于经济形势分析的座谈会,每年组织部分行业协会商会列席市委全会和市经济工作会议,从行业的角度反映情况、提出建议。四是积极做好行业协会商会会长、副会长的政治安排。发挥工商联作为统一战线工作部门的优势,推荐行业协会商会会长、副会长中的优秀人士担任各级人大代表、政协委员、工商联常执委、总商会副会长、总商会党委委员等,直接参政议政、反映诉求,调动各方的积极性。

3. 成为支持行业协会商会开展服务的推动者

集中行业内分散的资源,为会员提供所需的公共服务,如市场信息、技术培训、利益协调、维护合法权益等,这是行业协会商会成立和运作的目的所在。为此,无锡市工商联发挥联系广泛的工作优势,建立相应的工作机制,通过上下联动、左右互动、资源共享、争取支持等措施,帮助行业协会商会更好地开展服务。一是建立与政府职能部门的联系协作机制。定期召开与市公安局、市科技局、市质检局等部门的联席会议,帮助行业协会商会就行政执法、行业检查、经营环境等问题进行沟通协调,维护行业的整体利益和会员企业的合法权益。二是积极争取政府向行业协会商会转移职能和购买服务。作为全市行业组织改革领导小组成员单位,无锡市工商联通过各种途径推动此项工作的落实。在多方努力下,《无锡市政府购买行业协会商会公共服务实施办法(试行)》和《无锡市行业协会商会承接政府有关职能的实施意见》于2010年1月出台,使行业协会商会承接政府职能有了实质性启动。三是加强与社会各界的广泛合作。打造各种服务于行业协会商会的工作平台,帮助行业协会商会在信息提供、展览展销、技术咨询、业务培训、宣传推广等服务上形成品牌。四是帮助行业协会商会解决工作难题。在市工商联的大力协调下,帮助市洗染业协会、市医药流通业商会解决了货车市区全天通行问题,帮助市金银珠宝业协会妥善解决了工商罚款问题,大大降低了会员企业的经营成本。

4. 成为完善行业协会商会组织体系的建设者

建立完善的行业协会商会组织体系,既是市工商联作为无锡行业协会商会归口管理部门的内在需要,也是政府把一些社会管理职能转移、授权或委托给行业协会商会的必然要求。为此,无锡市工商联从以下几方面入手来加强全市行业协会商会的组织体系建设。一是优化调整现有行业协会商会的结构和布局。对名称相近、业务交叉的行业协会商会进行归并重组,对行业特点不明确的行业协会商会进行分立细化,对缺乏行业代表性、长期不开展活动、内部管理混乱的行业协会商会依法进行注销。二是推进新兴行业协会商会的培育发展工作。注重在新兴制造业、现代服务业、文化创意产业等新兴产业中培育一批按市场化规律运作、有实力、有影响力的行业协会商会,新组建了动漫、互联网、设计等一批新兴行业协会商会。三是稳步推进区域性行业协会商会建设。引导本地行业协会商会参与区域性的行业协会商会联盟,依托无锡的产业、产品和市场优势,稳步推进省级、全国级行业协会商会的组建。四是做好行业组织体系建设规划。精心编制《无锡市行业组织"十二五"发展规划》,突出以产品为纽带、以新兴产业为重点,培育和发展覆盖城乡、与无锡产业政策相衔接、功能齐全、按市场化运作的行业协会商会。

从发达国家行业协会商会的管理实践看,一元管理体制无疑是中国行业协会商会未来管理体制的目标取向。但社会主义市场经济体制的完善和政治、经济体制的改革是一个艰巨的过程,由于我国地区之间差异较大,改革发展的进程不一,行业组织管理体制的改革在相当长的时期内仍将是渐进式的过程。行业协会商会管理的无锡模式,在寻找一种可操作性强、不引起较大震荡又能渐进式地推进行业组织管理体制改革发展的路径上,进行了积极的探索和尝试,并有待于在今后的实践中不断改进和完善。

课题组负责人:王海宝

课题组成员:童文虎 胡建平 俞 波

执 笔:俞 波

B.21
服务"兴会" 职能"转型"

四川省成都市工商联

20世纪80年代全球兴起了一场"结社革命","商会"这个在中国消失半个世纪的概念再次进入了人们的视野。近年来随着国内经济体制机制改革的不断深入，人们发现商会在改进和完善市场经济体制，促进经济繁荣和社会协调发展方面发挥着越来越重要的作用。培育和发展商会组织也已经成为健全现代市场体系、完善社会主义市场经济体制的重要举措之一。

商会是由工商企业出于维护自身权益等目的而自愿组建的非营利性自治型经济组织。对外，商会是广大工商企业的集合，是联系企业和政府的桥梁。它代表会员反映工商界的利益，协助政府正确决策，形成合理的经济政策和各项制度安排，很好地与企业协调沟通，使政府的相关政策得以更好地理解、贯彻和执行，减少经济发展的社会阻力，降低社会成本。在对外贸易发达的沿海地区，有的商会还发挥着参与国际经济事务、协调国际经济关系、减少国际经济摩擦，甚至裁决国际经济纠纷等重要作用。

对内，商会既担负着搭建交流与合作的平台，为会员企业提供服务的义务，又肩负着行业自律和行业监督的责任。商会在建立商务网络、拓宽合作渠道、传递商业信息、制定行业和职业标准、提供技术和职业培训、控制与提高产品和服务质量、保障市场的有序竞争、调节个体之间的利益冲突、加强会员社会责任、提升会员道德追求、增强社会诚信等方面有着十分重要的作用。

《中华全国工商业联合会章程》中明确规定："中华全国工商业联合会又称中国民间商会，地方工商业联合会也是当地民间商会组织"。工商联作为具有统战性、经济性、民间性的人民团体，在肩负党和国家赋予的政治任务的同时，还承担着民间商会的职能。

工商联作为人民团体，不具备行政职能和经济手段，在社会主义市场经济体制条件下，"桥梁"、"纽带"和"助手"作用的有效履行，需要清晰地确定自身的"角色"定位、准确地把握工作方向。面对数量众多的中小民营企业及其企业家群体,工商联要想充分发挥"桥梁"、"纽带"和"助手"作用,就必须在这个群体中具备较强的向心力、凝聚力和号召力。要实现这个前提,工商联只能借助有效地发挥服务职能、充实服务内容、丰富服务手段,以赢得广大会员企业和社会各界的认可。

然而,近年来随着非公有制经济的迅速发展,非公有制经济代表人士队伍的不断壮大,在实施服务工作的实践中各级工商联组织明显感到力不从心,甚至难以适应。主要表现在与企业之间互动方式单一、服务手段缺乏、工作人员专业素质不高等方面。这些问题受工商联现有工作体制机制的掣肘,难以在短期内得以有效解决。而民间商会因其民间性和经济性的特点,在组织机构、工作手段和运作模式上均比工商联更加灵活。工商联若能有效地发挥好商会的功能和作用,将十分有利于提升整体的服务水平,从而更好地发挥"桥梁"、"纽带"和"助手"作用。因此,工商联工作要想再上一个新台阶,就必须顺应市场经济的内在规律和自我发展的内在需求,努力克服自身体制机制上的不足,充分发挥民间商会的特点和优势,努力实现工作方式和工作手段上的职能"转型",不断地充实自身的服务职能,做好自身服务工作,进而在政府职能转变的过程中,充分发挥社会组织在公共管理中的重要作用。

近几年来,成都市工商联全力建设商会服务体系,在服务内容和服务手段上大胆探索,较好地发挥了桥梁和助手作用,有力促进了非公有制经济的健康发展和非公有制经济代表人士的健康成长,受到党委、政府和会员的一致好评。

一 明确工作思路,积极主动"转型"

成都市工商联自2004年以来,明确了"服务立会、服务办会、服务兴会"的工作思路,紧紧围绕服务这条主线,从搭建平台、机制创新、资源配置等多个方面着手做好准备,力求在职能"转型"工作中获得主动。

一是积极争取政府支持。成都市工商联一直积极争取地方党委、政府的大力支持,2009年按照政府出让土地、工商联牵头、会员企业出资成立项目公司、依据市场化运作的总体原则建成了新的成都商会大厦,成为了当地非公有制经济的标志性建筑,极大改善了工商联的办公和服务环境,为服务体系搭建和服务机构的引入奠定了良好的基础。

二是建立服务功能平台。成都市工商联职能"转型"过程中,从体制机制转变上进行积极探索,外聘具有专业技能的工作人员,为会员提供各种针对性强的专业化服务。成都市工商联坚持公益性原则,在不增加服务对象负担的前提下,在政府、社会机构、服务组织、会员等各方面的支持和配合下,成功地实现了自收自支、自我平衡的运行目标。

三是明确服务对象主体。长期以来,政府部门对企业的扶持存在着"顾大不顾小"的现象,对广大中小企业的诉求往往少有理会,这使得占企业总数99%以上的中小企业往往得不到应有的服务。成都市工商联坚持以中小企业会员为主要服务对象,充分发挥商会经济性和民间性的特点,从广大会员企业最急需的政策解读、诉求反映、金融服务、教育培训、经贸拓展等多个方面为它们提供服务,从而进一步增强了工商联在中小企业中的凝聚力和向心力。

二 充实服务内容、丰富服务手段

工商联在过去的服务工作中,比较偏重于展销会、咨询等简单的经济服务,服务内容僵化、手段单一,难以与非公有制经济迅猛增长的势头相适应。成都市工商联采取具体措施,从政策信息、法律咨询、金融融资、管理培训、组织建设、国际交流等多个方面不断充实服务内容,充分利用组织网络优势,为会员提供多元化的服务手段。

1. 健全组织发展,跟进服务

组织建设是商会的生存之基,各级工商联都有数量庞大的会员企业,要想直接提供点对点的服务是非常困难的。成都市工商联在建设商会服务体系的同时,大力推动组织体系建设,丰富服务主体,通过积极发展行业商会、异地商会来为会员企业提供服务。这不仅从组织网络上保证了会员服务的无缝化,还能以这些商会为载体,承接政府职能转移和提供公共服务产品。

2. 加强调研工作,延伸服务

商会作为非公有制经济的利益代表,必然要把其各种诉求通过不同的途径向政府部门传递,以供决策参考。工商联作为非公有制经济人士参与政治和社会事务的主渠道,要想充分反映他们的呼声,就必须加强调查研究工作,才能做到"言之有物"、"言之有理"。成都市工商联一方面主动深入企业走访调研,充分听取企业意见，掌握企业发展态势，及时反映非公有制经济发展中遇到的困难和问题；另一方面，注意搜集、整理企业反映的共性问题，积极向党委政府建言献策，促进相关问题得到妥善解决，使服务工作从微观事务延伸到宏观层面。

3. 整合社会资源，推进服务

成都市工商联注重加强与各类社会专业性服务机构合作。一是积极发展金融机构、培训机构、中介机构等组织入会，整合它们的社会资源，加强其与工商联的内在联系；二是利用这些机构的专业优势，把它们的工作嫁接到商会的服务体系建设之中，让会员企业获取金融服务、法律解读等多种信息，为它们提供全方位、多层次的专业服务，完善商会服务体系的建设。

4. 抓好重点工作，带动服务

成都市工商联十分注重通过开展重点工作和重大活动等以点带面的方式来锻炼干部队伍，提升服务能力。近年来，成都市工商联相继开展了"2006（成都）友好商会会长会议暨经贸合作推进会"、"2009中国（成都）国际商会论坛"等一系列重大活动，既树立了自身的良好形象、提升了美誉度、展现了商会的社会价值和经济价值，又增强了工商联干部的自豪感和自信心，使他们满怀高昂的斗志投入到服务工作中，确保各项工作有序开展。

5. 设立服务平台，提升服务

2009年，成都市工商联进一步创新服务手段、完善服务功能、提高服务质量，以"成都商会大厦"竣工为契机，成立了为服务非公有制企业搭建的平台——成都市总商会服务中心。该中心成立的目的是希望能用一种全新的机制和体制为会员企业提供更实、更细、更专业的服务，其内在的运行模式也是一种全新探索。该中心占地2000余平方米，现下设融资服务部、国际合作部、法律咨询部、教育培训部、信息服务部等部门，聘请专业人员开展工作，为会员企业提供相关的专业服务。该中心的成立，使商会服务得以向专业化、精细化的方向发展，提升了服务的层次。

三 成都市工商联商会服务体系建设取得的主要成效

1. 充分发挥沟通职能，反映非公有制企业诉求

成都市工商联作为成都工商界的代表，承担着沟通企业与政府之间关系的职能，能很好地解决政企信息沟通不畅的问题，近年来围绕促进非公有制经济发展的相关问题开展调研，多次就非公有制企业发展中的问题向市委市政府反映相关意见，得到党委和政府的高度重视和充分肯定，有关建议得到研究和采纳，有力地推动了当地非公有制经济的持续发展。

2008年以来，受汶川地震和国际金融危机影响，成都市非公有制企业受到相当大的冲击。为摸清成都市非公有制企业的生产经营状况，帮助它们战胜困难、共克时艰，成都市工商联对全市范围内非公有制企业开展了大规模的调查走访，相继形成了《成都市工商联会员企业经营情况调查报告》、《2009年上半年会员企业生产经营情况跟踪调查》等系列调查报告，集中呼吁和反映非公有制企业在土地、用工、税收等方面亟待解决的各种问题，得到了党委和政府的高度重视。

此外，成都市工商联还积极搭建政企沟通平台，畅通非公有制企业信息反映和诉求渠道，更加有效地反映非公有制企业的意见呼声，为加快非公有制经济发展营造更好的环境。一是针对非公有制企业集中反映的问题召开政企座谈会、现场会，解决非公有制企业生产经营者遇到的共性问题。二是建立定期走访制度，深入民营企业了解情况，及时反映企业问题、解决企业困难。三是充分利用政策解读会、网站、手机短信等方式发布和解读相关政策，将政府的有关政策及时传达给企业，使他们能够掌握理解这些政策出台的背景，支持政策的实施并及时调整自身的发展战略。四是将相关扶持非公有制企业的政策印制成册，送政策到企业。成都市工商联已初步建立起了一个集调研走访、专题会议、网络平台等多种方式为一体的政企沟通制度。

2. 拓展金融服务职能，破解中小企业融资难题

融资难是中小企业始终面临的结构性难题。成都市工商联着重于完善体系，坚持以促进银企双赢为目标，走访调研为基础，以铺路搭桥为手段，以个性化服务为重点，积极帮助中小企业解决融资难问题，得到了政府的理解和支持，获得了广大非公有制企业和金融机构的信任和认可。

（1）促进银企沟通和信息对称。为了解决银企信息不对称的问题，成都市工商联建立了包括国有银行、股份制商业银行、外资银行、风险投资公司、担保公司、小额贷款公司、审计事务所、评估事务所、会计师事务所等机构组成的金融服务平台，通过座谈会、推介会、融资沙龙等一系列内容丰富的活动，一方面

使企业熟悉金融机构、金融政策，了解各个银行的信贷政策及投向，另一方面使银行了解中小民营企业经营状况，掌握成都市行业、产业发展动态，加强了银企之间的互动联系，促进了银企沟通。

（2）开展个性化融资服务，切实帮助企业解决融资难问题。开展针对性强的个性化融资服务是成都市工商联融资工作的特点。一是针对单个企业。成都市工商联在走访企业、摸清企业情况、收集企业融资需求后，针对企业的发展水平和自身情况，结合合作金融机构的特点，通过帮助企业改善财务管理、设计有针对性的融资方案、帮助金融机构开发改进融资品种等多种方式为企业提供个性化的融资服务，解决企业的融资需求。二是针对基层组织。成都市工商联充分利用和发挥基层组织的作用，将搭建的融资服务平台延伸到基层商会组织，在各个基层商会成立融资专员，调动他们开展融资工作的积极性，大力发展由点到面的新型服务方式，减少中间环节，在区域、行业中推广，成效显著。

（3）积极扶持民营担保公司和小额贷款公司发展。在政府的大力支持下，成都市工商联组织会员企业分别成立成都市总商会小额贷款公司和成都市总商会担保公司，并取得有关部门给予的税收优惠、风险补偿等政策。此外，成都市工商联还指导会员企业相继成立成都合力创业担保有限公司、四川昊鑫投资担保有限公司和温江商会担保公司等近10个民营担保公司，极大地丰富了解决中小企业融资难的手段。

成都市工商联逐步建立起了一个包含银行、担保公司、小额贷款公司、中介服务机构在内，多层次、多渠道的完整的融资服务体系，先后帮助1100余家企业成功融资60多亿元人民币，帮助企业解决了生产经营中的资金难题，促进了企业健康发展。

3. 积极履行培训职能，全面提升非公有制经济人士综合素质

近年来，成都市工商联注重加强与有关部门以及其他大专院校、专业培训机构的合作，举办各类培训班、专题讲座，邀请知名专家、教授、企业家，对非公有制经济代表人士，以及非公有制企业中的中高层管理人员进行培训，培训工作层次丰富、形式多样、内容广泛、效果良好，逐步探索出了一条全面提升非公有制人士综合素质的培训路子。成都市工商联除多次选拔优秀民营企业负责人前往中央党校、国家行政学院、中欧国际商学院等知名学府进行培训，还与专业培训机构、职业技术学院进行合作，培训内容包括党的理论方针政策、法律法规、经营管理、专业技能等数十个方面，满足了民营企业发展中各种类型培训的需要。除专题培训班、讲座外，网络教学、专题研讨会、知识竞赛、沙龙等多种方式的创新，也有效地提高了培训质量，得到受训人员的认可。为保证培训实效，成都市工商联每次在年初就制定详细的培训计划，并就培训时间、培训内容以及培训师资等与企业进行充分沟通；在完成培训后进行调查，认真收集意见和建议，并在此后的培训中进行改善。由于培训内容丰富务实、培训方式新颖多样，从而较好地调动了非公有制经济人士参与的主动性。

据不完全统计，自 2004 年以来，成都市工商联系统共举办各种专题讲座600 余次，参训人员 80000 余人次，全面涵盖了成都市 19 个行政区（市）县的非公有制经济企业，有力地促进了全市非公有制经济人士素质的整体提升，同时也逐步树立起了工商联的培训品牌，建立了多层次的非公有制经济培训服务体系。

4. 积极推动维权职能，保护非公有制企业合法权益

代表和维护会员的合法权益，搞好维权服务，是工商联的一项基本职能和重要任务。近几年，成都市工商联为维护会员企业的合法权益，开展了形式多样的维权活动，取得了较好的效果。

一是积极与有关部门协调解决会员的投诉和纠纷，切实维护会员合法权益。如 2009 年 2 月发生的某建材市场的拆迁纠纷，使 1000 多家会员企业的合法利益受到损害。成都市工商联在第一时间做出反应，一方面做好会员的安抚工作，避免事态扩大；另一方面与相关政府单位积极协调。通过积极斡旋，该事件得到了很好的处理，确保了社会稳定。仅 2009 年，全市工商联系统就为会员办理各类投诉案件 164 起，调解次数 372 次，为全市会员企业挽回经济损失约 1.1 亿元。

二是积极通过仲裁为会员排忧解难。成都市工商联充分利用仲裁的简便、快捷的优势特点，为会员企业及时解答各类经济纠纷咨询，切实保护了当事人的合法权益。一方面建立了走访制度。成都市工商联重点对全市经济合同签约量大的企业进行了上门走访座谈，宣传仲裁制度的优势特点，积极说服当事人在合同中加入仲裁条款，选择仲裁方式解决纠纷，减少纠纷裁决时间；另一方面积极开展仲裁咨询服务，利用仲裁工作优势，为企业无偿提供仲裁咨询服务，帮助企业理顺债权、债务关系，为会员提供全方位、高效率的法律咨询及援助。

此外，成都市工商联还积极指导、协助基层组织开展法律法规知识讲座培训，开展了形式多样的法律咨询、培训、典型案例介绍等活动，得到了会员企业的一致好评。

5. 探索对外交流职能，加强商会国际化建设

成都作为内陆型城市，对外交流上有着先天不足。成都市工商联充分利用民间组织优势，在与国（境）外工商社团合作等方面做了不少有益的尝试。

（1）推动商会国际合作，丰富商会服务手段。成都市工商联十分注重与国外商会组织和机构的联系，借助他们的渠道和能力，帮助会员企业开阔视野、协助商会提升服务水平。自2004年与德国中小企业联合会开展合作以来，双方合作项目达83个，成都市工商联在为中小企业提供更全面的专业服务，加强与国外商会、行业协会及企业的联系和合作，促进双边商会及企业商务活动等方面得到极大支持与帮助。

2009年，成都市工商联与加拿大数码基金会合作，引进"IBM企业全球志愿服务队中国四川项目"。志愿服务队在成都先后举办了7次研讨会与培训活动，受益企业及相关部门达300余家1500余人。

（2）积极引导企业"走出去"。一是成都市工商联充分利用政府的企业海外拓展基金帮助企业在境外参加展览会。据不完全统计，仅2008年和2009年两年共组织300余家当地企业赴美国、法国、日本、南非、中国台湾等十几个国家和地区参展参会，达到寻求商机、出口产品、拓展市场等目的。二是加强与新加坡国际企业发展局、中国香港贸发局等机构的联系，将企业介绍到新加坡、中国香港等与成都联系较紧密的国家和地区，帮助企业获取境外产业基金、风险基金的支持，推动企业境外上市。

一分耕耘，一分收获。成都市工商联在近几年商会服务体系的探索和实践中深深感到：

第一，商会服务体系的建设离不开党委、政府的领导和相关部门的关心与支持，也离不开各部门、各社会机构之间的通力协作，更离不开各级商会组织的互动和配合。在职能"转型"过程中工商联必须摆正位置，紧紧围绕中心，服务大局，"甘当"配角，积极主动地完善商会服务功能，努力成为政府管理非公有制经济的合格助手。

第二，工商联职能"转型"过程中，必须确立"服务兴会"的宗旨，各项工作都要围绕服务会员而展开，力争得到广大会员企业和社会各界的支持与认可，以树立工商联（商会）的良好社会形象。

第三，工商联要努力克服自身体制机制上的不足，充分发挥民间商会的特点和优势，实现职能"转型"，不断将自身的服务工作做好做实。一方面需要认真研究因政府职能转变带来的政府部分职能向社会组织转移的问题，从思想、组织、工作方式和手段上做好相应的承接准备；另一方面，还必须不断加强自身建设，提高服务能力和水平，在努力承接政府职能转移、为政府提供公共服务产品的实践和探索中，更为有效地发挥民间商会的职能和作用。

附：

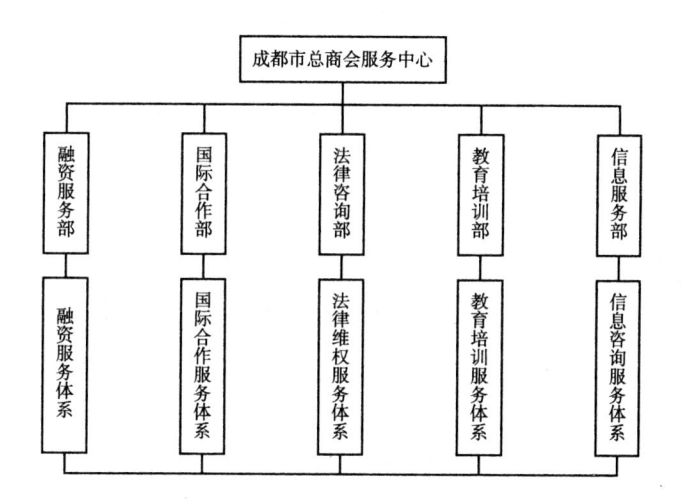

```
                    成都市总商会服务中心
        ┌──────────┬──────────┼──────────┬──────────┐
     融资服务部  国际合作部  法律咨询部  教育培训部  信息服务部
        │          │          │          │          │
     融资服务    国际合作    法律维权    教育培训    信息咨询
      体系       服务体系   服务体系    服务体系    服务体系
```

成都市总商会服务中心机构设置图

执笔：苏　毅

B.22
加强商会服务职能，促进非公经济发展

重庆市渝中区总商会

商会是工商界组成的非权力性人民团体，是党和政府联系非公有制经济人士的桥梁和纽带，是政府管理非公有制经济的助手。加强商会服务职能建设，是政府职能转变过程中的必然结果，是新形势下非公有制经济发展的客观要求，是更好地为非公有制经济提供服务的重要保证。近年来，重庆市渝中区总商会以科学发展观为指导，在加强商会服务职能建设和如何履行商会服务职能方面进行了积极探索，以重点打造四个服务平台为载体，为非公有制经济发展提供有效服务，取得了一定的经验和成绩。

一 加强商会服务职能面临极好的历史机遇

在新时期新阶段，加强和完善商会服务职能，正面临着极好的历史机遇。

一是总书记的重要讲话为加强商会服务职能开辟了广阔前景。2010年3月4日，全国"两会"期间，胡锦涛总书记再次强调要毫不动摇地巩固和发展公有制经济，毫不动摇地鼓励、支持、引导非公有制经济发展，并对非公有制经济提出了希望和要求。两个"毫不动摇"，将坚持公有制为主体，促进非公经济发展，统一于社会主义现代化建设的进程中，共同支撑社会主义市场经济的大厦，必将翻开非公有制经济发展的新篇章。同时，也为加强商会服务职能和工作开辟了广阔的前景。商会作为党联系非公有制经济人士的桥梁和纽带，政府管理非公有制经济的助手，必将在更加广阔的领域履行人民团体和民间商会的服务职能，发挥更加重要的作用。

二是政府职能转变为加强商会服务职能创造了有利条件。随着改革开放的深入和市场经济体制的建立和完善，政府职能逐渐开始转变，由原来的"大政府、小社会"向"小政府、大社会"转换。政府经济工作的主要职能已经不是通过直接抓企业来管理经济，而主要是制定经济发展规划，为企业发展创造最佳的舆论、政策、法制和办事等外部环境。根据科学发展观的要求，一些政府不该管、管不了、管不好的事情移交给商会等中介组织来做。在这样的背景下，商会的职能必然要不断得到加强和完善，更好地发挥政府联系和服务企业的桥梁与助手作用，促进地区经济又好又快发展。

三是非公经济发展需要为加强商会服务职能提供了客观依据。改革开放以来，非公经济得到迅猛发展，在我国经济社会发展中起到了重要作用，已成为社会主义市场经济的重要组成部分，成为社会主义现代化建设的重要推动力量。但是，在非公有制经济发展中，还存在着发展环境欠佳和企业自身不足两方面矛盾。主要表现在贯彻落实促进非公有制经济发展的方针政策还不到位；对非公有制经济发展的指导和引导还不足；在贯彻平等准入、公平待遇原则，金融支持，法律帮助等服务方面还存在问题；在市场环境、政策环境、法制环境、社会环境等方面还需要改善；非公有制经济企业在治理结构、经营模式、管理理念和人才队伍建设等方面存在明显不足；在规范生产经营行为，树立法律意识和社会责任感方面需要进一步增强。以上这些问题需要通过深层次的服务去解决。

二　履行商会服务职能必须围绕非公经济发展需要

在新形势下，商会肩负着对非公有制经济人士进行"团结、帮助、引导、教育"的职责，承担着为经济发展做好各项服务工作的重任。这是一项长期而光荣的任务，而且涉及我国社会生活的各个领域、各个方面，这就要求商会必须站在新的高度上牢牢把握社会主义市场经济发展的脉搏，紧紧围绕非公有制经济发展需求，开拓新思路、探索新途径、创造新方法、开创新局面、作出新贡献。

1. 确立商会服务平台理念

商会服务，必须要有服务手段，建立服务载体，明确提供什么样的服务，怎样提供服务；服务必须符合企业实际，突出有效性。只有通过有效的服务，才能立会和兴会，只有通过有效的服务，才能增强商会的凝聚力和向心力。多年来，我们致力于商会服务职能的实践和探索，致力于商会服务职能的加强和完善，在深入调查研究的基础上，结合章程规定"为会员提供培训、融资、科技、法律、信息咨询等服务，提供对内、对外经贸交流服务，提供公共关系沟通协调服务，帮助会员增强自主创新能力，提高核心竞争力和可持续发展能力"等职能和任务，经过梳理、总结，归纳为融资、合作、信息、维权四个主要的方面，提出了确立服务平台理念的构想，将这四个方面上升为四大平台载体，即"非公经济融资服务平台"、"非公经济合作服务平台"、"非公经济信息服务平台"、"非公经济维权服务平台"，并积极研究实施，着力开展四大平台建设。

2. 确定每个服务平台的服务落脚点

融资服务平台，主要是推动企业信用建设，充分利用银行、担保公司等金融资源，通过多种形式和渠道，为企业发展解决资金问题。不仅要做好担保贷款等间接融资，而且要做好企业上市等直接融资，努力降低企业融资成本，从而缓解或基本解决非公经济融资难问题，促进企业稳定持久发展。

合作服务平台，主要通过实施"走出去"战略，广泛开展各种交往活动，使政府与企业之间、商会与企业之间、企业与企业之间联系更加紧密，推动和实现企业之间的合作，在合作中寻求更好的发展，实现优势互补，互利共赢。

信息服务平台，主要是构建信息咨询服务网络，为企业提供快捷、准确、有效的各类信息，使企业能在第一时间获得自身行业的最新情况，抓住最佳商机，谋求更好发展，从而推动非公经济信息化建设。

维权服务平台，主要通过各种方式，协调政府和企业、企业和企业之间的矛盾、纠纷，帮助企业解决生产经营过程中的困难，让企业合法权益得到有效的保护；通过维权平台作用的发挥，增强企业法律意识，促进行业自律，自觉维护社会主义市场经济秩序。

3. 拟定每个服务平台建设的实施意见

平台建设实施意见，也叫实施方案。为了使每一个平台的服务，既目标明确、有章可循，又相对灵活，贴近企业。我们根据各个平台的不同特点，以一定的模式确定下来。从目的意义、组织架构、服务范围、服务内容、主要措施、工作模式、分管领导、实施部门、人员配置、具体负责人等方面，拟订"关于加强×××服务平台建设的实施意见"，以便实施，充分发挥每个服务平台的作用。

4. 各个服务平台之间的相互联系

四大服务平台各有侧重，但并不孤立，彼此之间相互联系、相互配合。主要体现在两个方面。一是平台之间服务职能交叉。如教育培训，四个服务平台都要涉及，但又不能单独将其涵盖，这就需要四个平台共同发挥作用，做好教育培训工作。二是平台之间相互配合。比如，融资平台与合作平台之间配合，前者解决项目资金，后者解决项目参与者，共同为企业实施项目提供服务。又如，各类数据库的建立，信息平台与其他三个平台之间有密切联系，信息平台提供数据的格式、版面，其他三个平台提供数据的内容，合力构成完整的数据库。平台之间的联系，使商会服务职能得到进一步拓宽和完善，服务有效性更加突出。

三 发挥商会服务职能作用取得明显成效

商会四大服务平台建立以来，各司其职而又相互配合，各自应对企业服务诉求而又密切联系，积极为企业提供有效服务，使社会效益和社会价值实现了最大化，在社会上产生了广泛影响。

融资服务平台，以渝中区工商联、渝中区融资信用促进会（简称信促会）、诚信担保公司为主体；以区经信委等有关职能部门，国家开发银行、建设银行等金融机构，政府和银行签约或认可的担保机构等为重要组成部分。成立信促会、贷款专管机构、评议员队伍、风险储蓄金等，建立政府、银行、担保公司、企业"四位一体"的融资贷款模式，取得了明显效果。

一是推动了企业信用建设。企业诚信与否是融资的关键。以信促会作用的发挥，引导企业建立健全财务制度，规范财务管理。收集企业信用信息资料，建立企业信用档案，并建立了银企合作机制，争取信用评级（凡申请贷款的企业均需获得较好的信用评级）。同时提供融资咨询，收集贷款需求。向金融机构推荐符合贷款条件的企业，并帮助企业从非银行渠道获得政府扶持资金。

二是构建了多元化融资模式。通过与各类金融机构和社会资本的联系与合作，拓宽担保领域，用好用活金融政策，争取金融机构信用评级。灵活运用企业债券、中期票据、股票上市、信托计划等融资渠道，逐步实现了从间接融资向直接融资转变，扩大直接融资规模，降低了企业融资成本。多渠道、多形式为非公经济企业提供融资服务。

三是有效缓解了中小企业融资难问题。与国家开发银行、建设银行、交通银行、重庆银行、农业银行等金融机构建立了合作关系。银行授信额达30亿元；与重庆诚信、信用、三峡、瀚华、渝台等担保公司合作，为中小企业贷款担保

3000多笔，累计担保额20多亿元，在保余额6亿多元，帮助企业稳定持久发展。

合作服务平台，顾名思义就是开展交往与合作的平台。要充分发挥合作平台的功能作用，首先要有广大的会员基础和庞大的商会组织网络，并积极组织开展广泛的交往、交流活动。因此，必须做好两方面的工作，一方面是组织建设工作，包括会员建设和广泛的友好商会缔结。经过多年的探索和实践，我会已建立11个基层商会组织，6个团体会员单位，会员总数达13000多人。与世界5个国家（德国ZDH、美国圣地亚哥、英国曼彻斯特、法国诺曼底大区、俄罗斯弗拉基米尔市）和1个地区，全国20多个省区市（含4个直辖市中心城区）商会以及全市40个区县商会建立了友好关系。另一方面是组织参加各种学习考察、经贸、商贸活动。每年组织参加国内外各种经贸、商贸会等20余次，参加企业200多家；组织赴美国、迪拜、日本等地学习考察，每次都有30余家企业参加。

广泛的对外交往活动，不仅帮助企业开阔了视野，寻找了商机，还实现了彼此之间的合作。如整合企业资源参与三亚湾市场重组改造，组织引导企业参与解放碑CBD金鹰广场业态调整，统筹城乡发展、支持社会主义新农村建设等工作，尤其对农业项目进行了大量的调研、考察、论证，达成多项意向性协议，为企业调整产业结构、加快发展方式转变搭建平台，为助推"两翼"农户万元增收牵线搭桥，争做责任渝商。

信息服务平台和维权服务平台，根据各自的服务职能和范围发挥着不同的作用。信息平台主要通过商会会刊《商家》和商发网站（www.shangfa.cn）两个载体，及时收集、整理、发布国家和市、区与企业发展密切相关的各类信息（每年1000多条），包括经济政策、法律法规、办事指南等。会刊（双月刊）每期发行10000多册，免费向会员企业、基层组织、友好商会、政府相关部门等赠阅。网站突出的是信息的数量，通过财经要闻、行业资讯、政策信息、办事指南、招商信息、供求信息等栏目的设置，基本囊括了企业需求的方方面面，做到快捷、准确、及时有效更新，不断丰富信息量，提高信息服务水平。这两个载体相辅相成，相得益彰。另外，利用网络优势，开展远程教育培训等工作，将信息平台与培训工作有机结合起来，丰富了信息平台的内容，拓展了服务领域。

维权平台依托渝中区非公经济维权投诉中心，建立了非公经济联席会议制度，由经信委、工商、税务等20多个职能部门构成。通过联席会议沟通协调，解决企业在生产经营活动中遇到的困难和问题。常年聘请法律顾问，帮助企业诉讼维权，解决各种内外矛盾、纠纷，开展法律法规培训，提高企业法制意识和自我维权能力。每年涉案20件左右，金额从几百万元至上千万元不等。履行参政议政、民主监督职能，通过提案、提意见建议等，维护企业合法权益，为非公经济发展营造良好的舆论氛围。

综上所述，商会服务职能在新形势下不断得到加强和完善，商会四大服务平台适应了政府职能转变和企业发展的需要。四大服务平台，涵盖了商会服务职能的基本内容，是商会发挥整体功能，促进各项工作开展的重要工作手段，是商会发挥桥梁、纽带和助手作用，更好地凝聚和团结广大非公经济人士的重要方式。如果各地商会组织，能结合当地实际，建立符合企业发展需要的服务载体，切实为企业提供有效服务，商会的社会影响力就能日益扩大，组织凝聚力就能日益增强，就能更好地带领广大非公经济人士，为建设中国特色社会主义伟大事业贡献力量。

执笔：易荣云

B.23
发挥组织网络优势 创新银企合作模式
积极探索和破解企业融资难题的有效途径

重庆市江津区工商联

随着我国经济社会的发展，以中小企业为主体的非公有经济已经成为我国经济发展的一支重要力量和生力军。特别是近年来，中小企业、个体工商户已成为地方经济的重要支撑和新的经济增长点，资金需求越来越大。重庆市江津区工商联为了支持和帮助其解决发展过程中出现的融资难问题，结合江津实际，积极发挥商会组织网络优势，主动与重庆农村商业银行江津支行一道，深入基层商会、中小企业、个体工商户，针对"银行放款难、企业难贷款"的深层次原因开展专题调研，组建了工商联与农商行共同合作创新型的银企合作组织，开拓银企合作组织授信贷款新途径，有效解决了中小企业、个体工商户贷款难问题，得到了上级主管部门和各级党政部门及领导的充分肯定和高度评价，实现了社会效益和经济效益双丰收，达到了农商行、工商联、中小企业、个体工商户合作共赢的良好效应。

一 因地制宜，创建"银企合作组织"信贷新模式

江津区是一个工业大区，中小企业众多，工商联基层组织网络健全，会员涉及面广，个体私营经济活跃，已成为江津经济发展的重要力量。贷款难、难贷款一直是制约中小企业和个体工商户发展的瓶颈。江津区工商联抓住重庆市农商行贯彻落实国务院3号文件及大力实施重庆农商行"322"金融服务工程的时机，主动与江津支行衔接，介绍工商联组织情况、会员企业生产经营状况、涉及经济领域及资金需求情况，并深入基层开展调查研究。调查中我们发现，出现企业"贷款难"和银行"放款难"的原因主要有三。一是整个社会的商业信用程度不高。其原因主要在于制度的建立健全与改革开放的速度不匹配，以至于银行系

对中小企业产生了信用危机，有钱却不敢贷。二是中小型企业财务制度不健全。部分企业还是家族式管理，没有建立规范的财务账册，对经营活动的核算不力，甚至有时候自己对盈亏都不是很清楚，只是凭感觉做生意、抓发展，使银行无法相信该企业是否良性发展，也不具备银行放贷的基本条件。三是发展中的企业无足值抵押。中小企业一般都是创业者由小到大、由弱到强发展起来的。中小企业在发展过程中无固定资产足值抵押是必然的。由于上述原因，致使银行与企业的信息不对称、不了解，造成银行不了解企业、不相信企业。为此，江津区工商联与江津农商行为打破中小企业和个体工商户贷款难的局面达成共识，本着互惠互信、合作共赢原则，充分发挥工商联组织网络和农商行资金储备的各自优势，并签订了双方合作框架协议，在反复论证的基础上，于2005年12月出台了《江津市农村信用合作联社与江津市工商联（总商会）、中小企业、个体工商户银企合作实施办法》，组建了银企合作工作领导小组，成立了银企服务中心，开展"银企合作组织客户授信贷款业务"，银企组织合作新模式初显。

二 稳步推进，不断完善"银企合作组织"管理机制

"银企合作组织客户授信贷款"是根据银企客户的资产情况、经营情况、信用程度及与农商行资金往来等情况，对其进行信用等级评定后给予授信，可在一定期限内循环使用于生产经营、消费的贷款。工商联和农商行为稳步推进该项工作的开展，采用点面结合试运行方法，并于2006年2月对第一批授信客户会员进行公开授信，加强对银企合作组织的宣传，增进银企之间相互沟通，增强诚实守信合作共赢经营理念。

在试运行的基础上，我们按照《银企合作实施办法》的规定和运行程序的要求，在各基层商会相继成立了以商会会长为组长，分理处主任为副组长，商会秘书长及分理处信贷员为成员的银企工作组，对申报会员的资信进行严格把关，符合条件的向银企服务中心推荐。随后，银企服务中心对会员诚信度、经济实力、经营前景等进行全面、深入、细致的调查了解；经银企中心初步审查后，支行派专职人员亲临会员所在的经营场所实地进行考察，并对生产经营情况、资产和实力进行评估论证，建立会员诚信档案资料，对会员进行准确的信用等级评定提出意见和建议，交银企合作领导小组审定信用等级，确保贷款无风险，有效地

推动了"银企合作组织"新模式的全面建成。

在全面推进工作中，工商联和农商行通力合作，经常加强交流与沟通，定期召开分理处、基层商会、银企客户代表座谈会和征求意见会，研究分析银企合作组织新情况、新问题，注重随着市场经济发展、客户需求增加，及时调整不适应发展需要的管理条款，规范操作程序，努力推进"银企合作组织"健康协调持续发展。2006年工商联重新制定了《江津市农村信用联社银企合作组织信用等级评定及授信操作办法（试行）》；2009年1月对原实施细则进行修改，增加授信额度，由原有的50万元、30万元、20万元调整为100万元、80万元、50万元；2009年修订了《重庆农村商业银行江津支行银企合作组织客户授信贷款实施细则》（以下简称《实施细则》），进一步简化了评级授信贷款的操作程序，为银企合作组织的发展奠定了良好的基础。

三 真诚合作，"银企合作组织"授信模式成效显然

五年多来，江津区工商联与重庆农商行江津支行的真诚合作，以银企合作组织为平台，一方面加强了银企之间的交流与沟通，拓展了农商行贷款业务发展空间，取得了良好的经济效益；另一方面支持了江津区非公有制经济的健康发展，对缓解中小企业和个体工商户融资难进行了有益探索，是支持地方经济发展的创新，收到了良好的社会效益。此外，在加强工商联基层组织建设，增强商会凝聚力和活力，促进工商联工作的全面推进等方面都发挥了积极的作用，真正实现了创新发展、合作共赢的目标。

截至2010年6月，"银企合作组织"累计授信银企客户233户，其中AAA级92户，AA级98户，A级43户，授信金额达12273万元，重庆农商行江津支行仅"银企合作组织"授信用信年收息额近400万元。本项业务开办以来，银企客户存款和为支行组织存款达12000万元以上，累计发放贷款31016万元，极大地推动了江津农商行的发展。

2009年年底，全区非公有制经济户增加至4.02万户；从业人员30.4万人，同比增长5.8%；实现营业收入367.3亿元，同比增长27.4%；实现增加值130.4亿元，同比增长22.1%；上缴税金10.6亿元，同比增长23.4%，占地方财政收入64.3%；10家企业进入重庆民营企业100强。非公有制经济为江津区经济社会全面发展作出了积极贡献。

发挥组织网络优势　创新银企合作模式　积极探索和破解企业融资难题的有效途径

目前，江津区工商联有基层组织39个，会员企业2674户，商会组织涉及全区各镇街、各行业，已经形成了上下联动、横向联系的组织网络体系，为开展"银企合作组织"工作提供了多方位、多层次、更广泛的合作领域。工商联工作得到了区委区政府的充分肯定和赞扬，连续被重庆市工商联评为区（县）工作先进单位，各项工作成效名列全市工商联前茅，工商联得到了全面发展。

四　开拓创新，"银企合作组织"授信模式健康发展

江津"银企合作组织"授信模式开展5年多来，我们充分认识到要确保"银企合作组织"健康发展且更具生命力，必须坚持做好以下几方面的工作。

第一，诚实守信是开展"银企合作组织"的前提。

作为银企合作组织的直接受益者及银企客户，中小企业必须要加强和完善自身的经营管理，建立健全财务制度，严格按《实施细则》的要求按时结息还本，规范地进行财务核算，如实反映企业的经营情况，让银行了解和掌握企业的良性发展前景。企业要主动与银行联系，建立银行与企业信息对称沟通渠道，以诚信经营得到银行的帮助和支持。

第二，用心服务是实现"银企合作组织"的根本。

工商联、商会、农商行等从事银企合作工作的各方必须改进工作方法、服务方式，要多深入基层开展调查研究，及时了解和掌握企业的经营状况，及时指出企业生产经营中存在的问题，帮助分析企业发展潜力，特别要从金融政策上指导企业发展。要用心思考，真正为企业发展创造机会，提供优质服务。

第三，创新工作是发展"银企合作组织"的动力。

"银企合作组织"要及时分析研究国家财政金融政策，要结合地方经济发展的实际，在不违反金融政策的大原则下，采取积极有效的工作机制和措施，有针对性地拓展银行服务项目和品种。通过适当降低中小企业贷款利率浮动幅度，鼓励更多中小企业贷款创业；在建立防范风险的基础上，积极进行业务创新，创办更多、更新的适应中小企业需求的信贷品种，把适当放宽贷款条件与严格贷款监督有机结合起来，进一步支持中小企业的发展。

执笔：毛泽亮

典型分析

B.24
发挥特殊经济区域中商会组织的特殊作用

天津开发区商会

一 天津开发区商会基本情况

天津经济技术开发区工商业联合会是 2002 年 5 月，由开发区管委会申请，经全国工商联、天津市工商联批准建立的，是全国第一批在经济功能区成立的工商联组织，受到了全国工商联、天津市工商联的高度关注和重视。成立后，天津开发区工商业联合会与原有的开发区国际商会、开发区贸促会、开发区外商投资企业协会、开发区企业联合会、开发区私营企业协会合署办公，即六会合一，对外统称开发区商会。

在实际工作中，国际商会、贸促会、企业联合会、外商投资企业协会的职能主要集中在国际商会；工商联、私营企业协会的职能主要集中在工商联。这也形成了开发区商会特有的机构设置：开发区工商联有独立的执行委员会，设有执委、常委、副主席和主席，执委会成员主要以民（私）营企业家、股份制公司高级管理人员为主。开发区国际商会有独立的理事会，设理事、副会长和会长，理事会成员主要以在区域中有影响力的外商投资企业高级管理者、国有企业高级管理者为主。两套机构行使六会的职能，共用一个秘书处。因此，天津开发区商会形成了"六、二、一"的格局，即六会职能、两会机构、一个秘书处。除国际商会或工商联的专属活动外，活动多以"天津开发区工商联·国际商会"署名。

开发区工商联和开发区国际商会均为企业家会长制，工商联现任主席是万通集团董事局主席冯仑先生。国际商会现任会长为摩托罗拉（中国）电子有限公司中国区总裁高瑞斌先生。秘书处采用秘书长负责制，秘书长由开发区工委组织部门派驻，并在国际商会任执行副会长，在工商联任常务副主席。秘书处下设四个部门：会员部、研究室、编辑部、办公室，共有工作人员20人。会员部主要负责：组织会员活动，维护和发展会员，内引外联；研究室主要负责：传达解读政策信息，收集会员企业问题、维护会员权益，向政府部门反映会员的意见和建议，举办各种培训；编辑部主要负责：定期编发商会会刊《新商界》，《新商界》目前已获得公开发行刊号，每月发行15000册，覆盖天津地区；办公室主要负责：秘书处内部的协调与管理。

天津开发区工商联于2004年8月成立了工商联党组。党组成员共设7人：开发区负责招商和经济发展工作管委会的副主任兼任党组书记，再加上开发区企业党委书记、分管统战工作的工委办副主任和商会秘书长，这4位工委、管委会机关干部任党组成员。同时，在会员企业中挑选3位政治素质高、党性强、有影响力的企业家党员，经组织考察纳入党组成员。这样，既加强了党对工商联的领导，又使企业家党员能够参与工商联的决策工作，使党的方针政策能够及时在企业家会员中传播，使党的意志能够在企业家群体中达成更高的共识（见图1）。

二 天津开发区商会的主要工作实践

日常工作中，天津开发区商会不断探讨为企业服务的形式，构筑多种为会员企业服务的平台，组织丰富多样的会员活动，提高为会员企业服务的质量，努力塑造企业与政府、企业与商会间平等和谐的关系，形成良性互动、共同发展的崭新局面。

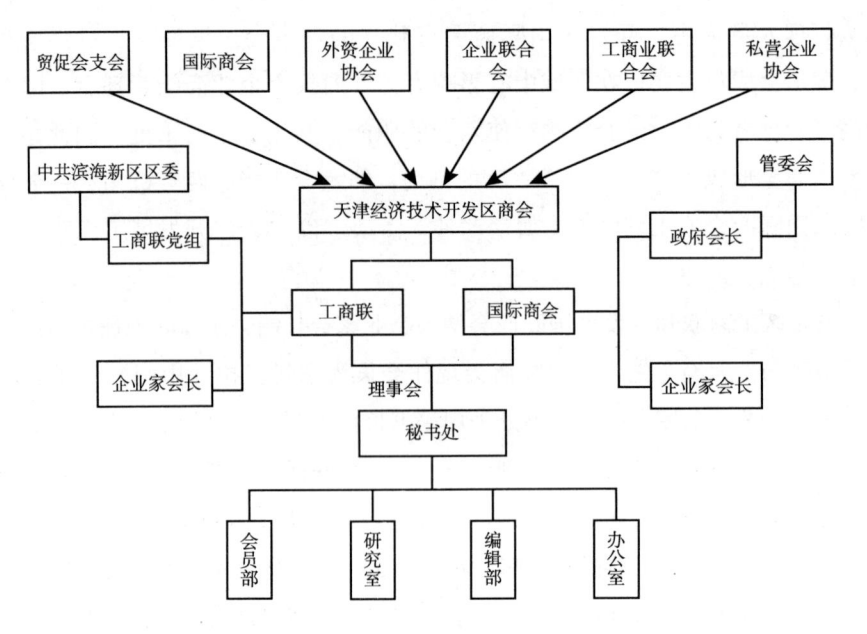

图1 天津开发区商会组织架构图

——通过几年来的实践，形成了开发区商会的办会方针："服务立会、会员办会、沟通兴会、实力强会"。

——通过几年来的实践，形成了开发区商会的服务理念："我们要把会员看成是客户，把提供的各种服务看成是为满足客户需求而生产的产品"。

——通过几年来的努力，形成了稳定的会员队伍：截止到2010年年底，商会已经有资讯会员8000余家，核心会员超过1000家。吸收了在天津开发区投资的各国别、各行业的企业成为会员。

——通过几年来的实践，商界的利益代表机制逐步形成：通过努力，不断地提升商界的地位和话语权，建立起与政府的良性沟通机制。健全开发区商界的代表机制和利益机制。一是出版了天津市商务环境白皮书，产生了较大影响；二是健全开发区商界的代表机制和利益机制，建立了商会理事会闭门会议制度。

——通过几年来的不断努力，根据企业需求，成立了16个委员会和俱乐部。国际商会微电子分会、国际商会化工区分会、国际商会逸仙园分会、商会CFO沙龙、酒店餐饮业行业委员会、回声俱乐部、德国人联谊会、日企联谊会、台胞联谊会、阳光俱乐部、泰达女工商及专业人员联会、中介服务企业联会、金融行业委员会、IT经理人俱乐部、公关经理沙龙、企业家球迷俱乐部。

——通过多年来的活动组织，逐渐形成了国际商会的十大品牌活动。

新商界年度产业回顾与展望经济论坛、商会闭门会议、新入区企业与政府领导见面会、企业与政府对话会、开发区工商联·国际商会会长联席会、泰达新年音乐会、"共享阳光"商界联谊会、中秋节联谊会、圣诞联谊会、商会杯高尔夫球友谊赛。

——通过多年来的不断努力，在三方协调机制工作中发挥了巨大作用。

为构建和谐的劳动关系，作为三方协调机构的资方代表。开发区商会在反映企业呼声、代表资方处理劳资纠纷、加强劳动法律法规培训等方面发挥了重要作用。并在探讨签署区域集体合同、区域工资集体协商等方面工作上取得了重大的进展。

——通过多年来的不断工作，逐步引导开发区商界群体投身慈善事业。

汶川地震灾情发生后，商会第一时间倡议区内企业抗震救灾。据不完全统计，开发区企业通过各种社会渠道向灾区捐款捐物价值超过9339万元。

2009年，商会与泰达国际心血管病医院、泰达志愿者协会组织了"爱佑童心，情满泰达"开发区爱心慈善拍卖晚宴。现场募集善款近500万元，可资助治愈近千名先天性心脏病儿童。通过商界及社会各界的共同携手，唤起更多的人奉献爱心。

——通过多年来的不断探索，打造出新型媒体平台，传播商界声音。

宣传企业家文化和企业家精神，弘扬商界精神和商业文化，同时及时准确地为商界传递政策信息资讯是商会的重要工作。2008年，商会会刊《新商界》获得公开刊号，公开发行，月发行量15000册，目前已获得中国商会优秀报刊奖。权威商务信息网站——泰达企业在线，为会员企业提供各项信息服务，总点击量已达680万人次，成为企业最贴心的工具网站。

三 工作实践的体会和思考

1. 发挥特殊经济区域中工商联组织的特殊作用

天津开发区工商联是全国在特殊的经济区域中成立的第一家工商联组织。在开发区这个特殊的新兴的经济区域中，工商联组织发挥了特殊的不可替代的作

用。天津开发区不是一级政府组织，没有人大、政协组织，而随着开发区经济的高速发展，这里汇聚了大量新兴阶层人士、民（私）营企业家、外商投资企业的高级管理人员、留学归国的创业人员。这就需要有组织来反映他们的呼声。而工商联组织的一个重要作用就是帮助非公经济人士实现他们的政治诉求，引导非公经济人士积极地参政议政，发现和培养一批社会主义事业的优秀建设者。在天津滨海新区的人大、政协组织，在天津市的人大、政协组织，乃至全国的人大、政协组织中要有"天津开发区"——这一我国北方重要经济区域的声音，需要他们中的代表人士来建言献策，要有他们的提案和建议。开发区工商联成立后，恰恰发挥了这一重要作用，引导非公经济人士参与到开发区的政治生活中去，为开发区的发展建言献策。推荐他们中的优秀代表人士参与到天津市、参与到全国的政治生活中去，成为天津开发区各种新兴社会阶层人士的利益代表。而以天津开发区为核心区域的天津滨海新区的各种国家优惠政策的出台，恰恰也源于这些优秀的代表在全国政协的呼吁和提案。截止到2010年，已推荐新区人大代表17名，政协委员15名，市级人大代表2名，市级政协委员6名，全国政协委员1名。

2. 六会合一的工作优势

天津开发区成立工商联后，整合资源，建立起了面向区域，不分企业所有制性质的"大商会"组织。整合后的商会是6块牌子：开发区贸促会、开发区国际商会、开发区外商投资企业协会、开发区企业联合会、开发区工商业联合会、开发区私营企业协会。六会共用一个秘书处，这样使得资源相对集中，便于管理和决策，也避免了区内企业重复入会，多头管理的现象，企业加入一个会，即共享六会的职能和服务。除了国际商会和工商联的专属活动外，商会组织的所有活动对六会会员开放。不分所有制的统一会员服务，增强了不同所有制企业之间的交流，搭建了平台，创造商机。尤其是促进了服务业企业与制造业企业间的合作，民营企业与外商投资企业之间的交流。在全球经济趋于一体化的今天，这种机构的设置，既能帮助民营企业尽快与国际接轨，又可以帮助外企推进人员、原材料、产业配套等方面的本土化，降低运营成本。这种双赢的格局，正是我们这些年不断推动的工作，也得到了企业的积极拥护。

3. 商会的角色定位

经过几年的工作摸索和实践，我们体会工商联（商会）的角色定位应该是：紧紧围绕"统战性、经济性、民间性"，成为商界的利益代表、政府的合作伙伴，加强会员间的协调自律，成为工商业者的服务组织。所以，在统战性、经济性、民间性的基础上我们提出代表性、合作性、服务性、自律性。

代表性：工商业联合会同时又是民间商会。其主要宗旨之一，应该是代表工商业者的利益，成为商界的利益代表。工商联（商会）应该积极主动履行商界代表的职能，健全商界的代表机制和利益机制，提升商界地位和话语权。弘扬商界精神和商业文化。

合作性：工商联（商会）应该成为政府的合作伙伴，推动建立健康的、建设性的、良性的互动合作关系。促进政府持续地改善商务环境，建立公正、公开、合理的竞争环境。这应该是商会的主要工作和主要职能之一。商会是一种社会机制，是一个社会重要界别——商界的利益代表机制、表达机制、社会利益协调机制以及一种持续的促进机制。商会通过建设性、良性沟通的方式协助政府对营商、投资环境进行改善和提升。因为区域的发展和繁荣是政府和商界的共同愿望。

服务性：商会应成为商界的服务组织。加强对会员企业的服务，搭建平台、创造商机。服务组织形式创新的起点是"服务的视角"。关键就是角色的定位和转变，改变过去作为管理者的习惯心态和行为惯性，真正定位于会员企业的服务者，真正去考虑会员企业的需求。

自律性：加强商界行业协调自律。在工商联（商会）框架下，按行业成立非法人或独立法人的工作机构，代表行业利益，加强民间性，采用自治的方式，协调自律。行业商会是工商联工作的重要基础，是商会服务工商界的重要依托，是发挥政府助手作用的重要抓手。提出行业发展建议、规范行业行为、制定行业标准、推进行业自律、维护行业利益等，都要依靠商会等行业经济组织。

在天津开发区工商联成立后的几年时间里，经过探索与实践，逐步成为天津开发区商界的利益代表，成为政府的合作伙伴、成为会员的服务组织。发挥了特殊经济区域中工商联组织的特殊作用，得到了中央统战部、全国工商联的关注。经过多年努力工作，2008年，开发区工商联作为机构创新和组织建设的典型被评为全国工商联系统先进单位。

当前，在滨海新区全面开发开放的大背景下，开发区商会将不断探索在新时期新阶段适应新区发展的创新型商会组织，在中国商会发展的历程中，不断地创新—实践—总结—再创新—再实践，希望能为中国商会的发展提供可借鉴的经验和做法，探索出一条适合中国特色的商会发展之路。

B.25
转变发展模式 走商会科学发展之路

天津山西商会

天津山西商会始建于1998年,是现今国内成立最早、规模最大、影响力最广的省级异地晋商商会。天津市山西商会共有会员600多人,基本由在津注册的山西籍民营晋商所组成,这其中年销售额上亿元的会员达到20%,超过5000万元的会员占到50%以上。商会有专、兼职工作12名人员,办公面积1250平方米,常设部门有四部二室,包括秘书处、会员部、经济联络部、维权服务部、党总支和商会网站,现由全国劳动模范、原天津市河东区副区长张世伦同志任会长。

天津山西商会成立十余年,走过了一条不寻常的发展道路,商会从带领津门晋商得到快速发展的实践中得出:晋商要重铸辉煌,不仅需要继承晋商文化,还需要融入时代文化,更需要培育更多的高素质的晋商企业家;晋商的产业结构不能单纯依赖"煤铁化",而是需要更多的高端化、高质化、高新化;要想推动晋商的联合发展,要把小富则安变成让更多的会员成为品牌企业的龙头老大。2005年年底,商会在广泛调研的基础上,通过学习科学发展观,提出商会只能进行战略性转移,即围绕建立创新机制,推动会员企业科学发展。商会从此打破传统商会模式,提出并推行"商会科学发展新模式",那就是:抓住滨海新区开发开放的机遇,把商会工作的重心转移为以人为本,积极培育会员现代企业家综合素质,推动企业又好又快发展,打造更多有国内、国际竞争力的现代企业。2007年年底拟出版的《商会科学发展工作法纲要》,结合民营企业的发展情况,把科学发展观的科学内涵和精神实质具体化、目标化、责任化,使商会工作有章可循。

几年来,天津山西商会为天津的建设和经济发展作出了积极贡献。如引进资金就达140亿元人民币和1亿美元;商会还推动一批会员企业走上科技自主创新、联合发展道路;组织晋商联合开发了三个百亿元科技型大型项目;推动一批会员企业为省级、国家级诚信荣誉企业和品牌型、科技自主创新型国内龙头企业。商会在规范管理、投资力度、税收贡献、促进天津滨海新区开发开放及慈善事业等方面的表现，得到了社会各界的认可并不断获得相关部门的荣誉和表彰。

天津山西商会转变发展模式的这几年，充分发挥自身优势，创造性地开展工作，取得了明显成效，逐步形成了独有特色，这集中体现在两大方面：一是全力实施精英企业家培育工程；二是全力推动会员企业又好又快发展，打造更多的具备国内、国际竞争力的现代晋商企业。

一 以人为本，全面实施现代企业家素质培育工程

1. 树立企业经营理念并注重素质教育

商会针对每个会员的企业现状、经营管理水平、产品发展前景等情况做深入调研，有针对性地对会员企业分类建档，然后展开实效性的素质培育工程。几年来，商会开展各种形式的素质教育活动200余次，会员的法律法规、现代经营管理知识水平有了普遍的提高。商会组织专家有针对性地深入会员企业，指导企业发展规划、产业调整，帮助它们建设企业文化，建立健全现代经营管理制度。为了提高会员的文化和专业素质，商会推荐了60多名会员参加清华大学、南开大学总裁培训班或攻读学士、硕士和博士学位。

2. 开展诚信教育，勇于承担社会责任

2008年5月汶川地震后，商会全体会员用实际行动支援灾区，累计捐款捐物达600余万元。2009年年初，由天津山西商会发起主办，联合全国23个省区市晋商商会，在北京召开"中国晋商投资创业、增加就业项目推动大会"，会上决定要推动全国160家大型晋商企业从2009年起实现投资约1040亿元人民币，新增就业人数约23万。为国家促增长、保民生、保稳定作出积极贡献。

商会为提高会员的诚信素质，和会员之间签订了"诚信经营责任书"，规定了商会和会员之间诚信经营的内容、责任和义务，并建立了奖惩机制。为把诚信经营落在实处，商会开展了有力度的"诚信经营三查"活动，即会员自查、会员互查、商会重点抽查，检查率达100%。4年来在商会和会员的共同

努力下，商会会员没有一例因不诚信问题而被曝光、查处的。而获得省级、国家级诚信类荣誉的会员企业却越来越多。诚信经营已成为天津山西商会会员的自觉行动。"天津山西商会的会员是值得信任的合作伙伴"这一良好口碑已经形成。

3. 加强商会党建工作，实现党组织及党务工作全覆盖

商会根据会员中党员老总占 1/3 的特点，建立了党总支委员会。目前商会已经发展了 2 名优秀的会员入党，同时已有 17 名会员成为入党积极分子。随着商会党建工作的不断深入，广大会员的政治素质和社会责任感不断提高，至 2009 年年初，新建基层党支部 22 个、党总支 3 个，凡是基层应建党支部的全部建立，百余名党员全部纳入了党组织管理，实现了基层党组织的全覆盖。2009 年元月底，经上级批准，商会党总支改建为党委。由于商会以加强基层党建为抓手，坚持深入开展学习实践科学发展观活动，商会得到了快速健康发展，各级领导给予了高度评价和表彰。

4. 创新企业文化，提升企业整体政治素养

企业文化是企业发展的灵魂，创造企业文化就是促进企业发展，创新企业文化更是为企业注入新的活力。天津山西商会为提升会员企业整体政治素养，在创新企业文化上下足了工夫。如：为了帮助会员企业转型成功并持续发展，天津山西商会创新活动的实践载体，组织成立了"会员企业科技转型服务中心"，目前已为 16 家民企解决科技自主创新、企业转型的需求，推动了企业的创新发展；商会在创新活动的组织过程中，采用民企会员喜闻乐见的方式，召开了"天津市山西商会加强基层党组织建设暨会员企业科学发展经验交流大会"，让民企会员上台介绍他们在基层党建、以人为本、自主创新、承担社会责任等方面的经验，通过介绍身边的人、身边的典型加强民营企业投资人对党的方针政策的认识与理解；在规范企业规章制度上，商会针对党建工作和政策理论学习探索出一点体会，那就是建立健全加强党建和学习实践活动的长效机制，制订完善了《商会科学发展工作法纲要》，继而于 2010 年年初召开了"实施党组织和党的工作全覆盖工程暨长效开展学习实践活动推动大会"，表彰在学习实践活动中走科学发展道路、成效突出的非公有制企业和先进党员，由此形成了党群齐抓学习实践活动的生动局面，企业整体政治素养得到提升。

二 以企业为核心，全力推动会员企业又好又快发展，打造更多的具备国内、国际竞争力的现代晋商企业

1. 帮助会员建立现代企业制度，全力提供融资和人才支撑，瞄准"三高"目标，实现科学发展

商会结合部分会员企业家族式经营的问题，主动推动和帮助会员进行股份制改革，建立现代企业制度。商会向仍在从事"黄昏产业"的会员企业提出向"高端化、高新化、高质化"发展的要求，组织专家深入16家经营传统产业的会员企业做"专、精、特、新、强"的发展规划指导，开展17个项目的市场论证。会员没有新项目的，商会为他们推荐，帮助搞好市场调研；没有资金的，商会帮助筹措；没有人才的，商会帮助推荐。4年来，商会为企业融资、入股合作资金共30多亿元人民币，为会员引入高素质应届毕业生27名。商会还利用在天津山西籍大学生多的特点，建立了600余名在津学士、硕士、博士和MBA的人才库。2007年年初，商会建设了1.6万平方米的"晋商楼宇经济园区"，组织20余名会员企业入驻，使他们共享政策、信息，联手合作，发展形势越来越好。

2. 充分发挥商会渠道优势，全力组织推动会员联合发展、率先发展

商会为了做好服务工作，一方面多渠道地搜集项目信息和投资信息，及时向会员发布，组织企业在全国范围内开展有针对性的市场调研和洽谈合作，进而在联合发展上取得了突破。近年来，商会先后走访23个城市，洽谈项目50余个，其中21个形成新项目合作。2008年年底，由天津山西商会发起主办，30个兄弟省区市、千名晋商代表参加的"首届全国晋商大会"在津召开。会上，签约项目总额达32.7亿元人民币。2009年年初，商会组织联络了全国22个省区市53个城市的108家大型晋商企业集聚天津，召开"晋商联合发展，项目合作洽谈会"，一举达成意向30多个。另一方面，商会组织会员与国内外知名企业组建联盟，取得突破性进展。2007年，商会组织会员和外省市企业联合在天津市东丽区投资18亿元联合开发了1500亩的软件园区。前两年，商会组织北京、上海、湖北、内蒙古、河北5省区市晋商来津，共同投资建立了世界首家稀有金属交易市场。

3. 积极推动会员企业转变发展方式、实现可持续发展

天津山西商会结合会员企业发展特点，以不同手段、多种形式帮助会员企业尽快转型，调整规划，转变企业发展方式，达到创新目的。有些是以煤炭行业、物质资源消耗型产业等传统产业的企业，在商会组织的推动下逐步向依靠科技进步、管理创新转变，进而实现了可持续发展的转变；有些原属于第三产业的会员企业在商会的帮助下从实施"规模型"探出新路，创新"国内连锁型"式的管理模式；有些新型产业的经营者结合企业自身复员军人多的特点，摸索出一条企业军事化管理的创新模式，使之成为天津最大的、快速反应的"网络维护型"民营企业；有些原从事餐饮服务业的会员企业，变身转产后进而一跃成为全市闻名的"英孚教育"企业；滨海新区有一会员企业原是从事煤炭业的，如今开办了企业孵化器科技园区，目前成为滨海新区知名的科技创新型企业；另一会员企业在商会的扶持帮助下，进行了产品的优化升级、扩展市场，其节能管材产品的生产规模迅速扩大，一跃蹿红为中国北方地区此行业的"老大"，企业的排水管材招标战胜了全国对手，并成功进入了奥运鸟巢工程；还有一家会员企业的4项开发节能专业技术迅速得到推广，被建设部评为中国建设科技自主创新优势企业。

商会组织发挥优势帮助坐落在滨海新区的一家环保公司，把原来的没有什么科技含量、利润不大的为餐饮企业配套的"除油净化器"，通过调研，组织专家论证，提出"利用无线通信网络进行污水远程监测"的项目创意，研制出一种科技仪器，长年置放在排污池中，通过无线远程监控，依靠电脑随时掌握每分每秒排污的含量和污染超标情况。商会组织出面帮助聘请人才、筹措资金、组织试验和鉴定，经过一年艰苦的努力，科研成果终于成功并获得专利，得到天津环保部门的高度重视。企业的自主知识产权科技立即转变成了利润，连续三年效益翻番，使该企业迅速成为天津环保科技业的龙头。为了帮助会员企业转型成功并持续发展，天津山西商会还组织成立了"会员企业科技转型服务中心"，目前已为16家民企解决科技自主创新、企业转型的需求，推动了企业的创新发展。

几年来，商会会员之间在各自发展中本着立会的宗旨互相扶持、帮助，充分体现出商会组织团结和凝聚的作用。商会组织还着眼于会员企业的长远发展，以科学发展观统领商会的工作，使越来越多的会员企业成为行业龙头、百强企业、知名品牌、全球首家等优秀企业，实现了又好又快发展。这与商会始终对他们在自主创新、扶贫济困、诚信经营等方面进行教育和扶持密不可分。近年来就有60多家媒体相继报道了晋商会员的迅速崛起，新闻稿件达百余篇。天津晋商"素质高、有实力、讲诚信"的崭新形象在津城千家万户中广为流传。天津山西商会连续三年被评为天津市先进商会，商会党总支连续两年被评为先进党组织。2008年年初，在中国商业联合会举办的中国商人高峰经济论坛上，天津山西商会被评为"中国最具表现力民间商会"十大排行榜的第二名。2008年天津山西商会荣获"天津保税区最佳合作奖"。由此天津山西商会深切感到：民间商会作用非凡，在天津的热土上大有作为！

　　国际金融危机的来临，有人把它形容成企业的冬天，而天津山西商会却把它看做是晋商的春天，因为这正是企业产业转型、产品升级换代、转变企业发展方式所付出成本最低的大好时机。有人把当前国内国际经济形势的严峻挑战，看做是企业艰苦的磨难，而天津山西商会却认为，越是经济出现大的波动，越会有更多、更好、更新的机遇出现。相信在不久的将来，这些走在科学发展道路上的晋商一定能够站在欧美商人、日韩商人面前自豪地说：我们是中国的，也是世界的天下晋商！

B.26
创新工作方式　强化服务意识
充分发挥商会桥梁纽带作用

河北省工商联石油业商会

　　河北省工商联石油业商会成立于 2005 年 6 月 28 日，是全国第一家省级石油商会。商会现有会员单位 193 家，其中会长、副会长单位 12 家，理事单位 24 家，主要有石油化工生产、仓储、批发贸易、终端零售等企业，涵盖全省各地市，共有铁路专用线 18 条，存储石油 60 多万吨，年销售量 150 万吨，在河北省经济建设中发挥着重要作用。2008 年，商会先后被中共河北省委统战部、省工商联评为"河北省民营企业思想政治工作先进单位"，被河北省工商联评为"二〇〇八年度先进商会"。

　　河北石油商会自成立以来，始终以"团结、合作、发展、共赢"为目标，在省工商联的悉心指导下，着力发挥政府与企业沟通的桥梁与纽带作用，积极争取和创造有利于民营石油企业公平竞争的发展环境，在参政议政、建言献策、依法维护会员合法权益、千方百计为会员服务、开展社会公益事业等方面都做了大量的工作。

一　抓好思想政治工作，确保商会组织健康发展

　　河北石油商会成立伊始，领导班子就把做好会员企业思想政治工作作为整体工作的一个重要组成部分，坚持以"充分尊重、广泛联系、加强团结、热情帮助、积极引导"为指导，研究确定了其工作目标。商会会长、副会长带头将思想政治工作列入本企业的议事日程，并狠抓贯彻落实。会长齐放在自己的企业"张家口联合石油化工有限公司"制定了《企业思想建设要则》，结合实际开展了"爱岗敬业"等寓教于乐活动，推动了企业的健康发展，公司多次获得省市

县"先进民营企业"、"先进党支部"等称号。常务副会长赵盾、副会长陈金端、王百文等均在本企业开展了富有成效的思想政治工作，多个企业获得了省市县授予的"先进党支部"、"十佳民营企业"、"全省百强民营企业"等荣誉称号。

二 加强组织建设，推动商会快速发展

1. 注重领导班子建设

建设一个好的领导班子，是商会健康发展的保证。商会成立以来，我们一直高度重视领导班子的建设。商会以科学发展观为指导，不断加强思想政治学习，努力培养领导班子的执行力、组织力和发展力。一是组织领导班子成员加强理论学习，不断提高认识水平和思想境界，树立终身学习的思想；二是根据领导班子成员的能力、经验、专长、个性等要素对领导班子成员进行了合理的分工，做到人尽其才，才尽其用；三是注重培养领导班子成员的领导水平，提高领导班子的整体素质、决策力和执行力。通过努力，石油商会第一届领导集体成为了一支锐意进取、团结向上，热爱商会工作，具有较高政治觉悟、无私奉献精神、较强组织协调能力和较高社会威望的队伍。2009年，商会第一届领导班子圆满完成了各项任务，并组织选举产生了第二届领导集体。

河北省第九届、十届人大常委会副主任，河北省工商联第八届、九届会长韩葆珍为名誉会长。张家口联合石油化工有限公司董事长齐放任会长，石家庄金河石油化工有限公司总经理赵盾任常务副会长，河北常青集团董事长陈金端、黄骅兴华石油化工集团总经理王百文、唐山腾达集团总经理刘存柱、河北浅海集团总裁董宪章、鹿泉振东石化总经理董平均、邯邢冶金矿山管理局冶金库总经理吴建军、廊坊铭顺石油天然气有限公司董事长赵广山、秦皇岛中油华奥销售有限公司总经理赵德全、汉沽管理区中油石油化工销售有限公司总经理陈国学、保定中油天然气石油销售有限公司董事长贾春发任副会长。李淑芬同志任秘书长。常务理事、理事各12名。

2. 建立完善规章制度

没有规矩不成方圆。石油商会从细处着眼、小处入手，逐步建立完善了《河北省工商联石油业商会自律公约》、《财务管理制度》等十余项规章制度，规范了会员单位自律诚信经营，创建公平公正公开的市场竞争环境，构建行业信誉

体系，促进和保障了河北省民营石油行业的健康发展。商会内部的民主决策和管理制度日益完善，秘书处办事有章可循，决事有律可依，使商会运转更加有效率，商会工作驶入了规范化的快车道。同时，商会会员实行"一人一档案"的管理模式，照片、个人简介、企业情况等会员资料均按照国家档案管理规定建档，由专人负责管理，并建立会员档案的电子版检索目录，以方便随时查找。

3. 努力扩大会员队伍

此方面，商会主要从四个方面入手。一是争取政府部门支持。通过省工商联的协助及拜访行业行政主管部门商务厅与省成品油管理协会，掌握民营石油企业数量和分布状况，并以打电话、发短信、发邮件、寄发简报等形式，加强与非会员企业的联系，为发展壮大商会队伍建设做好基础工作。二是充分发挥商会骨干成员的作用。通过他们现身说法，宣传商会，推荐民营油企入会。三是深入一线带着感情走访民营石油企业，耐心宣传商会性质、任务和服务宗旨，不厌其烦地做好解惑释疑工作，使其了解商会，强化民营企业的参与意识。四是及时将素质好、有奉献精神、事业心强的会员充实到商会领导班子中来，形成了一支热心商会工作的骨干队伍。

4. 注重会员素质的提高

一是提高秘书处人员的素质与工作能力。秘书处自身的素质和业务水平决定着商会工作的质量。李淑芬秘书长带领秘书处人员从自身做起，强化学习培训。及时掌握了解国家的政策导向，认真学习《成品油市场管理办法》等国家行业法律法规，在网站刊登有关石油行业专业知识。2007年，李淑芬秘书长参加了"全国工商联行业商会秘书长培训班（第二期）"，经过学习考核，圆满完成学习培训，获得了全国工商联办公厅颁发的结业证书。2010年4月，为了做好商会的重新登记和建立分会工作，秘书处工作人员参加了国家发改委培训中心举办的"行业协会商会改革和收费管理"培训班。通过参加行业组织的各种理论学习和业务培训，提高了商会秘书处全体人员的业务素质和自我管理能力，为做好服务会员工作夯实了基础。二是通过各种方式组织会员学习。商会根据会员构成多样、思想水平参差不齐的实际情况，采取多种形式及时传达、印发、宣传党和国家的政策法规，开展各种教育活动，积极组织会员企业参加河北省工商联及行业协会举办的《合同法》、《公司法》、《物权法》、"企业新领袖研修班"、加油站安全管理等各种学习培训活动，并组织举办了加油站经营管理培训班，累计培训达310人次，提高了会员企业依法经营和应对危机的能力，进一步提升了会员企业的管理水平，促进了会员企业健康快速发展。

三 创新服务方式，增强商会工作实效性

1. 克服会员分布分散难题，加强与会员的交流

通过问卷调查、电话回访、实地调研等形式，商会加强与会员的互动交流，认真听取会员企业的意见和建议，了解会员企业的经营情况，帮助他们解决实际问题。商会还专门建立了自己的网站（www.hebccpi.com），并通过互动平台加强会员企业间的沟通交流。截至2010年5月，商会累计向会员单位发送电子邮件6万余封，邮寄简报及信函近1.2万封，打电话、发短信近2.1万次。

2. 努力为会员提供及时、有效的信息

商会每天通过电子邮件、QQ留言、短信等方式向会员提供国内外最新的石油资讯。商会网站也及时发布最新信息快递，网站"市场行情"栏目每日更新的《国内成品油市场简报》、《国内炼厂价格快报》、《国际原油市场快报》和《山东地炼汽柴油价格汇总》、《最新三地原油移动变化率》板块，不仅为会员企业的经营和管理提供指导和决策参考，而且深受业内人士的欢迎。各石油行业网站、全国工商联石油业商会等行业商会网站及河北省物价局等政府网站均转载这些板块信息。截至2010年5月，商会累计印发《原油、油品信息周刊》119期、《成品油市场早报》427期、《简报》18期；网站更新信息达2万余条，浏览量突破248万人次。

3. 积极搭建会员企业与政府职能部门沟通联系平台，争取指导和支持

通过积极与党委政府的沟通交流，随时反映商会会员的发展情况与问题困难，及时对政策、方针的制定与落实提出自己的意见建议。2008年，河北省人大常委会副主任、省工商联主席黄荣，省委统战部副部长、省工商联党组书记武志雄，省工商联党组副书记、常务副主席范少明等领导到商会实地调研时，听取了商会《关于我省近期可能出现成品油大范围供应中断的紧急报告》的情况汇报。随后，黄荣主席立即责成工商联负责同志协助商会将报告反映的情况和问题转交省政府。省政府领导同志看到后非常重视，副省长孙瑞彬作出批示，要求省发改委等部门研究商会所提建议，尽早提出解决方案。

4. 积极为会员搭建对外交流平台

商会充分利用组织优势，积极为会员企业的对外考察、经贸交流与合作创造条件，推动了会员企业及商会自身快速健康发展。几年来，商会通过开展"请进来"、"走出去"和"缔结友好商会"等经济联络活动，与全国11家石油商会和20多家行业网站、新闻媒体建立了交流合作机制，同多家外国企业和商会进行友好往来。累计为40余家会员单位和浙江、江苏、山东、天津等外省市石油商会会员牵线搭桥，促成业务交流合作。商会还组织会员参加各种石油行业峰会60余场，齐放会长多次代表商会在会上发言，反映民营石油企业的诉求。通过这些活动，为会员企业对外交流合作搭建了平台，也增强了商会和会员企业的知名度和影响力。

5. 依法维护会员企业的合法权益

商会是会员企业的家，依法维护会员的合法权益是商会的责任和义务。自成立以来，石油商会充分发挥和利用自身的职能作用，积极开展协调维权工作，先后帮助会员解决违规新建加油站、经济协议纠纷等问题30多起。2007年1月，固安县1家商会会员和6家非会员企业与中石油发生经济纠纷，经多次交涉无果后向商会求助。得知情况后商会领导十分重视。李淑芬秘书长就此事多次到省成品油协会反映情况，得到了省成品油协会的积极帮助，共同处理此事。经过双方的不懈努力，最终维护了会员的合法权益，为会员企业及非会员企业挽回经济损失280多万元。事后，会员企业还送来了锦旗，表达对商会的感激之情。通过一系列的维权服务活动，大大增强了商会的凝聚力和感召力，会员们亲切地称商会为"咱们的110商会"。

四 积极参政议政，努力创建和谐石油市场

商会始终站在国家石油经济安全和维护社会稳定的高度，深入调查研究，积极建言献策，争取建立有利于民营石油企业公平竞争的市场环境，努力构建我国和谐石油市场。

1. 直接向对口管理部门提交建议

2006年6月，齐放会长代表商会与新疆石油商会、黑龙江石油协会及7家民营油气企业联合向商务部提交建议，请国家对目前油气流通领域准入政策进行

调整。国家相关部门对石油商会及各民营石油企业的意见非常重视，多次召开会议征求意见，听取民营石油企业的建议，并最终出台了《成品油市场管理办法》，撤销了其中"附带加油站"的规定，为民营企业投资油气流通领域降低了门槛。

2. 以提议案形式参政议政

2007年全国"两会"召开前夕，齐放会长代表商会向河北省人大常委会副主任、全国人大代表、河北省代表团副团长韩葆珍提交了《拓宽原油进口渠道，保障国内石油市场稳定》的建议书，韩葆珍代表高度重视，并以提案形式提交"两会"。2010年1月，商会名誉会长韩葆珍又将深入我省民营石油企业调研过程中发现的问题及民企建议形成《关于进一步规范我省成品油市场秩序的建议》和《关于我省推广使用乙醇汽油有关执法问题的建议》提交省"两会"。这些提案得到了商务部及省工商局、商务厅等部门的高度重视，并分别以红头文件给予了详尽的答复。

3. 参加政府座谈会向省领导提出建议

2008年6月，河北省工商联在石家庄组织召开民营企业座谈会，研究促进省民营经济加快发展的对策措施。河北省省委书记、省人大常委会主任张云川，原省委副书记、省长胡春华等省领导以及省直有关部门主要负责同志出席座谈会，听取民营企业家的汇报。会上，齐放会长代表全省民营石油行业作了题为《我省民营石油企业艰难的生存发展环境与亟待解决的问题》的发言。张云川书记就实际问题询问了相关部门，并现场要求相关部门转变工作思路、创新工作方式，在推动民营企业创新上要变处罚、关闭为鼓励、引导，对不作为和胡作为的负责人要作出相关处理。这对改善河北省发展环境，帮助会员企业健康发展有积极的影响。

4. 举办论坛活动，倡导建立和谐市场

为更好地应对我国成品油市场放开后民营石油企业所面临的机遇和挑战，有效利用能源市场合作空间，构建和谐石油市场，商会与中国加油站网、河北省石油成品油管理协会共同在网上开展了关于"努力构建我国和谐石油市场"的论坛活动。国家信息中心经济预测部宏观经济研究室主任牛犁等在论坛活动中发表了文章。许多网友纷纷发表评论，认为这些建议文章代表了民企的心声，举办这个论坛符合国情，顺应民意，我国的石油市场需要和谐的氛围。

5. 通过媒体宣传，提交会员企业诉求

几年来，齐放会长多次代表商会接受各级媒体采访，并在报纸、杂志和行业网站先后发表《共同建设中国强大繁荣的石油安全体系》、《打一场建立国家战略石油储备的人民战争》、《如何应对中国石油市场变局——推动石油管理体制改革、加快市场化进程》等文章30余篇，呼吁推动我国石油管理体制的改革，建议调整不适应甚至影响阻碍我国经济发展的石油产业政策，打破垄断，藏油于民，加快实现市场经营主体多元化、石油油源多样化、石油价格市场化的竞争格局。这些观点反映了民营石油企业心系国家石油安全，积极献计献策的心声和诉求。

五 引导会员企业诚信守法，积极推动光彩事业发展

商会积极开展诚信守法教育，开展"爱国敬业诚信守法贡献"教育活动，积极引导他们树立义利兼顾、扶危济困的社会责任，做优秀的社会主义市场经济建设者，不断增强企业的诚信观和守法意识，多家会员荣获省市县"重合同守信用单位"、"诚信建设先进单位"等称号。商会还积极引导会员致富思源，参与光彩事业，身体力行"经世济民、以人为本、义利兼顾"的经营之道，真情回报社会。据不完全统计，商会会员企业参与公益活动和光彩事业累计捐赠总数5000多万元，安置下岗职工就业2000余人。多位会员被评为省、市级"光彩之星"。2008年，齐放会长被河北省民政厅和省慈善大会授予"抗震救灾捐款特别突出贡献奖"；董宪章副会长被河北省红十字会授予"汶川地震抗震救灾奉献奖"。2009年，齐放会长被张家口市人民政府评为"十大爱心慈善大使"，荣获张家口市"十佳热心公益事业标兵"称号。西南旱灾和青海玉树地震发生后，齐放会长首先向云南、贵州两省红十字会捐款20万元，并向玉树地震灾区捐款15万元和400余套防寒服装。同时，商会向会员企业发出倡议书，号召会员企业向灾区人民伸出援助之手。

执笔：李淑芬　刘思绮

B.27
商会+农户 服务新农村

内蒙古五道井子商会

五道井子商会在社会主义新农村建设中，充分发挥商会的优势和作用，以商会为载体、农户为基础、产业为依托、富民为目的，通过把分散经营的农民组织起来，帮助农民开展多元化经营，倡导乡村文明新风尚，引导农民走上了共同富裕的康庄大道，为当地经济发展和社会和谐稳定作出了重要贡献。五道井子商会在服务于社会主义新农村建设的实践中，逐步探索出了"商会+农户"的工作模式，成为新时期商会工作的一个成功范例。

一 五道井子商会成立的背景和基本情况

五道井子村位于内蒙古自治区扎鲁特旗香山镇西南，北距内蒙古省际大通道4公里。五道井子村土地面积6万亩，目前全村有1042户家庭，人口3147人。五道井子村是扎鲁特旗第三大行政村，属以农为主，农、牧、林、商相结合的经济类型村。五道井子村人多地少，地理位置偏僻，没有丰富的矿藏资源，交通不便，农民长期靠天吃饭。但勤劳智慧的五道井子人，在新中国成立前就从事贩卖货物的商业活动，并一代一代地传承下来，即使在"文化大革命"期间，五道井子人仍然走街串巷，冒着风险从事着经营活动。

改革开放初期，五道井子人以特有的悟性和胆识，利用农闲季节，做烟酒糖茶及小商品买卖，并出现了农业经纪人，专门从事农用生产资料和农副产品的收购、销售和中介服务。2004年，通辽市工商联副会长、通辽市双盛钟表有限责任公司董事长王春生被扎鲁特旗香山镇聘为名誉镇长，帮扶香山镇发展农村经济。当时王春生在一次调研中发现，五道井子村1036户家庭中，竟有100多户从事经商活动。由于没有组织起来，农业经纪人在春耕季节，互相抬价销售农用物资，而在农产品销售季节，又互相压价销售，形成了互相倾轧、恶性竞争的状况。再加上市场信息不畅,很多农民种植的粮食作物卖不出去,有的扔在地里,有的烂在家里,每年给农民造成很大的经济损失,农民往往增产不增收,严重影响了农民的种植积极性。一些想扩大投资规模的个体工商户,往往因为资金无法解决而失去了继续发展的机会。

掌握这些情况后,王春生萌生了组建商会的想法,并向通辽市工商联作了汇报。通辽市工商联领导班子经过认真研究后,认为在一个以农业生产为主的行政村组建商会是一个新鲜事物,应该积极推动,并要求扎鲁特旗工商联做好前期可行性调研工作,指导五道井子商会筹备和成立工作。经过调研、宣传、发动和筹备,2005年8月6日,内蒙古自治区第一家村级商会在五道井子村成立,并召开了首届会员大会,选举产生了五道井子商会领导班子。

五道井子商会成立后,依托商会这个平台,把处于分散经营的个体工商户和农业经纪人组织起来,提高本地经营的整体活力,为加快社会主义新农村建设贡献了一份力量。2009年年底,五道井子商会会员由成立之初的61个,发展到138个,会员分布于五道井子村以及周边村屯和香山镇有关单位。会员中有党员19名,团员13名。根据农村产业发展的实际情况,五道井子商会又因势利导地成立了8个行业分会,即种植行业分会、养殖行业分会、经济林行业分会、中药开发行业分会、农机具维修行业分会、商贸流通行业分会、农副产品购销行业分会、农业经纪人行业分会,从而延伸了商会工作的手臂,成为五道井子商会工作的主要抓手。

二 因势利导,精心培育全区首家村级大型集贸市场

五道井子村是一个典型农业村和产粮基地。玉米年产量2500万斤、杂粮杂豆年产量1500万斤。此外,五道井子村还有2000多亩果园,盛产各类水果,仅沙果一项年产量就达4万多公斤。因此,这里的农业经纪人特别多,粮食、水果等交易活动非常频繁和活跃。但由于大多数交易是在露天的空地上完成,不仅不利于商品的存放和市场的管理,而且遇到雨雪等恶劣天气,给商品交易活动带来很多不便,一些商品也容易腐烂变质。为了给农副产品提供一个功能比较齐全的交易场所,便于加强市场管理,五道井子商会在广泛征求会员和农民意见的基础上,决定以商会为依托,在五道井子村建设一个大型集贸市场。五道井子商会通

过发动会员募集 15 万元资金，以商会名义建设、入股会员分红的形式，兴建了内蒙古自治区第一家村级集贸市场，并于 2005 年 8 月 17 日正式开业。开业当天，有 10000 多人进入集贸市场进行商品交易。

五道井子村集贸市场占地 8000 平方米，设有摊位 1000 多个。进入集贸市场的商品齐全，有各种粮食作物、牲畜、皮毛、肉产品、瓜果蔬菜、服装、鞋帽、小家电等。每月 1 日、7 日、11 日、17 日、21 日、27 日为集日，每个集日前来参加商品交易的人数平均有 5000~6000 人，最高时达 10000 多人，集日成交额平均在 20 万元左右。集贸市场的建立，使五道井子村一下"活"了起来。五道井子商会赢得了当地农民群众的广泛称赞，也引来了外地客商洽谈业务和经营销售商品。目前，新疆、山东、吉林、辽宁等省区市的十几家大客商与五道井子商会建立了业务联系。五道井子这个过去寂静的小山村，如今变成了商贸云集、车水马龙的经贸场所，就连日本客商到了采购季节也来采购农副产品。

活跃的经贸交易市场，使本地的农产品能卖上好的价钱，粮食作物平均每斤销售价格要比周边地区高出 2~3 分钱，对周围村镇发挥了巨大的辐射带动效应。五道井子村年产粮食 4000 万斤，商会成立前，通过五道井子村发往外地的粮食总量仅有 3000 万斤左右。2006 年，五道井子集贸市场建成后，通过集贸市场销往外地的粮食达到 6000 万斤，其中有的是农业经纪人从毗邻村屯如巴彦塔拉、乌力吉木仁、香山农场等地收购来的，有的是其他地区农业经纪人收购到这里经销的，也有的是附近村屯农民销售的。为了搞活流通，促进农村经济发展，五道井子商会还组织会员在吉林省、兴安盟、赤峰等地设立了 19 个小杂粮收购点，汇集商品，以满足客商的需求。

五道井子集贸市场的建成，带动了服务业的发展。过去城镇里才有的旅店、饭店、理发店、美容店、洗浴城、歌舞厅、百货商店等在五道井子村相继兴起，农村信用社、税务代办处、工商管理所代办点，以及移动通信公司代办处等，也纷纷落户五道井子村，五道井子村俨然是一个新兴的繁华城镇。五道井子村个体工商户蓬勃发展。2009 年年底，五道井子村有个体工商户 170 多家。其中收购农畜产品 16 户，经营日杂百货、服装 65 户，经营种子化肥 25 户，经营个体粮店 5 户，粮食加工点 9 户，经营电气焊 8 户，个体饭店 6 家，销售摩托车点 4 户，修理摩托车点 7 户，销售家用电器的 3 户，经营四轮车配件修理的 4 户，农用运输车修理部 2 户，美容美发 4 户，个体诊所 11 家，兽医点 4 户。另外，五

道井子村还有260多人的农业经纪人队伍。

如今，五道井子集贸市场已经成为扎鲁特旗最大的农畜产品和外地生产资料及生活用品的集散地。

三 因地制宜，推动农村向多元化产业发展

五道井子商会大力发展商品流通的同时，还积极引导农民大力发展现代农业，推广农业新品种。五道井子商会每年都举办农业知识和农业技术培训班两期，并聘请农业技师加强种植业技术指导，提高农作物产量，为集贸市场提供更多优质的农产品。2006年年初，五道井子商会还举办了农业品牌种植学习班，提高农民品牌种植技术，组织农民品牌种植1.2万亩，并积极协调落实春耕生产贷款310万元。

2008年5月，由于柴油供应紧张，造成了"油荒"。农民在束手无策的时候，五道井子商会主动协调扎鲁特旗石油公司，为农民解决了220吨柴油，满足了农民的生产需要。2009年4月，五道井子商会积极协调通辽市开发行、通融小额贷款公司为会员及农民解决贷款150多万元，重点扶持种植业、养殖业，为春季农牧民扩大生产解决了资金问题。

2008年，五道井子商会成立了经济服务中心，在有线电视广播上开辟"农村信息服务之窗"栏目，建立了五道井子商会门户网站，向农民宣传党的富民政策，收集和发布农业生产资料信息、农产品市场信息，分析农产品市场行情，指导农民根据市场需求变化，种植适销对路的农产品，提高农民面对市场的应变能力。2008年，产粮大户李凤种植100亩玉米，收成10万斤以上。通过商会提供的信息，玉米每斤卖到5角钱。此外，他家还种植了30亩地的绿豆，也是通过商会的提供的信息，每斤卖到了2.80元。2008年，李凤仅种植业收入就达7万多元。

商会在鼓励会员和农民发展种植业的同时，还大力发展养殖业。2007年，五道井子商会引进梅花鹿种鹿30只，交给农民饲养，到2009年年底发展到80多只。此外，扶持会员饲养肉驴50头；扶持3户农民养殖育肥牛80头。五道井子商会还组织养殖行业分会20多名会员，到辽宁省大连市考察，并与辽宁省瓦房店开泰绒山羊有限公司建立友好合作联盟。为了解决会员发展养殖业缺少贷款

的难题，五道井子商会主动与扎鲁特旗信用联社联系，协调解决畜牧业贷款260万元，扶持60户农民购买瓦房店优质绒山羊2000多只。2009年年末，舍饲养羊示范户达到70户。2007年，五道井子商会通过积极争取国家项目资金和自筹资金的办法，投资240万元建起了一处占地30000多平方米的养殖场，并成立了养殖行业分会。养殖场内的养殖户可实现年增收3000元。养殖小区每年还供应市场生猪2000口，人均增收100元。

四 移风易俗，倡导社会主义乡村文明新风尚

五道井子商会通过"商会+农户"的工作模式，极大地激发了农民的积极性和创造性，促进了农村经济的健康发展，农民收入水平显著提高。2009年年底，全村年收入超过10万元以上的有85户，存款10万~40万元的有40户，存款100万元以上的有30户，人均年纯收入由商会组建前的3500元增加到5200元。二、三产业创收460多万元，上缴税金50多万元。二、三产业的收入占人均收入的1/3。一些农民盖起了新房，购买了家具，家庭轿车由2006年年末的20多辆增加到目前的51辆，家庭电脑也从无到有地达到了30多台。五道井子商会出资修建了乡村公路，翻建了公共厕所，规划种植了树木，农民生活条件和生活环境大大改善。

随着农村环境和生活条件的改善，农民的文化需求日趋扩大。由于农村缺少健康向上的文化生活，打牌赌博、搞封建迷信，以及酗酒滋事、扰乱社会治安的现象时有发生。少数富裕起来的农民，小富即满，安于现状，不思更大的发展。为了倡导农村新风尚，引导农民移风易俗，五道井子商会建成了农民图书室，购买大量报纸、刊物，组织农民学习政策、法律和农业知识，了解掌握国内外大事和经济发展形势，提高农民素质。商会还非常关注老年人生活，兴建了老年人活动中心，购买了象棋、军棋、扑克、麻将，配备了桌椅板凳、电视、音响设备，为老年人提供娱乐的场所，丰富了老年人的生活。兴建健身场地和门球场地，给农民提供一个锻炼身体的地方。成立了农民秧歌队，每逢重大节日进行秧歌表演。五道井子商会开展唱歌、拔河等健康向上的文体娱乐活动，用文明的生活方式逐渐代替陋习，引领农村精神文明建设。

五道井子商会每年举办一次法制学习班，增强农民法制观念，营造良好的治

安环境。针对经贸活动频繁产生经济纠纷的实际情况，2008年4月，五道井子商会成立了维权服务中心，该中心人员包括香山镇民政干部、商会领导，以及八个行业分会各指定了一名协调员，负责处理各种经济纠纷。截止到2010年4月底，五道井子商会成功解决了12起经济纠纷事件，维护了纠纷双方当事人的合法利益，化解了矛盾，增进了友谊，维护了公平的市场秩序，营造了良好的经营环境。此外，五道井子商会还利用维权服务中心，解决邻里和家庭内部矛盾20多起，为家庭和睦、邻里和谐和农村社会稳定发挥了积极作用。

五道井子商会组织会员开展扶贫济困活动，向贫困地区的86人捐助资金2680元。在汶川特大地震灾害中，商会执委捐款3000多元，受到了扎鲁特旗党政部门和社会各界的一致好评。每年春节前夕，五道井子商会领导班子都会带上米、面和现金，走访慰问特殊困难家庭。

如今，五道井子村做买卖的人越来越多了，打架斗殴的人越来越少了；学习科学技术和农业知识的人越来越多了，搞封建迷信的人越来越少了；农业经纪人越来越多了，游手好闲的人越来越少了。五道井子村农民的思想观念发生了深刻的变化，形成了尊老爱幼、邻里和睦、文明礼貌、崇尚科学的新风尚。

五　五道井子商会的成功经验对商会工作的启示

从五道井子商会的工作看，商会作用发挥明显，积累了宝贵的经验，可以说是推进社会主义新农村建设的一个有益探索和大胆实践，对商会工作具有重要启示作用。

过去工商联主要是间接参与社会主义新农村新牧区建设，通过动员、鼓励和引导广大会员为社会主义新农村建设献计献策、捐资扶贫帮困等途径来实现。而五道井子商会则把分散的商户和农民吸收到商会组织中来，通过股份制的形式集中会员的资金，兴建了集贸市场和养殖场，集中力量办大事，搞活商品流通；帮助农民解决春耕资金、举办培训班提高农民生产技术、兴建文体活动场地。这不仅促进了农村经济的健康发展，而且提高了农民的文明程度。五道井子商会的实践说明，工商联完全可以直接参与服务社会主义新农村新牧区建设，这既延伸了工商联工作的触角，又实现了工商联工作围绕中心、服务大局的主旨。五道井子商会的"商会＋农户"的工作模式，是商会工作与社会主义新农村建设最好的结合点和最具实效的平台，较好地实现了商会工作和农民生产活动的有效结合，填补了行政村商会工作的空白，有利于维护农村的和谐稳定，把农民的思想和精力都凝聚在加快发展上来。

五道井子商会不断创造新事物新做法，这背后蕴含着敢于创新、勇于创新的精神和积极主动的工作态度，这是推动工作发展、提升工作水平的动力和源泉。五道井子商会的实践说明，如果商会工作某个方面有点滴的创新，都会起到连锁效应，促进商会工作取得大成就。通辽市工商联和扎鲁特旗工商联建立村级商会的做法，体现了全新的工作思路和勇于创新的精神。商会工作只有激活工作思维，有勇于创新的精神，才能以更加饱满的热情，更加积极的态度，更务实的作风，不断开创商会工作新局面。

课题组组长：高海涛
课题组成员：赵庆禄　杨国山　高宪昌
执　　笔：赵庆禄

B.28

把握自身特点　勇于探索创新
扎实有效地开展商会工作

黑龙江省齐齐哈尔市百花商会

齐齐哈尔市百花商会是依托齐齐哈尔百花集团，以经销商、个体经营者为主体，自愿组成、依法注册，具有独立法人资格的民间组织，隶属于齐齐哈尔市总商会。下设小商品、服装、电子、餐饮4个同业商会。组建了日杂、季节货、化妆品、皮具、针织品、家电、电子元器件、大学生创业等25个行业协会。现有会员1680人，各级专兼职干部134人。自2003年8月组建以来，遵循"在探索中工作，在工作中探索，在探索过程中谋求发展壮大"的工作原则。根据百花集团"企业办市场、企业管市场、市场企业化"的经营模式，结合市场的经营特点，坚持以人为本，热心为广大会员服务，得到了广大会员的认可和信赖。连续数年均被齐齐哈尔市总商会评为商会工作"先进单位"，2008年被黑龙江省民政厅授予"黑龙江省先进社会组织"称号。

一　加强自身建设，为商会工作常态化奠定基础

齐齐哈尔百花集团是与台商合资、合作，以商服业为主的民营企业。集团旗下有百花园商场、百花购物广场、百花科技电子城三大商场。百花园商场被列入黑龙江省重点批发市场建设规划范围。百花小商品批发，辐射我国黑龙江西部、内蒙古东部、吉林北部地区以及俄罗斯、蒙古、韩国等东北亚地区。市场与经营商家是租赁式合作经营关系。整个市场共有经营商家近2000户，均有独立法人资格，从业人员近万人。

协调好企业与经营者之间的关系，整合资源，提升市场品位，提高经济效益，成为企业和经营者需要解决的突出问题。在百花集团主要决策者的提议和倡

导下，筹建了百花商会。2003年8月召开了齐齐哈尔市百花商会第一届会员代表大会，通过了《百花商会章程》，民主选举产生了商会领导班子成员。根据市场的实际状况，组建了4个同业商会和24个行业协会，实行了全员会员制。2009年，商场出台优惠政策，吸纳200多名大学生进场就业，又及时组建了大学生创业协会。形成纵向到底，横向到边的组织体系。

为了使商会工作有章可循，规范经营秩序，营造诚信守法、文明经营、公平竞争的市场环境，维护市场经济的健康发展，保护消费者、经营者、会员的合法权益，促进企业和商家的共同发展，根据《百花商会章程》，先后制定了《百花商会工作条例》、《百花商会例会制度》、《百花商会会费管理制度》、《行业经营行为规范》等规章制度；建立了会员个人数据库，将全体会员资料纳入微机管理；在百花集团网上编制了"百花商会网页"，定期公布商会活动、市场动态、商品信息等。为充分发挥商会职能，实现会员"自我管理、自我教育、自我服务、自我发展"的目标，顺利开展商会工作奠定了基础。

二 通过培训、学习、考察等活动，全面提高会员队伍的整体素质

百花商会会员多数是下岗职工和待业人员，过去多在市面上零散经营，思想意识、法制观念、经营管理水平参差不齐。因此要想统一观念、加强管理、提高效益、促进发展，需要通过教育、考察、学习、培训，全面提高会员的整体素质。

百花商会组织优秀会员代表赴京观看天安门广场升旗仪式，激励会员的爱国热情。陆续开办了科学发展观、法律法规、行业规范、经营行为、合同管理等培训班，对会员进行培训，增强会员的法制观念，提高会员遵纪守法的自觉性。

为了拓展会员的视野，增强会员的竞争力，提高会员的素质。几年来，先后组织会员10余批、百余人次，分别到义乌、大连、沈阳、白沟、石家庄等地进行专业性的考察学习。通过参观考察学习，使会员不仅学习到了创业精神、经商经验和经营理念，而且了解了市场、获取了信息、找到了差距，提高了会员的经营管理水平。

组织大学生创业基地的新成员（大学生）分批赴沈阳五爱市场考察学习，开设大学生商业经营管理专业培训班。聘请专业培训师授课，帮助他们解决创业初期的困难，扶持他们逐步成为商品流通领域的专业人士。

分别组织会员20余批、230余人次，深入到齐齐哈尔周边的3省6个地区34个县（市）区旗60个大型商场近万户小商品经营者中进行市场调查，帮助会员了解终端市场，拓宽销售渠道。

组织会员到我国边境口岸、俄罗斯、蒙古、韩国等地考察，参加贸易活动，为会员打开俄罗斯和东北亚市场，开拓国际贸易，做了很多探索性的工作。

三 从会员的根本利益出发，打造团队，形成网络，参与竞争，增强商会的凝聚力

协调、服务、维权是民间商会组织的基本职能。而协调服务的核心内容应该是引领会员拓宽经营领域，扩大市场份额，增加销售量，提高经营效益。

根据百花商品销售的辐射范围，百花商会组成专门班子，走访了齐齐哈尔周边3个省6个地区34个县（市）、区、旗的商会，与当地的商会组织建立了伙伴关系，并与其中的23个商会签订了友好协议。通过大量细致的实地考察，百花商会确认了小商品销售覆盖上述地区1000公里范围内、2000万人口、60个大型商场、近万户小商品经营者，年需求量为30亿元。为整合区域经济资源、拓展经营领域提供了可靠依据。

为了与各地沟通协调，保持常年的交流互动，百花商会从三个方面建立了互动机制。一是选择在当地有实力、小商品经营户数比较集中的29名商场总经理作为百花商会的特邀执委。二是组建了"小商品经营者理事会"，共吸纳93名各地商家代表成为理事。三是2007年在市商务局主持下组建了"齐齐哈尔经济区域小商品经营网络体系"，第一批有22个县区商场成为网络体系的成员单位。通过每年的例会、百花报、百花网站与他们交流商业理念，探讨发展趋势，携手并肩，为共同打造小商品市场、小商品诚信物流通道，振兴区域经济做了大量有效的工作。

2004年经百花集团申请，商务部批准的由齐齐哈尔市政府主办、市总商会协办、百花集团承办的"中国（齐齐哈尔）国际小商品交易会"开始举办，目前已经连续举办了六届。小交会是政府与百花集团为百花的商家和经营者搭建的贸易平台，是为做大做强小商品产业，参与国际化市场竞争，促进地方经济发展而举办的。作为小交会的组织者和参与者，全力办好小交会成为百花商会必须常年坚持做好的重要工作。

每届小交会召开前，商会都召开专门会议、下发专题文件，要求全体会员提高认识、统一思想、摆正位置、组织货源、捋顺价格、搞好服务，保证商品展示、销售，商家洽谈、签约的圆满成功。每届小交会的筹备工作中，百花商会通过各地的工商联组织，通过友好商会，通过网络体系成员单位和特邀执委，邀请国内外客商参展、参会，为宣传齐齐哈尔、宣传小交会、宣传百花作出了贡献。每届小交会期间，百花商会都在特邀执委单位设立分会场，并结合政府的"万村千乡"市场工程，推出了"小商品进万家"展销会活动，进一步将小交会向农村延伸，拉动农村内需，活跃城乡商品流通。该活动取得了政府满意、商家获益、百姓欢迎的良好效果。六届小交会的成功举办，树立了"百花"的新形象，确立了"百花"企业品牌，为会员、县区商家搭建了贸易平台，拓展和延伸了小商品销售渠道，拉动了区域的客流、物流、信息流、资金流。

为了拉动内需、拓宽领域、搞活流通、扩大消费、面向农村服务农民，在市商务局的引领下，2010年商会又推出新举措，与国家"万村千乡"市场工程对接，开展"小商品下乡"活动。通过对富裕、龙江、讷河、泰来四个县（市）的调研，齐市周边34个县（市）、区、旗共有农家店17000多个（其中国家"万村千乡"市场工程定点扶持的农家店有8000多个），受众1000余万农民，市场空间巨大。百花商会组织会员本着坚持诚信、价格公平、售后服务的原则与各县级物流配送中心对接，既参与、支持了国家的"万村千乡"市场工程，丰富了农家店的经营品种，方便了农民日常生活，又可为百花商会会员、县级物流配送中心、农家店拓宽销售渠道，增加经济效益，达到了三赢的良好效果。

几年来，通过大量工作，扩大了会员的经营领域和市场份额，增加了会员的经济效益。使会员们感受到了有组织、有网络、有团队地参与市场竞争与一家一户地在市场上拼争的巨大差距。为会员的经营着想，为会员的经营服务，使百花商会与会员拉近了距离，成了贴心人，使商会的各项工作得以顺利开展。

四 履行商会职责，组织参政议政，维护会员权益

参政、议政是商会的基本职责。几年来，经百花商会推荐，8位会员分别当选了省政协委员、省工商联常委、市政协常委、市工商联副主席、市总商会副会长、市工商联常委、区人大代表、区政协委员等社会职务。有的会员还获得了

"黑龙江省优秀中国特色社会主义建设者"、"黑龙江省光彩企业家"、"齐齐哈尔市劳动模范"、"齐齐哈尔市十佳青年"、"齐齐哈尔市光彩企业家"等荣誉称号。在市、区政府的"政风行风"评定、"双十佳"公务员的评选活动中,每年百花商会都选派几十位会员代表参加评定、评选,充分行使会员民主、社会监督的权利。同时也为会员参政、议政提供了平台。

随着法制社会的逐步形成,维护会员的合法权益,反映会员的意见、要求和建议日趋重要。为此,百花商会帮助、引导广大会员提高维权意识。百花商会与企业共同建立了协商机制,凡涉及企业和会员相关利益的重大问题,通过双方协商达成共识,力争做到公平、公开、公正,商企共赢。几年来,会员的很多建议被企业采纳。百花商会还主动与政府、工商、税务、城管、卫生等职能部门协调,帮助会员解决实际问题,其中协调、沟通、处理了会员与有关部门、会员与相关企业、会员与会员之间的合同纠纷、经济纠纷、民事纠纷等近百件。通过维权,商会履行了职责,树立了形象,赢得了信任。

五 开展多种有益活动,增强商会的亲和力、向心力

开展各种有益活动,活跃会员文化生活,关心体贴会员是拉近商会与会员、企业与会员距离,融洽感情,开展思想政治工作,增强商会凝聚力的最好方法。几年来百花商会采取不同形式开展各项活动,活跃了会员的业余文化生活,解决了会员生活中的一些实际困难,使会员感受到了组织的关怀,大家庭的温暖。

百花商会多次积极组织会员参加市总商会、市工商局、团市委、区政府等部门及百花集团举办的各种大型活动,在活动中充分展示了会员的风采,充分展示了百花商会团队的凝聚力。

百花商会与市驻地部队、市消防支队建立了军民共建关系,经常深入部队,与官兵共同开展爱国主义教育、文化、体育等活动,增进了军民鱼水感情。

百花商会与市总商会、百花集团共同开展了"五好商家"、"六好业户"、"优质服务"、"优秀诚信商铺"、"优秀经营商家"等评比活动,每次都有百余名会员受到表彰。树立了优秀会员的良好形象,起到了激励作用。百花园商场被中国商业发展中心、中国商业联合会零售供货商专业委员会授予"全国小商品诚信与质量保障经营单位"称号,被省工商局、省精神文明办评为五星级"文明

诚信商场"，被省工商局评为"省级守合同重信用企业"。

百花商会每年都组织会员和企业员工进行春节联欢会和郊游活动。通过联欢、节目表演和娱乐活动，不仅使会员在欢乐中得到了放松，在嬉戏中增进了友情，而且使会员充分感受到了商会大家庭的温暖和对"百花"的眷恋。在2004年春节联欢会上，服装同业商会表演大合唱时，会员们打出了"百花是我家"的横幅，顿时全场爆发出了雷鸣般的掌声，台上台下融为一体，充分体现了企商和谐的气氛，体现了企业、商会的凝聚力。

会员的婚、丧、嫁、娶、子女升学，商会都作出了相应的规定，商会领导亲自或派人到场送去慰问金、慰问品，以示关怀。会员身患重病，商会主动携带慰问品到医院探望，在精神上给予会员支持，让会员体会到组织的温馨。

会员家中遇到难解之事，凡是反馈到商会的，会长都亲自出主意、想办法、帮助协调解决，使很多会员深受感动。

为了扩大工作的覆盖面，每年百花商会都组织几千名导购员开展培训、评优、生日会、联欢会、旅游等活动，充分体现百花的团队精神，为构建和谐社会贡献力量。

商会本着弘扬中华民族传统美德的精神，积极引导、组织广大会员致富思源，扶困济贫，热心参与"光彩事业"和社会公益事业，自觉把自身事业的发展与国家的发展相结合。

几年来，商会组织会员参加了抗震救灾、抗洪救灾、抗旱救灾、扶贫济困、助学助教、慰问子弟兵等各种公益活动，捐赠现金及实物，其中现金为48.03万元，实物价值为30.96万元（上述数字，仅是商会、会员与集团共同捐赠部分，不含集团单独捐赠的400多万元）。

通过组织会员参与"光彩事业"，使广大会员致富思源，富而思进，义利兼顾、德行并重，增强了社会责任感，思想意识得到了升华。百花集团多次获得了省、市政府授予的"光彩事业先进单位"称号。

六　商会工作的启示

1. 准确定位是做好商会工作的前提

百花商会成立之初，我们就充分考虑到企业和市场经营机制的特点及企业与商家关系的特殊性，把性质定位于维护企业与会员的合法权益，推动市场发展和

维护市场公平的民间性、行业性、自律性的组织；把其作用确定为商家与政府之间、商家与企业之间的桥梁和纽带，政府、企业管理好市场的助手。实践证明，只有把握好这个定位，商会的工作才有生机、才有活力。

处理好商会与企业的关系，才能保证商会工作顺利开展。百花商会在开展工作时，不仅事事为会员着想，而且还充分兼顾企业的利益，配合企业的经营管理，解决商企之间的重大问题。使企业感受到商会存在的必要性和重要性，从而全力支持商会的工作。百花集团投入了大量的人力、物力和财力，商会的大部分经费和专职工作人员来自于百花集团，企业的帮助、支持，使商会工作的开展有了重要保障。

商会工作的开展不能离开党和政府的领导。商会每个时期的工作和重大活动，商会都自觉主动请示汇报，争取得到党和政府有关部门的指导、支持。必要时请政府相关领导参与到商会活动中，使商会工作始终把握着正确的发展方向。

2. 搞好服务是做好商会工作的根本

商会只有依靠服务，才能立足、生存、可持续发展。百花商会走过的6年多历程，就是一个努力为会员服务的过程。百花商会始终贯彻科学发展观这条红线，遵循国家政策法规、商品发展趋势，提出经营新思路。坚持定期研究为会员服务的重点、热点、难点，制定为会员服务的目标、措施、形式、途径和方法，追求为会员服务的实效性，充分体现商会在商品流通领域对会员所起的重要作用。在服务中商会干部只有具备强烈的责任感，树立强烈的服务意识，才能想工作，才能干工作，才能把工作做得扎实，把服务做到位。

3. 建设一个好的领导班子是做好商会工作的关键

百花商会认真选拔了一批"善于想事、愿意管事、能够干事"的骨干力量，通过合法程序，配备到百花商会、同业商会、行业协会的各级领导班子中来。由于他们思维活跃，见解独到，创新能力强，热爱商会工作，热心为会员服务，所以才使百花商会在短短几年内取得了较快的发展。商会的领导干部绝大部分是商家，兼职做商会工作，从事商会工作或多或少地影响到了他们的经营。但大家从不计较个人得失，诚诚恳恳为会员服务，踏踏实实为商会工作，得到了广大会员的信赖和认可，增强了百花商会的生命力和凝聚力。

执笔：于庆华　王志宏

₿.29
坚持服务立会　做好桥梁纽带

江苏省南通家纺商会

一　南通家纺产业发展概况

在家纺产业界，素有"世界家纺看中国，中国家纺看江苏，江苏家纺看南通"之说。南通有着悠久的纺织历史，以民间手工染织而成的蓝印花布、南通土布，源于唐、宋，盛于明、清。19世纪末，清末状元张謇先生以此为基础，兴办了大生纱厂，开创了近代民族机器纺织工业之先河，使南通成为蜚声海内外的纺织工业基地。百年沧桑，斗转星移。新中国的成立，改革开放的推动，使南通的纺织工业规模不断扩大，现已形成门类比较齐全、结构趋于优化的产业体系。20世纪80年代初以来，南通家纺在纺织工业中异军崛起，位于海门市的三星叠石桥市场和通州区境内的川港志浩市场，从起初的农工贸产品集散地逐渐发展成为中国乃至世界最大的家纺生产基地和家纺专业市场。

南通家纺产业主要集中在海门市的三星、天补、德胜和通州区的川姜、金沙、二甲等乡镇及周边一带。在这些地方，基本上家家户户都涉及家纺产业的生产经营。随着海门中国叠石桥家纺城和通州南通家纺城改扩建工程陆续运营，市场效应愈发明显，形成了市场+企业+作坊的生产销售模式。如今，一支5000多人的南通家纺营销队伍，通过建立600多家直营店、特许经营、店中店、网络店铺等多种经营模式，使南通家纺产品畅销全国200多个大中城市以及国外市场。在市场的带动下，南通现已有各类家纺企业2000多家，家纺个体工商户2万多户，从业人员达20多万人，2009年，全市家纺产业实现销售收入694.49亿元，增长11.8%，其中规模以上企业398家，实现销售收入292.72亿元，增长13.3%。

二 南通家纺商会的基本情况和运行特色

南通家纺商会成立于2003年12月，前身为南通市家纺行业联合商会，2006年12月28日更为现名。现有副会长以上单位35家，会员企业1380家。商会紧紧围绕市委、市政府的中心工作，在总商会的指导下，坚持"在商言商、促进经济，服务为本、面向企业"的办会宗旨，积极当好政府和企业联系的桥梁和纽带，通过多种形式的服务工作引导南通家纺产业持续健康快速发展。商会先后荣获"江苏省先进行业商会"、"南通市先进行业商会"等光荣称号。

1. 实施名牌战略，增强南通家纺竞争力

南通家纺起步于市场，家庭作坊式小企业比较多，品牌意识普遍淡薄，为增强行业市场竞争力，南通家纺商会从成立之初便把引导会员企业争创名牌、争创著名商标作为一项重要工作，积极向会员企业宣传创品牌的意义，号召广大企业投身到争创品牌行列之中。一是抓好辅导审核。申报名牌工作要求比较严，程序比较复杂，许多企业起初感到无从下手。针对这种现状，商会专门成立了申报名牌产品领导小组，由薛伟成会长亲自挂帅，并邀请相关部门的领导和专家参加，在组织会员企业认真学习上级关于申报名牌的通知和评价指南，熟悉和掌握每个条款的要求的基础上，商会规范统一申报程序，明确具体要求，认真做好申报材料的辅导和审核把关，还加强与市监局和省监局的沟通、汇报，争取他们的支持，从而使申报工作有条不紊地开展。二是开办品牌策划研修班。为了提升家纺企业负责人和技术人员的质量管理和科技创新能力，商会与市名牌战略推进委员会、上海交大安泰经管院合作举办了"中国首席品牌官（CBO）高级研修班"。研修班邀请李光斗等著名品牌战略专家，围绕企业高层管理者所面临的品牌运作、品牌管理核心、品牌管理工具等八个专题，通过讲授、案例分析、讨论、品牌设计模拟等研修方法，循序渐进地引导会员企业高层管理者在真正理解品牌的基础上，规划和落实品牌方略，从而为企业品牌成功运作奠定了良好的基础，为会员企业的发展提供了智力支持。三是积极宣传名牌。商会注重在宣传名牌产品方面狠下工夫，不断扩大南通家纺名牌产品的市场影响力。近几年来，先后在《家纺时代》等中央、省、市媒体上刊出宣传南通家纺企业和家纺商会的新闻稿件130多篇（次），与市电视台、报社紧密合作，集中宣传南通家纺企业，争创

"名企、名品、名人"典型。在2008年"首届中国国际家用纺织产品设计大赛"期间，商会还配合中央电视台《让世界了解你》栏目组专门录制了一期"南通家纺"专辑，介绍南通的家纺产业，在社会上及会员企业中产生了良好反响。各会员企业也纷纷邀请名人代言品牌，目前已有李嘉欣代言罗莱家纺、范冰冰代言凯盛家纺、周迅代言紫罗兰家纺、李若彤代言明超家纺、张国立和邓婕夫妇代言蓝丝羽家纺、孙俪代言宝缦家纺、付笛声和任静夫妇代言艾莎家纺等。名牌战略实施几年来，取得了丰硕的成果，全市家纺行业先后涌现出11家国家免检产品企业，4个中国名牌，3个中国驰名商标，20个江苏名牌，30个市名牌产品，它们已成为南通创名牌的"主力军"，一批家纺龙头企业显示出强劲的带动作用。

2. 创新服务手段，扩大影响力，增强凝聚力

服务是行业商会的立会之本，南通家纺商会积极创新服务手段，努力提高服务水平，在融资、信息、培训等方面为会员企业提供了及时有效的服务。一是多途径提供融资服务。商会和金融机构联手，建立会员企业互助诚信担保体系，通过采取企业信用、资金抵押等多种方式，以"联保贷"的创新之举，有效破解小企业融资难题。"联保贷"不仅为企业省去了担保费、抵押评估费等费用，大大降低了企业的融资成本，而且改变了以往几家企业担保，只有一家企业获贷的状况，如今是多家互保，多家获益。与此同时，商会还与市总商会中小企业应急互助基金紧密配合，解决了一批会员企业资金周转难的问题，有效防止了资金链的中断，保证了企业的正常发展。商会副会长单位——金太阳家纺还成立了小额贷款担保公司，为解决部分家纺企业的融资难题作出了积极的努力。二是发布家纺指数信息。2009年10月30日，"中国·通州家纺指数发布会"在中国家纺名城——江苏省南通市通州区的行政中心举行。中国·通州家纺指数体系主要由价格指数、景气指数、规模效益指数和监测指数四个部分构成，主要反映家用纺织品市场面料和产品的价格变动及家纺企业的景气波动，是我国家用纺织行业首次推出的行业指数，将对家纺专业市场与家纺产业发展状态进行动态监测与科学测评，为全国乃至全球家用纺织生产商、采购商、市场经营户提供更加全面、准确、及时的市场信息。这标志着南通将成为中国家纺指数发布基地、中国家纺产业创意研发的"风向标"和世界家纺产品市场行情的"晴雨表"，同时也将为南通家纺的提升发展，为南通打造"国际家纺采购之都"创造有利的条件。三是开展技能培训。为了帮助南通家纺企业抓好"设计"这个行业发展的跳板，商

会还开设了家纺设计学堂，聘请国外和国内顶级设计师为家纺企业的客座教授，培育家纺设计师人才队伍，并且建立了产学研设计研发基地，与东华大学、苏州大学、南通大学等高等院校合作，采取产品转移、共建研发基地等形式实现双赢合作。2006年10月，全国第一家家用纺织品行业协会设计师（南通）培训基地正式挂牌成立。培训基地聘请南通纺院、南通大学相关系主任、教授，家纺业著名设计师，外地高等院校专家、教授来基地授课。这项培训得到了南通地区家纺企业的积极响应，纷纷选送技术骨干深造。目前，已经有4批学员完成了培训和考核，拿到了国家社会保障部颁发的《中国家纺设计师职业资格证书》。四是维护会员合法权益。在迎战2008年以来的国际金融危机中，商会充分发挥桥梁作用，经常倾听会员企业的呼声，并加强与政府部门的联系沟通，积极反映行业在金融风暴中遇到的困难和问题，使政府部门及时了解家纺行业的发展情况、企业的诉求和愿望，取得了政府部门的大力支持。2009年4月下旬，商会在市地税局和市总商会的支持下，建立了"南通家纺商会纳税人维权中心"；8月下旬联合市国税局成立了"纳税人之家"，有效建立了税企沟通机制，营造了和谐的税收环境。此外，商会还积极协助、配合相关部门、单位建立了中国家纺流行趋势研究与推广基地、中国家纺艺术中心、中国家纺检测中心、江苏省家纺研发中心、国家级家纺信息中心、叠石桥国际物流园区规划建设、各级版权管理办公室、物流中心等一系列的公共服务平台，对健全南通家纺市场的配套服务、提升南通家纺的品位和功能、增强物流、增强信息流和促进市场繁荣兴旺起到了关键的作用。

3. 举办多种活动，提升南通家纺知名度

为打造南通家纺新的核心竞争力，近年来，商会先后牵头组织家纺设计大赛、家纺节、家纺论坛等活动，充分展示会员企业的新产品，扩大了会员企业的影响，引导会员企业重视自主创新，集聚优秀人才，提升了南通家纺知名度。一是连续5年举办家纺设计大赛。2005年，商会在市质监局、市总商会等有关部门的支持下，成功举办了南通市家用纺织品设计大赛。大赛得到了中国家纺协会的认可和肯定，随后，市政府吴晓春副市长、商会薛伟成会长等亲自带队，多次到中国家纺协会汇报南通家纺的发展情况，邀请中国家纺协会杨东辉会长到南通实地考察海门叠石桥市场和通州志浩市场以及相关企业。经过不懈的努力，终于争取到了"2006年首届中国民族家用纺织品设计大赛"的举办权。市政府丁大卫市长批示："把中国民族家用纺织品设计大赛列为南通市 2006 年度重点工作",并要求南通市各部门和相关县(市)政府全力支持这项工作。2007 年、2008 年、2009 年,商会先后成功举办"第二届中国民族家用纺织品设计大赛"、"首届中国国际家用纺织产品设计大赛"、"张謇杯·中国国际家用纺织产品设计大赛"。在 2009 年"张謇杯·中国国际家用纺织产品设计大赛"中,组委会共收到来自国内外 136 家企业和个人的 380 套(件)参赛作品,其中南通企业和个人参赛作品 183 套(件),最终有 60 套(件)作品获奖。这些活动均由南通市人民政府和中国家纺协会共同主办,家纺商会和市总商会、南通质监局具体承办。成功举办家纺设计大赛,对提升南通家纺设计水平、繁荣家纺市场、推动家纺产业发展有着重要的意义。同时设计大赛也已经成为南通家纺企业加快发展的一个跳板,取得了良好的社会效益,为企业品牌培育、设计创新作出了突出贡献。中国纺织工业协会会长杜钰洲、中国家纺协会会长杨东辉对大赛的组织工作给予了高度评价和充分肯定,称赞设计大赛的组织程度高,参赛作品创新程度高。二是举办画稿交易会。2008 年、2009 年,商会连续举办两届南通家纺城画稿交易会,目的就是构建家纺设计与生产经营共赢平台,促进家纺产业发展。芬兰、法国、日本、英国等国外知名设计工作室和国内优秀设计公司到会参展和交流,通州、海门家纺市场的近 5000 家家纺布料经销商和生产企业到会交易。三是配合举办中国家纺节、"商赢之道·南通家纺实战讲座"、中国羽绒寝具产业发展高层论坛等活动,促进行业发展。

4. 组织对外交流,帮助企业拓展国内外市场

商会成立后,充分发挥组织优势,广泛开展对外交流,帮助会员企业开拓国内外市场,赢得了会员企业的高度评价和一致认可。一是组织会员企业以"南通家纺"为名整体参展。近年来,商会先后组织 600 多家会员企业参加了法国、美国、日本、中国香港等国际性展览会以及中国针织展览会、中国家纺博览会。2009 年,面对国际金融危机的影响,商会组团参加了在上海举办的中国国际家纺及辅料博览会。南通家纺强大的阵容,一流的产品质量,让世界进一步了解了南通家纺,为南通家纺进一步走向世界搭建了平台,也引来了欧盟采购团来南通采购。二是引导会员企业"走出去"到境外发展。商会在组织企业参加国际展会的同时,还积极响应国家"走出去"的发展战略,邀请南通市外经贸局负责人介绍南通市出境投资贸易的有关情况,使更多的企业家了解到境外发展的重要性、必要性和可行性，有力地推动更多企业走外向开拓、发展的道路。目前，全市已有400多位家纺行业的企业家远渡重洋，赴美国、加拿大及东欧、南非、南美等地共20多个国家和地区投资经营，海外销售额每年达2亿多美元。三是以商会为核心开辟国内大市场。2009年，商会9家会员企业联合名誉会长吴涌钧共同投资10亿元，在重庆建设"重庆国际家纺城"项目，打造中国家纺西南总部基地。这个占地230亩，建筑总面积42万平方米的家纺城已于当年8月正式开工，目前已全部完工。

5. 参与光彩事业，树立商会企业良好形象

近几年来，商会注重引导会员企业"致富思源、富而思进"，回报社会、勇担责任。2008年5月，汶川地震发生后，商会第一时间行动起来，于5月12日晚连夜发动会员企业为灾区人民献爱心，亚萍、家宝、罗莱、凯盛、心愿、金太阳、裕豪、通绣、梦之雨、诚诺、金梦莱、紫罗兰、世家、蓝丝羽、紫阳、宝缦等多家企业积极响应，发挥一方有难，八方支援的精神，紧急组织了8870余条被子，通过南通慈善救助站和中国扶贫基金会及时送到灾区。在2009年的国际金融危机中，不少会员企业也不同程度地受到了影响，遇到了前所未有的困难，但他们都坚持诚信、爱心，善待自己的员工，寒潮中企业再困难也坚持不裁员、不减薪，抱团取暖，共克时艰，共渡难关，树立了南通家纺人的良好形象，也为后来走出困境、重新发展奠定了基础。近几年来，会员企业捐款捐物累计达6000多万元。一批会员企业和企业家荣获国家、省、市先进集体和先进个人。

三 商会下一步工作举措

家纺产业是绿色产业、富民产业，是低碳经济的代表行业，作为南通家纺企业的娘家，南通家纺商会将以科学发展观为指导，充分发挥桥梁作用，努力提升服务水平，在推进行业健康发展、优化企业发展环境等方面发挥更大的作用。

1. 围绕一个目标——打造中国家纺之都

把南通建成"中国家纺之都"是商会坚定不移的目标，今后，商会将按照市委、市政府"加速发展现代服务业，创造南通发展新优势"的要求，将引导内外智力、资本、信息等要素进行整合，在构建家纺研发中心、人才高地、资本洼地、信息枢纽型家纺硅谷等方面迈出新步伐。

2. 突出两个重点——加快转型升级，发展低碳经济

商会将积极贯彻国家出台的《纺织工业调整和振兴规划》，引导会员抓住机遇，通过行业调整和振兴规划的实施，加快产业结构调整，加快转型升级，实现家纺行业发展方式的转变。同时，积极贯彻国家节能减排政策，大力在全行业推进节能降耗减排，通过精细化管理和循环经济，打造绿色家纺，促进南通家纺建成环境友好型行业。

3. 打造三个平台——政企合作平台、银企合作平台、税企合作平台，为家纺行业创造良好的发展环境

商会将重点打造"三个发展平台"。一是政企合作平台。加强与有关政府部门的沟通和联系，争取政府给行业和会员企业更多的政策支持、经费支持。二是银企合作平台。为会员企业解决更多的发展资金，家纺会员企业间将建立互助基金，总盘子达10亿元。三是税企合作平台。进一步加强与国税、地税的合作，努力办好"纳税人维权中心"、"纳税人之家"，为会员企业创造良好的税收环境。

4. 建好四项制度——建设大有作为的行业商会

商会发挥作用的好坏，对推动行业发展贡献的大小，取决于商会自身建设的强弱。商会将在原有基础上，大力加强制度建设，进一步建立健全商会服务会员制度、工作人员考核制度、领导班子联系会员制度、财务制度等，使商会真正成为自身建设有活力、服务会员有能力、促进行业发展有魅力的战斗集体。

课题组负责人：徐守铭
课题组成员：黄永华　陆志祥
执　　　笔：陆志祥

B.30
突出服务　打造品牌

安徽省工商联电线电缆商会

安徽省电线电缆商会成立于2005年5月，几年来，在省工商联的指导下，在会长张胜利、监事会主席后学东的领导下，以服务企业、振兴行业为宗旨，全方位抓工作、办实事，把维权、协调、交流、推荐品牌、推荐驰名商标、行业评优等服务作为商会的主要工作，发挥政府与企业之间的桥梁和纽带作用，促进了行业健康、有序的发展，受到业界的一致欢迎和好评。

一　建章立制，努力用现代商会标准规范商会运作

安徽省是全国四大电线电缆生产基地之一，企业主要分布在无为、天长、合肥以及池州等地。几年来，商会保持了良好的发展态势，会员数量快速增加，质量不断提升，结构更加合理，商会会员总数从成立初期的几十家增加到现在的100多家，年销售额450多亿元。会员企业产品广泛运用于石油、化工、电力、冶金、电子、军工、航天等领域。

一是建章立制。商会自成立以来，依照章程规定，制定了《商会办公室工作制度》、《商会财务管理制度》等，在财务管理上坚持严格的审批和审计程序，用好用活会员的每一分钱。为了加强行业自律，抓好自身建设，进一步规范商会，商会起草了《安徽省电线电缆商会行规行约》，这是安徽省行业协会、商会的第一个规约。

二是成立专业委员会。为了更好地指导电线电缆行业生产出优质产品，规范市场秩序，更好地为电线电缆行业提供技术支持，商会于2009年9月成立了安徽省电线电缆商会专家委员会。其主要作用是负责电线电缆行业技术标准及相关质量标准的评审；电线电缆行业名优推荐产品的评审；电线电缆行业企业诚信等级的评审；省人事厅授权范围内的工程技术职称的评审以及有关企业技术疑难问题的咨询等。同时商会还制订了长期和短期的工作目标。

二 突出服务，商会为会员企业排忧解难

商会成立以后，始终把维权、协调、交流、推荐品牌、推荐驰名商标、行业评优等服务作为商会的主要工作。

第一，扩大对外信息沟通、交流、展示的平台。如何准确把握市场走势、正确实施经营决策是广大会员企业面临的最大难题。商会及时打造信息桥梁，开通了商会网站，为会员企业提供无偿的服务，及时发布大量时效性与适用性强的信息；创办了《安徽线缆报》，并将报纸及时寄给省委、省人大、省政府、省政协和其他省直市直相关部门、全国同行业商会、省内外电缆企业，受到一致好评。

第二，努力拓宽销售渠道。在市场经济条件下，企业最重要的工作莫过于销售工作。电线电缆生产企业最大的用户是电力部门，为帮助企业扩大销售，商会与安徽省电力行业协会先后多次举办了中国国际（安徽）电线电缆及设备材料博览会、中东线材（安徽）博览交易会，为会员企业提供交易平台，促进产需结合。

第三，积极破解会员企业融资难题。想企业之所想，急企业之所急，是商会工作的出发点和落脚点。一是进行企业融资状况专题调研。商会原秘书长潘巧萍与安徽大学7位教授、讲师深入到无为县高沟镇进行专题调研，并写出调研报告向政府提出意见和建议。二是积极应对国际金融危机的挑战。电线电缆企业如何应对国际金融危机，商会邀请了中国科技大学教授、管理学博士、著名学者杨永长作了精彩的演讲，并向全体会员企业发出"抱团取暖、共抗严冬"的号召。商会还与国元安泰期货经纪有限公司联合举办了"灵活运用期铜，规避价格风险"的专题报告会，向企业介绍期货知识，让企业了解更多的投资融资渠道和规避风险的方法。三是多次组织银企对接会。由于受国际金融危机影响，一些企业资金困难。商会主动为企业与金融机构牵线搭桥，通过带领企业与金融机构交流、召开银企座谈会，邀请中国银行、浦发银行人员介绍金融业新产品，密切了线缆企业与金融机构的关系，为企业融资奠定了基础。

第四，进一步维护企业权益。商会把维护企业利益作为大事，高度重视，认真对待。如合肥一企业反映，本地有些执法部门向企业乱罚款，企业意见很大。

商会了解到这一情况后，秘书处及时召开会员企业座谈会，集中听取部分企业的意见和要求，并整理成材料，会长及时向省有关部门汇报、反映，很快解决了这一问题。2009年4月，天长的一家会员企业向商会反映，他们的产品在某省一电厂被抽检判为不合格，处以罚款40万元，商会得到信息后，及时向省质监局领导汇报，省质监局领导非常重视，立即派人与该省质监局联系协调，最后得到了妥善的处理，企业非常高兴，称商会真正是会员的"娘家"。

商会是会员的娘家，会员企业的中心任务是发展，企业在发展过程中难免会遇到一些困难和问题，会员企业利益受损时，商会积极主动，当好协调员，维护会员合法权益，为会员保驾护航。商会成立以来，累计为会员企业维权达100多次，为会员企业挽回损失1000多万元。此外，商会还主动了解和掌握企业在发展过程中的各种需求，以便有针对性地开展工作，为企业提供服务。引导会员遵守国家法律法规，组织会员学习党和国家的方针、政策，积极参政议政。积极组织举办展销会、交易会等活动；为会员提供经济与法律咨询、融资、信息管理等服务；组织会员参加业务培训和有关研讨活动，取得了一定的成绩，受到了广大会员一致好评。

三　打造商会品牌，为安徽省社会经济发展增添活力

一是加大招商引资力度和生产基地资金投入。商会加强与政府部门联系，利用各种活动的机会，为省内一些市县招商引资达亿元。2009年12月26日，安徽（中国）电线电缆生产基地项目集中签约仪式在吴山镇隆重举行，合肥华丰电线电缆有限责任公司、安徽布雷特包装材料有限公司、安徽伟光线缆有限公司、合肥宇阳橡胶科技有限公司、合肥安通电力电缆有限公司五家企业进行了集体签约。安徽电线电缆协会会长张胜利、温州商会会长朱鲸等知名企业家和五家企业负责人出席签约会。五家企业共投资4亿元，该项目建成后可解决大约600人的就业问题，年产值约10亿元。

二是促进产业集群形成和迅速发展。安徽省电线电缆行业从无到有，从小到大，经过30年的不懈努力，现已形成以合肥为中心的高压电缆基地、以无为为中心的特种电缆基地、以天长为中心的计算机线缆基地的产业集群。2009年，全省电线电缆行业实现工业总产值达450亿元，上缴税收13.5亿元。生产型企

业345家，其中规模以上企业169家，解决就业人数达6万人。全国民营企业纳税百强，安徽省线缆行业有3家企业入选；安徽省民营企业百强，电线电缆行业约占1/5。安徽省电线电缆行业现有国家高新技术企业21家，安徽省高新技术企业15家，安徽省名牌企业22家，国家重合同守信用企业5家，安徽省重合同守信用企业28家，安徽省著名商标35个。目前，电线电缆行业成为安徽省机械制造业中仅次于汽车行业的第二大支柱性产业。

三是发挥商会社会作用和扩大商会影响。乐善好施一直是中华民族的传统美德，扶贫济困更是当今民营企业家的爱心之举。2005年5月，张胜利会长代表商会向贫困县寿县瓦蚌湖官塘村捐款10万元，用于该村村级沙石路的修建。2007年7月颍上和合肥瑶海区等地受灾，会长张胜利捐款达20多万元；江淮电缆集团向四川甘洛县捐款260多万元。2008年5月汶川地震，商会会员企业向汶川地震灾区捐款累计近3000万元。2009年12月，在省光彩事业促进会组织的"彩耀江淮"活动中，安徽江淮电缆集团有限公司捐赠200万元，全威（铜陵）铜业科技有限公司捐赠100万元。商会有一批企业家被评为"省、市优秀企业家"，1人被评为"安徽省优秀中国特色社会主义事业建设者"，1人当选为全国人大代表，1人当选为全国政协委员，1人被选为全国劳动模范，多人当选为县级人大代表和政协委员，商会多次受到有关部门表彰。

四　积极进取，审时度势地寻求商会发展之路

一是确定行业发展方向。为了促进电线电缆企业健康发展，争取政府的支持，商会组织专业人员深入企业调查研究，几易其稿，在此基础上起草了《安徽电线电缆行业发展报告》，受到有关部门的重视。2010年3月，商会又与省发改委、省经委、省机械工业协会一起共同举办了巢湖市电线电缆产业发展规划论坛，同时通过了巢湖市电缆产业发展规划。在2010年年初召开的省政协会议上，由省工商联代为提出"将地产电线电缆列入我省电力部门采购目录"的提案，得到了上级部门的重视。在2010年召开的安徽省民营企业家座谈会上，商会代表向省委、省政府提出了三点建议：（1）给电线电缆企业创造一个公平竞争的环境；（2）加大对电线电缆行业资金的支持；（3）优先发展高端高新电缆项目。三点建议受到参会省委省政府领导的重视，有关部门正在协调予以解决。

二是大力推进实施名牌战略。针对企业积极性高，但对实施名牌战略没有经验的现状，商会成立了品牌部，组织人员到企业进行帮助和指导。目前，"绿宝牌"电缆获得"国家免检产品"和"中国驰名商标"，"江淮"、"华菱"等十几个产品获省名牌产品称号。由该商会推荐的合肥虹达电线电缆公司被评为"合肥市质量管理奖"。

三是全力打造吴山"安徽（中国）电线电缆生产基地"。2009年11月，第一批入驻长丰县吴山镇"安徽（中国）电线电缆生产基地"项目的首个电缆企业安徽国威线缆有限公司正式开工奠基。不久又有一批企业将陆续开工建设，这预示"安徽（中国）电线电缆生产基地"项目开始了新的篇章，翻开了安徽省电线电缆行业新的一页。2009年12月26日，安徽（中国）电线电缆生产基地项目的第二批入驻企业集中签约仪式在吴山镇隆重举行，合肥华丰电线电缆有限责任公司、安徽布雷特包装材料有限公司、安徽伟光线缆有限公司、合肥宇阳橡胶科技有限公司、合肥安通电力电缆有限公司等8家企业进行了集体签约。项目协议总投资15亿元，建成后产值达百亿元。这个项目将有利于加速整合合肥市电线电缆产业资源，促进安徽省电线电缆企业的集群式发展，并尽快形成规模效应，加速安徽省电线电缆行业的跨越式发展的步伐，势必将基地打造成为国内电线电缆基地的"航母"。

B.31
发挥商会作用　缓解融资难题

山东省枣庄市工商联信用担保商会

近年来，山东省各级工商联组织针对民营企业融资难问题，采取有效措施开展服务工作。其中，枣庄各级工商联建立信用担保商会的做法经验成熟，成效显著，具有较强的代表性。

自2000年3月枣庄市市中区工商联建立第一家"信用担保商会"，迄今已有10年，枣庄市各级工商联组建的"信用担保商会"已发展到32家，加入担保商会的会员企业发展到362家，累计贷款达到20多亿元，较好地解决了民营企业尤其是处于创业和成长阶段的民营中小企业的融资难题，促进了经济的发展。信用担保商会融资模式得到了政府支持、银行欢迎、企业拥护。2008年，枣庄市工商联创建的"信用担保商会"被誉为"枣庄模式"，因其在支持中小企业融资发展方面发挥了积极作用而成功入"选全国工商联年度十大亮点工作"。

一　信用担保商会的组织形式、性质和特点

信用担保商会是由各级工商联牵头、中小企业自发组建成立的具有团体法人性质的会员制担保机构，会员构成一般为同一地域、同一行业的企业。商会以为会员企业提供融资服务为宗旨，坚持互助性、非营利性、中介性的原则。信用担保商会为企业提供担保，银行为企业放款，形成"银行（信用社）＋担保商会＋企业"的运作模式。

民营企业通过信用担保商会担保融资，融资成本低，不需缴纳担保费用；融资效率高，不需进行资产抵押；融资风险控制严，贷款风险会员共同承担。这种融资担保方式适应初创和成长期中小企业特别是微小型企业的发展需求，符合市场规律，具有三大特点。一是融资成本方面。与担保公司相比，担保商会经民政部门登记注册，具有独立法人资格，成立时不需数千万的注册资金，入会企业只

需缴纳一定数额的担保基金，就可获得担保基金5~10倍的银行贷款。由于会员企业有共同的融资需求，且是相互担保，无需其他费用。同时，担保商会还可出面与金融部门协商，在政策允许范围内下调贷款利率，实现低成本融资。二是融资效率方面。企业只要加入担保商会，不需要土地、房产等抵押物作担保，只要向担保商会与合作金融机构同时提出贷款申请，3个工作日内即可办结，最快的一天时间即可拿到急需的贷款。三是融资风险方面。担保商会具有科学、严密的风险防控体系，可以有效规避风险。

二 积极运作、成效显著

各级工商联组织把信用担保商会建设作为服务非公经济发展的切入点，积极推进信用担保商会建设，特别是2007年下半年工商联换届以后，市工商联积极争取市委、市政府的支持，市里制定了推进信用担保商会建设优惠政策；极力推介枣庄担保商会模式，争取金融部门认可和合作，市人民银行、工商银行、农业发展银行、农业银行、商业银行、农村信用联社都对信用担保商会给予真诚的帮助；动员引导会员企业组建信用担保商会，召开银企融资洽谈会、经验交流会、工作研讨会，编发《枣庄市民营经济信用担保商会实用手册》，开展集中培训，使全市担保商会建设得到快速、规范、高效发展，由2007年前的11家发展到32家，会员企业也由116家发展到362家，贷款资金由10.66亿元增加到20亿元。特别是当前，受国内外经济形势变化尤其是国际金融危机影响，国内部分地区和行业的中小企业生产经营出现较大困难。枣庄作为资源枯竭转型城市，民营经济发展相对滞后，民营企业多为中小型企业，且出口加工型和轻工、纺织等劳动密集型企业占有相当的比重。面对银行银根紧缩，资金链紧张；经济萧条，订单减少，人民币升值，出口受阻；缺乏自主研发能力和竞争力等诸多不利因素，部分中小企业生产经营举步维艰，濒临破产。而工商联信用担保商会会员企业却能通过担保商会组织"抱团取暖"，共克时艰，靠诚信品牌，互助联保，在国际金融危机的大背景下，及时、简便、低费用地实现贷款，保证了全市32家信用担保商会中所有会员企业融资不难，在危机中生存、发展。

金融部门积极配合，实现靠信用担保在国有银行贷款。由于中小企业存在规模小、自有资本少、可供抵押资产少、抗风险能力弱及信用等级偏低的先天不足，造成银行不敢冒险放贷。而信用担保商会会员企业不仅能从农村信用社、城市商业银行实现贷款，而且在工商银行放贷的基础上，2008年上半年又实现在农业银行、农业发展银行贷款3000余万元，涉农企业获准享受国家政策规定的基准利率。最重要的是靠信用担保商会这个平台，宣传融资知识，打造会员企业信用。近年来，工商联多次赴各金融部门推荐、介绍信用担保商会建设情况，举办大型银行——信用担保商会——会员企业恳谈会、签约会及金融产品讲座30多次，解决了企业缺乏必要的融资知识、不懂贷款审批程序的困难。商会多年来的成功运作，使市工商银行信任并大胆开展向信用担保商会试点贷款，其他国有银行也开始与信用担保商会合作放贷。融资渠道的拓宽，国有银行的放贷，最大限度地破解了会员企业的融资瓶颈。市中区民营经济信用担保商会23家会员企业中，22家经营状况良好，多数企业在危机中实现了新的发展。2009年1月，该商会一家从事纺织行业的会员企业，突遭日本客户破产困境，千万元订单泡汤，26万美元货物已发往日本，企业面临资金链断裂、濒临破产的困境。依靠信用担保商会快捷的100万元贷款支持，企业坚持正常生产，不仅避免了企业的损失，还在日本建立了销售网络，订单不断。

靠诚信品牌实现融资。信誉是企业的生命，信用担保商会旺盛的生命力来源于诚信。由于有信用担保商会的层层担保，加上信用担保商会运行10年来，所有贷款没有给银行造成呆账、坏账的成功经验，所有与信用担保商会合作的金融部门都认为：能进入商会的企业都是比较好的企业，企业会员共担风险，银行没有风险。靠诚信就能实现融资发展，革命老区——山亭区民营经济信用担保商会成为最大的受益者。山亭区是经济欠发达地区，民营企业数量少、规模小、融资困难的现象比较突出。自2007年5月成立民营企业信用担保商会以来，践行"增进会员企业与金融部门的互信合作，架起会员企业与金融部门合作的桥梁，通过会员企业的整体信用和互保，获取金融部门的信贷支持，为会员企业加快发展做强做大服务"的办会宗旨，营造人心齐、会员亲如一家的合作氛围。互相学习，取长补短，提高会员综合素质，培育团结诚信的商会文化，积极争取金融部门的指导配合。靠会员的互助互信，会员企业由最初成立时的10家发展到20家，合作金融部门由最初的1家扩展到4家，贷款授信额度达9600万元，累计贷款过2亿元。在国际金融危机和世界经济普遍下滑的大背景下，商会会员企业仍保持良好的发展势头。

低成本为会员企业减轻经营负担。担保商会不收任何费用，提供无偿的服务，与通过担保公司贷款、民间融资渠道相比，具有明显的低费用优势。借助信用担保商会平台，谁有难处只要打个招呼，大家都会主动地帮助解决。一人有困难，大家来帮助解决，办不了的事情，协调不了的关系，拿不定的主意，大家一起办，形成了商会的凝聚力和号召力。特别是联保企业的关注、关心，使贷款企业可以随时无偿得到联保企业、商会群体的信息、管理、建议、经验、监督、客户乃至资金帮助，保证了企业的健康发展，从而大大降低了企业的生产成本。市中区一家从事纸箱生产的会员企业，经营过程中发生了火灾，企业面临破产，担保商会全体会员及时给予帮助，大家出资帮助企业按时归还贷款，新建了厂房，帮助企业恢复了生产。

银企融洽，会员互助，帮助困难企业过难关。信用担保商会经多年成功运作，银行、企业建立了良好的合作互信关系。农村信用社、商业银行对商会所有会员企业全面授信，不管你从事什么行业，不管你企业大小，差别的只是授信额度不同，且手续简便，在授信额度内贷款随时使用，随贷随还。一家从事纺织行业的担保商会会员企业，在企业处于结构调整和产业升级的关键期，受行业、产业等因素的限制，遇到融资困难，面临资金链断裂，担保商会利用与合作金融部门长期形成的互信关系，通过转用商会其他会员企业贷款，使该企业及时得到救命资金，生存了下来。

三　基本做法和经验

1. 积极作为，争取党委政府支持

2007年，枣庄市工商联在总结以往"信用担保商会"建设经验和调查研究的基础上，向市委提交了题为《关于加快信用担保商会建设，促进我市民营经济快速发展的建议》的报告，得到市委、市政府的高度重视。市政府成立信用担保商会建设领导小组，制定多项优惠政策推进信用担保商会建设。经过市主要领导和市工商银行领导的不懈努力，省工商银行拨款2亿元专项资金用于市工商银行在枣庄开办担保商会贷款试点，2010年，市工商银行又先后为信用担保商会企业授信2.5亿元，加快了"信用担保商会"的建设步伐。

2. 构筑防火墙，规避经营风险

防控风险是保证"信用担保商会"正常运作的关键。枣庄市工商联担保商会从制度建设入手，为担保商会设置了五道"防火墙"进行风险控制防范。第一道防火墙是严把入会关，进行入会防控。入会企业要提交入会申请，担保商会在了解入会企业的基础上，组织会员到企业实地考察，会员需背靠背投票，投票率达到60%以上方可具备入会资格。第二道防火墙是担保基金防控。入会企业必须到与担保商会合作的银行开设账户，并将一定数额的担保基金存入该银行，企业在借款时按照担保基金5~10倍的数额申请贷款。第三道防火墙是连带责任防控。担保商会实行"一贷二保"或"一贷三保"方式申请贷款，并由全体会员共同承担连带责任，即会员提出贷款申请，须有担保商会2~3个会员实行联保，手续完备方可按存贷比例从合作银行拿到贷款。第四道防火墙是相互监督防控。一般情况下，担保商会由10家以上同一地域、同一行业的企业组成，企业老板之间知根知底，会员间相互监督，任何会员在申请贷款时，其他会员都很清楚贷款用途，确保了监督的有效性。第五道防火墙是设立企业黑名单，及时清退违规企业。对贷款逾期还不上的、在社会上信誉不好的、有严重违法乱纪行为影响担保商会形象的企业，提交会员大会投票表决，有70%以上的会员投清退票的即予以清退。

3. 注重诚信建设，提高担保商会凝聚力

枣庄市信用担保商会以它有效的运作监督机制，把民间道义和法制化市场经济规则有机结合到一起，降低了金融风险。银行不再单纯依靠抵押物防范风险，而是以多重信用屏障化解信贷风险。贷款者讲的是诚信，联保者联的是信用，商会维护的是全体会员的共同荣誉，实现了依靠信用进行贷款的良性循环。在企业抱团融资发展的过程中，担保商会的无偿服务凝聚了人心，商会各成员企业相互关心支持，相互交流信息和管理经验，相互提供资金帮助，建立了以心换心、共同发展的信念和相互的诚信。枣庄市信用担保商会运行10年来，没有一笔呆坏账，充分证明信用担保商会之法律防范与诚信建设为一体的风险防控体系，在实践中行之有效。

4. 加强与金融部门合作，形成良性循环

中小企业存在自有资本少、可供抵押资产少、抗风险能力弱、信用等级偏低等先天不足，银行一般不敢放贷。各级工商联积极争取各金融机构的支持，主动

搭建银企合作平台，宣传担保商会、宣传企业，促成银企合作。枣庄市工商联组织举办大型银行—信用担保商会—会员企业恳谈会、签约会及经验交流和工作研讨会30多次，在银行和信用担保商会、企业间搭起了沟通桥梁。同时信用担保商会多年来的健康运作赢得了信誉，金融部门逐步形成了这样的共识：能进入担保商会的企业都是比较好的企业，企业会员共担风险，银行有利可图、没有风险，银行主动上门服务，主动提出为企业贷款。

课题组负责人：栾文通

课题组成员：李承新　黄贵华　孙晋法

B.32
在服务中规范商会　在规范中发展商会

贵州省贵阳市市西商会

一　市西商会发展概况

贵阳市市西路市场是改革开放30多年来逐渐形成的贵州省占地面积最广、规模最大、品牌最多、人流量最集中商业经济圈。最早，这是位于贵阳市云岩区客车站旁一条破破烂烂的路，长不足千米，宽仅有8米。1982年，市西路市场初有雏形之时，只有商户30余户。1996年以前，只有几百户；到1996年市西商业街正式投入使用后，共有商户1000多户；而2006年之后，这里的商户发展到了4000多户。目前，市西路商业圈已拥有50个大型商场的商品集散中心，1.2万户经营户，常年从业人员6万人，日均人流量30万人，年交易金额300亿元左右。

贵阳市市西商会是经营户自发组织、自筹资金于2008年6月成立的市场性质的商会。商会在组织、人事、经费方面完全独立，在符合国家政策和法律、法规的基础上正常运行，是自主办会、自我管理、自我完善的非营利性组织。目前，商会有会长和副会长139人，常务理事和理事109人，会员总人数952人。

二　认真履行商（协）会职能，全心全力为会员服务

1. 破解会员融资难题

贷款难、担保难、融资难一直是制约非公经济发展的瓶颈。多年来，市西商圈1.2万户经营户得到银行贷款支持的微乎其微。

市西商会成立不久，商会领导层多次召开银企座谈会，加强与银行界沟通，共商破解途径。在云岩区委、区政府的关心和支持下，在区统战部、区工商联的指导和帮助下，同年组建成立省黔商市西担保公司，注册资金34088万元，黔商

市西小额贷款公司注册资金20100万元。两年来共与15家银行签署了《银企合作协议》。按协议规定,银行对担保公司的股本金实行1:5或1:10担保贷款放大比例,即3.4亿股本金可获得17亿~34亿元的贷款,为整个市西商圈会员和经营户融资需求奠定了坚实基础。

在贷款担保模式上,实行了股东互保、商家联保、有实力商家为小商家担保抵(质)押等多种方式,充分发挥知商、懂商、互相知根知底的优势特点,全力保障广大中小企业和个体经济发展对资金的需求。在贷后监督上,依靠商会各位会长、副会长、常务理事和广大会员配合各商场物管经理和监事会工作人员形成强大监视网络,随时掌握已贷款商家日常经营状况,为贷出资金的安全、为担保公司的风险防范提供了有力的保障。

为适应广大商家对资金短期、紧急的需求,担保公司还推出了小额免抵(质)押"五日快贷"业务,满足了商家的及时需求。

到目前为止,担保公司已为市西商圈673余户中小企业和个体工商户累计担保贷款金额约12.9亿元。担保贷款均已按期归还,代偿率和风险度为零,担保质量良好。由于长期依法、合规、稳健经营,黔商市西担保公司于2010年4月被中国人民银行贵阳中心支行、贵州省经济信息委指定的信用评级中介机构评定为"AA-"企业,被省委、省政府评定并表彰为"贵州十佳民营经济服务机构"。

有了贷款担保公司的支持,广大中小企业和个体经济对未来的发展充满了信心,不但从容面对国际金融危机的冲击,企业做到不裁员、不减薪,还在全省各地增加了近百个自营店或连锁店,增加了近千个就业岗位,为保增长、保民生、保稳定作出了一定的贡献。

为配合做好支持中小企业和个体经营户的融资工作,商会正倡导加快信用体系建设,已在市西商会会员中首次评选出60名"诚信商家"。

近年来,市西商会多次接待了国务院五部委、省中小企业局及省区市各级政府领导和各民主党派、社会团体、人大、政协委员的调研。各级领导都充分肯定了市西商会由会员集资、不用政府投入组建贷款担保机构的模式和为广大会员解决融资难题所取得的成绩。

2. 倾力为会员服务

服务是商会的根本,为会员服务、帮助会员发展是商会永恒的主题。商会成立以来，以科学发展观为指导，以"立会为民、发展为民"为宗旨，以《贵州省人民政府关于加快推进行业协会商会改革和发展的意见》来不断规范商会行为，为会员开展各方面的服务工作。

——利用会刊宣传党和国家的方针政策。会刊是商会联系会员的桥梁，商会每年出刊六期，向会员和有关部门发放会刊18000多本。作为市西商会的"喉舌"，会刊宣传党的方针政策，特别是大力宣传国家及省有关非公经济的政策；宣传与经商相关的法律法规、商会工作及会员风采；讨论非公经济发展环境的促进措施、市西商圈在贵阳—广州高速铁路建设进程中如何稳定发展、商会发展前景及商户诚信建设；介绍会员企业的经营业务等。

——维护会员的合法权益。商会先后与辅正律师事务所、维拓律师事务所、贵阳兴宏税务师事务所等结成战略合作伙伴关系，为广大会员提供法律法规咨询和相关服务，有效地维护会员的合法权益；通过政府相关部门和商会领导层各种关系进行协调处理，调解融洽了各方面的矛盾。两年来，共接待会员来访600多人次，涉及经营罚款、会员纠纷、物管纠纷、融资需求等11项内容；处理了群体性维权案例2起，涉及会员单位80多个，维护了会员的合法权益。

——积极开展学习培训。商会积极开展各项学习培训工作：会员到省外培训、开展会长会议学习培训、对会务工作人员进行专题培训；邀请工商、税务等部门对会员经商中应知的法律法规进行专题培训；邀请专家进行改变经营理念、提高经营档次、提升业务技巧等方面的培训；举办金融知识专题讲座，通过会刊和资料对会员进行培训等。为加强学习和培训，商（协）会每年都要发放各种宣传资料15000份，免费发放会刊18000本。

——为会员拓展发展空间。金阳新区是贵阳刚发展的新城区，还缺少商家和人气。市西商会与贵阳市金阳新区管委会和金阳商业步行街管委会签署三方战略合作协议后，市西商会领导层和会员共订购金阳商业街商铺47间，总面积1786平方米。商会的进入，在贵阳市引起很大反响，有效地带动了区域发展，吸引了客流。

——为会员提升经营管理水平。与中国电信贵阳分公司结成战略伙伴后，许多在全省各地有连锁店的会员都安装了中国电信"连锁在线"手机视频监控网络，为会员经营管理提升档次提供了方便。

——学习国内外商（协）会管理经验。"他山之石，可以攻玉"，学习我国发达地区发展商（协）会的先进经验是贯彻落实科学发展观，实现市西商会科学发展的重要举措。在区委统战部、区工商联的大力支持下，组团赴成都、武汉、杭州、义乌基地进行了为期12天的商务考察，取得了很好的效果。

3. 致富思源，回报社会

市西商会在不断跨越式发展中，始终没有忘记政府和社会对市西商会的支持和关爱，热心公益的企业文化正在形成，广大商家时刻把回报社会作为重要的社会责任。

——市西商会在会刊上刊登《倡议书》，教育会员致富思源、富而思进，引导会员懂得感恩、回报社会，鼓励广大会员为社会做实事、做好事。广大会员积极响应，或为商会发展出谋划策，或积极参与社会公益事业，或利用其人脉关系为光彩事业寻求战略合作伙伴，努力为回报社会出一份力、尽一份心。

——2009年，市西商会向"清镇市助学基金"捐款20多万元；贵阳禾苑房地产开发有限公司总经理、市西商会常务副会长姜成林以公司名义捐款30万元。商会还积极参加贵阳市总工会、贵阳市"两湖一库"环保基金会发起的"贵阳市非公经济人士爱环境、保'水缸'志愿活动"，到"两湖一库"实地考察，深化对保护"两湖一库"重要性的认识，了解"两湖一库"保护工作所取得的成效和今后的规划，并捐赠了30万元。

——为了支持市西商圈消除火灾隐患，让广大经营户安心经营，省黔商市西担保公司又捐赠50万元给市西市场管委会用于购买消防车。

——捐资50万元修建鹿窝乡中心学校"黔商市西教学楼"，并向广大学生发放助学金、学习用品。

——2010年初春时遭遇干旱，市西商会共捐出价值53万元的200吨矿泉水并直接运送到修文县几个受灾严重地区。

——由贵阳市云岩区市西办事处、市西商会共同发起的"情系玉树、大爱无疆"向青海玉树地震灾区灾民捐款的活动，接到通知的商会会员，现场捐款91300元。

三 开展商会工作的几点体会

实践证明，商会在市场经济发展的过程中要想生存和发展必须要有明确的定位。

第一，按照《贵州省人民政府关于加快推进行业协会商会改革和发展的意见》，充分发挥民间商会自主办会、自我管理、行业自律、自我完善的功能。

第二，以同行业或同市场性质的企业为主体。这个主体作用，一是能掌握本行业的经营状况和发展趋势，便于维护本行业的整体利益，反映本行业的合理诉求；二是在担保本行业企业和个体经营户的融资时能知根知底，能较好的防范金融风险；三是在凝聚人心谋求发展上能很快达成共识，有利于长期、和谐、稳定的发展；四是能向政府提供行业发展的情况和意见；五是商会有公信力，能号召动员广大非公经济人士积极投身于扶贫济困、助学救灾等社会公益活动，回报社会。

第三，坚持入会自愿、退会自由的原则。从近两年发展的情况看，商会坚持入会自愿、退会自由的原则，为谋取全体会员的共同利益而努力，是商会实现科学发展、和谐健康发展的关键。只有这样商会的凝聚力才强，公信力才高。

四 促进商会进一步健康发展的几点建议

商会组织的发展必须以政府职能转变为前提，而政府职能转变也有赖于中介组织充分的发育发展。要加快推进政府机构改革和职能转变，建立良好的政社互动关系，一方面为政府部分经济服务的退出畅通渠道，另一方面拓展行业商会的发展空间。

1. 正确处理政府与行业商会的关系

一是明确政府与行业商会的职能空间。在市场经济条件下，政府的作用不在于替代市场，而在于通过制定和执行规则来维护公平竞争的市场秩序，为市场机制正常发挥作用创造条件。当前，很多可以由社会自我服务、自我管理、自我调节的事情，仍由政府包揽，这不仅使政府穷于应付，也容易使政府成为各类社会矛盾的焦点。为此，建议加大力度贯彻落实《贵州省人民政府关于加快推进行业协会商会改革和发展的意见》，厘清政府与行业商会的职能，明确行业商会的职能空间。

二是逐步理顺行业商会的管理体制。政府与行业商会的关系，是建立在法制化、规范化的基础上的指导与被指导、监督管理与被监督管理的关系。建议按照《贵州省人民政府关于加快推进行业协会商会改革和发展的意见》，理顺行业商（协）会的管理体制：一是正确认识行业协会的业务主管单位与行业商（协）会的关系，切实解决省内部分行业商（协）会行政化倾向严重和依赖政府生存的

问题；二是加强对行业商会特别是挂靠政府部门的行业商（协）会的监督和制约；三是建立完善行业协会退出机制，对缺乏行业代表性、不能维护和代表会员利益等的行业协会给予清理撤销。

2. 着力推进民间化、市场化、规范化

一是坚持以民间化为前提。民间化是为同行业谋求和维护共同利益而自发组织起来的行业商会的最基本特征。要坚持自下而上组建行业商会，按照自愿组织、自行管理、自我服务、自我监督的原则，健全和完善行业商会的产生、运行、监督和退出机制。对于政府组建的经济性中介组织要按照民间化的原则进行重新整合，稳妥、切实地把行业协会从政府中分离出来，逐步建立起真正意义的行业商会，以加快行业商会民间化进程。

二是坚持以市场化为重点。行业商会是市场经济的产物，只有遵循市场经济规律，按照市场规则展开竞争，才能获得生存和发展。第一，市场地位平等。所有行业商会以平等身份进入市场，政府部门下属的行业商会要尽快摆脱行政依附关系，与各类商会参与竞争。第二，要建立健全行业商会的退出机制。对缺乏代表性及长期不开展活动、内部管理混乱的行业商会，由登记、管理部门依法注销登记。鼓励实力强的行业商会兼并弱势商会。第三，落实和健全行业商会的行业服务功能。逐步把政府部分经济管理职能赋予各类行业商会，增强其自我发展能力，为民间化、市场化的推进提供必要的职能保障。第四，淡化所有制界线。支持行业商会吸收国有、外资企业入会，面向全社会同行业企业，使其在行业中更具有代表性、广泛性和权威性。

三是坚持以规范化为保障。尽快制定有关商会组织管理的地方性法规，以规范商会的发展。法规的制定既要考虑到行业商会体制、政策、管理的现状，又必须按照市场化的方向和原则进行。

执笔：徐小晴

B.33
整合资源 凝聚力量
做两地合作的"民间大使"

宁夏浙江商会

宁夏浙江商会成立于2001年5月，目前在宁浙江商人已超过12万人，工商企业5万余户，其中具有一定规模的生产企业30家，创办的各类商城、市场10个。在宁浙江人，除了加入宁夏浙江商会外，还有一部分加入宁夏温州商会、宁夏东西部促进会、银川温岭商会、银川临海商会、银川永康商会、银川瑞安商会、石嘴山温州商会。另外还有一些行业协会会长由浙江人担任，如：宁夏五金机电行业协会、宁夏服装商会、宁夏餐饮协会、银川服装商会等。10年来，宁夏浙江商会坚持"奉献、包容、和谐、发展"的办会理念，整合资源，凝聚浙商力量，不断加强与兄弟商会的横向交流与合作，不断提升在宁浙商的社会公益形象，树立了宁夏浙商品牌，2008年被自治区民政厅评为3A级商会；2009年获得首批星级授牌；连续六年被自治区政府评为招商引资先进商会。

一 准确定位，以乡情为纽带，努力把商会办成在宁浙商的"娘家"

商会利用自身优势，积极为会员排忧解难，为企业顺利发展保驾护航。通过组织各种活动，搭建起在宁12万浙商经营、创业、交流、交友的平台，给广大在宁浙商营造一个家的温馨氛围。

一是邀请兄弟商会代表参加每年举办一度的"春节联谊会"、"中秋茶话会"和一些浙商企业开业庆典活动，营造节日氛围，加强会员间的交流沟通。

二是注重发挥商会的平台优势，为在宁浙商争取更多话语权，维护在宁浙商的合法权益。10年来，由商会出面与各地政府、有关部门协调，解决诸如生产发展、投资变更、收购股权、刑事民事案件、合同纠纷、债务偿还、经营矛盾、企业权益等问题，帮助浙商企业维权20多起，深得会员满意。

三是积极主动与当地银行合作，签订会银合作协议，帮助中小企业解决融资问题。2009年以来先后与宁夏银行、黄河银行、石嘴山银行等签订了信贷协议，深受企业欢迎。充分利用浙商民间资本优势，帮助成立投资担保中心，为会员企业提供小额贷款和贷款担保，直接为会员企业服务。

四是2009年5月，宁夏浙江商会石嘴山办事处、宁夏浙江商会先后组织承办了2支浙江支宁人员座谈会，畅叙乡情、友情，激励创业置业激情。

通过这些活动，进一步增强了商会对广大在宁浙商的凝聚力，使很多在宁浙商既加入在宁的地、市、县兄弟商会，也加入宁夏浙江商会，成为"双籍"会员，相互之间保持着既融合又独立的关系，经常沟通联络，取长补短，相互学习，共同提高，打造宁夏浙商品牌，提升在宁浙商形象。

二 搭建平台，整合浙商资源，为招商引资提供服务

宁夏浙江商会利用自己熟悉家乡和宁夏两地的优势，促进宁浙两地之间的联系，协助政府招商引资。

一是积极协助政府代表团赴浙江杭州、宁波、义乌等地考察，促使搭成宁波—宁夏经济合作交流框架协议，在农业、会展、能源、旅游等产业对接和升级方面长期合作，并尽早促成浙商在宁投资兴业，建立产业聚集区。促使银川与义乌签署经贸合作备忘录，利用义乌市与国外市场特别是中东市场密切联系的优越条件，将其作为宁夏清真食品和穆斯林用品对外出口的市场集散地，并在银川建设100万平方米的中国国际小商品交易中心，加快银川开放步伐。促使区旅游局与上海春秋国际旅行社达成投资上海—银川市开通旅游航线，每年给宁夏输送江浙沪游客1.2万人次，给宁夏带来约2400万元直接旅游收入，促进宁夏旅游业再上新台阶。

二是加强与兄弟商会之间的联系，整合在宁浙商财力资源、经营资源、人脉资源，实现共享信息、共创品牌、共保发展，不断凝聚在宁浙商力量，吸引更多浙商来宁投资，提升在宁浙商整体实力。10年来，宁夏浙江商会积极协助各级政府招商引资，充当招商大使，累计招商引资300多亿元，而且从2008年起，

每年以20亿元的速度在增长，一些国内知名浙企，如盾安集团、卧龙集团等大型企业均落户宁夏。

三是积极主动与区、市有关部门加强联系，为会员企业寻找适合自身发展的项目和商机，联络合作伙伴，组建企业联盟，为浙商企业在"转型升级，逆势超越"中转变企业发展方式，提供项目信息服务。

四是组织和参加各种招商、庆典活动，宣传宁夏，寻求商机。商会在2008年9月份宁夏浙江商会临海分会成立一周年之际，邀请全国各省临海商会会长及浙江企业家参加全国临海会联谊会，来宁夏考察投资环境，寻求合作机遇。如协助自治区政府"中国西部（银川）服装服饰艺术节"招商招展团于8月27~29日南下浙江，先后与浙江杭州、宁波两市政府签订两地服装服饰展会合作协议，共同推动宁浙两地服装服饰业实现优势互补，合作共赢；组织在宁浙企参加浙商大会、会长年会等兄弟省区市浙商庆典活动，广泛向浙商宣传、介绍宁夏的投资环境、政策优势和浙企发展前景，吸引了一批有投资意向的企业家来宁投资创业，取得了显著成效。

三　积极参与、有效配合，支持家乡浙江开展的各项工作

一是协助"促进省外浙江人经济与浙江经济互动发展"课题调研的顺利完成。这项课题是浙江省委、政策研究室和省经合办联合开展的重点课题，对于摸清省外浙江人状况，探讨省外浙江人经济与浙江经济互动发展的途径以及思路对策，具有十分重大的意义。在全国29个省外浙江商会的大力配合支持下，目前课题已完成并上报省委书记赵洪祝、省长吕祖善等主要领导。

这一课题的成果是明显的。一是时隔7年，再次更新了省外浙江人经济的一些基本情况。这次调研结果表明，省外浙江人已达600万人，投资总额达3万多亿元。二是为促进省外浙江人经济健康发展，提出了加快建立全国浙商联谊会、建立省领导联系省外浙商制度、建立定期召开浙商大会制度、建立省外浙商学习培训制度、建立省外浙商帮扶机制、完善吸引浙商回乡创业政策、建立省外浙江人信息数据库七个方面的建议。

二是争取加入全国浙商营销网络。2009年，全国浙商为应对国际金融危机，

服务本省经济转型升级，扩大内需市场的战略决策，省经合办提出建立全国浙商营销网络，并在北京、四川、辽宁三省市开展试点。计划2010年在全国建立20个拓展浙江产品市场办公室（浙江产品营销信息中心），选择确定300家浙江产品销售中心、2000家市场外重点经销户，并积极拓展省外配套产品市场、新兴产品市场、招标产品市场，实现新增销售浙江产品700亿元的目标，促进"省外浙江人经济"发展壮大，实现浙江经济与省外浙江人经济双赢发展。宁夏浙江商会正在着手准备，努力创造条件，争取早日加入全国浙商营销网络，同时为宁夏地方特色产品进入浙江市场作出应有的努力。

四 投身公益，履行责任，积极带领浙商献爱心

一是捐款支援抗震救灾。2008年5月12日，四川汶川发生了强烈地震，在商会领导和党员的带领下，广大会员纷纷慷慨解囊向灾区捐款，据不完全统计，在宁浙商累计捐款500余万元，其中商会捐款18余万元，党员捐款8万余元。5月22日，商会26名党员，在党支部书记的带动下，组织党员开展自愿缴纳"特殊党费"活动，26名党员自觉履行党员职责，共缴纳"特殊党费"22500元。

二是组织"送温暖献爱心"活动。为了确保宁夏南部山区困难家庭过一个温暖的冬天，商会在党员的带动下，积极响应自治区工商联、民政厅号召，认真组织商会领导和党员参加"送温暖献爱心"活动，大力弘扬中华民族团结互助、扶贫济困的传统美德，为宁夏困难群众捐赠价值3万元的羊毛衫100件，为泾源县六盘山镇第一小学捐赠价值3万元校服和办公用品。

三是积极捐资助学。2010年儿童节前夕，在商会领导和党员的带动下，商会20余名副会长和入党积极分子，主动为收养40余名孤残儿童的石嘴山宝迪乐幼儿园捐款14.7万元，受到了自治区团委的表彰。8月商会常务副会长、石嘴山办事处主任丁荣猫向7名贫困大学生捐款2.1万元。宁夏浙江商会永康分会，组织动员商会会员向宁夏南部山区海原关桥乡方堡小学的278名师生捐赠了价值4万余元的校服和学习用品。宁夏浙江商会石嘴山办事处向石嘴山市惠农区礼和乡中心小学捐款3万元，向石嘴山市孤残儿童养护中心捐赠价值9.38万元轻型客车一辆。

四是热心反哺家乡。2008年，在丁荣猫主任的带动下，石嘴山办事处先后

向天台白鹤镇上王村、澄村捐款 7 万元，为 18 位在宁浙江老乡回家过年赞助路费 1.8 万元；副会长张骁瑞为天台县平桥镇五东村村部建设捐资 52 万元，村路建设捐资 50 万元；常务副会长梁富业向"浙江天台济公慈善总会"、天台县白鹤镇红丰村（用于村路建设）、天台县泳溪学校共捐款 110 万元。

目前，正处在企业转型升级的关键时期，宁夏浙江商会将继续努力搭建平台，服务会员，招商引资，促进政企、银企合作，架起政府与企业沟通的桥梁，在会员企业转型升级、创新发展中做好推动服务工作。

权威报告 热点资讯 海量资料

当代中国与世界发展的高端智库平台

皮书数据库 www.pishu.com.cn

皮书数据库是专业的社会科学综合学术资源总库,以大型连续性图书皮书系列为基础,整合国内外其他相关资讯构建而成。包含七大子库,涵盖两百多个主题,囊括了十几年间中国与世界经济社会发展报告,覆盖经济、社会、政治、文化、教育、国际问题等多个领域。

皮书数据库以篇章为基本单位,方便用户对皮书内容的阅读需求。用户可进行全文检索,也可对文献题目、内容提要、作者名称、作者单位、关键字等基本信息进行检索,还可对检索到的篇章再作二次筛选,进行在线阅读或下载阅读。智能多维度导航,可使用户根据自己熟知的分类标准进行分类导航筛选,使查找和检索更高效、便捷。

权威的研究报告,独特的调研数据,前沿的热点资讯,皮书数据库已发展成为国内最具影响力的关于中国与世界现实问题研究的成果库和资讯库。

皮书俱乐部会员服务指南

1. 谁能成为皮书俱乐部会员?

● 皮书作者自动成为皮书俱乐部会员;

● 购买皮书产品(纸质图书、电子书、皮书数据库充值卡)的个人用户。

2. 会员可享受的增值服务:

● 免费获赠该纸质图书的电子书;

● 免费获赠皮书数据库100元充值卡;

● 免费定期获赠皮书电子期刊;

● 优先参与各类皮书学术活动;

● 优先享受皮书产品的最新优惠。

卡号:3778874776050955
密码:
(本卡为图书内容的一部分,不购书刮卡,视为盗书)

3. 如何享受皮书俱乐部会员服务?

(1)如何免费获得整本电子书?

购买纸质图书后,将购书信息特别是书后附赠的卡号和密码通过邮件形式发送到pishu@188.com,我们将验证您的信息,通过验证并成功注册即可获得该本皮书的电子书。

(2)如何获赠皮书数据库100元充值卡?

第1步:刮开附赠卡的密码涂层(左下);

第2步:登录皮书数据库网站(www.pishu.com.cn),注册成为皮书数据库用户,注册时请提供您的真实信息,以便您获得皮书俱乐部会员服务;

第3步:注册成功后登录,点击进入"会员中心";

第4步:点击"在线充值",输入正确的卡号和密码即可使用。

皮书俱乐部会员可享受社会科学文献出版社其他相关免费增值服务
您有任何疑问,均可拨打服务电话:010-59367227 QQ:1924151860
欢迎登录社会科学文献出版社官网(www.ssap.com.cn)和中国皮书网(www.pishu.cn)了解更多信息

社会科学文献出版社　　　　　　　　　　**皮书系列**

"皮书"起源于十七八世纪的英国,主要指官方或社会组织正式发表的重要文件或报告,并多以白皮书命名。在中国,"皮书"这一概念被社会广泛接受,并被成功运作、发展成为一种全新的出版形态,则源于中国社会科学院社会科学文献出版社。

皮书是对中国与世界发展状况和热点问题进行年度监测,以专家和学术的视角,针对某一领域或区域现状与发展态势展开分析和预测,具备权威性、前沿性、原创性、实证性、时效性等特点的连续性公开出版物,由一系列权威研究报告组成。皮书系列是社会科学文献出版社编辑出版的蓝皮书、绿皮书、黄皮书等的统称。

皮书系列的作者以中国社会科学院、著名高校、地方社会科学院的研究人员为主,多为国内一流研究机构的权威专家学者,他们的看法和观点代表了学界对中国与世界的现实和未来最高水平的解读与分析。

自20世纪90年代末推出以经济蓝皮书为开端的皮书系列以来,至今已出版皮书近800部,内容涵盖经济、社会、政法、文化传媒、行业、地方发展、国际形势等领域。皮书系列已成为社会科学文献出版社的著名图书品牌和中国社会科学院的知名学术品牌。

皮书系列在数字出版和国际出版方面也是成就斐然。皮书数据库被评为"2008~2009年度数字出版知名品牌";经济蓝皮书、社会蓝皮书等十几种皮书每年还由国外知名学术出版机构出版英文版、俄文版、韩文版和日文版,面向全球发行。

经济蓝皮书	社会蓝皮书	文化蓝皮书
BLUE BOOK OF CHINA'S ECONOMY	BLUE BOOK OF CHINA'S SOCIETY	BLUE BOOK OF CHINA'S CULTURE
金融蓝皮书	法治蓝皮书	欧洲蓝皮书
BLUE BOOK OF FINANCE	BLUE BOOK OF RULE OF LAW	BLUE BOOK OF EUROPE
气候变化绿皮书	西部蓝皮书	世界经济黄皮书
GREEN BOOK ON CLIMATE CHANGE	BLUE BOOK OF WESTERN REGION OF CHINA	YELLOW BOOK OF WORLD ECONOMY
THE CHINESE ACADEMY OF SOCIAL SCIENCES YEARBOOKS ECONOMY	THE CHINESE ACADEMY OF SOCIAL SCIENCES YEARBOOKS SOCIETY	THE CHINESE ACADEMY OF SOCIAL SCIENCES YEARBOOKS POPULATION AND LABOR

法律声明

"皮书系列"(含蓝皮书、绿皮书、黄皮书)由社会科学文献出版社最早使用并对外推广,现已成为中国图书市场上流行的品牌,是社会科学文献出版社的品牌图书。社会科学文献出版社拥有该系列图书的专有出版权和网络传播权,其LOGO( )与"经济蓝皮书"、"社会蓝皮书"等皮书名称已在中华人民共和国工商行政管理总局商标局登记注册,社会科学文献出版社合法拥有其商标专用权。

未经社会科学文献出版社的授权和许可,任何复制、模仿或以其他方式侵害"皮书系列"和( )、"经济蓝皮书"、"社会蓝皮书"等皮书名称商标专用权的行为均属于侵权行为,社会科学文献出版社将采取法律手段追究其法律责任,维护合法权益。

欢迎社会各界人士对侵犯社会科学文献出版社上述权利的违法行为进行举报。电话:010-59367121,电子邮箱:fawubu@ssap.cn。

社会科学文献出版社